GRAMSCI E A VERDADE EFETIVA DAS COISAS

Marcos Del Roio e Leandro Galastri (org.)

GRAMSCI E A VERDADE EFETIVA DAS COISAS

1ª edição
EXPRESSÃO POPULAR
São Paulo – 2022

Produção editorial: *Lia Urbini*
Revisão: *Aline Piva e Cecília Luedemann*
Projeto gráfico, diagramação e capa: *ZAP Design*
Impressão e acabamento: *Paym*

Dados Internacionais de Catalogação-na-Publicação (CIP)

G747 Gramsci e a verdade efetiva das coisas / Marcos Del Roio e Leandro Galastri (org.). – 1.ed.— São Paulo : Expressão Popular, 2022.
480 p.

ISBN 978-65-5891-055-8
Textos apresentados no II Colóquio Internacional Gramsci e VIII Seminário Internacional de Teoria Política do Socialismo, realizado [em Marília] entre os dias 9 e 13 de setembro de 2019.

1. Gramsci, Antonio, 1891-1937. 2. Comunismo. 3. Filosofia marxista. 4. Marxismo. I. Del Roio, Marcos. II. Galastri, Leandro. III. Título.

CDD 32
CDU 329.15

Catalogação na Publicação: Eliane M. S. Jovanovich - CRB 9/1250

1ª edição: abril de 2022

EDITORA EXPRESSÃO POPULAR
Rua Abolição, 197 – Bela Vista
CEP 01319-010 – São Paulo – SP
Tel: (11) 3112-0941 / 3105-9500
livraria@expressaopopular.com.br
www.expressaopopular.com.br
ed.expressaopopular
editoraexpressaopopular

SUMÁRIO

Apresentação: o erro e a diferença 7
Raúl Burgos

PARTE I – O DEBATE COM OS CLÁSSICOS: NOVAS LEITURAS

Maquiavel e a verdade efetiva das coisas: notas sobre a leitura gramsciana 25
Anita Helena Schlesener

O autor e o seu duplo: Antonio Gramsci e Nicolau Maquiavel 45
Angelo D'Orsi

Das "armas e religião" nos *Cadernos do cárcere* de Gramsci 81
Giovanni Semeraro

Gramsci tradutor e intérprete de Marx: do "marxismo" à "filosofia da práxis" 101
Giuseppe Cospito

A "concórdia discorde" no socialismo revolucionário de Rosa Luxemburgo e Antonio Gramsci.. 121
Guido Liguori

Engels, Rosa e Gramsci: a estratégia socialista em três momentos 145
Marcos Del Roio

Gramsci e a dialética: nas raízes da filosofia da práxis na Itália 171
Gianni Fresu

PARTE II – CRISES E REVOLUÇÕES

Classe política e crise da democracia na crítica de Antonio Gramsci 201
Alvaro Bianchi

Il Biennio Nero: fascismo, antifascismo e violência política.. 235
Leandro Galastri

Notas sobre a construção do conceito de hegemonia: entre a história e a historiografia 275
Sabrina Areco

Revolução passiva e revolução-restauração: dois conceitos em construção 297
Luciana Aliaga

Senso comum e política em Antonio Gramsci: para uma crítica ao espontaneísmo 319
Martín Cortés

PARTE III – QUESTÕES CONTEMPORÂNEAS

Consciência crítica e processo emancipatório 337
Javier Balsa

A questão da linguagem nos *Cadernos do cárcere* 367
Rocco Lacorte

Antonio Gramsci e a questão feminina 403
Daniela Mussi

O princípio educativo do trabalho na formação humana: *uma ruptura histórica* 437
Paolo Nosella

O liberalismo realmente existente 467
Lincoln Secco

APRESENTAÇÃO: O ERRO E A DIFERENÇA

Raúl Burgos

O leitor tem diante de seus olhos o volume com os textos apresentados pelos participantes das mesas redondas do *II Colóquio Internacional Gramsci* e *VIII Seminário Internacional de Teoria Política do Socialismo,* realizados sob o título geral "As categorias teóricas de Antonio Gramsci e a verdade efetiva das coisas". Esse seminário científico foi um evento integrante do III Encontro Nacional da International Gramsci Society-Brasil (IGS-Brasil), realizado em Marília entre os dias 9 e 13 de setembro de 2019.

No início de 2020, fui convidado pelos organizadores para escrever esta apresentação numa conjuntura nova e desafiadora, sobre a qual é necessário fazer alguns breves apontamentos. Antes de mais nada, é preciso dizer que se trata de um momento dramático para o mundo, particularmente trágico para o Brasil, quando a onda de mortes causada pelo Coronavírus traz no rastro de sua passagem ainda em curso a certeza de uma nova crise econômica que, somada às sequelas da não resolvida crise de 2008, já é prevista para ser mais arrasadora que a crise de 1930. Uma conjuntura que, na sua complexidade e dramaticidade, reclama enfaticamente renovar nosso arsenal teórico-político como parte de uma também renovada práxis e nada melhor neste sentido que expandir as análises fundadas no pensamento de Gramsci.

Os participantes do Encontro de Marília não podiam imaginar, em setembro de 2019, que poucos meses depois sobreviria a pandemia ocasionada por essa minúscula partícula que colocaria de joelhos esse "mundo grande e terrível" – e que expôs, no caso do Brasil, o lado mais feroz do conservadorismo obscurantista e do ultraliberalismo que veio da mão do regime decorrente do golpe de Estado de 2016. No momento de finalizar estas linhas, mais de 600 mil vidas já haviam sido oferendadas ao deus *mercado* no genocídio em curso em nosso país.

Antes de apresentar brevemente os trabalhos deste livro, gostaria de fazer alguns apontamentos sobre a IGS-Brasil e sobre o tipo de associação intelectual que nela está paulatinamente se conformando. A redação desta introdução foi iniciada nos dias em que foram comemorados os cinco anos de vida da organização, momento oportuno para fazer um breve balanço desses anos de produtiva atividade e tentar expor algumas das suas características salientes.

A IGS-Brasil tem uma vida curta, mas intensa. Gostaria de lembrar brevemente os principais marcos organizacionais, representados pelos seus *Encontros Nacionais*.

O Primeiro *Encontro Nacional*, a reunião de fundação, foi realizada no Rio de Janeiro, de 27 a 29 de maio de 2015, no Colégio Brasileiro de Altos Estudos do Fórum de Ciência e Cultura (UFRJ), e envolveu a realização do *Seminário Internacional "Estudos sobre Gramsci. Para a construção de uma IGS-Brasil"* e a assembleia de fundação da associação.

Participaram em torno de 80 militantes do pensamento gramsciano de diversas regiões e convidados da IGS mundial e da *Fondazione Gramsci*.

O *Segundo Encontro Nacional*, realizado em Campinas, de 22 a 25 de agosto de 2017, no IFCH Unicamp, compreendeu o *I Colóquio Internacional Antonio Gramsci*, a *II Assembleia nacional ordinária* da IGS-Brasil e uma *Assembleia Internacional* da IGS mundial. Os trabalhos apresentados no Colóquio foram publicados no livro *Antonio Gramsci. Filologia e política*.[1]

O *Encontro Nacional extraordinário*, realizado entre os dias 24 e 25 de setembro de 2018, na Universidade Federal de Santa Catarina, em Florianópolis, teve o objetivo de aprovar o regimento interno da associação. Esse Encontro envolveu a realização do *Seminário Nacional* "*Gramsci, o fascismo e a violência no Brasil*", e uma *Assembleia geral extraordinária,* na qual foi aprovado o mencionado regimento.

O *Terceiro Encontro Nacional* da *International Gramsci Society-Brasil* foi realizado em Marília (SP), entre os dias 9 e 13 de setembro de 2019, na Faculdade de Filosofia e Ciências da Universidade Estadual Paulista. Além do seminário científico que deu origem a esta coletânea de textos, envolveu a *III Assembleia geral ordinária* da instituição.

Nesta trajetória, o terceiro encontro apresenta uma característica singular: a de ter *consolidado* – depois de quatro anos de intensa atividade, aprendizado e tensões decorrentes do processo de institucionalização – essa organização que, desde seu início, foi marcada pela convivência polêmica de uma variedade de correntes interpretativas do pensamento gramsciano e leituras específicas da política. Esta última consideração per-

[1] Bianchi; Mussi; Areco (org.), 2019.

mite fazer a seguinte observação, que parece consensual entre seus associados: a IGS-Brasil é uma organização absolutamente *plural* de pessoas que pensam a herança marxista e o legado gramsciano de diferentes maneiras e, consequentemente, que leem a realidade de modo diverso e tiram conclusões distintas.

Mas, afinal, há nesta diversidade de interpretações e perspectivas algum valor a mais que aquele representado pelo ideal da *tolerância*? Isto é: são de algum modo desejáveis essas diferenças? Ou são apenas consequências colaterais do fator associativo que devemos padecer e suportar até certo ponto?

No sentido de uma possível resposta a essas questões, quero tratar brevemente das considerações de Gramsci sobre o *erro* e a *concepção de "verdade científica" como hegemonia* – temas largamente presentes nos textos desta coletânea – para abordar aquilo que me interessa fundamentalmente neste ponto: o papel da "diferença" na constituição de uma vontade coletiva como a que se constitui na IGS-Brasil.

Em diversas passagens dos *Cadernos*, Gramsci se refere ao *erro* e o tematiza de tal modo que é possível, embora de forma cautelosa, sugerir a presença de uma "teoria do erro" nos textos gramscianos, ou, de modo mais ajustado, de um "reconhecimento sistemático da possibilidade do erro" e suas correlatas consequências para a Filosofia da Práxis.

Considero interessante começar pela "advertência" de Gramsci, no início do *Cadernos* 11, sobre suas próprias "notas" nos *Cadernos*, onde nos alerta:

> As notas contidas neste caderno, como nos demais, foram escritas ao correr da pena, como rápidos apontamentos para ajudar a memória. Todas devem ser revistas e verificadas minuciosamente, já que certamente contém inexatidões, falsas aproximações, anacronismos. Escritas sem ter pre-

> sentes os livros a que se referem, é possível que, depois da verificação, tenham de ser radicalmente corrigidas, precisamente porque o contrário do que foi escrito é que é verdadeiro. (Gramsci, 1999, p. 85)

Esta observação de Gramsci é de grande valor para aqueles que decidimos dialogar com sua obra. Por um lado, nos adverte: "cuidado com o que vocês fazem das minhas notas"; levem em conta que foram escritas nas condições descritas e "contém inexatidões, falsas aproximações, anacronismos", resultando em que, eventualmente "tenham de ser radicalmente corrigidas", porque – e a possibilidade de erro que estima possível Gramsci não é pequena – "precisamente [...] o contrário do que foi escrito é que é verdadeiro". Esta parece ser uma poderosa vacina contra uma leitura litúrgica dos textos gramscianos, mas não só isto.

Por outra parte, se a fonte do erro no texto citado pareceria estar no fato de o autor não estar de posse dos livros a que se refere, ampliando o olhar sobre a sua obra, é possível verificar que esta é uma conclusão superficial: há em Gramsci uma preocupação com o erro que vai além da citação correta dos textos. O princípio que parece sustentá-la, podemos vê-lo atuante na sua crítica ao manual de Bukharin, no parágrafo denominado "O conceito de ciência" [do Caderno 11, §15]:

> Uma observação que se pode fazer a muitas referências polêmicas do *Ensaio* é o desconhecimento sistemático da possibilidade de erro por parte dos autores individuais citados, razão pela qual se atribuem a um grupo social, do qual os cientistas seriam sempre os representantes, as mais disparatadas opiniões e as mais contraditórias vontades. (Gramsci, 1999, p. 123)

E um pouco mais adiante:

> A possibilidade do erro deve ser afirmada e justificada, sem com isso abandonar a própria concepção, já que o importante não é a opinião de Fulano, Beltrano ou Sicrano, mas o conjunto de opiniões que se tornaram coletivas. (Gramsci, 1999, p. 124)

Destaco o ponto central do princípio: o reconhecimento da *possibilidade de erro,* como fato *universal,* que não admite nomes sagrados que se excetuariam da norma.

Imediatamente antes do texto citado, Gramsci afirma que "não é cientista" aquela pessoa que "não saiba levar em conta as lacunas que existem nos conhecimentos já atingidos, mas as ignore e se contente com soluções ou nexos puramente verbais", sendo que o correto seria, segundo sugere, "declarar que se trata de posições provisórias que poderão ser retomadas e desenvolvidas etc." (Gramsci, 1999, p. 123).

Certamente devemos lembrar que, para o pensador sardo, o "conhecimento objetivo" é sempre "humanamente objetivo", isto é, "o homem conhece objetivamente na medida em que o conhecimento é real para todo o gênero humano *historicamente* unificado em um sistema cultural unitário", e isto significa que "há uma luta pela objetividade" (Gramsci, 1999, p. 134), disputa na qual a própria ciência é um terreno de confrontos incessantes onde as "verdades" são não apenas "provisórias", mas são resultado de uma certa "hegemonia", isto é, uma certa posição que se impôs nessa *luta*.

Ao anterior, é necessário acrescentar outra fundamental recomendação metodológica em relação ao tema que estamos tratando: o necessário respeito pelas posições teóricas dos adversários, confrontando sempre os expoentes mais relevantes (não os mais fracos), condição que Gramsci propõe como "um critério metodológico mais geral":

> Não é muito 'científico' (ou, mais simplesmente, 'muito sério') escolher os adversários entre os mais estúpidos e medíocres; ou, ainda, escolher entre as opiniões dos próprios adversários as menos essenciais e as mais ocasionais, presumindo assim ter 'destruído' 'todo' o adversário porque se destruiu uma sua opinião secundária e acidental, ou ter destruído uma ideologia ou uma doutrina porque se demonstrou a insuficiência teórica de seus defensores de terceira ou quarta categoria. E mais: 'deve-se ser justo com os adversários', no sentido de que é necessário esforçar-se para compreender o que eles realmente quiseram dizer, e não se fixar maliciosamente nos significados superficiais e imediatos das suas expressões. (Gramsci, 1999, p. 123)

Estes elementos, creio, nos permitem uma resposta adequada à pergunta levantada inicialmente neste tema: o *convívio conflituoso na diferença* não é apenas alguma coisa negativa que deve ser "tolerada", mas, fundamentalmente, um caminho para reconhecer e "cercar o erro", uma tensão necessária à construção de um conhecimento ajustado à dinâmica complexa da realidade; uma condição de possibilidade para a elaboração crítica da "verdade efetiva das coisas".

Isto é, e finalizando este ponto: o convívio na diferença interpretativa e suas implicações políticas, apesar de sempre exigir muito trabalho, muito diálogo, muitos acordos, longe de ser um obstáculo, é uma exigência da apreensão científica ajustada do mundo em devir. Estamos condenados a nadar em um mar de diferenças, não como problema, mas como *condição para errar o menos possível* no contexto complexo no qual temos e teremos *sempre* que viver.

A partir desta chave de leitura, centrada na potência heurística das leituras *poliédricas* dos textos gramscianos, o leitor poderá apreciar a singular riqueza dos textos que compõem o volume, os quais tentarei apresentar brevemente nos parágrafos que seguem. Não pretendo, nem seria possível de fato, fazer uma descrição pormenorizada dos textos apresentados; almejo apenas, a modo de instigação para a leitura, deixar em evidência alguns dos temas centrais abordados pelos autores, tentando ressaltar algumas das chaves polêmicas que neles se encontram.

Anita Schlesener se instala na sempre aberta disputa pelo pensamento de Maquiavel (conselheiro dos dominantes ou dos dominados? Teórico do republicanismo ou do despotismo?), afirmando a leitura do "caráter essencialmente revolucionário" do pensamento do secretário florentino para mostrar – a partir do modo com que Gramsci constrói o vínculo entre Maquiavel e Marx –, o *nexo entre política e educação* para um projeto emancipatório das classes subalternas, isto é, sublinhando o caráter pedagógico da herança de Maquiavel e Marx no sentido de educar as massas para a ação transformadora.

Angelo D'Orsi volta também ao vínculo Maquiavel e Marx e coloca a leitura gramsciana de Maquiavel como prelúdio da releitura crítica da própria tradição marxista, mostrando, ao mesmo tempo, o caminho árduo da apreensão do seu pensamento. Segundo a imagem de D'Orsi, nesse esforço crítico, Maquiavel tem para Gramsci o papel de guia no labirinto, do mesmo modo que Virgílio para Dante na sua viagem epopeica. Na sua laicização do pensamento de Marx, Gramsci transcende o marxismo e o leninismo, produzindo um profundo enriquecimento da tradição centrada em Marx como *filosofia da práxis*.

Giovanni Semeraro retoma as reflexões de Gramsci sobre "armas e religião" para tratar das relações entre força e consenso na constituição do projeto hegemônico das classes subalternas, buscando "equilibrar" a compreensão do tema na sua obra, já que, em muitas interpretações, se faz pesar exageradamente o segundo fator. Lembrando a influência de Maquiavel na formação do pensamento de Gramsci, destaca o papel das relações político-militares na avaliação geral das relações de forças na luta hegemônica. O autor conclui destacando a particular aliança entre *armas e religião* na guerra híbrida que levou o projeto reacionário ao poder no Brasil.

Giuseppe Cospito tematiza o Gramsci tradutor e intérprete de Marx, mostrando como essa tradução o leva à releitura do *marxismo* como *filosofia da práxis,* percorrendo um caminho no qual opera um progressivo distanciamento das simplificações da ortodoxia marxista-leninista a partir de uma retomada dos textos marxianos, principalmente das teses sobre Feuerbach, e uma originalíssima interpretação do *Prefácio da crítica da Economia Política*. A partir da descrição do árduo trabalho carcerário, Cospito conclui afirmando a radical importância deste na fundação do marxismo contemporâneo.

Guido Liguori analisa as tensões, convergências e divergências entre o pensamento de Rosa Luxemburgo e Antonio Gramsci. Entre as convergências, assinala o forte apelo aos *conselhos*. Entre as diferenças, as diversas concepções das relações entre estrutura e superestrutura, caracterizada em Rosa por uma "superestimação das consequências políticas das crises econômicas", o que levaria a uma profunda divergência estratégica de Gramsci à luz da teoria da hegemonia. Contudo, Liguori não deixa de criticar como "pouco generosa" a avaliação gramsciana do pensamento político de Luxemburgo.

Marcos Del Roio trata das críticas de Gramsci a Engels e a Rosa Luxemburgo, e as da própria Rosa a Engels, indicando que ambas as críticas são apenas *parcialmente corretas*. No caso da crítica de Gramsci a Rosa, cuja confiança na ação autônoma das massas populares não "implica necessariamente uma visão espontaneísta ou, menos ainda, economicista", Del Roio não poupa Gramsci, assinalando que nas suas críticas haveria "uma distorção e simplificação descabidas com a finalidade de expor seu próprio pensamento", revelando páginas vibrantes no processo de construção da filosofia da práxis.

Gianni Fresu, tratando da influência do pensamento de Hegel na tradição marxista (em certo sentido, "a filosofia da práxis seria uma reforma e um desenvolvimento do hegelianismo", afirma), destaca a diversidade de modos de conceber a *dialética* como um dos eixos teóricos mais importantes na história do movimento operário de inspiração marxista. Sublinhando a relevância de Antonio Labriola na releitura gramsciana da tradição pela sua ênfase na "autossuficiência filosófica do marxismo", ressalta a capacidade do marxismo para "fecundar outras visões do mundo fora do seu próprio campo".

Álvaro Bianchi foca sua atenção no debate de Gramsci com o pensamento elitista, em particular sobre o uso dos conceitos de *classe política* e *elite,* mostrando o processo de *tradução e apropriação* desses conceitos pelo autor dos *Cadernos*. Instalando-se no âmbito do pensamento político italiano, Bianchi mostra um Gramsci dialógico que faz um "uso cauteloso" dos conceitos forjados pelos seus adversários, precisando suas funções, restringindo o conceito de *classe política* à sociedade política e o de *elite* à esfera da sociedade civil, mas mostrando preferência pelo conceito de *classe dirigente.*

Leandro Galastri aborda a questão da violência e da relação entre coerção e consenso, afirmando a unidade orgânica de ambas as ideias na construção do conceito de hegemonia, indicando que nos estudos gramscianos há imprecisões sobre o tema. Partindo do fato de que as classes dominantes, em situações ameaçadoras para seus interesses, não hesitam em recorrer à violência, o autor faz uma revisão do pensamento de Gramsci sobre o tema, e analisa o movimento de resistência popular antifascista *Arditi del popolo,* com o objetivo de mostrar o "método gramsciano de análise da temática da violência".

Sabrina Areco estuda a influência do historiador Albert Mathiez, e sua perspectiva de "pensar a história a partir de baixo", sobre a leitura gramsciana da Revolução Francesa e a elaboração do conceito de hegemonia. Indicando que se trata de um aspecto pouco explorado, a autora mostra como a apropriação gramsciana da obra de Mathiez evidencia uma posição aberta frente a formas de pensamento diversas, e destaca como, colocando em obra a ideia de *traducibilidade,* Gramsci se esforça em "traduzir formulações tomadas de empréstimo dessas correntes em conceitos coerentes com sua teoria política".

Luciana Aliaga aborda o conceito de *revolução passiva* e levanta a questão do que, segundo alguns autores, seria a *extensão excessiva* do seu significado nos *Cadernos do cárcere,* o que produziria complicações na sua "tradução" para outras realidades. Sugerindo que uma precisão do conceito ajudaria a evitar os conflitos interpretativos, a autora indica que o conceito se apresenta ainda como uma ideia "para desvendar", e mostra como o caminho de acesso a uma definição mais adequada possa ser o de *assumir e desenvolver a polêmica* e os modos diversos de receber a herança do conceito.

Martín Cortés, na sua reflexão sobre *política e senso comum,* parte da heterogeneidade do senso comum como problema político e indica que o programa político e filosófico de Gramsci parte da *superação do senso comum,* mas entendida como uma *operação interna, não vinda de fora.* Neste sentido, o trabalho da filosofia da práxis deve ser realizado com a dupla precaução: não identificar-se nem desassociar-se dele. Se a operação de "interrupção política do senso comum" não é externa à consciência dos setores subalternos, ao mesmo tempo não se autoproduz: ela é mediada pela política.

Javier Balsa analisa o processo de superação crítica do senso comum, mostrando que a experiência das lutas coletivas dos setores populares produz um *núcleo de bom senso*, de compreensão crítica de si mesmas. Remetendo-se às *Teses sobre Feuerbach*, o autor mostra, por um lado, o *caráter prático* da produção da "verdade" e, por outro lado, o fato de que essa práxis envolve um processo de inerente autocrítica. Discutindo os problemas envolvidos em temas tais como os intelectuais, o partido e o projeto político, Balsa adverte que, talvez, reste não a "superação" deles, mas o "transitar suas tensões".

Rocco Lacorte aborda a questão da *linguagem* e da teoria gramsciana da *traducibilidade,* mostrando as oscilações de Gramsci entre as herdadas interpretações deterministas e idealistas do legado de Marx, na busca de uma nova síntese. Discordando daqueles que colocaram Gramsci ou no quadro do idealismo ou do determinismo, o autor assinala que o pensador sardo trabalha com ambos, buscando uma linguagem independente e autônoma. Lacorte discute um amplo leque de estudos gramscianos sobre o tema, desenvolvendo, em particular, uma intensa polêmica com as teses de Franco Lo Piparo.

Daniela Mussi aborda a relação entre Gramsci e o feminismo, partindo das polêmicas no âmbito do movimento comunista internacional, refratário à *questão feminista.* Lembrando a menção do Gramsci pré-carcerário às mulheres como "parte passiva" da população, a autora mostra que, para *esse* Gramsci, a questão feminina não era relevante. Contudo, Mussi mostra que, nos *Cadernos*, a posição feminina, considerada uma condição subalterna prévia ao capitalismo, evidencia a importância do tema para o autor, ao contrário do que afirma uma considerável gama de autores marxistas e gramscianos, inclusive.

Paolo Nosella, tratando do *princípio educativo,* parte da observação de Pier Paolo Pasolini sobre a brecha que divide a esquerda entre os partidários de uma *cultura humanista* e os defensores da *"subcultura" tecnológica.* Nosella afirma que seu ensaio tenta confirmar o acerto da afirmação de Pasolini, visando criar condições para melhor analisar a questão e processar suas soluções. Esta polêmica, afirma o autor, perpassou a história da educação na União Soviética e no movimento revolucionário no mundo, incluído o pensamento de Gramsci, que "registra essa ruptura".

Lincoln Secco aborda a polêmica sobre as relações entre *democracia e liberalismo,* indicando que "as instituições liberais não foram forjadas para dar lugar à soberania popular e sim para evitá-la"; foram as lutas populares, em particular a luta sindical, que empurraram os avanços democráticos no século XX. Partindo dessa incompatibilidade substancial entre os dois projetos, Secco mostra o neoliberalismo como extensão brutal da face não democrática do liberalismo: o neoliberalismo se tornou "neo" na medida em que "repõe em escala monstruosa as suas fontes antidemocráticas do século XIX".

Esta sumária apresentação alerta ao leitor deste livro que, como todo aquele que se disponha a entrar na esfera do pensamento gramsciano, deverá estar disposto a andar num terreno polêmico e conflituoso, em que as respostas aos problemas enfrentados se lhe mostrarão como resultado provisório de uma complexa batalha na qual, possivelmente, deverá colocar em jogo suas próprias convicções. Mas, afinal, não é esse o desafio permanente que temos no âmbito do pensamento crítico?

Vivemos num tempo em que a elite imperialista mundial, representada parcialmente na sua face pública pelo chamado *Fórum de Davos,* clama por um "*reset* global" do sistema econômico com o objetivo de superar a crise, deixando tudo como estava antes da pandemia.[2] Nessas circunstâncias o movimento das classes e grupos subalternos, em nível nacional e global, vê-se compelido a "pegar a luva" e promover seu próprio "*reset* global", o que, na sua história de lutas, tem os nomes que sempre teve: resistência, desobediência, rebelião, insurgência, revolução; de classes e grupos, de países e até regiões subalternas do globo. Um processo que implica a batalha épica para arrancar o comando das decisões sobre o futuro do planeta da *elite imperial do capitalismo neoliberal*, esse 0,1% da população mundial que drena e acumula incessantemente a riqueza produzida às expensas do sacrifício do 99,9 % restante, que morre de fome, das pragas como o atual Covid-19 e outras, como a malária, a dengue, a febre amarela etc., ou simplesmente asfixiado pela angústia da falta de qualquer perspectiva de futuro desejável.

Para quem transita pelo pensamento gramsciano, "pegar a luva" significa também continuar a desenvolver esta forma fundamental do marxismo contemporâneo, à qual o comunista sardo denominara *filosofia da práxis*, para colocar-se nas melhores condições para enfrentar os debates mais agudos da cultura e da política contemporânea, na direção de uma

2 Cf.: The Great Reset, site criado pela iniciativa do Fórum Econômico Mundial (Fórum Econômico Mundial, 2020).

renovada proposta socialista. É o que este livro se propõe a fazer. Boa leitura!

Referências

BIANCHI, Álvaro; MUSSI, Daniela; ARECO, Sabrina (org.). *Antonio Gramsci* – filologia e política. Porto Alegre: Zouk, 2019.

FÓRUM ECONÔMICO MUNDIAL. The Great Reset, 2020. Disponível em: https://www.weforum.org/agenda/2020/06/now-is-the-time-for-a-great-reset/. Acesso em: 10 ago. 2021.

GRAMSCI, Antonio. *Cadernos do cárcere*. v. 1. [Caderno 11]. Rio de Janeiro: Civilização Brasileira, 1999.

PARTE I

O DEBATE COM OS CLÁSSICOS: NOVAS LEITURAS

MAQUIAVEL E A VERDADE EFETIVA DAS COISAS: NOTAS SOBRE A LEITURA GRAMSCIANA

Anita Helena Schlesener[1]

> Sentir a revolução dos dois lados: ou então, mostrar que as coisas não são tão "seráficas" nem tão "lucíferas" quanto alguns tentam fazer parecer.
>
> Baudelaire, 1995

As observações que fazemos aqui não são nenhuma novidade para quem estuda os escritos de Gramsci e as retomamos porque as consideramos importantes para entender uma das raízes do conceito de hegemonia. A leitura gramsciana de Maquiavel desdobra-se inicialmente na crítica a algumas interpretações que se apresentaram no debate político italiano e, num segundo momento, na compreensão de *O príncipe* não como uma teoria abstrata, mas como um trabalho eminentemente voltado a explicitar as questões da grande política, ou seja, das relações estruturais que definem relações de hegemonia expressas na conservação e consolidação de determinadas relações de poder, principalmente por meio de sua mistificação.

Maquiavel é reconhecido por explicitar as relações de poder, como se constituem e quais os mecanismos que possibilitam o seu exercício, ou seja, sua importância se apresenta

---

[1] Graduada em Filosofia, doutora em História (UFPR), pós-doutorado em educação (Unicamp). Docente de Filosofia Política e Estética da UFPR de 1976 a 2005; docente do mestrado e doutorado em Educação da UTP.

no modo como faz da teoria o instrumento de análise e de compreensão da prática política. Na verdade, Maquiavel é complexo e difícil, na medida em que seu texto nasceu de uma prática política que se desenvolveu nos limites da história italiana e dos objetivos de unificação política que permeiam seus escritos. Maquiavel precisa ser lido no contexto da Europa do século XVI, bem como dos objetivos da burguesia nascente, os quais nem sempre concordavam com as intenções e a ingerência da Igreja Católica, cujo poder era ainda incontestável na Itália.

Para Gramsci (1978, p. 1.691), "não se compreende Maquiavel se não se leva em conta que ele supera a experiência italiana na experiência europeia (internacional, naquela época)". Neste contexto, as possíveis intenções democráticas que lhe são atribuídas precisam ser compreendidas nas condições do tempo em que ele viveu, ou seja, a questão central da política italiana naquele momento era superar a fragmentação territorial e política resultante da herança feudal e senhorial, além do poder dos papas, para encaminhar a Itália para uma unificação que poderia ser republicana, nos moldes de Florença, ou nos moldes das nascentes monarquias absolutas, que necessitavam do apoio da burguesia e da formação de um exército competente para fundarem os grandes Estados nacionais. Embora a forma dominante de organização política da maioria dos Estados naquele momento fosse a monarquia absoluta, verificavam-se grandes diferenças entre elas na forma de exercer o poder.

A defesa dos ideais republicanos e da vida pública é atribuída a Maquiavel a partir da experiência republicana de Florença no Renascimento. A política republicana florentina, da qual Maquiavel participou, assumiu características particulares com a consolidação de um governo de comerciantes e banqueiros representados principalmente por famílias poderosas nestes setores, entre elas a família Médici, que estendeu suas atividades ao setor industrial e financeiro (Schlesener, 2009).

Desta perspectiva, o "povo" ao qual Maquiavel se refere e que precisa ser educado para a política é efetivamente a burguesia nascente, "que precisa convencer-se e estar consciente que pode existir apenas uma política, a realista, para alcançar o fim desejado" e que, para isso, é necessário que o povo se una em torno de um príncipe que reconheça ser capaz de realizar o objetivo proposto (Gramsci, 1978, p. 1.691).

Gramsci retoma a leitura de Maquiavel no sentido de refletir sobre as peculiaridades da filosofia da práxis concebida como uma ciência política que apresenta um conteúdo concreto e em movimento que, como a proposição de Maquiavel, se constitui como uma política autônoma, uma concepção de mundo independente da religião e da moralidade comum. E o ponto de articulação entre as duas proposições está na "verdade efetiva das coisas", ou seja, a base empírica de Maquiavel são as relações políticas da época, as quais pressupõem o conjunto de relações econômicas e sociais; em novo contexto histórico, a filosofia da práxis tem como ponto central o trabalho como atividade material concreta do homem, que determina historicamente o conjunto de relações sociais, políticas e ideológicas resultante desta atividade material.

A proposição de Maquiavel, inovadora no contexto político de sua época, "não conseguiu se tornar senso comum", o que pode significar: a) que a "revolução intelectual e moral cujos elementos estão contidos no pensamento de Maquiavel ainda não se concretizou"; b) que não superou a distância entre dirigentes e dirigidos mantendo, assim, duas culturas diversas, a dos governantes e a dos governados, refletidas nas controversas interpretações de Maquiavel, definindo os significados que seu pensamento teve no seu tempo (Gramsci, 1978, p. 1.599).

Em síntese, *no Caderno 13*, Gramsci retoma Maquiavel numa leitura relacional com a filosofia da práxis para acentuar a sua importância histórica: o estilo de Maquiavel, assim como sua filosofia é, em relação a tudo o que foi escrito antes dele, inovador; é o "estilo de um homem de ação, de quem quer impulsionar a ação, é o estilo de um 'manifesto' de partido" (Gramsci, 1978, p. 1.599).

Outro ponto relevante que retomamos aqui é que, para os subalternos, a ação política implica um processo continuado de educação na medida em que se encaminham as lutas. Trata-se de superar a fragmentação do senso comum e formar uma nova concepção de mundo, tarefa que precisa ser desempenhada pelos intelectuais e o partido político, pontos que permitem a Gramsci fazer a aproximação entre Maquiavel e a filosofia da práxis.

A partir destes pressupostos, no *Caderno 13*, Gramsci faz a distinção entre o pensamento de Maquiavel e o historicamente denominado "maquiavelismo": Maquiavel não foi um moralista nem defendeu uma atuação política inescrupulosa e oportunista, marcada pelo ardil e pela astúcia, mas, ao falar da realidade efetiva das coisas, na verdade fez a divulgação de práticas que são possíveis somente se realizadas na obscuridade e no desconhecimento público. "As normas de Maquiavel para a atividade política 'se aplicam, mas não se dizem'", ou seja, são possíveis de aplicar somente se forem desconhecidas pelos governados. Assim, "os grandes políticos, se diz, começam por maldizer Maquiavel, por declarar-se antimaquiavélicos, precisamente para poderem aplicar 'santamente' as suas normas" (Gramsci, 1978, p. 1.599).

O próprio Maquiavel acentua que esclarece ações que os grandes políticos estão acostumados a realizar, ou seja, diz Gramsci, "não parece que Maquiavel queira sugerir a quem já sabe" as técnicas e as artimanhas de exercício do poder, mas sim que ele se dirige a "quem não sabe", isto é, seu escrito é de "educação política" aos que desejam disputar o poder, a classe revolucionária de sua época, o povo, a nação italiana, que precisa se apropriar do ideário de Savonarola e de Soderini (Gramsci, 1978, p. 1.600).

E Gramsci continua: "Maquiavel parece querer convencer o povo da necessidade de ter um 'chefe', que saiba aquilo que quer e como conseguir aquilo que quer" e que o aceitem, mesmo que ele se oponha ao pensamento predominante no senso comum, que é a religião. Gramsci acentua ainda que esta posição da política de Maquiavel coincide com a proposta da filosofia da práxis, que é de formação política das classes trabalhadoras, que "são a força progressiva da história" e que precisam romper com a ideologia tradicional para formar uma consciência crítica e independente. Desta forma, tanto o pensamento de Maquiavel quanto o da filosofia da práxis apresentam um "caráter essencialmente revolucionário", que pode ser vislumbrado e retomado em outras épocas (Gramsci, 1978, p. 1.601).

Ainda no *Caderno 13*, a partir de escritos de autores italianos como Foscolo, Boccalini e Croce, Gramsci faz o entrecruzamento dessas interpretações e conclui que ao escrever o que "se faz e não se diz", Maquiavel desmistificou as relações de poder e o prestígio da autoridade, transformando a política em ciência que pode servir tanto aos governantes quanto aos governados; infere-se que Maquiavel não pretendia ensinar ao governante as artimanhas e ardis praticados na política da época, mas, ao explicitar tais ardis e torná-los de domínio público, tornava-os impraticáveis. Neste sentido, ao mesmo tempo em que mostra as possibilidades de simulação e domínio da dimensão simbólica do real, Maquiavel torna difícil a aplicação desses mesmos mecanismos. "Maquiavel é odiado porque 'revelou os segredos' da arte de governar" (Gramsci, 1978, p. 1.690).

Esta característica se amplia em relação ao conceito de hegemonia, ou seja, o modo como Maquiavel acentuou que a raiz do poder é a força permeada pelo consentimento, condições que, para Gramsci, são a base das relações de hegemonia. Gramsci afirma que não só os *Discursos sobre a primeira década de Tito Lívio* deve ser entendido como o texto que trata do momento do universal e da liberdade, isto é, como um tratado sobre a hegemonia, mas também em *O príncipe* existem referências ao consenso e sua relação com a autoridade e a força.

O príncipe articula-se com o restante da obra de Maquiavel e reflete sobre os caminhos possíveis para a instauração de uma nova política capaz de resgatar a Itália, até então desunida e dilacerada por guerras de conquista, para transformá-la em um Estado unificado. Para entender desta forma é preciso esclarecer que Maquiavel não era um teórico, acadêmico, mas um homem de ação; e é necessário também "reconstruir os tempos e as exigências que Maquiavel via neles". Pode-se dizer que "*O príncipe* é um livro que tem uma destinação precisa": a um líder capaz de levantar as "massas populares que realmente esquecem os meios empregados para alcançar um fim, se este fim é historicamente progressivo", ou seja, consegue resolver os problemas sociais emergentes.

Desse ponto de vista, o último capítulo do livro deveria ser o primeiro, porque é o brado revolucionário que deseja levantar a Itália e unir todos os grupos burgueses em torno do projeto de unificação. As condições ideais estavam postas: o desenvolvimento econômico de Florença fazia dos Médici uma das famílias mais poderosas da Europa; havia também um Médici à frente da Igreja, de modo que seria mais fácil conseguir o apoio do papado. O último capítulo é um brado para a criação de uma nova ordem política capaz de superar a dispersão e a desunião da Itália, que esperava esse novo líder (não pela tradição dinástica, mas por suas qualidades excepcionais), capaz de curar-lhe as feridas, libertando-a da dominação estrangeira (Gramsci, 1978, p. 1.618).

Maquiavel se mostra um homem de seu tempo que compreende os limites e as exigências de seu tempo: enquanto "França e Espanha [...] já na época haviam alcançado uma poderosa unidade estatal territorial", a Itália não conseguia superar os entraves deixados pela estrutura comunal do feudalismo, dos quais decorriam as lutas internas que impediam avançar no processo de unificação. Enquanto se embatia nas lutas internas, a Itália se distanciava do processo político e hegemônico europeu (Gramsci, 1978, p. 1.572).

É como se Maquiavel vislumbrasse para a Itália do século XVI uma unidade política que entendia como a base para um Estado forte, forma política ideal para o desenvolvimento das forças produtivas burguesas. A fundação e a consolidação de um novo poder político exigiam determinação, caráter e coragem de um líder como Valentino na Romanha ou um representante da casa dos Médici, que soubesse "apoiar-se nas classes produtoras, mercadores e camponeses", nas forças industriais, comerciais e financeiras de Florença (Gramsci, 1978, p. 1.572). Para tanto, analisa as condições estruturais, as forças em disputa política, revela os segredos da arte de governar e acentua que as ações políticas exigem dos homens assumirem responsabilidades, porque não há garantias fora das relações sociais. Neste sentido, seus escritos têm um significado histórico e político de suma importância para a explicitação do conceito de hegemonia, na medida em que detalham os mecanismos de exercício do poder, mostram como o Estado concentra a força e como um político, para se manter no poder, precisa equilibrar força e crença, coerção e consenso.

Fazemos aqui algumas observações retomadas d'*O príncipe*, a fim de acentuar os traços desse equilíbrio hegemônico que podem ser identificados no modo como Maquiavel explicita as técnicas que permitem ao dirigente governar com segurança e conservar o território conquistado, levantando as condições sociais e culturais que podem permitir o sucesso ou o fracasso do empreendimento. Assim, nas monarquias hereditárias, uma das condições para a própria manutenção do poder está em "evitar transgredir os costumes tradicionais" e exercer o poder mantendo a ordem e os princípios de governo estabelecidos pelos antecessores (Maquiavel, 1982, p. 75).

A permanência do poder constituído funda-se na ausência de memória e na formação do hábito, que dificultam qualquer alteração política; pela permanência do mesmo a memória esmaecida das lutas pelo novo se perde e o poder se fortalece. O tempo e o esquecimento da origem, a sedimentação dos costumes, aumentam os laços de submissão, enfraquecem ou mesmo diluem as formas de resistência e a dominação passa a ser aceita "naturalmente", diminuindo a necessidade do uso da força. Apesar disso, o príncipe precisa ficar atento, porque "qualquer alteração na ordem das coisas prepara sempre o caminho para outras mudanças" (Maquiavel, 1982, p. 75-76).

"Todos os profetas armados venceram e os desarmados fracassaram" (Maquiavel, 1982, p. 81). É necessário possuir a força, mas também é preciso ser profeta. Ninguém consente ou se submete incondicionalmente: é necessário que a adesão e a união das vontades dispersas sejam mantidas e realimentadas, por meio das crenças e ideias populares. As armas não funcionam sem as crenças. Essa questão, que perpassa *O príncipe*, se esclarece principalmente no capítulo IX, sobre a natureza do poder no governo civil. Maquiavel constata a existência do antagonismo de classes na forma de tendências diversas e opostas que expressam dois desejos que se opõem: o do povo, que não deseja ser comandado nem oprimido, e o desejo dos grandes, de comandar e oprimir o povo. O poder civil é aquele que consegue equilibrar essas forças na figura do príncipe: os grandes, não podendo resistir ao povo, fazem príncipe um dos seus para, à sua sombra, assegurar suas posições e seus privilégios; o povo, não podendo resistir aos grandes e aspirando a negação do comando e da opressão, elegem um príncipe para defendê-los com sua autoridade (Maquiavel, 1982).

Esta situação é a base de sustentação das relações de hegemonia, no sentido de equilíbrio entre as forças antagônicas em luta: quem chega ao poder, para bem governar, deve considerar tanto as forças que foram a sua base de eleição quanto as forças opostas. Entre o apoio da aristocracia e o do povo, Maquiavel aconselha o príncipe a preferir o apoio do povo, porque os ricos desejam o poder para obter concessões e garantir privilégios, enquanto o povo tem interesses de outra natureza: não quer bens materiais, mas tem uma aspiração coletiva de liberdade e o príncipe que conseguir satisfazer tal aspiração constrói as bases para um governo feliz e de longa duração.

A hegemonia se apresenta tanto no equilíbrio de forças que o príncipe deve buscar na relação entre força e crença, coerção e consenso, quanto na relação da política interna com os interesses internacionais, a história italiana e a experiência política europeia, vivida e profundamente conhecida por Maquiavel.

A partir desses pressupostos, Gramsci estabelece uma relação entre Maquiavel e Marx, a fim de mostrar que ambos foram teóricos da revolução, um da revolução burguesa e outro da revolução proletária. Ambos tiveram um significado em seu tempo, ao desenvolverem uma teoria e uma técnica políticas que poderiam "servir às duas partes em luta", embora o objetivo explícito fosse "servir especialmente à parte que 'não sabia', porque nela é que se considera existir a força progressista da história". Dessa perspectiva, ambos faziam a crítica da ideologia tradicional, a fim de romper com a estrutura vigente. E se "o maquiavelismo serviu para melhorar a técnica política tradicional dos grupos dirigentes conservadores", assim também a filosofia da práxis, dirigida aos trabalhadores, serviu para a burguesia entender-se como classe dominante. Esse fato não diminui o caráter essencialmente revolucionário das duas teorias (Gramsci, 1978, p. 1.605).

Essa é a questão que precisa ser esclarecida, principalmente porque o problema do poder permeia toda a vida dos homens e se traduz no jogo contínuo de afirmação e negação, interesse e paixão, domínio e direção. Maquiavel soube traduzir tal situação porque escreveu a partir de sua experiência política e de seu envolvimento com a história da Itália. Havia em "Maquiavel a 'paixão' do 'jacobino' e, por isso, ele agradava tanto aos jacobinos e aos iluministas" (Gramsci, 1978, p. 1.606).

O aprofundamento do aspecto político e cultural da hegemonia leva Gramsci a refletir sobre a forma de instituição que, no seu tempo, poderia representar a figura do príncipe e conclui que esta instituição é o partido político (evidentemente, o partido do proletariado comprometido com a revolução socialista). Um partido cuja estrutura teria que viabilizar a organização política e cultural dos trabalhadores visando a efetivação de um novo projeto de sociedade. A relação com Maquiavel se estabelece no sentido de mostrar as funções desse partido, entre elas a de desmistificar as relações de poder e iniciar as classes trabalhadoras na arte de governar. Para tanto, Gramsci coloca a necessidade de engendrar, a partir das práticas sociais cotidianas, um novo modo de pensar, a nova vida coletiva e solidária, as novas relações sociais e políticas que anunciariam a nova sociedade.

Na história dos movimentos de esquerda no Ocidente, esse trabalho se concretizou em algumas experiências breves e inacabadas, como os conselhos de fábrica e o Movimento Spartacus. Experiências ricas, mas breves e dolorosas que permitiram vislumbrar a possibilidade de criar uma nova sociedade. A contribuição de Maquiavel para estes movimentos estaria em mostrar a finalidade concreta da ação político-partidária de "unificar um povo e despertá-lo para a necessidade de organizar a sua vida coletiva" (Gramsci, 1978, p. 1.616). Maquiavel esclarece as tramas do poder não para que prevaleça a astúcia, a sedução e a simulação política, mas para que o povo tenha condições de conhecer a arte de governar e construir as bases de uma nova sociedade, característica que o aproxima de Marx.

Desta leitura, acentuamos a importância de Maquiavel para a formulação gramsciana do conceito de hegemonia, principalmente a partir da relação de força e consentimento identificada em *O príncipe* e reinterpretada na explicitação da necessidade de unificação da Itália em um Estado.

Fundar um Estado implica conhecer a história, mas também apresentar a capacidade de ordenar fatos dispersos, despertar interesses e sonhos aliando-os às circunstâncias favoráveis ao empreendimento. E "não há nada mais difícil de executar e perigoso de manejar (e de êxito mais duvidoso) do que a instituição de uma nova ordem de coisas". Até conseguir o apoio e a participação do povo no novo projeto, o príncipe depende apenas de sua capacidade de ação e convencimento; precisa ter em vista que a "natureza do povo é lábil: é fácil persuadi-los de uma coisa, mas é difícil que mantenham sua opinião". Por isso, a força é necessária, para quando faltar a crença (Maquiavel, 1982, p. 85).

Na leitura de Gramsci, fundar um Estado unitário nacional naquele momento histórico era fundamental para Maquiavel, mas para atingir este fim, embora colocando a possibilidade do uso da força, o meio melhor era o convencimento: "pode-se dizer que Maquiavel se colocou o propósito de educar o povo", o que significava "torná-lo convencido e consciente que pode existir apenas uma política para alcançar o fim desejado: a política realista (Gramsci, 1978, p. 1.690-1.691).

> Neste sentido, a posição de Maquiavel poderia ser aproximada àquela dos teóricos e políticos da filosofia da práxis, na medida em que também estes buscaram construir e difundir um 'realismo' popular, de massa e, para tanto, tiveram que lutar contra uma forma de 'jesuitismo' adequado aos tempos diversos. (Gramsci, 1978, p. 1.691)

Existe, no escrito de Gramsci, uma preocupação em não ser anacrônico ao mostrar o cuidado que se deve ter na interpretação: o "consenso ativo das massas populares" precisa ser entendido no contexto da superação da anarquia feudal e dos poderes dos padres para a instauração da monarquia absoluta como um Estado nacional, função que só seria possível com o apoio da burguesia e dos exércitos existentes (Gramsci, 1978, p. 1.691).

O consenso ativo expressa a relação das massas populares com seus dirigentes, na medida em que estes demonstram merecer a confiança e estão dispostos a respeitar os interesses populares. O consenso ativo é uma das condições de participação efetiva na vida política, mas, para tanto, é necessário construir uma identidade de classe superando os conflitos individuais.

> Uma consciência coletiva, isto é, um organismo vivente, não se forma senão depois que a multiplicidade se unifique através do atrito entre os singulares: nem se pode dizer que o 'silêncio' não seja multiplicidade. Uma orquestra, quando ensaia cada instrumento por sua conta, dá a impressão de uma horrível cacofonia; no entanto, estes ensaios são a condição para que a orquestra viva como um só 'instrumento'. (Gramsci, 1978, p. 1.771)

O consenso ativo é fundamental para que se viva uma democracia efetiva e não apenas formal, como as democracias burguesas, nas quais o voto é o ponto final de participação dos indivíduos. Desta perspectiva, a possibilidade de manipulação ideológica, já que o consenso é passivo, torna-se muito grande. Acredita-se que o voto expressa a opinião do votante, mas esta é sempre formada de fora: as "ideias e opiniões não 'nascem' espontaneamente no cérebro do indivíduo singular"; elas geralmente têm um "centro de formação, de irradiação, de difusão, de persuasão" a partir da ação de um "grupo de homens ou mesmo de uma individualidade singular que as elaborou e as apresentou na forma política" desejada (Gramsci, 1978, p. 1.625).

Esta é a tarefa fundamental dos intelectuais e do partido político para as classes populares: superar a espontaneidade inicial organizando o movimento e formando o consenso ativo, uma tarefa indispensável para a construção das relações de hegemonia. Na medida em que reflete sobre a criação de novos Estados e a conservação ou renovação das relações políticas, Maquiavel nos propõe, em *O príncipe*, as bases para pensar a relação entre força e consenso no jogo político, salientando a importância do apoio popular ao dirigente (Gramsci, 1978, p. 1.564).

No *Caderno 10*, dedicado a analisar e criticar a filosofia de Croce, Gramsci acentua a importância do pensamento de Maquiavel para o desenvolvimento da ciência política na Itália e o "significado deste desenvolvimento na proposição de Croce sobre a autonomia do momento político-econômico". E se pergunta se Croce "teria alcançado este resultado sem o aporte cultural da filosofia da práxis", principalmente quando Croce sugere a comparação entre Marx e Maquiavel. E então Gramsci esclarece a relação que entende existir entre Maquiavel e Marx: acentua que a reflexão de Marx teve interesses muito mais amplos que Maquiavel, expondo também o "aspecto ético-político da política ou a teoria da hegemonia e do consenso, além do aspecto da força e da economia" (Gramsci, 1978, p. 1.315).

A ciência política expressa, em Maquiavel, a dupla natureza do Centauro: "ferina e humana, da força e do consenso, da autoridade e da hegemonia, da violência e da civilização", da "agitação e da propaganda, da tática e da estratégia", dos momentos do individual que não pode ser explicado sem o universal, os quais se articulam no Estado, numa relação dialética que se explicitou na teoria política de Marx (Gramsci, 1978, p. 1.576). Maquiavel mostrou a importância de se buscar exercer o poder com o apoio do povo para um governo mais estável e duradouro.

Para Gramsci, a hegemonia se constitui como correlação de forças, nunca estável e definitiva, mas cambiante e fluida, alterando-se no processo social. E o Estado que Gramsci vislumbra como a finalidade do sonho revolucionário das classes trabalhadoras é um Estado que se sedimentaria no consenso ativo da sociedade, na prática política socializada, que ele denomina "sociedade regulada".

> A tendência democrática, intrinsecamente, não pode somente significar que um operário manual se torne qualificado, mas que todo 'cidadão' possa tornar-se 'governante' e que a sociedade o coloque, mesmo que apenas 'abstratamente', nas condições gerais de poder tornar-se dirigente. (Gramsci, 1978, p. 1.547)

Implicitamente, Gramsci nos diz aqui que uma democracia efetiva depende da educação como um processo de formação política continuada, que possibilita a todos um grau de compreensão das estruturas e a possibilidade de uma participação ativa na sociedade. Esta é a verdade efetiva das coisas, sempre mais difícil de defender e concretizar nos tempos obscuros que vivemos.

Para esta tarefa, Gramsci salienta a importância do partido político que, entre outras coisas, tem a tarefa de constituir intelectuais voltados para a formação das classes populares no sentido da autonomia e da direção política. No *Caderno 12*, Gramsci acentua que todos os membros de um partido político devem ser considerados intelectuais e, no *Caderno 13*, a propósito dos escritos de Maquiavel, procura a atualidade de suas propostas na organização do partido político.

Os intelectuais das classes populares precisam articular teoria e prática, ou seja, devem explicitar a "verdade efetiva das coisas", não como um fato mecânico, mas como movimento histórico, que "vai de uma fase primitiva e elementar de compreensão dos fatos até alcançar uma concepção de mundo coerente e unitária" (Gramsci, 1978, p. 1.385).

Trata-se de um processo de formação continuada, que se inicia identificando os fatos e mostrando as suas contradições a partir de uma posição crítica que implica "uma luta de 'hegemonias' políticas", de direções opostas e contrastantes, para alcançar uma concepção mais elevada e elaborada do real, consequência de um trabalho intelectual que evidencia a relação entre teoria e prática (Gramsci, 1978, p. 1.386).

> Autoconsciência crítica significa histórica e politicamente criação de uma elite de intelectuais: uma massa humana não se 'distingue' e não se torna independente 'por si' sem organizar-se (em sentido lato) e não existe organização sem intelectuais, ou seja, sem organizadores e dirigentes, sem que o aspecto teórico da relação teoria-prática se distinga concretamente em uma camada de pessoas 'especializadas' na elaboração conceitual e filosófica. (Gramsci, 1978, p. 1.386)

Trata-se de um "processo longo e difícil de criação de intelectuais", processo pleno de contradições, de avanços e recuos, que também expressam o processo de organização política da luta hegemônica, mas fundamental para a unidade e identidade de classe. É necessário "salientar a importância e o significado que têm os partidos políticos, no mundo moderno, na elaboração e difusão de concepções de mundo" elaboradas da perspectiva ética e política (Gramsci, 1978, p. 1.387).

> A tarefa dos intelectuais das classes subalternas é construir com elas, e não *sobre* elas, a inteligibilidade do real, a crítica aos mitos imobilizantes, a possibilidade de elaboração de projetos e práticas de transformação social. Atuar no sentido de que se possa decifrar o procedimento mistifica-

> tório é começar um processo de emancipação ideológico, de construção da sua própria identidade. (Dias, 2014, p. 23 – grifo do autor)

A tarefa do partido e dos intelectuais é a de tomar a iniciativa na luta; quando não se tem esta iniciativa e a "própria luta termina por identificar-se com uma série de derrotas, o determinismo mecânico torna-se uma formidável força de resistência moral, de coesão, de perseverança paciente e obstinada". Nestes casos, existe uma atividade volitiva, mas impulsionada de fora; porém, "quando o 'subalterno' se torna dirigente e responsável pela atividade econômica de massa, o mecanicismo aparece como um perigo iminente" e pode acontecer uma "revisão de todo o modo de pensar porque aconteceu uma mudança no modo social de ser". E o "subalterno" supera seus limites, deixa de ser "uma coisa" para se tornar uma "pessoa histórica, um protagonista", um agente ativo e consciente de sua responsabilidade (Gramsci, 1978, p. 1.388).

Esta é a tarefa dos intelectuais: formar a consciência histórica e crítica no processo de organização do movimento político, para superar a condição de subalternidade e tornar-se ou ter as condições necessárias para tornar-se dirigente, para participar do coletivo de forma ativa. Trata-se de um processo continuado de educação para superar os limites impostos pelo capitalismo e criar as condições de emancipação política. O partido forma novos intelectuais dirigentes integrais, provindos das massas e para as massas, capazes de relacionar teoria e prática entendida como processo histórico real ou "verdade efetiva das coisas".

A tarefa dos intelectuais e do partido no contexto moderno é, portanto, semelhante àquela de Maquiavel junto à classe burguesa de sua época: Maquiavel divulgou "um princípio elementar da arte política que é o de que certas coisas se fazem, mas não se dizem" e que só podem ser feitas às ocultas (Gramsci, 1978, p. 1.675). Ao revelar estas práticas para as classes ascendentes, ou seja, revelar a verdade a quem não sabe, Maquiavel não só as inviabiliza, mas cria as condições de mudança desta realidade a partir da formação de uma nova consciência política. Estes são alguns pontos que Gramsci salienta ao mostrar a atualidade do pensamento de Maquiavel na sua relação com a filosofia da práxis.

Maquiavel continua a nos instigar por formular o paradoxo do poder e mostrar a sua força de sedução, por revelar seus segredos e, principalmente, por mostrar que a instauração de uma ordem política é algo que depende unicamente da vontade dos homens e de sua ação concreta. Para tanto, precisamos conhecer as circunstâncias, o modo como os problemas foram tratados ao longo da história, a compreensão das articulações entre o domínio econômico e político e a direção cultural. Os escritos de Maquiavel abrem uma nova era de compreensão das relações de poder e podem ser lidos de maneiras diferentes, conforme a perspectiva teórica do leitor.

A grande contribuição de Gramsci foi buscar fazer aproximações entre Maquiavel e Marx acentuando o caráter revolucionário de suas teorias, o modo como tratam a desigualdade social, bem como as origens do conceito de hegemonia, acentuando a relação intrínseca entre política e educação como um processo emancipatório para as classes subalternas realizado no decorrer de suas lutas políticas.

Referências

ABENSOUR, M. *A democracia contra o Estado: Marx e o momento maquiaveliano*. Belo Horizonte: Ed. UFMG, 1998.

BAUDELAIRE, C. *Ultimi scritti*. Milano: Feltrinelli, 1995.

GRAMSCI, A. *Quaderni del carcere*. Torino: Einaudi, 1978.

HORKHEIMER, M. *Origens da filosofia burguesa da história*. Lisboa: Presença, 1984.

LACORTE, R. Sobre alguns aspectos da "tradutibilidade" no Cadernos do cárcere de Antonio Gramsci e algumas de suas implicações. *Revista Educação e Filosofia*, Uberlândia, v. 28, n. 55, p. 59-98 jan/jun. 2014.

MACHIAVELLI, N. *Tutte le Opere*. Firenze: Sansoni Editore, 1989.

MAQUIAVEL, N. *O príncipe*. São Paulo: Abril cultural, 1978.

MAQUIAVEL, N. *Comentários à primeira década de Tito Lívio*. Brasília: UnB, 1982.

MEDICI, R. Gramsci e a Filosofia da Práxis: significado e usos do termo "popular". *In:* SCHLESENER, A. H. (org.) *Filosofia, Política e Educação* – leituras de Antonio Gramsci. Curitiba: Ed. UTP, 2014. p. 35-49.

NOVAK, G. *As origens do materialismo*. São Paulo: Sundermann, 2015.

SCHLESENER, A. H. *Grilhões invisíveis*. Ponta Grossa: Ed. UEPG, 2016.

SCHLESENER, A. H. *A escola de Leonardo*. Brasília: Liber Livro, 2009.

O AUTOR E O SEU DUPLO: ANTONIO GRAMSCI E NICOLAU MAQUIAVEL[1]

Angelo D'Orsi[2]

Em princípio, à guisa de síntese, é possível afirmar que Gramsci verá Maquiavel como uma referência essencial, marca da própria teoria política, uma espécie de modelo de filósofo da práxis, e a sua obra, não apenas *De principatibus*, portanto, como um precioso reservatório de reflexões sobre o Estado nacional. Trata-se de uma atenção que virá a crescer ao longo do tempo, com avanços que tornam indispensável a leitura diacrônica dos textos, para compreender diferenças e nuances em uma análise cuja direção é progressiva,[3] ou seja,

[1] Tradução de Luciana Aliaga.

[2] Universidade de Torino.

[3] Uso as seguintes abreviações dos textos de Gramsci:
CF = *La Città Futura. 1917-1918*, a cura di S. Caprioglio, Torino, 1982.
CPC = *La costruzione del Partito comunista*, Einaudi, Torino, 1971.
Scritti 1 = *Edizione Nazionale degli Scritti di A. Gramsci. Scritti. 1910-1926, 1. 1910-1916*, a cura di G. Guida, L. Righi, Enciclopedia Italiana, Roma, 2019.
Scritti 2= *Edizione Nazionale degli Scritti di A. Gramsci. Scritti. 1910-1926, 2. 1917*, a cura di L. Rapone, L. Righi, B. Garzarelli, Enciclopedia Italiana, Roma, 2015.
L = A. Gramsci, T. Schucht, *Lettere. 1926-1935*, a cura di A. Natoli e C. Daniele, Einaudi, Torino, 1997.

de um crescente interesse, até o secretário florentino tornar-se o autor central de toda a reflexão teórico-política no longo período carcerário, mais do que Croce, Marx, Lenin ou qualquer outro.[4] Isso, naturalmente, independe das ocorrências textuais: não é tanto o número de citações nos textos gramscianos que fazem de Maquiavel o "primeiro motor" do pensamento maduro do prisioneiro, quanto o processo de identificação e quase de reprodução, *mutatis mutandis*, de um pensamento

---

LC = A. Gramsci, *Lettere dal carcere*, a cura di E. Fubini e S. Caprioglio, Einaudi, Torino, 1965.
NM = *Il nostro Marx. 1918-1919,* a cura di S. Caprioglio, Einaudi, Torino, 1984.
MP = *Il Moderno Principe*, a cura di C. Donzelli, Donzelli, Roma, 2017.
ON = *L'Ordine Nuovo, 1919-1920*, a cura di V. Gerratana e A. A. Santucci, Einaudi, Torino, 1987.
QC = *Quaderni del carcere. Edizione critica dell'Istituto Gramsci,* a cura di V. Gerratana, Einaudi, Torino, 1975.
NPM = *Quaderno 13. Noterelle sulla politica di Machiavelli*, Introduzione e cura di C. Donzelli, Einaudi, Torino, 1981.
SG = *Scritti giovanili*, Einaudi, Torino, 1974.
SL = *Scritti dalla libertà, 1910-1926*, Introduzione e cura di C. Donzelli A. d'Orsi e F. Chiarotto, Editori Internazionali Riuniti, Roma, 2011.

Insistiram na necessidade da diacronia, neste sentido, muitos estudiosos: Gianni Francioni, Fabio Frosini, Guido Liguori, Leonardo Paggi e outros.

4 Para um panorama dos estudos de diferentes avaliações sobre o peso de Maquiavel na elaboração gramsciana, consultar L. Paggi, *Gramsci e Machiavelli*, in "Studi storici", 10 (1969), n. 4, p. 833-876; Id., *Il problema del potere in Gramsci* (1969), depois em Id., *Le strategie del potere in Gramsci. Tra fascismo e socialismo in un solo paese 1923-1926*, Editori Riuniti, Roma 1984; F. Sanguineti, *Gramsci e Machiavelli*, Laterza, Roma-Bari 1982; R. Medici, *La metafora Machiavelli. Mosca Pareto Michels Gramsci*, Mucchi, Modena 1990. Cfr. também M. Fiorillo, *Dalla machiavellistica "elitista" al moderno principe democratico*, in *Gramsci nel suo tempo*, a cura di F. Giasi, Carocci, Roma 2008, p. 839-859; F. Izzo, *Democrazia e cosmopolitismo in Antonio Gramsci*, Carocci, Roma 2009, em particular p. 121 ss.; e o *Prefazione* de C. Donzelli ad A. Gramsci, *Il Moderno Principe*, a cura di C. Donzelli, Donzelli, Roma 2017, p. vii ss., mas também a *Introduzione*, p. 3 ss. (essa reproduz A. Gramsci, *Quaderno 13. Noterelle sulla politica di Machiavelli*, a cura di C. Donzelli, Einaudi, Torino 1981, p. ix ss.).

e de um projeto político. E, ainda que não se queira admitir tal interpretação, não há dúvidas que – como foi observado recentemente em um amplo artigo que reconstrói pontualmente e diacronicamente o interesse gramsciano pelo autor de *O príncipe* – "é difícil sobrevalorizar a importância de Maquiavel na reflexão de Gramsci" (Liguori, 2019, p. 1).

Ou, mais simplesmente, ninguém poderia não subscrever uma afirmação de caráter geral como a seguinte: "a obra de Maquiavel constitui um ponto de referência concreto de toda a evolução teórica e política" de Gramsci (Sanguineti, 1982, p. vii). E parece estranho que há muito tempo a crítica gramsciana venha subvalorizando o tema Maquiavel nos textos do sardo, atribuindo o seu interesse pelo florentino a mera definição prático-política, negando qualquer incidência historiográfica e qualquer valor teórico (Medici, 1999, p. 161 e ss).

Partindo do início, é possível começar pela composição escolar, no final do penúltimo ano no Liceu Dettori de Cagliari (1910), intitulada *Oppressi e oppressori*, na qual o jovem Antonio, com uma *allure* de velho sábio, denunciava:

> Se [...] uma voz de homem honesto se levanta para reprovar estas prepotências, estes abusos, que a moral social e a civilização sanamente entendida deveria impedir, lhe riem na cara; porque é um ingênuo, e não sabe todos os subterfúgios maquiavélicos que regem a vida política. (*SL*, 2011, p. 824)[5]

[5] Sobre maquiavelianismo e antimaquiavelianismo em Gramsci cf. o homônimo verbete de L. Mitarotondo (Mitarotondo *apud* Liguori e Voza, 2009, p. 499-501). Sobre os dois conceitos em geral conferir *Machiavellismo e Antimachiavellismo nel pensiero cristiano europeo dell'Ottocento e del Novecento*, (Scichilone, 2011), e ao verbete de E. Baldini, *Machiavellismo*, (Baldini *apud* D'Orsi, 2010, p. 299-307).

"Maquiavelismos" e "maquiavélicos"[6] (no singular ou, mais frequentemente, no plural), sucessivamente, no período da Primeira Guerra Mundial, são lemas que retornam com alguma frequência no discurso gramsciano, geralmente com acepção negativa e com tom sarcástico: palavras muito úteis, naquele tempo, para "corroer" a imbecilidade de tantos personagens de resposta pronta e de cérebro lento com sua caneta, como ele mesmo não deixou de assinalar em uma passagem citadíssima.[7] Para o Gramsci dos anos turinenses, o maquiavelismo, em substância, é uma forma de eterno "*stenterellismo* itálico". Uma das passagens mais citadas criticamente é: "*Dietro l'avello di Machiavello, giace lo scheletro di Stenterello*",[8] na qual o jornalista recupera os versos satíricos do poeta Giuseppe Giusti (séc. XIX), ironizando a atitude tipicamente itálica de "toda uma caterva de Stenterellos [...] que circunda a pessoa de um único Maquiavel":

> Stenterellos que urram, vociferam, alisam a barriga acadêmica com ar de gravidade, exaltam as virtudes da estirpe, o alto saber dos antepassados, mas eles mesmos não fazem nada, não trabalham, não são produtores de uma ideia, um fato [...]. Stenterello é o protótipo da burguesia italiana. (*CF*, p. 135-37; *SL*, p. 207-208; *Scritti* 2, p. 171)[9]

Em outros termos, ao "maquiavelismo" dos *stenterellos* é contraposta a teoria política de Maquiavel. Como foi observado, a "distinção nítida entre o pensamento do secretário

6 No original em italiano, "Machiavellismi" e "machiavellici". (N.T.)

7 "Agrada-me ser o ácido corrosivo da imbecilidade" é o estentóreo *incipit* do segundo dos dois artigos intitulados *Qualche cosa*, publicado no periódico *Avanti!* Em 3 de setembro de 1917 (*CF*, p. 306-308; *Scritti* 2, p. 444-445).

8 Tradução: "Por trás da tumba de Maquiavel, jaz o esqueleto de Stenterello". (N.T.) Os versos foram extraídos de *Il Mementomo* (1841).

9 "Stenterello" publicado no periódico *Avanti!*, em 10 de março de 1917.

florentino e a prática do maquiavelismo permanece como traço característico da interpretação gramsciana de Maquiavel" (Sanguineti, 1982, p. 10). Trata-se de uma contraposição que se explica em chave histórica, mais do que em chave ético-política. Considerando que a "democracia operária", teorizada em 1919, deva conduzir à ditadura do proletariado, conceito ao qual atribui um valor progressivo, Gramsci vislumbra uma similaridade entre a situação do próprio tempo e a desordem da época de Maquiavel, quando na Itália havia "um caos econômico e um caos político", e nenhuma personalidade parecia capaz de criar um Estado segundo o modelo das grandes entidades estatais estrangeiras, mas, ao mesmo tempo, levando em conta as peculiaridades italianas, recuperando as tradições "mais vivas", ou seja, "a autonomia local, a liberdade de iniciativa privada, uma boa administração"; o modelo precípuo para o Maquiavel de Gramsci era a Inglaterra, deste ponto de vista (*SG*, p. 158-159; *CF*, p. 599).[10]

Na Itália do primeiro pós-guerra, imersa no caos político e na desordem social, a "ditadura do proletariado", no pensamento gramsciano, consiste apenas na instauração de um Estado; neste sentido o seu sujeito social, o proletariado, aparece como o herdeiro ideal do príncipe maquiaveliano, enquanto o maquiavelismo, e suas diversas formulações (giolittismo e mussolinismo são as principais), parece voltado precisamente para impedir a formação de um Estado proletário, bloqueando a realização da "ditadura do proletariado", que nada mais é do que a autêntica democracia operária.

[10] "La funzione sociale del Partito nazionalista", publicado no periódico *Il Grido del Popolo*, em 26 de janeiro de 1918.

A Maquiavel, entendido tanto como homem de Estado, isto é, como ator político direto, quanto lido à luz da pura teoria, este Gramsci contrapõe a tradição política da burguesia italiana – que julga profundamente medíocre –, ou melhor, daquela parte da burguesia que ele define como "falastrona, vaidosa, vazia, que não quer se adaptar ao trabalho modesto, mas fecundo da coletividade anônima, e se diverte sempre a tocar o violão para louvar os grandes feitos dos antepassados, entre os quais não existe nada além do irritante piolho" (*SL*, p. 208; *Scritti 2*, p. 171).

Nestes textos "juvenis", professores e publicistas, políticos e ideólogos são submetidos a uma crítica feroz, como sabemos, e a maior parte dos alvos identificados por Gramsci pertence à área do nacionalismo: os corifeus da guerra, em busca de um *palmarés* ilustre, esquadrinhando entre os grandes do passado, Maquiavel representa um testemunhal excepcional. Para limitar-se a um exemplo considerável, Francesco Ercole, influente catedrático, no mesmo ano da prisão de Gramsci – o fatídico 1926, quando se inicia o regime totalitário – publica *La politica del Machiavelli*, na qual não hesita em apresentar um Maquiavel pré-mussoliniano. Em 1927, Ercole se empenha em sustentar a identidade de visões no plano da ética política entre Maquiavel e Mussolini, entre o príncipe e a Itália fascista (Ercole, 1926; 1927). (Note-se que alguns anos depois, o professor Ercole tornar-se-ia alvo de uma feroz polêmica escrita a quatro mãos por Leone Ginzburg e Benedetto Croce sobre os *Quaderni di Giustizia e Libertà*).[11]

[11] Cf. L. Ginzburg (2000, p. 25-27); ver a propósito A. d'Orsi (2019, p. 198-199).

E é propriamente este maquiavelismo dos stenterellos, o "*stenterellismo*", a obra dos tantos "maquiaveizinhos",[12] que Antonio Gramsci sela com palavras urticantes, seja como jornalista revolucionário que luta pela vitória do proletariado, seja como prisioneiro do fascismo que estuda as formas e inventa as fórmulas para uma nova revolução, fundada sobre a guerra de posição ao invés da guerra de movimento, sobre a conquista da hegemonia, em suma, mais que sobre o exercício da coerção.

É possível, todavia, vislumbrar uma segunda acepção para o termo "maquiavelismo" (e análogos) no Gramsci jornalista socialista, isto é, antes de 1921: um significado ainda negativo, com o qual ele se refere "àquelas formas de maquiavelismo cujo objetivo é a justificação da razão de Estado burguês" (La Porta, 2009, p. 495-499). Leia-se o comentário aos tratados de paz ao fim do conflito mundial:

> Os senhores estadistas italianos [...] são realistas, descendem diretamente de Maquiavel, explicitamente repuseram sobre os altares a razão de Estado como critério soberano de convivência internacional [...]. Estes maquiaveis do realismo capitalista são essencialmente jacobinos: as leis, os tratados se tornaram fetiches. (*ON*, p. 28)[13]

A recusa dos maquiavelismos, de maneira geral, indica o enfado em relação ao emprego fácil e indiscriminado do nome do secretário, transformado em um *passe-partout* bom para qualquer emprego, quase um escudo atrás do qual esconder as próprias deficiências, reforçar teses dúbias ou simplesmente insustentáveis. Um Sonnino, um Orlando, um Salandra, mas também um Giolitti (ainda que este se insira no campo só mais

---

[12] No original "machiavellini". (N.T.)

[13] *Pietà per i venturi nepoti*, publicado no periódico *Avanti!*, 18 de maio de 1919.

tarde) que se sentem ou sejam apresentados como outros tantos maquiaveis da política, é algo que Gramsci não pode aceitar, seja pelo desprezo que ele tem por aquele estrato político, seja pela admiração pelo secretário florentino. Anões diante de um gigante da Política, com letra maiúscula.

Maquiavelismo, portanto, é uma palavra com valor negativo; neste sentido é lícito o confronto com outro "ismo", o jacobinismo, sobre o qual, entretanto, Gramsci mudará de posição, como é sabido, a partir do início dos anos 1920; ainda que na esteira de uma interpretação marxista da Revolução de 1789 (a do historiador francês Albert Mathiez, em um ensaio traduzido em fascículos para o cotidiano *L'Ordine Nuovo*), ele verá nos bolcheviques os novos jacobinos.[14] O próprio Gramsci não hesita em ligar Maquiavel ao jacobinismo de modo explícito e direto: chega, ainda que em um texto privado como uma carta, a defini-lo como "o primeiro jacobino italiano" (*LC*, p. 459; *L*, p. 789-93).[15] Esta afirmação está ligada à convicta interpretação, esparsa em várias passagens dos *Cadernos*, a meio caminho entre a história do passado e a política para o presente, de um Maquiavel paladino das milícias nacionais, constituídas por camponeses, e, portanto, sustentáculo de uma colaboração entre camponeses e classes urbanas, as "progressivas": é evidente, me parece, que Gramsci tenha em mente a própria visão da solução do problema nacional italiano por excelência, a questão meridional, que ele vê na aliança entre proletários do Norte e, especificamente, os camponeses pobres do Sul.

Um terceiro "ismo" pode legitimamente ser aproximado, percorrendo as sendas gramscianas, a "maquiavelismo":

---

[14] Cf. Para as referências pontuais, Medici, 2009, p. 351-354.

[15] Carta a Tatiana Schucht de 7 setembro de 1931.

trata-se de "elitismo" que, de acordo com uma conhecida e depois difusa interpretação que remonta a James Burnham, descenderia direta ou indiretamente de Maquiavel. Segundo esta tese, Mosca, Pareto, Michels, e em parte Sorel, todos autores com os quais de alguma forma Gramsci se confronta, são exatamente "maquiavelianos" ou "maquiavelistas".[16] E, como tais, eles são os representantes, sempre seguindo a via maquiaveliana, do realismo político: algum tempo depois será Norberto Bobbio a fazer de Gramsci um *convitato di pietra*[17] na longa sequência de escritores realistas políticos da tradição italiana (Bobbio, 1971).[18] Uma colocação justa, mas limitada, para dizer a verdade, tanto para Maquiavel quanto para Gramsci, o qual, como o seu grande modelo florentino, associa o realismo ao utopismo – duas categorias que, além disso, parecem inserir-se pouco na corrente, vituperada ou não, do maquiavelismo.

Em associação, ou seja, por contraste, com os maquiavelismos, ou em si mesmo, Nicolau Maquiavel, ainda que não ausente nos escritos juvenis, de fato comparece raramente, mas é fácil notar o quão importante é esse nome, que é comparado por Gramsci a ninguém menos que Galileu Galilei: "a Itália é o berço do método experimental aplicado às ciências sociais

16 Cf. Burnham (1943). A edição italiana, de 1947, em clima de incipiente guerra fria, no título retira a referência a Maquiavel, e intitula simplesmente *I difensori della libertà* (Burnham, 1947). Cf. A respeito, Medici, 1990, p. 7 ss.

17 A expressão "um convidado de pedra" remonta à obra teatral *El burlador de Sevilla y convidado de piedra* (1630), atribuída ao espanhol Tirso de Molina. Ela é usada para indicar a presença de alguém eminente, mas, ao mesmo tempo invisível e silencioso (cf. Istituto della Enciclopedia Italiana fondata da Giovanni Treccani). (N.T.)

18 Cf. N. Bobbio (1971), *Saggi sulla scienza politica in Italia*.

por Maquiavel e aplicado às ciências físicas por Galileu e por sua escola" (*NM*, p. 387).[19]

Uma das primeiras referências ao autor de *O príncipe* pode ser encontrada em um artigo de 1916, no qual Gramsci, então com 25 anos e que há pouco mais de um ano exercia profissionalmente o jornalismo, mas era ainda estudante inscrito na Faculdade de Filosofia e Letras, mostra conhecer bem tanto os textos maquiavelianos (no caso os *Discursos sobre a primeira década de Tito Lívio*), quanto os eventos históricos a eles subjacentes. Trata-se do elogio a Caterina Sforza, senhora, cujo marido é Girolamo Riario, de Imola e Forlì (Machiavelli, III, 6), que assume em Gramsci um valor meta-histórico e simbólico: ao duque Valentino, que diante das muralhas da cidade, para entrar em Ravenna, havia amarrado os filhos dela, feitos reféns, às máquinas de assédio militar, Caterina, "mulher castíssima, fez um gesto plebeiamente heroico", escreve Gramsci:

> Com um movimento violento descobre os órgãos sexuais, dizendo que enquanto ela, a mãe, estivesse viva, não devia o inimigo alcançar o triunfo: porque quem deu à luz aqueles jovens, outros poderia criar, e mais vigorosos porque sugariam com o leite materno o ódio pelos assassinos. (*NM*, p. 601)

Na realidade, o gesto de Caterina, admitindo que seja história e não lenda, não foi feito para Cesare Borgia (que mais tarde, de fato, a atacou e derrotou), mas no confronto com outros assediadores, a família dos Orsi, conjurados contra o senhorio de Caterina, cujo marido haviam acabado de matar, e sobre os muros da fortaleza de Ravaldino em Forlì.

---

19 "La tessera del latte", publicado no periódico *Avanti!* de 2 de novembro de 1918.

Maquiavel, em suas primeiras experiências de secretário da Segunda Chancelaria da República (1498-1500), havia conhecido pessoalmente Caterina, e foi protagonista de uma longa e extenuante tratativa política entre Firenze e a senhora Sforza Riario, uma verdadeira *condottiera* política em relação à qual, para além dos momentos de áspero dissídio, Maquiavel guardava uma profunda consideração. E esse episódio, verdadeiro ou verossímil, não importa se com modificações voluntárias ou não dos fatos na história, a Maquiavel, e quatro séculos depois, a Gramsci, é útil como exemplo de força, pensamento livre de preconceitos, de desenvoltura, sempre para conquistar ou manter o Estado.

Maquiavel, por isso, não é somente um objeto de estudo nesta época, mas é também uma bússola política: os seus escritos fornecem elementos úteis para compreender e avaliar as situações políticas e para agir sobre elas. Se observarmos com atenção, é possível concluir que as duas linhas estão conectadas: aquela que olha para Maquiavel do ponto de vista histórico e aquela que busca nas suas "máximas" instrumentos para a ação. Porque, na verdade, já para este Gramsci, a História (com letra maiúscula) é uma "fecundíssima e astuta mulher", que fornece exemplos de extraordinária riqueza e produtividade. Escreve estas palavras em um outro artigo de 1919, no qual, ainda que sem nominar Caterina Sforza, ele recoloca o episódio como um momento para ação política, evocando o "gesto grandiosamente obsceno" da "heroína mulher romanha".[20]

[20] "Le astuzie della storia", publicado no periódico *Avanti!*, em 18 de abril de 1919.

História e política, conhecimento do passado, dos fatos e das ideias, e construção de um breviário político para o presente estão entrelaçados em um complexo que nunca se decomporá no pensamento gramsciano, que parece percorrer a luminosa trilha do secretário florentino. Admiração e quase inconsciente emulação por ele, mas ao mesmo tempo refutação dos "ismos" que nele pretendem se inspirar.

Pode-se, portanto, imaginar o desalento provocado em Gramsci pela acusação de maquiavelismo, a que se refere no texto sobre a questão meridional de 1926; companheiros de partido acusam-no de ter desistido de lutar contra a ideologia política de Piero Gobetti, por causa de uma abordagem prejudicada pelo "maquiavelismo" (*NPM*, p. 75-78). De qualquer forma, ainda respondendo a essas críticas, ele escreve a frase-chave que declara o significado de Maquiavel na metade dos anos 1920, quando o Partido Comunista já nasceu e está estabilizado, e Antonio Gramsci é seu líder, embora estivesse longe de ser inquestionável. E, como comunistas, não podem fazer "jogos" maquiavélicos:

> nós comunistas não queremos 'jogar' com a história; queremos atuar seriamente e não temos nenhum esquema prefixado para aplicar, nem mesmo o esquema russo. Nós temos princípios, uma doutrina, dos fins concretos a realizar. É somente em relação aos nossos princípios, a nossa doutrina e aos nossos fins a alcançar que estabelecemos a nossa linha política real. O nosso 'Maquiavel' são as obras de Marx e de Lenin. (*CPC,* p. 350-351)[21]

Na realidade, à parte o *slogan* – eficaz, e verdadeiramente famoso –, parece poder subscrever a afirmação, ao menos em

[21] "Noi e la concentrazione repubblicana", publicado no periódico *L'Unità*, em 13 de outubro de 1926.

termos gerais e para uma primeira fase das elaborações de Gramsci, segundo à qual ele "pensa uma interpretação marxista e uma utilização leninista de Maquiavel, em um estudo sobre as relações reais entre Maquiavel e Marx" (Sanguineti, 1982, p. xi). Para além e para aquém das encruzilhadas intelectuais (Marx) e dos usos políticos (Lenin), ele terá um autêntico Maquiavel que, não obstante, será o "seu" personalíssimo Maquiavel. Não será simplesmente um Maquiavel "*ad usum*", na medida em que não há distorção dos textos propriamente, mas certamente uma interpretação sua; Gramsci faz um uso político, e até mesmo intelectual e moral, do grande Nicolau, que se tornará um autor de referência para um homem subtraído do *agon* político, em um processo de autoidentificação assaz interessante. Trata-se de um processo que alcançará o ponto culminante na plenitude da reclusão, depois de uma primeira fase, no período de liberdade, no qual prevalentemente Gramsci desempenha o papel de jornalista-estudioso, que "se ocupa" de Maquiavel, influenciado pelo *mood* de uma época na qual florescem os estudos maquiavelianos.

Por conseguinte, neste ponto, é necessário interrogar-se sobre as motivações desse difuso interesse. Deve-se recordar que no imediato pós-guerra, no âmbito europeu, a referência ao secretário florentino nos ambientes acadêmicos – mas também, paralelamente, no debate público e especialmente no discurso político – era bastante difusa: o fim da Primeira Guerra Mundial (que não foi a paz, mas o início de novos e violentos conflitos internos às nações, além das graves tensões entre os Estados, incluindo os vencedores) havia colocado em evidência o despreparo das classes dirigentes, frequentemente a sua inabilidade, a incapacidade de enfrentar de maneira séria a situação totalmente nova que então se definia em âmbito continental, com o descontentamento de vastas massas populares, o colapso anunciado, ou já em curso, dos regimes seculares. Em suma, o confronto epocal entre reação e revolução na cena europeia. Precisamente, as incertezas e oscilações políticas das classes dirigentes das nações recém-saídas da guerra, em grande parte modificadas, muitas vezes induziam a invocar a força como princípio resolutivo, a espada como capaz de cortar os *nós górdios* da política. E, todavia, é talvez só parcialmente verdadeira a afirmação: "Maquiavel era invocado como precursor e inspirador de uma prática política que buscava na força e não no consenso o seu ponto de apoio"(Calabrò, 1977, p. 194). Na realidade, o autor de *O príncipe* foi reconduzido ao debate público também sob um outro ponto de vista, especificamente o político, se a *política*, diferente da guerra, *polemos*, for entendida como ciência do bom governo, que usa a palavra, o raciocínio, o *logos,* ao invés das armas: a política que se serve de todos os instrumentos possíveis para conquistar o poder, engrandecê-lo, conservá-lo. Chegar ao poder significava, entre o século XV e o XVI, edificar Estados, engrandecê-los, defendê-los. E o príncipe necessitava também de consenso dos súditos, ainda que o consenso pudesse ser mais bem obtido com o temor do que com o amor, segundo a notabilíssima citação do capítulo XVII. Maquiavel oferece receitas políticas para os problemas do próprio tempo, úteis também no tempo presente, na Europa que sai dilacerada do conflito mundial.

O renovado interesse pelas teorias de Maquiavel, porém, tinha as suas bases em uma época precedente, datada da metade do século XIX, pelo menos, e se espraiava para além do espaço cultural e geográfico italiano, alcançando vastos ambientes na Europa; não por acaso, especialmente na Alemanha

(Cau, 2007, p. 145-184): basta recordar os nomes de Heinrich Treitschke, Carl Schmitt, Friedrich Meinecke.

Na pátria de Maquiavel, centrar a atenção em seu pensamento significava, como observou Eugenio Garin, não apenas "analisar um momento qualquer da cultura italiana: significava tomar posição em todas as questões fundamentais da história e da política italiana" (Garin, 1958, p. 413). O secretário da Segunda Chancelaria da Firenze republicana (mas de fato responsável por um número infinito de tarefas, que faziam dele peça central na organização estatal) era uma *cartina di tornasole*[22] da identidade nacional. E isto antes que estivesse no horizonte os sinais do incipiente terremoto mussoliniano. A partir do fim da Primeira Guerra Mundial, e depois, cada vez mais, após o advento fascista, verificou-se uma espécie de "momento maquiaveliano", para retomar o título da célebre obra de John Pocock (1980): *O príncipe*, antes de tudo, os *Discorsi* e ao menos *L'arte della guerra* tornaram-se textos base para a análise teórica, mas também da ação prática para enfrentar a "desordem" social e política, e tanto mais para a instauração da ordem.[23] Dito de outro modo, em Maquiavel se encontrou uma justificação, uma das principais, para a lógica política fascista.

Depois de Sanctis, Mosca e Croce, que haviam todos, de modo diverso, se dedicado a Maquiavel, entre os anos 1920 e 1930, dois jovens, um literato, Luigi Russo, e um historiador, Federico Chabod (o primeiro quase coetâneo de Gramsci, nascido em 1892; o segundo coetâneo de Gobetti, tendo

---

[22] Sentido figurado para "prova decisiva ou irrefutável". (N.T.)

[23] Para um quadro geral remeto a Carta e Tabet (2007, p. 3 ss), em particular a *Introduzione: Interpretazioni e "usi" politici del Machiavelli*.

nascido em 1901), tentaram corrigir as leituras superficiais e distorcidas, vulgarmente instrumentais, do pensamento de Maquiavel. Um católico liberal, Vito Galati, já havia indicado a instrumentalidade dos "usos" de Maquiavel no debate político. Essas tantas referências ao pensamento do secretário florentino punham questões totalmente diferentes: "democracia, liberalismo, fascismo e também comunismo". Maquiavel, em suma, denunciava este crítico, "suporta, sem culpas, metamorfoses singulares e insuspeitáveis".[24]

Entre as instrumentalizações e as banalizações, as distorções e as verdadeiras e próprias falsificações, o papel de honra cabe ao *Preludio al Machiavelli* de Mussolini (1924), na revista fundada por ele em janeiro de 1922, "*Gerarchia*": nesse mesmo órgão, o *duce* havia publicado, um pouco depois da chegada ao governo, *Forza e consenso*, que se tornou um ponto de referência teórico do fascismo vitorioso. Neste, quase caricaturando o *príncipe* maquiaveliano, preparava o terreno para o assalto final ao "inepto Estado liberal" e a ação para colocar a oposição fora do jogo. O *Preludio*, não obstante, obteve maior notoriedade mais tarde, como prefácio a uma edição de *O príncipe*, em 1927, o ano do quarto centenário da morte do secretário, quando o regime já era uma realidade (Santarelli, 1979, p. 228-231). Aproximadamente no mesmo período, o prisioneiro começa a orientar-se em sentido metodologicamente oposto, refutando o Maquiavel, como escreverá, "bom para todos os tempos", sublinhando a importância da contextualização e não aceitando a simplista etiqueta croceana de um Maquiavel como teórico da política

[24] Cf. Ciliberto (1982, p. 136). Sobre Maquiavel, a circulação das obras e a ambiguidade da sua figura e dos seus escritos, cf. Canfora (2010, p. 73-88).

e, especificamente, da política de força; um Maquiavel como "político em geral". Maquiavel é visto e compreendido como o grande teórico da fundação de Estados, hábil pensador da burguesia em chave nacional. Propriamente neste sentido, em primeiro lugar, Gramsci, teórico de uma ditadura do proletariado, progressiva e "democrática", olha para Maquiavel, substituindo simplesmente a burguesia pelo proletariado e o conceito de Estado nacional por aquele de Estado operário.

Retornando a Mussolini (1923), no artigo *Forza e consenso*, o *duce* havia pretendido identificar no pensador florentino "a antítese entre príncipe e povo, entre Estado e indivíduo", reafirmando, assim, "a força organizada do Estado", à qual o príncipe devia remeter-se totalmente, subordinando a ela a busca do consenso: "mutável", acrescentava, "como as formações de areia à beira do mar" (Santarelli, 1979, p. 226-228). O povo era, portanto, considerado "uma entidade meramente abstrata, como entidade política" a quem "se ordena, sem mais, a aceitar uma Revolução ou a paz, ou marchar em direção ao desconhecido de uma guerra"; mas, para ele – concluía – "não resta mais que um monossílabo para afirmar e obedecer" (Santarelli, 1979, p. 231). Como foi observado, na realidade, mesmo quando escreve povo, Mussolini entende uma indistinta multidão (Calabrò, 1977, p. 194), que na sua passividade "obedece", pois "crê" e, portanto, "combate".

Em outubro de 1926, Gramsci se mostra crítico diante de qualquer referência à política entendida como ciência "segundo Maquiavel", ou seja, uma política que se apresente com traços de generalidade e, sobretudo, de neutralidade. Maquiavel, de fato, se torna uma metáfora para indicar os instrumentos para a conquista e a defesa do poder: como referido antes, Marx e Lenin são propostos, simbolicamente, como o "Maquiavel" dos comunistas. Restam poucos dias para a prisão e o início de uma jornada, em restrição de liberdade, na qual, somente a partir do início de 1929, Gramsci poderá dedicar-se a um estudo sistemático, incluída a releitura e a reconsideração das páginas de Maquiavel, começando pelas imortais páginas de *O príncipe*, cuja edição, organizada pelo já mencionado Federico Chabod e editada pela turinense Utet em 1924, na *Collezione di Classici italiani con note* (dirigida por Gustavo Balsamo Crivelli), ele levará sempre consigo, e hoje está conservada preciosamente entre os objetos pessoais da família russa de Antonio.

O príncipe, portanto (com as outras obras escritas por Maquiavel), não é considerado como mero tratado de teoria política, ainda que fascinante, mas sim, em seu conjunto, um manual de ação, uma obra política em seu sentido pleno (*QC*, p. 675). *O príncipe* tem o mesmo valor do *Manifesto* de Marx e Engels, como manual de ação prática, o que não impede Gramsci de perceber e sublinhar as diferenças entre aqueles dois grandes textos e os respectivos autores (*QC*, p. 1598-1601). Ao intensificar-se a atenção, quase raptada, de Gramsci por Maquiavel, em paralelo a Marx, pode-se ver como o primeiro é colocado na mesma categoria da "filosofia da práxis", que será a marca determinante da interpretação gramsciana do pensamento de Marx.[25]

Além disso, sendo Maquiavel uma presença ocasional e errática nos escritos jornalísticos, pode-se observar que até aquele momento Gramsci prestou atenção sobretudo às causas históricas e às implicações sociológicas do provincianismo dos *stenterellos* da burguesia italiana, resistindo a quem o exortava

[25] Cf. Neste sentido Sanguineti (1982, p. 70-71) e Liguori (2019, p. 7).

a considerar, em termos de estudo orgânico e científico, o secretário florentino, como fez o professor Umberto Cosmo – quem, de acordo com o que escreverá o próprio Gramsci do cárcere para a cunhada Tatiana em fevereiro de 1931, havia insistido (é uma citação muito conhecida) "para que eu escrevesse um estudo sobre Maquiavel e o maquiavelismo; era sua ideia fixa, desde 1917, que eu deveria escrever um estudo sobre Maquiavel".[26] Marginalmente, resta a dúvida se a menção a 1917 seria uma referência implícita aos portentosos eventos russos, em que um novo Maquiavel, um príncipe vencedor, estaria levando o maior Estado da face da terra ao socialismo... Por outro lado, Maquiavel, como Lenin, aparece para Gramsci como um político prático, que deseja agir no presente.

Deve-se ao menos assinalar, enfim, entre escritos pré-carcerários e textos carcerários, a tomada de distância em relação a Croce. Ainda que reconheça que este tenha contribuído para os progressos nos estudos sobre o autor de *O príncipe*, em particular sobre a "questão da política como ciência autônoma" (*LC*, p. 399; *L*, p. 668-72),[27] Gramsci rejeita sua leitura de Maquiavel nos termos do político em geral, "o 'cientista da política', atual em todos os tempos" (*LC*, p. 399; *L*, p. 668-72),[28] e não acolhe a ideia croceana da política maquiaveliana como mera "paixão". Uma interpretação afetada pela rejeição do partido político, muitas vezes expressa por Croce, que, lendo Maquiavel, Gramsci, ao contrário, entende como necessário (e urgente) em suas páginas, e em particular na figura do príncipe, que precisa ser atualizada, para além da contingência histórica, na

[26] Carta a Tatiana Schucht, 23 de fevereiro de 1931.
[27] Quaderno 13, § 10: *QC*, p. 1568.
[28] Quaderno 13, § 13: *QC*, p. 1572; e também em *MP*, p. 125.

forma do "moderno partido político". E o proletariado poderá ser a autêntica concretização da ciência política maquiaveliana, o seu herdeiro, o seu intérprete.

O maquiavelismo, permanecendo um conceito usado em acepção substancialmente negativa, será uma categoria não irrelevante na trama dos *Cadernos*, que permite ao autor examinar a "psicologia política do povo italiano", buscando uma das piores falhas que Gramsci vê nos indivíduos e no povo: a superficialidade, o "diletantismo", que tem como base a "falta de disciplina intelectual". O diletantismo é percebido também em certas tendências do materialismo histórico, contaminadas por

> Todas as más tradições da cultura italiana média e parece aderir a alguns traços do caráter italiano: a improvisação, o 'talentismo', a preguiça fatalista, o diletantismo irresponsável, a falta de disciplina intelectual, a irresponsabilidade e a deslealdade moral e intelectual. (*QC*, p. 749)

Ele contrapõe a "disciplina", ou seja, a "necessidade de uma crítica interna severa e rigorosa, sem convencionalismos e meias medidas". O materialismo histórico abate conformismos e hipocrisias, mas não se orgulha do cinismo, como foi interpretado e como acontece com o maquiavelismo. E aqui o autor escreve uma página que me parece fundamental:

> O mesmo resultado tivera o maquiavelismo, por causa de uma arbitrária ampliação ou confusão entre a 'moral' política e a 'moral' privada, isto é, entre a política e a ética, confusão que, por certo, não existia em Maquiavel, muito pelo contrário, já que a grandeza de Maquiavel reside no fato de ter distinguido a política da ética. Não pode existir associação permanente, com capacidade de desenvolvimento, que não seja sustentada por determinados princípios éticos, que a própria associação determina para

> seus componentes individuais, a fim de obter a solidez interna e a homogeneidade necessárias para alcançar o objetivo. Nem por isso estes princípios deixam de ter caráter universal. Isto ocorreria se a associação tivesse seu fim em si mesma, isto é, se fosse uma seita ou uma associação de delinquentes (somente neste caso, ao que me parece, pode-se dizer que política e ética se confundem, precisamente porque o 'particular' foi elevado a 'universal'). Mas uma associação normal concebe a si mesma como uma aristocracia, uma elite, uma vanguarda, isto é, concebe a si mesma como ligada por milhões de fios a um determinado agrupamento social e, através dele, a toda a humanidade. Portanto, esta associação não se considera como algo definitivo e enrijecido, mas como tendente a ampliar-se a todo um agrupamento social, que é também considerado como tendente a unificar toda a humanidade. Todas estas relações emprestam caráter (tendencialmente) universal à ética de um grupo, que deve ser concebida como capaz de tornar-se norma de conduta de toda a humanidade. A política é concebida como um processo que desembocará na moral, isto é, como tendente a desembocar numa forma de convivência na qual a política e, consequentemente, a moral serão ambas superadas. (*QC*, p. 749)

Trata-se realmente de Maquiavel? Ou está expondo precisamente a própria visão ético-política, uma visão capaz de produzir uma "reforma intelectual e moral", segundo uma trajetória ideal que do local chegue ao nacional e o supere, visando o mundo inteiro? Aparentemente, aqui Gramsci retoma os juízos croceanos, mas a sua perspectiva é bem diferente, e em lugar de hipostasiar conceitos como moral e política, blocos marmóreos separados e incomunicáveis, propõe a sua superação, em uma visão holística, de autêntica democracia, de caráter ao mesmo tempo ético e político, capaz de unificar toda a humanidade.

Com relação à repulsa ao diletantismo, recorde-se a passagem do discurso bastante conhecido de Togliatti na Universidade de Torino em 1949, quando salienta, a respeito de Gramsci estudante naquele ateneu, onde refinou o seu "desdém, a repugnância até mesmo moral, diria, pela improvisação e pela superficialidade" (Liguori, 2001, p. 141).[29] Eis, portanto, outra explicação para a constante polêmica em relação aos maquiavelismos, que ressurgem sempre em contraposição ao pensamento maquiaveliano. Dirigindo-se agora à cunhada Tatiana, Gramsci observa como nenhum estudioso

> relacionara os livros de Maquiavel ao desenvolvimento dos Estados em toda a Europa no mesmo período histórico. Desviados pelo problema puramente moralista do referido 'maquiavelismo' não viram que Maquiavel foi o teórico dos Estados nacionais regidos pela monarquia absoluta. (*LC*, p. 133; *L*, p. 153-54)[30]

E basta este aceno para mostrar a novidade da leitura gramsciana, apesar de uma leitura sem escrita, já que na época não tinha ainda autorização para escrever na cela, a qual chegará somente em janeiro de 1929, embora, como já foi observado, as referências ao secretário florentino nos *Cadernos* iniciais serão escassas e, no primeiro programa de trabalho formulado pelo prisioneiro, Maquiavel não comparece.[31]

Posteriormente, Maquiavel se tornará central nos *Cadernos*, nos quais se define o ponto de chegada de um percurso de "esclarecimento do problema Maquiavel-política", que desembocará no problema de uma política para a filosofia da

---

29 P. Togliatti, *Pensatore e uomo d'azione*, 1949.

30 Carta a Tatiana Schucht, 14 de novembro de 1927.

31 *Quaderno 1*, "Argomenti principali" (*QC*, p. 5). Cf. Liguori, 2019, p. 5.

práxis, ou seja, da teoria revolucionária marxista.[32] Maquiavel, em termos gerais, representa para Gramsci "o ponto mais alto alcançado pela ciência política burguesa no terreno do estudo e da descrição dos mecanismos que presidem a mudança política, das regras para a fundação de um 'principado novo', de uma nova configuração estatal" (*NPM*, p. 7). O "Estado novo", o Estado a ser fundado (ou refundado), eis o coração do interesse gramsciano pelo autor de *Principatibus*. Uma abordagem que exige e postula reconstrução histórica e projeção política, edificação de um projeto político adequado ao próprio tempo. Maquiavel aparece como um teórico da construção hegemônica, mas também do exercício da ditadura, porém na visão que Gramsci considera justa, isto é, democrática. E, corretamente, já foi observado que o interesse pelo pensamento maquiaveliano aumenta "à medida que se aprofunda e se articula em Gramsci a ideia da complexidade da crise histórica que o mundo está atravessando" (*NPM*, p. 10).

Maquiavel poderia, por isso, ser considerado o Virgílio que conduz o Dante-Gramsci nos meandros da política, entendida como teoria, mas, sobretudo, como história da Itália. *O príncipe*, como "livro vivo", como "obra dramática" é, ao mesmo tempo, um tratado de teoria política e um espelho da história italiana em sua passagem da Idade Média ao Renascimento. Maquiavel é também o ponto de confronto: numerosos protagonistas ou deuteragonistas da história são deslocados por Gramsci dos acontecimentos para tornarem-se personagens do drama italiano, frequentemente confrontados com o próprio Maquiavel, teórico e homem de ação. O caso

---

32 M. Filippini, *Niccolò Machiavelli: "la grande politica"* (Filippini, 2012, p. 23-32).

mais célebre é o de Savonarola, profeta desarmado que, não por acaso, é observado com notável interesse (Mitarotondo, 2012, p. 13-22).

A atenção crescente em Maquiavel, que nos primeiros meses de 1932 encontra no *Cadernos 8* um *turning point*, se explica também, ao meu ver, sobretudo pelo desenvolvimento de um repensar crítico do marxismo que conduzirá Gramsci, como sustentei em outro texto (D'Orsi, 2018, p. 397 ss), não mais a um abandono ou a uma fuga, mas a uma ruptura com a infraestrutura representada pelo marxismo, pelo menos em sua versão dogmática vigente, tanto no plano teórico, quanto no plano prático-político: uma infraestrutura que, para ele – existem razões para acreditar –, aparece como uma jaula, cujas barras devem ser rompidas para afastar, de modo irreversível, como faz Gramsci, qualquer nuance determinista e economicista. Mas já no *Caderno 4*, em uma nota escrita entre maio e agosto de 1930, sob o título *Marx e Machiavelli*, lê-se:

> Este tema pode dar origem a um duplo trabalho: um estudo sobre as relações reais entre os dois, como teóricos da política militante, da ação, e um livro que extraísse das doutrinas marxistas um sistema ordenado de política atual, do tipo 'príncipe'. O tema seria o partido político, em suas relações com a classe e o Estado: não o partido como categoria sociológica, mas o partido que pretende fundar o Estado. (*QC*, p. 1601-1602)[33]

No programa *Per una storia degli intellettuali italiani* com o qual, em novembro-dezembro de 1930, abre-se o *Caderno 8*, "Maquiavel" e "Maquiavel como técnico da política e como político integral ou em ato" são considerados entre os "en-

[33] *Quaderno 4* [b], § 11 [G 4, § 10] (*QM*, p. 675); retomado em segunda escritura no *Quaderno* 13, § 21(*QC*, p. 1601-1602).

saios principais" a partir dos quais será possível articular essa história. Nas páginas seguintes, em um elenco dos "Reagrupamentos de matéria", inseridos entre março e abril de 1932, encontra-se, no ponto 2, "Maquiavel" (*QC*, p. 935-936). No mesmo caderno se lê uma nota esclarecedora, também escrita nos primeiros meses de 1932:

> *O moderno príncipe.* Sob este título podem agrupar-se todos os pontos de ciência política que podem ajudar na formação de um trabalho de ciência política que seja concebido e organizado sob o tipo do *príncipe* de Maquiavel. (*QC*, p. 951)[34]

Esta é a primeira ocorrência de uma expressão que depois se tornará uma fórmula: o "moderno príncipe". Maquiavel torna-se, assim, um meio para a verificação de tal orientação, com ênfase na centralidade do momento político, ao qual, portanto, Gramsci admite pelo menos uma relativa autonomia em relação ao econômico. Afinal reemergem, de diversas formas, o velho "sorelianismo" e o "bergsonismo" que tocaram, ainda que em modestíssima medida, o jovem Antonio, estudante, jornalista e militante do Partido Socialista. Gramsci, quase recuperando Croce, crê vislumbrar em Maquiavel uma concepção da política, ainda que "científica", com um componente emocional e voluntarista fundamental. Maquiavel, Marx com o *Manifesto* e enfim como ele mesmo, e Gramsci, restrito ao cárcere fascista, são aproximados pela condição de autor-ator: os seus textos são tratados de caráter histórico e teórico, mas são ao mesmo tempo manuais de ação política. O impulso à ação prática, à *práxis*, os anima, ao lado e além do intento de compreender os segredos da política.

---

34 *Quaderno 8* [c], § 21 [G 8, § 21] (*QC*, p. 951).

E, na clausura, não negligenciou o dado histórico, ou seja, a reconstrução de uma linha que atravessa os acontecimentos de uma Itália incapaz de suscitar, ter, organizar uma vontade coletiva nacional-popular; nem se deve subvalorizar o papel de um Maquiavel precursor de Marx, mas também protojacobino, com um sugestivo *mélange* de utopismo e de realismo que nos fazem vê-lo como um gigante.[35] Não se pode, enfim, deixar de sublinhar o caráter de excepcional força comunicativa, de qualidade literária, das páginas do *Caderno 13*, intitulado pelo próprio Gramsci *Noterelle sulla politica del Machiavelli*, em cujo título se registra a feliz conjugação entre teoria e prática, mas também em outras notas e anotações esparsas que têm como ponto de partida ou de chegada o tema que perde somente de Croce em número de ocorrência nos *Cadernos*, precisamente o secretário florentino, cuja doutrina, nos recorda Gramsci, não é somente livresca, mas força viva, e cujo estilo, diferenciando-se de toda tratadística coeva, eleva com energia vital, a energia de um homem de ação ou, mais precisamente, de um autêntico "revolucionário" (Dotti, 2003).

A assimilação de conceitos da obra maquiaveliana não é apenas erudição ou um fim em si mesma, e Gramsci certamente, em síntese, não deixa de sacrificar a filologia à política. O uso de Maquiavel acaba por prevalecer, ao longo do tempo, sobre a reconstrução do pensamento. Ou melhor, mais que de "uso", devemos falar de um desenvolvimento: é como se Gramsci quisesse retomar os textos, a partir de *O príncipe*, e levar adiante o discurso, não sem incertezas, em um esforço progressivo de esclarecimento. Como foi observado, o "mo-

[35] Sobre o "jacobinismo" *ante litteram* de Maquiavel em Gramsci, conferir Medici (1990, p. 187 ss).

derno príncipe" gramsciano se avizinha (e diria que quase sobrepuja) ao príncipe maquiaveliano (Liguori, 2019, p. 8): Gramsci, agora já desalentado diante do avanço do catecismo moscovita, depois de ter superado a mesma doutrina dogmática do "marxismo-leninismo", busca vias de escape, ainda que permanecendo firmemente dentro do campo do marxismo. Maquiavel, sem dúvida, torna-se uma destas vias de escape, em particular no que se refere às teses que depois da crise de 1929 foram impostas pela análise "oficial" do comunismo soviético e do *Comintern*. Teses que não tardarão a revelar-se totalmente erradas, como Gramsci compreende e talvez busque fazer compreender por intermédio de vários canais. A livre interpretação de Maquiavel, assim como a crítica a Bukharin, junto a tantos outros elementos que se inserem na elaboração fragmentária de Gramsci dos anos 1930, em conjunto definem uma trajetória de afastamento do dogma e de abertura para novas pistas, em suma, da formulação de uma nova teoria geral do marxismo, que, de fato, possamos chamar de gramscismo.[36]

A ideia de que o pensamento de Maquiavel constitua "a base de um laicismo moderno e de uma completa laicização de toda a vida e de todas as relações de costume" (*QC*, p. 1561),[37] não deve, talvez, ser entendida também como mensagem contra a dogmática da igreja marxista-leninista? Não é necessário que Gramsci faça um esforço definitivo voltado à laicização do legado de Marx? Não convidara, ainda em 1918, a lembrar que Marx não era autor de "uma doutrinazinha" (*NM*, p. 3,

[36] Desenvolvi esta tese em *Gramsci*: una nuova biografia, tanto na primeira edição (D'Orsi, 2017) quanto na segunda, revista e ampliada (D'Orsi, 2018).

[37] *Quaderno 8* [c], § 21[G 8, § 21] (*QC*, p. 951); retomado em segunda escritura no *Quaderno 13*, § 1 (*QC*, p. 1561).

SL, p. 262)?[38] Justamente no famoso *Caderno 13*, o caderno maquiaveliano por antonomásia, Gramsci, de fato, parece levar a termo o processo de reapropriação do pensamento do florentino, que consiste, porém, em uma tomada de distância da história e um decidido ingresso na atualidade.

Estamos diante, portanto, de uma interpretação de Maquiavel ousada até o limite extremo, condicionada fortemente pela situação na qual o autor escreve: uma integração criativa, podemos dizer, do pensamento do secretário florentino. A autonomia da política, superando a interpretação de Benedetto Croce, a sua caracterização mesma como ciência, torna-se para Gramsci um dado central na "filosofia da práxis": se torna realidade nela. E Maquiavel, como já mencionado, parece de muitas maneiras antecipar Marx. E Lenin. Pensadores revolucionários capazes de passar de um momento para outro à ação direta, que escrevem para a ação, se não podem lançar-se nela.

Também Gramsci era e permaneceu um revolucionário até seu último dia. E parece plausível a hipótese que ele tenha se identificado com Maquiavel, por uma objetiva e notável analogia. O secretário da Chancelaria foi expulso do seu cargo em 7 de novembro de 1512; no dia 10, foi condenado ao confinamento, ao pagamento de uma enorme multa e, de fato, interditado no *Palazzo Vecchio* – como é sabido, o mês de novembro, pouco mais de quatro séculos depois, seria fatal também para Antonio Gramsci: em 8 de novembro de 1926 seria preso e teria início a sua peregrinação entre confinamento, cárceres, clínicas...

---

38 "*Il nostro Marx*", publicado no periódico *Il Grido del Popolo*, em 4 de maio de 1918.

Alguns meses mais tarde, em 12 de fevereiro de 1513, durante uma violenta ação repressiva dos Médici que haviam retornado a Firenze, Maquiavel foi preso e submetido à tortura no cárcere. Cerca de um mês depois, morto o papa Giulio II, ao alcançar o trono de Pedro, um Médici chamado Leone X, Firenze adentrou em um período de pacificação. Liberado da prisão, Nicolau se retirou para sua propriedade de Albergaccio, entre Firenze e Pisa. Lá, como testemunha a célebre carta ao amigo Francesco Vettori, ele se lançou ao colóquio com os grandes espíritos do passado, escrevendo nas horas noturnas.

Recordemos a carta de Nicolau de 10 de dezembro daquele ano:

> Chegada a noite, retorno a casa e entro no meu escritório; à porta dispo-me da veste cotidiana, cheia de barro e de lodo, e coloco vestes reais e curiais; e revestido condizentemente, entro nas antigas cortes dos antigos homens, onde por eles sou recebido amoravelmente, me farto daquela refeição que *solum* é minha e que eu nasci para ela; onde eu não me envergonho de falar e perguntar-lhes sobre as razões das suas ações; e estes pela sua humanidade me respondem; e não sinto por quatro horas nenhum tédio; esqueço cada pesar, não temo a pobreza, não me aterroriza a morte; transfiro tudo para eles. E porque Dante disse que não faz ciência sem considerar havê-la entendido, eu percebi aquilo que para sua conversação foi capital, e compus um opúsculo de *Principatibus*. (Machiavelli, 1961, p. 304)[39]

Aquele "opúsculo", que teria refundado a ciência política na modernidade, na realidade foi escrito de uma só vez, depois da interrupção da escrita, começada anteriormente, dos *Discursos sobre a primeira década de Tito Lívio*, que seria retomada

[39] Carta a F. Vettori, 10 de dezembro de 1513.

a seguir. Cerca de um ano depois, Maquiavel pôde retornar a Firenze, ainda que o seu retorno à política ocorresse gradativamente, em encargos específicos. Em 1527, a restauração da república representara a ocasião esperada para recuperar as funções e o cargo de secretário da Chancelaria, que, como se sabe, não lhe fora concedido, o que fora causa de um novo estado de profunda depressão, com um concomitante, e certamente conexo, mal-estar físico que o conduziria à morte naquele mesmo ano.

Gramsci, derrotado e fora de cena como ele, no seu "*Albergaccio*", a cela de Turi e depois a clínica de Formia, marca as páginas do seu próprio *De Principatibus*, se assim quisermos e pudermos rebatizar os *Quaderni del carcere.* Não um tratado, mas uma obra viva, e também dotada, como *O príncipe* maquiaveliano, de um substrato que é binário: a experiência das coisas da política (experiência direta pelas funções desempenhadas ou indireta pelos testemunhos colhidos e pelas observações feitas no campo) por um lado, e o conhecimento da história, por outro.

Maquiavel quisera escrever a sua obra política principal (*O príncipe* e os *Discorsi*) em italiano, ainda que a sua primeira língua de escrita fosse o latim, e não como foi insinuado (pelo quase coevo Paolo Giovio) porque se sentia inseguro na língua de Virgílio, mas sim para falar ao povo; e Gramsci sublinha, em referência especialmente à exortação contida no capítulo final de *Il Príncipe* (*Exhortatio ad capessendam Italiam in libertatem que a barbaris vindicandam – Exortação a tomar a Itália e liberá-la das mãos dos bárbaros)*, que Maquiavel pretende fazer-se povo, sente "identidade" com o povo, e povo em busca de resgate. Analogamente, Gramsci, em toda a sua obra, antes e durante o encarceramento, incita os intelectuais a "fazer-se povo". E, como Maquiavel, move-se a partir "de baixo" e, descrevendo o existente, a realidade efetiva, como ele se expressa,

> não se limita a identificar todos os obstáculos que impedem a ascensão do homem na construção de uma cidade terrena mais justa e mais civil, mas se empenha em removê-los com o objetivo final de dirigir os eventos para o fim supremo ao homem mesmo predestinado: a construção de um Estado como primeira forma de um bem-estar coletivo. (Dotti, 2003, p. 272-273)

Assim, Gramsci nunca renunciou ao propósito concreto da própria reflexão intelectual, que nunca foi pura teoria, e o propósito consiste na construção da "*città futura*", como adverte a célebre apresentação do número único de fevereiro de 1917. Se Maquiavel lança as bases "de uma ciência social que estuda o em-si objetivo dos fenômenos sociais, as suas leis e a sua verdade" (Dotti, 2003, p. 272-273), assim também Gramsci elabora uma nova teoria geral do marxismo, que ele interpreta como ciência social voltada para a liberação dos oprimidos, afastando-se gradativamente primeiro da doutrina "marxista-leninista", depois diferenciando-se do próprio Lenin, enfim, enriquecendo e em parte modificando o próprio pensamento daquele que, de todo modo, ele reconhece como o pai fundador, Karl Marx.

Nos *Cadernos*, diferente de *O príncipe*, não haverá um "Epílogo", "elemento necessário da obra [...] que reverbera a sua verdadeira luz sobre toda a obra e a torna um 'manifesto político'"(*QC*, p. 1556)[40] porque é o auspicioso devir histórico do movimento proletário esse epílogo, esse elemento necessá-

[40] *Quaderno 13*, § 1 (*QC*, p. 1556).

rio, esse manifesto político. Neste sentido, o paralelismo Maquiavel-Gramsci emerge também na combinação de realismo, fundado sobre essa via dupla da qual se falava (conhecimento da história e experiência política direta), e utopismo; ou seja, a fé, para Gramsci, na revolução dos subalternos em uma fase de vitória do capitalismo, e unidade italiana, para Maquiavel, em um momento histórico no qual a península é presa de bandos, terreno de confronto entre grandes potências: dois resultados que pareciam totalmente inalcançáveis, no início do século XVI para um, no período entre guerras para o outro; e, não obstante, duas expectativas benéficas, fundadoras ou corroborantes de movimentos ideais. Na Itália dos anos 1930, os bandos de camisas negras, depois de terem feito terra arrasada, de terem bloqueado qualquer processo de mudança no sentido almejado por Gramsci e perseguido pelo movimento operário, incitam a necessidade de uma decidida vontade e um grande esforço imaginativo, no limite da utopia (ou até mesmo além desse limite), para projetar uma "*città futura*". Maquiavel, com seu *O príncipe*, fornece uma "exemplificação histórica do 'mito' soreliano" (Sanguineti, 1982, p. 78) e uma antecipação do Partido político (comunista). Gramsci denuncia, porém, sem fazer uma avaliação negativa, o "caráter utópico do *Principe*" (*QC*, p. 1556):[41] entendido como figura, mas também como obra. Caráter utópico que provavelmente ele agrega a própria reflexão e ao projeto ético-político de um comunismo humanista que "não obscurecerá a beleza e a graça" (*ON*, p. 79; *SL*, p. 312).[42] Utopia criativa, quase

[41] Quaderno 13, § 1 (*QC*, p. 1556).

[42] "Cronache del L'*Ordine Nuovo*" *[IV. Walt Whitman]*, publicado no periódico *L'Ordine Nuovo*, 14 de junho de 1919 (*ON*, p. 79; *SL*, p. 312).

loucura em uma época na qual parecia impossível subtrair-se à escolha antinômica entre fascismo e stalinismo, para quem quisesse sair do liberalismo; mas utopia que se projetava no tempo futuro, o tempo no qual outros, provavelmente novas gerações, colheriam os testemunhos e retomariam a luta, que era teórico-intelectual e político-prática.

A morte, para Gramsci, como para Maquiavel, serviria para tirá-los definitivamente de cena, mas não para eliminar seu projeto político. Ambos derrotados, mas presentes no campo como pensamento que hoje nos nutre, e do qual lhe retiramos a seiva útil para prosseguir em um trabalho "*di lunga lena*",[43] que visa estudar para compreender e agir e, seguramente, no caso de Antonio Gramsci (mas, em parte, também do próprio Maquiavel), para subverter o estado de coisas existentes, e restituir aos "oprimidos" a sua liberdade e a sua dignidade.

Referências

BALDINI, E. Machiavellismo. *In*: D'ORSI, A. *Gli ismi della politica. 52 voci per ascoltare il presente*. Roma: Viella, 2010.

BOBBIO, N. *Saggi sulla scienza politica in Italia*. Bari: Laterza, 1971.

BURNHAM, J. *The Machiavellians*. Defenders of Freedom. Gaeway, Chicago -New York: The John Day Company, 1943.

BURNHAM, J. *I difensori della libertà*. Milano-Verona: Mondadori, 1947.

CALABRÒ, G. Qualche considerazione sul problema Machiavelli. *In*: *I Quaderni del carcere. Una riflessione politica incompiuta*. [a cura di S. Mastellone]. Torino: Utet Libreria, 1997.

CANFORA, D. Machiavelli tra potere e censura. *In*: D'Orsi, A.; CHIAROTTO, F. (cura). *Intellettuali*. Preistoria, storia e destino di una categoria. Torino: Aragno, 2010.

CARTA, P; TABET, X. *Machiavelli nel XIX e XX secolo*. Machiavel au XIXe et XXe siècles. Padova: Cedam, 2007.

43 Linguagem figurada para se referir a algo que requer muito esforço e dedicação. (N.T.)

CAU, Maurizio. "Tra Potere Demoniaco e Virtù Democratica. Letture Machiavelliane nella Cultura Tedesca tra le due Guerre". *In*: CARTA, Paolo; TABET, Xavier (Org.). *Machiavelli nel XIX e XX Secolo.* Machiavel aux XIXe et XXe Siècles. Giornate di studio organizzate dal Dipartimento di Scienze Giuridiche di Trento, l'Université Paris 8 e l'ENS-LSH de Lyon (Lione, 3-4 giugno 2003; Parigi, 5-7 giugno 2004). Padova: CEDAM, 2007, p. 145-184.

CILIBERTO, M. *Benedetto Croce tra Machiavelli e* "machiavellismo". *In: Filosofia e politica nel Novecento italiano. Da Labriola a "Società".* Bari: De Donato, 1982.

CONVIDADO DE PIEDRA. *In*: Istituto della Enciclopedia Italiana fondata da Giovanni Treccani. Disponível em: http://www.treccani.it/vocabolario/convitato/. Acesso em: 12 ago. 2021.

DONZELLI, C. *Prefazione. In*: GRAMSCI, A. *Il Moderno Principe.* Roma: Donzelli, 2017, p. vii ss.

DONZELLI, C. *Introduzione, In:* GRAMSCI, A. *Quaderno 13.* Noterelle sulla politica di Machiavelli. Torino: Eunadi, 1981, p. 3 ss.

D'ORSI, A. *L'intellettuale antifascista.* Ritratto di Leone Ginzburg. Vicenza: Neri Pozza, 2019.

D'ORSI, A. *Gramsci.* Una nuova biografia. [1. ed., 2017]. Nova edição revisada e ampliada. Milano: Feltrinelli, 2018.

DOTTI, U. *Machiavelli rivoluzionario.* Vita e opere. Roma: Carocci, 2003.

ERCOLE, F. *La politica del Machiavelli.* Roma: Are, 1926.

ERCOLE, F. La morale del fascismo. *Politica*, v. 9, fasc. 79, p. 5-37, 1927.

FIORILLO, M. Dalla machiavellistica "elitista" al moderno principe democrático. *In*: GIASI, F. *Gramsci nel suo tempo.* Roma: Carocci, 2008, p. 839-859.

GARIN, E. Gramsci e la cultura italiana. *In*: *Studi gramsciani*, Roma: Editori Riuniti, 1958.

GRAMSCI, A. *La Città Futura:* 1917-1918 [a cura di S. Caprioglio]. Torino: Einaudi, 1982.

GRAMSCI, A. *La costruzione del Partito Comunista.* Torino: Einaudi, 1971.

GRAMSCI, A. *Scritti*: 1910-1926. v. 1. (1910-1916). [a cura di G. Guida, L. Righi]. Roma: Istituto della Enciclopedia Italiana, 2019.

GRAMSCI, A. *Scritti (1910-1926).* v. 2 (1917). [a cura di Leonardo Rapone con la collaborazione di Maria Luisa Righi e il contributo di

Benedetta Garzarelli]. Roma: Istituto della Enciclopedia Italiana, 2015.

GRAMSCI, A; Schucht, T. *Lettere*: 1926-1935. [a cura di A. Natoli e C. Daniele].Torino: Einaudi, 1997.

GRAMSCI, A. *Lettere dal carcere.* [a cura di E. Fubini e S. Caprioglio]. Torino: Einaudi, 1965.

GRAMSCI, A. *Il nostro Marx.* 1918-1919. [a cura di S. Caprioglio]. Torino: Einaudi, 1984.

GRAMSCI, A. *Il Moderno Principe*: il partito e la lotta per l'egemonia: Quaderno 13, noterelle sulla politica del Machiavelli. [a cura di C. Donzelli]. Roma : Donzelli, 2012.

GRAMSCI, A. *L'Ordine Nuovo, 1919-1920.* [a cura di V. Gerratana e A. A. Santucci]. Torino: Einaudi, 1987.

GRAMSCI, A. *Quaderni del carcere. Edizione critica dell'Istituto Gramsci.* [a cura di V. Gerratana]. Torino: Einaudi, 1975.

GRAMSCI, A. *Quaderno 13.* Noterelle sulla politica di Machiavelli. [Introduzione e cura di C. Donzelli]. Torino: Einaudi, 1981.

GRAMSCI, A. *Scritti giovanili.* Torino: Einaudi, 1974.

GRAMSCI, A. *Scritti dalla libertà, 1910-1926.* [Introduzione e cura di C. Donzelli, A. D'Orsi e F. Chiarotto]. Roma: Editori Internazionali Riuniti, 2011.

GINZBURG, L. Note caratteristiche del professor Ercole. *Quaderni di Giustizia e Libertà*, n. 9, p. 92-94, 1933.

GINZBURG, L. *Scritti.* Prefazione di L. Mangoni, Introduzione di N. Bobbio. Torino: Einaudi, 2000.

IZZO, F. *Democrazia e cosmopolitismo in Antonio Gramsci.* Roma: Carocci, 2009.

LA PORTA, L. Machiavelli. *In*: *Dizionario gramsciano (1926-1937).* [a cura di Guido Liguori e Pasquale Voza]. Roma: Carocci, 2009.

LIGUORI, G. Machiavelli politico e rivoluzionario nei "Quaderni" di Antonio Gramsci. *Filosofia politica*, v. 33, n. 1, p. 1, 2019.

MACHIAVELLI, N. *Discorsi sopra la prima Deca di Tito Livio*, III, 6. Disponível em: http://www.latinamericanhistory.net/discorsi3.html. Acesso em : 13 ago. 2021.

MACHIAVELLI, N. Carta a F. Vettori, 10 de dezembro de 1513. *In*: MACHIAVELLI, N. *Lettere.* [a cura di F. Gaeta]. Milano: Feltrinelli, 1961.

MEDICI, R. *La metafora Machiavelli*. Mosca, Pareto, Michels, Gramsci. Modena: Mucchi, 1990.

MEDICI, R. Giacobinismo. *In: Dizionario gramsciano*, 2009.

MITAROTONDO, L. Maquiavelianismo e antimaquiavelianismo. *In*: LIGUORI, G.; VOZA, P. *Dizionario gramsciano*. Roma: Carocci, 2009.

MITAROTONDO, L. Gerolamo Savonarola, il "profeta disarmato". *In:* D'ORSI, A. *Il nostro Gramsci*. Gramsci a colloquio con i protagonisti della storia d'Italia. Roma: Viella, 2012.

MUSSOLINI, B. Preludio al Machiavelli. *Gerarchia*, v. 3, n. 4, 1924.

MUSSOLINI, B. Forza e consenso. *Gerarchia*, v. 2, n. 2, 1923.

MUSSOLINI, B. Preludio al Machiavelli. *In:* SANTARELLI, E. *Scritti politici*. Milano: Feltrinelli, 1979.

PAGGI, L. Gramsci e Machiavelli. *Studi storici*, v. 10, n. 4, p. 833-876, 1969.

PAGGI, L. *Il problema del potere in Gramsci* (1969)

PAGGI, L. *Le strategie del potere in Gramsci. Tra fascismo e socialismo in un solo paese 1923-1926*. Roma: Editori Riuniti, 1984.

POCOCK, J. G. A. *Il momento machiavelliano*. Il pensiero politico fiorentino e la tradizione repubblicana anglosassone. Bologna: Il Mulino, 1980.

SANGUINETI, F. *Gramsci e Machiavelli*. Roma-Bari: Laterza, 1982.

SANTARELLI, E. *Scritti politici*. Milano: Feltrinelli, 1979.

SCICHILONE, G.E.M. Machiavellismo e antimachiavellismo nel pensiero cristiano europeo dell'Ottocento e del Novecento. *Storia e Politica*, v. 3, n. 1, 2011.

TOGLIATTI, P. Pensatore e uomo d'azione. *In*: Liguori, G. *Scritti su Gramsci*. Roma: Editori Riuniti, 2001.

DAS "ARMAS E RELIGIÃO" NOS *CADERNOS DO CÁRCERE* DE GRAMSCI

GIOVANNI SEMERARO[1]

Armas e religião: componentes inseparáveis no Estado e na política

Não deixa de ser surpreendente encontrar nos *Cadernos do cárcere* de Gramsci um conjunto considerável de reflexões sobre "armas" e "religião" e alguns comentários a respeito da conjugação das duas na ação do Estado e da política. No texto B do *Caderno 6*, § 87, por exemplo, Gramsci anota:

> *Armi e religione*. Afirmação de Guicciardini que para a vida de um Estado duas coisas são absolutamente necessárias: as armas e a religião. A fórmula do Guicciardini pode ser traduzida em diversas outras fórmulas, menos drásticas: força e consenso, coerção e persuasão, Estado e Igreja, sociedade política e sociedade civil, política e moral (história ético-política de Croce), direito e liberdade, ordem e disciplina, ou, com um juízo implícito de sabor libertário, violência e fraude. (Q6, § 87, p. 762-3)[2]

---

1 Professor titular da Universidade Federal Fluminense.

2 Ao longo dessas páginas utilizamos a edição crítica de Antonio Gramsci (1975), *Quaderni del carcere* (4 v.), organizada por V. Gerratana, cuja referência será feita com a letra Q, seguida pelo número do parágrafo e o número da página.

A tradução do binômio *armas-religião*, que amalgama aspectos aparentemente opostos, volta a aparecer no § 14 do *Caderno 13* (um texto C, que retoma conteúdos da nota 86 do *Caderno 8*), no qual Gramsci acrescenta outras combinações à "dupla perspectiva", necessária não só para a vida de um Estado, mas também para a ação política:

> dupla natureza do 'Centauro maquiavélico', ferina e humana, da força e do consenso, da autoridade e da hegemonia, da violência e da civilização, do momento individual e do universal (da 'Igreja' e do 'Estado'), da agitação e da propaganda, da tática e da estratégia etc. (Q13, § 14, p. 1576)

Aqui, reaparecem "força e consenso", "Igreja e Estado", e também "violência", mas, entre as novas duplas, associada com autoridade, Gramsci introduz hegemonia, conectada com o "jacobinismo precoce de Maquiavel" (Q13, § 1, p. 1560), "o primeiro jacobino italiano" (Gramsci, 1996, p. 459).[3] Obviamente, para uma compreensão mais ampla e precisa do seu significado, este parágrafo deve ser relacionado com outras notas, principalmente, do *Caderno "especial" 13*, que articula reflexões sobre Estado (§ § 5; 7; 11; 13), "grande potência" (§ § 15; 19; 32), "origens das guerras" (§ 34), "moderno príncipe" (§ § 21; 23; 33), "força jacobina" (§ § 1;13;37), "relações de força" (§ § 2; 17), "cesarismo" (§ 27), "arte política e arte militar" (§ § 28; 35), base econômica da hegemonia (§ § 1;18), relações entre política e "religião" (§ § 1; 13; 37).

A intensidade destas questões, abordadas não só no *Caderno 13*, alertam para equilibrar muitas leituras a respeito do pensamento de Gramsci, que costumam dar mais peso

[3] Gramsci (1996), *Lettere dal carcere*, 7/9/1931. Colocamos a data da carta para facilitar a localização nas traduções existentes no Brasil.

ao segundo termo do binômio, quer dizer, ao consenso, e menos à força; às superestruturas e não às estruturas, à sociedade civil, muitas vezes em oposição à sociedade política. Pelo contrário, nos escritos de Gramsci, as anotações em torno das "armas", embora pouco estudadas, são muito recorrentes, se considerarmos também os numerosos temas e conceitos com elas relacionados como, por exemplo, questões militares, armamentos terrestres e marítimos, polícia, forças armadas, de assalto, munições, estratégia e tática, literatura de guerra, relações de força, Estado como grande potência, jacobinismo, ações "político-militares" na Revolução Francesa, Bolchevique, no *Risorgimento*, sublevações populares, armas ideológicas etc. O volume de notas dedicadas a esses assuntos é tão imponente que nos leva a pensar que Gramsci entra frequentemente no mérito não só devido à sua época intensamente marcada pelas guerras, mas, principalmente, por considerar que "toda luta política tem sempre um substrato militar" (Q1, § 134, p. 123) e que a política é também uma "guerra" que dispõe de armas – claro, no significado peculiar que confere a estas, como veremos. Fato é que, em uma sociedade de classes que disputam ferrenhamente hegemonia e poder, as armas, os enfrentamentos, as lutas, os conflitos, são intrinsecamente constitutivos da ação política. Neste sentido, a própria "resistência passiva de Gandhi é uma guerra de posição, que se torna guerra de movimento em alguns momentos e em outros, guerra subterrânea" (Q1, § 134, p. 122). Entende-se, então, porque Gramsci menciona várias vezes o pensamento do general C. Clausewitz (Q17, § 42, p. 1942; Q17, § 50, p. 1946; Q19, § 28, p. 2052) e reafirma que "a guerra é um momento da vida política, é a continuação, com outras formas, de uma determinada política" (Q13, § 8, p. 1567; Q17, § 42, p. 1942) ou cita o livro *Che cosa sia la guerra*, do general De Cristoforis, do qual registra a importante observação: "'por destruição do exército inimigo' (fim estratégico) não se entende 'a morte dos soldados, mas a dissolução da sua ligação como massa orgânica'" (Q13, § 25, p. 1631). Estas e outras considerações contribuem para a elaboração da peculiar concepção de Gramsci orientada a focalizar que "todo fato militar é também um fato político e social" (Q6, § 74, p. 740). Da mesma forma, como mostramos em outras oportunidades (Semeraro, 2017, p. 87-108), a religião, para Gramsci, não sendo um fenômeno avulso da história humana e das contradições sociopolíticas, não está isenta de conflitos e da conotação de classe, de modo que "toda guerra tem sido também guerra de religião" (Q8, § 97, p. 998).

Obviamente, a associação "armas-religião" não é uma novidade do pensamento de Gramsci e dos autores que ele menciona, mas traduz a interligação de dois componentes inseparáveis na história política, frequentemente retratados com a simbologia da espada e da cruz, do trono e do altar, do braço armado e da coroa. Além disso, quando se analisa "armas" e "religião" em Gramsci, é preciso levar em conta o contexto político, histórico e cultural da Itália, onde não faltavam autores, como Luigi Russo, citado nos *Cadernos*, a declarar que "sem a conjugação de religião e política, não se realiza obra histórica no mundo" (Russo, 1931, p. 14). Considerando este pano de fundo, podemos entender por que Gramsci dedica-se bastante a esses assuntos e reconhece, inclusive, que "a história dos partidos e das correntes políticas não pode estar separada da história dos grupos e das tendências religiosas" (Q14, § 11, p. 1666).

Armas e religião em Guicciardini e Maquiavel

Iniciamos a nossa exposição com referências a Guicciardini e Maquiavel, os autores que, nos *Cadernos do cárcere*, aparecem mais relacionados ao binômio "armas e religião". Quanto ao primeiro, mencionado mais de 40 vezes nos *Cadernos*, Gramsci reconhece a sua importância na história política da Itália e, entre seus escritos, faz particularmente referência a *Ricordi politici e civili* (Q3, § 139, p. 398; Q14, § 78, p. 1745). Em relação à nossa temática, chamo a atenção sobre o § 41 do *Caderno 2*, no qual Gramsci narra o encontro entre Maquiavel, enviado do papa Clemente VII, e Guicciardini, governador do território da Romanha e comissário do exército pontifício, para tratar da possibilidade de constituir uma milícia nacional, que acabou não se concretizando, uma vez que Guicciardini não confiava no povo, dilacerado por divisões internas. Nesta circunstância, anota Gramsci, Guicciardini

> chegou até elogiar a instituição da ordenação pensada por Maquiavel (tentativa de Maquiavel de criar em Florença a milícia cidadã). Mas Guicciardini não acreditava ser possível fazer a tentativa na Romanha pelas ferozes divisões de partes que nela dominavam. (Q2, § 41, p. 197)

O episódio é ilustrativo para retratar as diferenças entre os dois e evidenciar a personalidade política de Guicciardini: pragmático, prudente, diplomático e desconfiado do povo, massa a ser conduzida pelo poder armado estabelecido pela autoridade e pelas normas da Igreja. Gramsci caracteriza este tipo de político como "homem de Guicciardini" (Q3, § 8, p. 294), expressão extraída do ensaio de F. De Sanctis, "*L'uomo del Guicciardini*", no III volume de *Saggi critici* (1979), e que assim traduz: "O homem de Guicciardini, ou seja, o que se volta apenas para o próprio 'particular'" (Q5, § 150, p. 677).

Esta configuração acabou se tornando "representante ideal do 'moderado italiano', do moderno clérigo-moderado" (Q8, § 23, p. 956), fautores "de 'restaurações progressivas' ou 'revoluções--restaurações' ou também 'revoluções passivas' [...] poderia se dizer que se trata de 'revoluções do homem Giuicciardini' e que Cavour 'diplomatizou' exatamente a revolução do homem Guicciardini" (Q8, § 24, p. 957). E, ainda, no *Caderno 15*, § 51, ao anotar que "a filosofia do homem de Guicciardini reaparece sempre em certos períodos da vida italiana" (Q15, § 51, p. 1814), inclui o 'moderno guicciardinismo' de Croce, autor de grande influência que introduz "uma atividade reformista pelo alto que atenue as antíteses e as concilie em uma nova legalidade obtida 'transformisticamente'" (Q10, § 22, p. 1261; Q10, § 41, p. 1325). A serviço do Estado pontifício, grande entrave no atraso da formação do Estado nacional italiano, Guicciardini é o comissário de um poder que vem do alto e defensor do monopólio das armas e da religião nas mãos da autoridade. Neste sentido, faz parte de uma tradição política que se prolonga na história da Itália com o predomínio dos "eclesiásticos", se cristaliza nos "intelectuais tradicionais" e continua em figuras como Cavour e Croce – os moderados e elitistas que promovem apenas "revoluções-restaurações" e garantem a manutenção da ordem e a preservação do sistema.

Maquiavel, o segundo autor mais citado por Gramsci nos *Cadernos*, também trata frequentemente do binômio armas--religião na política, focalizando a necessidade de juntar inseparavelmente a *Arte da guerra* e a habilidade d'*O príncipe* (Q13, § 13, p. 1573), a capacidade de saber lidar com as vicissitudes da *fortuna* e a ousadia da *virtù*, recorrendo à "força do leão e astúcia da raposa". Em relação a Maquiavel, Gramsci observa que a peculiaridade deste autor consiste em apresentar o político capaz de ocupar-se, ao mesmo tempo, da arte militar e da aliança cidade-campo, assim como da história local (*História de Florença*), do contexto nacional e internacional (vejam-se as suas missões diplomáticas) e da história passada (*Discursos sobre a primeira década de Tito Lívio*), para chegar a criar um moderno e soberano Estado nacional, cuja "solidez dependerá do modo como o príncipe conseguir envolver o povo" (Frosini, 2016, p. 115). Diversamente de Guicciardini, Maquiavel deixa claro na *Arte da guerra* que "se as classes urbanas querem colocar um fim à desordem interna e à anarquia externa, precisam se apoiar nos camponeses como massa, constituindo uma força armada segura e fiel de tipo absolutamente diferente das tropas mercenárias" (Q13, § 13, p. 1573). Desta forma, Gramsci mostra que Maquiavel e Guicciardini (que também escreveu *Histórias florentinas e da Itália*), "*due grandi scrittori della política*" (Q5, § 55, p. 590), expressam modos diferentes de entender a função das armas e da religião na política. Partindo do artigo de Luigi Cavina, na *Nuova antologia* (1927): *il sogno nazionale di N. Machiavelli in Romagna e il governo di F. Guicciardini* (Q2, § 41, p. 196), Gramsci traça as diferenças entre os dois. Enquanto Maquiavel "supera a fase feudal" com sua fragmentação (Q6, § 86, p. 760) e visa à construção de uma nova ordem pela capacidade criadora (*virtù*) do príncipe e "pela classe revolucionária do tempo, o 'povo' e a 'nação' italiana, a democracia cidadã" (Q13, § 20, p. 1600) e projeta o "sonho nacional" com a constituição de um moderno Estado soberano e a política militante, Guicciardini representa o passado, o "governo pragmático" que priva o povo do controle das armas, administra burocraticamente o que está posto e adota os caminhos conservadores da diplomacia. Por isso, no Q6, (§ 86, p. 760), Gramsci critica um texto de Paolo Treves, *Il realismo politico di F. Guicciardini*, publicado na *Nuova Rivista Storica*, uma vez que este autor não sabe distinguir política de diplomacia, criação de ofício burocrático. Em sintonia com F. De Sanctis, que constrói a história da literatura italiana estabelecendo uma conexão original do *Risorgimento* com o Renascimento, Gramsci observa que Guicciardini "marca um passo atrás na ciência da política diante de Maquiavel", porque é "cético e de visão curta" (Q6, § 86, p. 760) e representa a ciência política pragmática e diplomática, contrariamente a Maquiavel, "homem de parte, de paixões poderosas, um político em ato, que visa impulsionar novas relações de forças e, portanto, não pode não ocupar-se do 'dever ser'", do que pode vir a ser. Um "dever ser" – continua Gramsci – que não descampa para o "arbitrário e amor pelas nuvens", porque se funda sobre a "realidade dos fatos" ("*realtà effetuale*"), sobre "uma relação de forças em movimento contínuo", capaz de potencializar "aquela determinada força que se considera progressiva". Neste sentido, a conjugação do "ser" com o "dever ser é concretude", é uma política mais "realista" porque não descarta as potencialidades, é "filosofia e política em ato" (Q13, § 16, p. 1577-8), diferente do "dever ser" moralista do frade G. Savonarola, "profeta desarmado" que pretendia dirigir Florença do púlpito da igreja. Maquiavel, ao contrário, ao lançar as bases da autonomia da política e do moderno Estado nacional, alia a ousadia e determinação do "príncipe" com a participação ativa do povo, a necessidade de uma "força armada" composta pelos cidadãos e o reconhecimento da religião como elemento de agregação (Machiavelli, 1997, p. 58).

Por isso, em sintonia com Maquiavel, Gramsci se dedica a mostrar que o "moderno príncipe" "sente-se integralmente identificado" ("*si sente medesimezza*") com o povo, supera a desagregação e cria condições para a formação da "vontade coletiva nacional-popular" (Q13, § 1, p. 1556). Esta "força permanentemente organizada", como veremos adiante, se constitui com as "armas" da luta política travada no interior das concretas "relações de força", se projeta para a "fundação do novo Estado" (Q13, § 1, p. 1556) e realiza a "reforma intelectual e moral, ou seja, a questão religiosa ou concepção de mundo" (Q13, § 1, p. 1560) que possa propiciar às classes subalternas a educação ao autogoverno e a conquista da hegemonia baseada sobre um "programa de reforma econômica" (Q13, § 1, p. 1560-561).

A tradução de "armas e religião" em Gramsci

Em relação às "armas e religião", devido à extensão destas questões nos escritos de Gramsci, vou me concentrar mais nas notas do *Caderno 13*. Neste, chamo a atenção sobre o significativo parêntese no título do § 23: *Observações sobre alguns aspectos da estrutura dos partidos políticos nos períodos de crise orgânica* (a ser conectado com as notas sobre as situações e as relações de força). Antes, no § 2, Gramsci condensa algumas considerações sobre os diversos graus de "relações de força nacionais e internacionais" (Q13, § 2, p. 1561-2), sobre a condição de um "Estado independente e soberano", a necessidade de analisar "as relações objetivas sociais, ou seja, o grau de desenvolvimento das forças produtivas, as relações de força política e de partidos (sistemas hegemônicos dentro do Estado) e as relações políticas imediatas (ou seja, potencialmente militares)" e faz uma alerta, bem atual, em relação ao "partido mais nacionalista" que, muitas vezes, contrariamente ao que parece, "representa a subordinação e a servidão econômica às nações ou um grupo de nações hegemônicas"

(Q13, § 2, p. 1562). Mas a nota mais extensa a esse propósito encontra-se no § 17, *Analisi delle situazioni: rapporti di forza*, onde mostra a necessidade de estabelecer a relação dialética entre força e inteligência, estrutura e superestrutura, economia e política, entre o que é orgânico e ocasional, e desenha os três "momentos ou graus" que é necessário distinguir nas relações de forças: material, político e militar. O texto mereceria uma leitura completa, mas, sendo bastante extenso, sintetizo apenas os pontos mais salientes relativos ao nosso tema (Q13, § 17):

1) "Uma relação de forças sociais estreitamente vinculada à estrutura, objetiva [...] que pode ser mensurada com os sistemas das ciências exatas ou físicas. Com base no grau de *desenvolvimento das forças materiais de produção* ocorrem os agrupamentos sociais [...]", o que "permite estudar se na sociedade existem as condições necessárias e suficientes para uma sua transformação."
2) "Um momento seguinte é a relação das *forças políticas*, ou seja, a avaliação do grau de homogeneidade, de autoconsciência e de organização alcançado pelos vários grupos sociais". Aqui, Gramsci explicita "os diversos momentos da consciência política coletiva": a) o econômico-corporativo; b) a aliança com outros grupos sociais afins (onde já se coloca a questão do Estado); c) a fase mais abertamente política, quando

> as ideologias germinadas anteriormente se tornam 'partido', *partem para a confrontação e entram em luta* até que uma delas ou uma combinação delas tende a prevalecer, a se impor, a se propagar em todo o terreno social, determinando, além da unidade dos fins econômicos e políticos, também a unidade intelectual e moral, pondo todas as questões em torno das quais *ferve a luta* não em termos corporativos, mas a um nível 'universal' e criando assim a hegemonia

de um grupo social fundamental. *O Estado* é concebido [...] como a força motora de uma expansão universal, de um desenvolvimento de todas as energias 'nacionais' [...]. É preciso ainda levar em conta que com estas relações internas de um Estado-nação se entrelaçam as relações internacionais [...] (*A religião*, por exemplo, sempre foi uma fonte de tais combinações ideológico-políticas nacionais e internacionais, a maçonaria, o Rotary Club, os judeus, a diplomacia que funcionam como partido político). (Q13, § 17, p.)

3) "O terceiro momento é o das relações das forças militares" no sentido técnico-militar e político-militar.

Um exemplo típico que pode servir como demonstração-limite é o da relação de opressão militar de um Estado sobre uma nação que busca a sua independência. A relação não é meramente militar, mas *político-militar* e, de fato, tal opressão seria inexplicável sem o estado de *desagregação social do povo oprimido e a passividade da sua maioria*; portanto, a independência não poderá ser alcançada com forças meramente militares, mas, militares e político-militares [...] Todos estes elementos são a manifestação concreta das flutuações de conjuntura do conjunto das relações sociais de força, em cujo terreno ocorre a passagem destas para relações políticas de força, para culminar na relação militar decisiva [...] Mas, a observação mais importante a ser feita a propósito de toda a análise concreta das relações de força é a seguinte: que tais análises [...] só adquirem um significado se servem para justificar uma atividade prática, uma iniciativa de vontade. Elas mostram quais são os pontos de menor resistência, onde a força da vontade pode ser aplicada com mais eficácia, sugerem as operações táticas imediatas, indicam como melhor se pode impostar uma campanha de agitação política, qual linguagem será melhor compreendida pelas multidões etc. O elemento decisivo para qualquer situação é *a força permanentemente organizada e longamente preparada* [...] portanto, a tarefa

> essencial é dedicar-se sistemática e pacientemente a formar, desenvolver, tornar cada vez mais homogênea, compacta, consciente de si mesma esta força. (Q13, § 17, p. 1583-1588, grifos meus)

Condensação de um pequeno tratado de "ciência política", esta nota desenvolve o conceito de "relações de força", considerado essência da práxis política e "papel determinante na que se poderia chamar de *ontologia social* de Gramsci" (Coutinho, 2009, p. 687). E, na verdade, é nas concretas relações de força materiais e sociais e militares, objetivas e subjetivas que o indivíduo plasma a sua personalidade, que o político se constitui, o partido se organiza, o Estado e a nação se estruturam. Na mesma direção apontam outras numerosas anotações ao mostrar que "a compreensão crítica de si mesmos ocorre na luta de 'hegemonias' políticas" (Q11, § 12, p. 1385) e ao delinear como conseguir a construção de um "Estado hegemônico" que "não é determinado pela vontade dos outros" (Q13, § 32, p. 1629), mas, pela "vontade coletiva nacional-popular". Só esta vontade, ao dispor soberana e democraticamente de meios necessários ("armas") e de um projeto de sociedade ("religião"), ou seja, do conjunto das forças econômicas, tecnológicas e armadas e das organizações políticas e culturais, poderá garantir desenvolvimento, igualdade, "segurança interna" e respeito perante outros Estados, qualificando-se como "grande potência" (Q13, § 15) capaz de "se inserir eficazmente nas conjunturas internacionais" (Q13, § 17, p. 1589).

Diversamente dos sonhadores, puristas e profetas desarmados, que rejeitam o recurso às "armas e religião" na política, que não levam em consideração as "relações de força" ou associam a defesa e a segurança à ideia de repressão, Gramsci nunca perdeu de vista a necessidade de conjugar dialeticamente força e consenso, estrutura e superestrutura, coerção e direção, autoridade e hegemonia, disciplina e liberdade. De Maquiavel, entre outros aspectos, Gramsci resgata a atuação audaciosa e enérgica do ator político, sempre determinado a promover "a educação política positiva, de quem deve reconhecer necessários determinados meios" (Q13, § 20, p. 1600). Mas ressalta também que, para não cair na arbitrariedade e no engano, o "príncipe" deve se manter estritamente vinculado às aspirações populares e aos interesses da nação, de modo que "o momento político deve prevalecer sobre o militar" (Q19, § 28, p. 2052). Prevalecer não significa excluir. De fato, como na *Arte da guerra*, Maquiavel se interessa por questões militares "apenas enquanto é necessário para a sua construção política" (Q13, § 13, p. 1573). Também Gramsci considera que "A direção militar deve estar sempre subordinada à direção política" (Q19, § 28, p. 2051-2). Neste sentido, em diversas notas, observa que Napoleão e César eram chefes militares, mas acima de tudo, chefes políticos: "Os comentários de César são um clássico exemplo de exposição de uma sábia combinação de arte política e arte militar: os soldados viam em César não só um grande chefe militar mas, acima de tudo, o chefe político" (Q19, § 28, p. 2052). A respeito de Bismarck, anota que "nas pegadas de Clausewitz, defendia a supremacia do momento político sobre o militar" (Q19, § 28, p. 2052). E, da mesma forma, descreve como os próprios técnicos militares têm se concentrado, cada vez mais, na guerra de posição mais do que na guerra de movimento, "reduzida à função tática mais do que estratégica" (Q13, § 24, p. 1615; Q13, § 28, p. 1623).

Sem confundir armas e força com violência e arbitrariedade, e sem excluir a guerra de movimento, Gramsci concentra as atenções mais na "guerra de posição", de "assédio recíproco na política", ação muito complexa e difícil, mas mais decisiva, que "demanda enormes sacrifícios [...], uma concentração inaudita da hegemonia [...] qualidades excepcionais de paciência e de espírito criativo" (Q6, § 138, p. 802). Assim, tal como traduz a religião nos termos de uma "reforma intelectual e moral" que possa elevar a população a tornar-se protagonista dos próprios desígnios, interpreta o recurso às armas também em termos estratégicos de soberania, de desenvolvimento social e político. A conclusão do extenso e crucial parágrafo 17 do *Caderno 13* deixa claro o objetivo das análises das relações de força e em que direção é preciso orientar as "armas e religião": constituir uma "força permanentemente organizada" e politicamente consciente e ativa, preparada como "os exércitos a iniciar uma guerra a qualquer momento", mas sempre com o objetivo de promover o protagonismo das classes populares, de democratizar as relações econômico-sociais, de socializar o poder e construir um "novo Estado" para universalizar direitos, promover as potencialidades do país, defender-se das agressões de outros Estados e do poderio das grandes corporações. Por isso, considera que "a estrutura maciça das democracias modernas, seja como organizações estatais, seja como conjunto de associações na vida civil, constituem para a arte política as 'trincheiras' e as fortificações permanentes do *front* na guerra de posição" (Q13, § 7, p. 1566-7), "guerra de posição que, em política, é o conceito de hegemonia" (Q8, § 52, p. 973).

Volto, assim, ao ponto de partida das minhas reflexões – a "afirmação de Guicciardini que, para a vida de um Estado, duas coisas são absolutamente necessárias: as armas e a religião". Um nexo que Gramsci traduz com a conjugação inseparável e dialética de "força e consenso", "sociedade política + sociedade civil, quer dizer hegemonia revestida de coerção" (Q6, § 88, p. 763), de modo a alcançar "a supremacia como 'domínio' e como 'direção intelectual e moral'. Um grupo social é dominante dos grupos adversários que tende a 'liquidar' ou a submeter também com a força armada e é dirigente dos grupos afins e aliados" (Q19, § 24, p. 2010). Assim, partindo da realidade dos fatos ("*realtà effettuale*") e das "relações de forças materiais", Gramsci indica que a ação política e a vida do "novo Estado" precisam estar dotados de vigor e determinação, de audaciosas organizações políticas democráticas, instituições públicas sólidas e transparentes e de forças armadas subordinadas à política da "vontade nacional-popular" e à Constituição democrática. Neste sentido, a "reforma intelectual e moral, ou seja, a questão religiosa ou de uma concepção de mundo" torna-se a criação de uma cultura e de um pensamento que se geram na participação ativa e consciente das massas populares organizadas que lutam para sair da subalternidade, para conquistar a sua hegemonia e elaborar um projeto superior de sociedade, contrastando qualquer forma de "religião ou concepção de mundo" que, explorando as debilidades do povo e a ausência do Estado, subjuga seus seguidores e os torna rebanho funcional ao sistema de dominação. Ao contrário, explicitando a fórmula anterior, Gramsci sustenta que, quando "um grupo subalterno se torna realmente autônomo e hegemônico, suscitando um novo tipo de Estado, nasce concretamente a exigência de construir uma nova ordem intelectual e moral, ou seja, um novo tipo de sociedade e a exigência de elaborar os conceitos mais universais, as armas ideológicas mais refinadas e decisivas" (Q11, § 70, p. 1508-9). Não creio que possam existir dúvidas quanto a estas posições. Gramsci, de fato, anota repetidamente que, se a "hegemonia ético-política na sociedade civil" não se tornar "dominante no Estado" e não tiver "o seu fundamento na função decisiva da atividade econômica" (Q13, § 18, p. 1590-91), abre-se o caminho para "as organizações armadas privadas" que usam "a ilegalidade [...] como meio para reorganizar o próprio Estado" (Q1, § 133, p. 121).

"Armas e religião" na guerra "híbrida" atual

De tão evidente, não precisaria dizer que a escolha deste tema tem sido motivada pela aliança estreita que vem ocorrendo no Brasil entre "armas e religião", cada vez mais transformadas em "violência e fraude" pelo "ultraliberalismo" radical que as incrementa e manipula para difundir o medo e a mistificação. É o que se vê no governo atual, abertamente estruturado em torno de forças militares e milicianas, das grandes corporações e do judiciário partidário, das milícias virtuais e de igrejas evangélicas com seus numerosos representantes no Parlamento, argutamente denominados de "bancadas da bala e da bíblia". Com o apoio destas e das bancadas "dos bancos e do boi", o governo neofascista de Jair Messias Bolsonaro procura implantar, com agressividade e arrogância inauditas, o fundamentalismo econômico, militar e religioso, voltado a desqualificar as instituições democráticas, destruir o Estado social, criminalizar opositores e massificar a população, com uma desenvoltura assustadora que tem levado notáveis analistas a observar que "estamos sendo atacados pelo nosso próprio governo [...]; isto não é um país, é uma zona de guerra" (Verissimo, 2019).

Enquanto fortalece o Estado policial, solapa avanços sociais e entrega as riquezas do país, a "religião" utilizada por Jair Bolsonaro procura encobrir as contradições sociais, desencadeando uma "guerra santa" contra os fantasmas do comunismo e da desordem e deslocando, assim, o foco da luta de classe para o terreno da "guerra entre o bem e o mal" (Mouffe, 2009, p. 12). À reboque da onda reacionária propagada no mundo por um capitalismo cada vez mais predador e superconcentrado, as "armas e religião" deste governo adotam métodos da "guerra híbrida", mais sórdida e devastadora que as guerras convencionais, porque, por trás do aparente funcionamento das instituições "democráticas", implementa novas formas de discriminação e escravidão, desintegra relações sociais, intoxica a sociedade de mentiras e deturpa a própria religião. Nesta nova modalidade de guerra, desempenham função importante o culto do "capitalismo-religião" diariamente destilado pela mídia oligopolizada e pelas igrejas neopentecostais que culpabilizam os que não alcançam sucesso (Benjamin, 2013), tecnologias para capturar incautos nas bolhas das redes cibernéticas, *fake news* com informações contraditórias como tática de confusão, "*bullying* midiático" para organizar revoltas e destruir inimigos.

Em 4 de abril de 2019, na sede da *Confederazione Generale Italiana del Lavoro* (CGIL) em Roma, Gilberto Carvalho, ex-ministro da Casa Civil do governo Luiz Inácio Lula da Silva e chefe da Secretaria Geral da Presidência no governo Dilma Vana Rousseff, reconheceu que "Cometemos vários erros. Não foi suficiente a inclusão de 40 milhões de brasileiros na cultura e na política, deixamos as armas aos inimigos". Estes, é preciso dizer, são acima de tudo internos, os detentores do sistema financeiro, donos da grande mídia, latifundiários, alto funcionalismo e a parte da magistratura a serviço das grandes corporações, sonegadores fiscais, organizações criminosas, todos os que se revestem de verde-amarelo e agem como operadores intocáveis da liquidação do país. E, associados a estes, consideráveis setores da classe média, temerosa de perder seus "*status*" e assustada com a perspectiva de ascensão das classes populares.

Dos inimigos externos nem precisaria falar, pela longa e dolorosa história de colonialismo, violência e extermínio praticados pelas "grandes potências" para manter o Brasil "periférico" e submisso na hierarquia mundial do poder. Só lembrar que, desde a Doutrina Monroe (1823), que considerava a América Latina "quintal" dos Estados Unidos, os *Documentos de Santa Fé* e o *Manual de Guerras Não Convencionais*, publicado pelo Pentágono em 2010, o objetivo nesse tipo de guerra tem sido o mesmo: explorar as vulnerabilidades políticas, militares, econômicas e psicológicas de concorrentes e apoiar forças internas dos países satélites para aplicar embargos, golpes camuflados, práticas de *lawfare*, controlar o sistema bancário e as cadeias de alto valor agregado, a produção da ciência e da tecnologia e as Forças Armadas. Aprofundada ainda mais com a "Segurança Nacional" do governo Trump, esta estratégia neocolonialista torna o Brasil alvo especial pelo imenso potencial energético e sua importância na América Latina e no agrupamento dos países emergentes: Brasil, Rússia, Índia, China e África do Sul (Brics) (Fiori, 2018).

O "partido nacionalista" entreguista e a "desagregação social do povo oprimido", como vimos em Gramsci, levam o Brasil a se curvar diante da "grande potência" e a adotar subprodutos de "armas e religião" que se voltam contra o próprio país, produzindo a destruição do Estado, a perda da soberania e a desintegração da nação. Com isso, o Brasil torna-se cada vez mais funcional aos desígnios de um império decadente que se fecha atrás dos muros, incrementa uma poderosa máquina de guerra e propaga uma ideologia ornamentada de "religião ocidental", com a qual continua a se apresentar ao mundo com a grotesca pretensão da "missão" divina para estabelecer a "nova ordem dos séculos" (Losurdo, 2007, p. 108-9).

Para sair da servidão e enfrentar forças tão poderosas e letais, embora valiosas, não são suficientes revoltas salpicadas e passageiras, movimentos voluntaristas e efêmeros, mas se fazem necessárias "armas e religião" sólidas e eficazes: a ação política "permanentemente organizada" dos trabalhadores e das forças populares, capaz de agir nas "relações de forças" materiais, políticas, militares, nacionais e internacionais, sem se burocratizar e mumificar (Q13, § 23, p. 1604), com uma dinâmica "concepção de mundo" para realizar a "grande política" que refunda o Estado sobre a "vontade nacional-popular". Sem negar os avanços, as boas intenções e a dedicação das políticas dos governos "progressistas" que atuaram recentemente no Brasil, é necessário reconhecer que faltou "a 'paixão' do 'jacobino'" (Q17, § 27, p. 1928-9) e sobrou acomodação no sistema. Para administrar um pouco melhor o capitalismo, caiu-se em um dos erros mais desastrosos na política: a ilusão da conciliação e da aliança com os inimigos que foram se armando. Em um comentário crítico ao *Mein Kampf* de Hitler, Gramsci deixa claro que

> religião (ou concepção do mundo 'ativa'), Estado, partido, são indissolúveis [...]. No mundo moderno, um partido é tal, integralmente [...], quando é concebido, organizado e dirigido de tal forma que venha a se desenvolver integralmente em um Estado (integral, e não em um governo tecnicamente entendido) e em uma concepção de mundo (Q17, § 51, p. 1947).

Concepção essa que possa propiciar condições para a autodeterminação das classes subjugadas e a criação de uma "nova civilização".

Referências

BENJAMIN, W. *O capitalismo como religião* (org. M. Löwy). São Paulo: Boitempo, 2013.

COUTINHO, C.N. Rapporti di forza. *In*: LIGUORI, G.;VOZA, P. *Dizionario Gramsciano*. Roma: Carocci, 2009.

DE SANCTIS, F. *Saggi critici*, III v. Bari: Laterza, 1979.

FIORI, J. L. *Sobre a guerra*. Petrópolis: Vozes, 2018.

FROSINI, F. *Maquiavel, o revolucionário*. São Paulo: Ideias e Letras, 2016.

GRAMSCI, A. *Quaderni del carcere*. 4 v. Edizione critica a cura di V. Gerratana. Torino: Einaudi, 1975.

GRAMSCI, A. *Lettere dal carcere 1926-1937*. 2 v. a cura di A. Santucci. Palermo: Sellerio Editore, 1996.

LOSURDO, D. *Il linguaggio dell'impero*. Lessico dell'ideologia americana. Roma-Bari: Laterza, 2007.

MACHIAVELLI, N. *Discorsi*. *In*: MACHIAVELLI, *Opere*. Torino: Einaudi-Gallimard, 1997.

MAQUIAVEL, N. *A arte da guerra*. São Paulo: Martins Fontes, 2006.

MAQUIAVEL, N. *O príncipe*. São Paulo: Martins Fontes, 2011.

MOUFFE, C. *En torno a lo político*. Buenos Aires: Fondo de Cultura Económica, 2009.

RUSSO, L. *Prolegomeni a Machiavelli*. Firenze: F. Le Monnier, 1931.

SEMERARO, G. La restaurazione in Brasile: un fascismo neoliberista. *Crítica Marxista*, Roma, n. 1, p. 26-34, 2019.

SEMERARO, G. Gramsci e a religião: uma leitura a partir da América Latina. *In*: *O Social em Questão*, v. 1, n. 39, p. 87-108, 2017.

VERISSIMO, L.F. Somos atacados pelo governo. *In*: *O Globo*, 5 de setembro de 2019.

GRAMSCI TRADUTOR E INTÉRPRETE DE MARX: DO "MARXISMO" À "FILOSOFIA DA PRÁXIS"[1]

Giuseppe Cospito[2]

A recepção da obra de Marx por Gramsci se articula em três momentos fundamentais: o primeiro, predominantemente polêmico nos confrontos das interpretações dominantes, coincide com os anos de juventude e, sobretudo, com o biênio 1917-1918; o segundo é o do período de Gramsci na Rússia, entre 1922-1923, momento de aprofundamento tanto do pensamento marxista como dos problemas ligados aos textos marxianos; o terceiro, por fim, é o da reflexão carcerária e da reformulação do marxismo nos termos da filosofia da práxis. Neste texto, tratarei rapidamente dos dois primeiros para, em seguida, concentrar-me no terceiro.

Quando, por volta da metade da década de 1910, o jovem Gramsci inicia sua atividade jornalística, os textos de Marx possuíam uma circulação ainda limitada entre os ativistas socialistas, em edições parciais e traduções pouco confiáveis, o que Gramsci observaria explicitamente (edições que ele de-

[1] Tradução de Daniela Mussi.

[2] Università di Pavia, Itália.

fine como "horríveis", assim como versões francesas análogas, "traduzidas de maneira aceleradíssima"). Algumas das obras fundamentais da juventude de Marx, dos chamados *Manuscritos econômico-filosóficos* à *Ideologia alemã*, não haviam sido publicadas ainda e mesmo *O capital* – mais citado do que lido – era conhecido mais pelos compêndios, entre os quais a célebre coletânea organizada por Carlo Cafiero. Dominava, portanto, tanto entre os reformistas como entre os maximalistas, uma interpretação economicista, determinista, mecanicista, finalista e cientificista destes textos, contra a qual, em um conhecido artigo de maio de 1918 – escrito para o centenário do nascimento do filósofo de Tréveris, em relação ao qual Gramsci se define nestes anos "um seguidor", mais que um marxista – ele propõe um Marx *seu* (mas escreve *nosso*, referindo-se ao grupo de jovens ativistas de Turim que em pouco tempo dariam vida ao *L'Ordine Nuovo*). Marx, para ele, "não é um messias que deixou um conjunto de parábolas grávidas de imperativos categóricos, normas absolutas e incontestáveis, fora das categorias tempo e espaço. Único imperativo categórico, única norma: 'Trabalhadores de todo o mundo, uni-vos'" (Gramsci, 1984, p. 4-6). Com Marx, "a história continua a ser domínio das ideias, do espírito, da atividade consciente dos indivíduos singulares e associados", atividade cuja "substância está na economia, na atividade política, nos sistemas e nas relações de produção e troca" (Gramsci, 1984, p. 4-6).[3]

O escrito de Marx mais citado por Gramsci nestes anos é o *Manifesto do Partido Comunista*, do qual retoma sempre, além do convite à unidade e luta citado anteriormente, o célebre início ("Um espectro ronda a Europa...") e a exaltação da

---

[3] *Il nostro Marx* (5 mai. 1918). *In*: Gramsci (1984, p. 4-6).

tarefa histórica da burguesia na criação do mundo industrial moderno, premissa indispensável para a afirmação sucessiva do comunista. *O capital*, ao contrário, é mencionado apenas uma vez em toda a produção jornalística de Gramsci, e de maneira polêmica e paradoxal. Trata-se do artigo que se tornaria muito famoso, escrito no final de 1917, poucos meses antes daquele já citado, no qual a Revolução Bolchevique, ainda em curso, é definida, desde o título, como *contra o "Capital"*, ou melhor, contra a interpretação, comum na época, dessa como "demonstração da fatal necessidade de formação de uma burguesia e iniciação de uma era capitalista na Rússia antes que o proletariado pudesse pensar em seu resgate" (Gramsci, 2015, p. 617). Para Gramsci, ao contrário,

> os bolcheviques renegam Karl Marx e afirmam, com o testemunho da ação explícita, que os cânones do materialismo histórico não são férreos como se poderia pensar e se pensou [...]. Não são 'marxistas', mas vivem o pensamento que não morre, que é a continuidade do pensamento idealista italiano e alemão que, com Marx, estava contaminado de incrustações positivista e materialistas. (Gramsci, 2015, p. 617)[4]

Com relação a esta leitura – fundamentada sobre um conhecimento limitado dos textos e fortemente influenciado por sugestões idealistas (Croce, Gentile)[5] e ativistas (Bergson, Sorel) –, é possível verificar um salto de qualidade verdadeiro no período de Gramsci em Moscou. Um período de amadurecimento político no qual ele tem a oportunidade de conhecer pessoalmente Lenin e outros líderes bolcheviques,

---

[4] A. Gramsci. *La rivoluzione contro il "Capitale"* (1° novembre 1917). *In*: Gramsci (2015, p. 617).

[5] Cf. Izzo (2009, p. 23-74); Giasi (2011, p. 55-66).

mas também teórico, sobretudo graças ao aprofundamento do conhecimento direto das obras de Marx. Nestes anos, sob a direção de Riazanov, se dava a grande empreitada da edição crítica integral dos escritos de Marx e Engels, conhecida por *Mega*, hoje há quase um século de distância e ainda incompleta.[6] Uma edição, ao menos no projeto inicial de Riazanov – posteriormente destituído e vitimado pelos expurgos stalinistas –, marcada por um grande rigor filológico e que não apenas trazia à luz textos até então inéditos, mas que, antes de mais nada, colocava em evidência o caráter atormentado, fragmentário e incompleto da obra de Marx. Graças também à sólida formação filológica adquirida durante os estudos universitários em Turim, Gramsci certamente se deu conta da extraordinária novidade representada por este trabalho, cujo eco é possível encontrar nas *Questões de método* com as quais, muitos anos depois, inauguraria na prisão a primeira série de "Apontamentos de filosofia" no *Caderno 4* (Gramsci, 1975, p. 419-420). Aqui, de fato, escreverá que "para estudar uma concepção de mundo que nunca foi exposta sistematicamente pelo autor-pensador, é preciso realizar um trabalho minucioso e conduzido com o máximo escrúpulo de exatidão e honestidade científica"; que é preciso levar em consideração "todas as obras, mesmo as mais insignificantes, em ordem cronológica, divididas segundo os vários períodos: de formação intelectual, de maturidade, de posse e aplicação serena da nova maneira de pensar"; que nesta reconstrução "a pesquisa do *leit-motiv*, do ritmo do pensamento, [é] mais importante que as citações singulares separadas"; que "entre as obras do mesmo autor, é

6 Para as questões editoriais das obras de Marx e Engels até hoje ver Fineschi (2008) e Musto (2011).

preciso distinguir entre aquelas conduzidas a termo e publicadas daquelas inéditas, porque não completas. O conteúdo destas deve ser considerado com muita discrição e cautela: [...] deve ser considerado material ainda em elaboração, ainda provisório". Isso vale sobretudo para "as obras não impressas sob a responsabilidade direta do autor, mas por outros depois da sua morte: enquanto isso, é bom possuir um texto diplomático, ou seja, ainda não reelaborado pelo compilador, ou ao menos uma minuciosa descrição do texto original feita com critérios diplomáticos". Em particular, "não se deve desvalorizar a contribuição de Engels, mas tampouco identificar Engels com Marx, não pensar que tudo o que Engels atribui a Marx seja autêntico em sentido absoluto" (Gramsci, 1975, p. 419-420) (referência evidente sobretudo à publicação do segundo e terceiro tomos d'*O capital*).[7]

Contudo, o trabalho filológico dos estudiosos não é, para Gramsci, um fim em si mesmo, mas possui como objetivo a difusão dos textos marxianos de maneira crítica entre quadros políticos e ativistas. O modelo é constituído por uma antologia sobre o materialismo histórico que Gramsci conheceu durante o período na União Soviética, organizada por Adorastky (que será o sucessor de Riazanov na direção da *Mega*) e pelo historiador marxista Udal'cov (Antonini, 2018, p. 403-435). Gramsci a leva consigo à Viena, para onde se transfere à espera

[7] *Quaderno* 4, § 1, transcrito com variantes no *Quaderno* 16, § 2, *ivi*, p. 1840-1843 (Gramsci, 1975, p. 419-420). Já que a nova edição dos *Cadernos*, realizada no âmbito da *Edizione nazionale degli scritti di Antonio Gramsci*, ainda não está completa, continuo a fazer referência ao critério de organização dos escritos carcerários proposto por Gerratana, mesmo se este não coincide com o que foi estabelecido por Francioni. Ver a respeito Cospito, (2011, p. 881-904) (com apêndice que traz a correspondência entre as duas edições e a cronologia das notas carcerárias).

do retorno à Itália uma vez eleito deputado, com o objetivo de viabilizar sua tradução para o italiano por seu ex-professor e colaborador no *L'Ordine Nuovo*, Zino Zini. Este propósito, que as dramáticas condições políticas dos anos sucessivos impedirão de concretizar-se, se insere um projeto mais amplo de difusão dos textos marxianos e marxistas, cujo traço mais importante seriam as duas notas para a escola do partido em 1925, nas quais Gramsci, além de uma pequena seção antológica, inclui também uma parte das notas de Riazanov ao *Manifesto*, que ele mesmo traduz considerando-as "um tratamento completo, em forma popular, das nossas doutrinas".[8]

A antologia russa dos escritos sobre o materialismo histórico foi para Gramsci a oportunidade de entrar em contato com outros três aspectos do pensamento de Marx e Engels até então pouco ou nada conhecidos e que serão centrais para o "retorno à Marx" nos *Cadernos*: ela contém, sobretudo, uma espécie de resumo-paráfrase do primeiro livro d' *Ideologia alemã*, substancialmente retomado da biografia de Engels e escrita por Gustav Mayer. Dela é possível encontrar uma vaga reminiscência em um apontamento do *Cadernos 8* (§ 61), no qual Gramsci, atribuindo-a erroneamente à *Sagrada família*, recorda a passagem na qual se diz que, em Hegel, "se termina por ver a realidade, ainda que de maneira invertida, como, por assim dizer, se enxerga na máquina fotográfica, na qual as imagens estão ao contrário e o céu está no lugar da terra; é preciso colocar o homem sobre seus pés" (Gramsci, 1975, p. 978). A antologia contém, além disso, inúmeros extratos daquelas

8 *Il programma del L'Ordine Nuovo,* 15 aprile 1924 (Gramsci, 1971, p. 25). As despesas da escola do partido aparecem reproduzidas em *Il rivoluzionario qualificato* (Gramsci, 1988, p. 59 ss).

que Gramsci, no *Cadernos 7*, definira por "obras políticas e históricas concretas" de Marx, a partir do *18 Brumário*, do qual derivam as categorias de cesarismo e bonapartismo que Gramsci aplica também para análise de regimes burocráticos e autoritários do início do século XX –[9] textos que permitem "fixar melhor a metodologia histórica marxista, integrando e interpretando as afirmações teóricas dispersas em todas as obras" e, sobretudo, verificando "quantos cuidados reais Marx introduz nas suas pesquisas concretas, cautelas que não poderiam encontrar lugar em obras gerais" (Gramsci, 1975, p. 871-872), necessariamente mais dogmáticas.[10] A antologia russa conclui com algumas letras escritas pelo velho Engels no início dos anos 1890 e dedicadas ao esclarecimento da concepção materialista da história, contra sua versão dogmática e redução à "pesquisa da causa última ou única" do movimento histórico e a favor de uma análise dialética daquelas que Gramsci definirá por "relações de forças", mencionadas muitas vezes nos *Cadernos* (Gramsci, 1975, p. 445; p. 1445).[11]

Apesar disso, o pensamento de Marx e do marxismo na prisão atravessa, sobretudo, a leitura e tradução de uma outra antologia dos textos marxianos, do alemão, intitulada *Lohnarbeit und Kapital. Zur Judenfrage und andere Schriften aus der Frühzeit*. Este trabalho se desenvolve entre o final de 1930 e a metade de 1931 e ocupa uma parte do *Cadernos 7*, o mesmo caderno no qual, no mesmo arco de tempo, Gramsci compila a segunda série de "Apontamentos de filosofia". As versões dos textos marxianos concluem um programa mais

9 Sobre o uso gramsciano dessas categorias ver F. Antonini (2015).

10 *Quaderno* 7, § 24 (Gramsci, 1975, p. 871-872).

11 *Quaderno* 4, § 26 (Gramsci, 1975, p. 445) e *Quaderno* 11, § 31 (Gramsci, 1975, p. 1445).

amplo de traduções, sobretudo do alemão (mas também do russo e, em menor escala, do inglês), de textos sobre temas variados, que Gramsci realiza para *rifar[si] la mano* [para fixar o punho],[12] mas que, por um lado, correspondem a linhas precisas de pesquisa (a literatura nacional-popular, a linguística, o americanismo etc.) e, por outro, se ligam ao grande tema da tradutibilidade recíproca das linguagens nacionais. Um trabalho que permaneceu praticamente inédito até pouco tempo atrás quando, em 2007, Gianni Francioni e eu o publicamos no primeiro volume da edição nacional dos escritos de Gramsci.[13]

Muitos dos textos contidos na antologia alemã eram já bem conhecidos por Gramsci, que os parafraseia e, em alguns casos, cita de memória desde os primeiros cadernos, quando ainda não tinha em mãos o livro em questão. Contudo, a releitura e tradução desses textos a partir do original fazem parte de uma experiência fundamental para repensar inclusive a própria relação com Marx e com a tradição marxista sucessiva, no sentido de uma progressiva tomada de distância das simplificações e do dogmatismo da ortodoxia marxista-leninista.[14] Uma primeira indicação neste sentido se deve ao fato que – diferente do que se poderia esperar e do modo com que Gramsci procede sempre naquilo que define por "exercícios de tradução", exceto no outro caso de grande esforço teórico, a

[12] Ver a carta a Tatiana Schucht de 9 febbraio 1929 (Gramsci, 2020, p. 236).

[13] A. Gramsci, *Quaderni di traduzioni (1929-1932)*, a cura di G. Cospito e G. Francioni, Roma, Istituto della Enciclopedia Italiana, 2007; as traduções de Marx estão nas p. 741-813, p. 814-828 (ver também l'*Introduzione*, p. 11-40, sobre a peculiaridade das traduções de Gramsci).

[14] Aprofundei a questão, com uma referência específica ao problema das relações entre estrutura e superestrutura, em G. Cospito (2011), particularmente o cap. I.

saber, as versões "laicas" das fábulas dos irmãos Grimm[15] – as traduções não seguem a ordem (cronológica) com a qual os textos aparecem no pequeno volume alemão, mas uma sucessão diversa, que em minha opinião implica uma hierarquia de valor em ordem decrescente e corresponde ao programa de pesquisa teórico desenvolvido para "traduzir" o marxismo em chave de filosofia da práxis. O primeiro texto enfrentado é constituído das *Teses sobre Feuerbach*, que desde o *Caderno 4* Gramsci havia lido em chave de superação tanto do idealismo de Hegel como do materialismo filosófico dos séculos XVIII-XIX. Uma unidade dialética que, segundo Gramsci, os marxistas sucessivos teriam desmembrado, alguns acentuando o aspecto feuerbachiano, outros o hegeliano, e terminando por repropor a dicotomia entre "materialismo e idealismo" que, não por acaso, é o subtítulo das três séries dos "Apontamentos de filosofia".[16] Na abertura do *Caderno 7*, e depois nos cadernos seguintes, Gramsci usa as *Teses sobre Feuerbach* e, em particular, aquela relativa à "educação do educador" para negar qualquer determinação unívoca das superestruturas político-ideológicas pela estrutura econômica, afirmando, ao contrário, que "a superestrutura reage dialeticamente sobre a estrutura e a modifica".[17] E isso em polêmica tanto com o materialismo vulgar de Bukharin e de todos os que interpre-

15 Cf. *Introduzione* a *Quaderni di traduzioni (1929-1932)* (Gramsci, 2007, p. 34-37), e Borghese, 1981, p. 635-665), no qual aparece destacada a quase total eliminação, por Gramsci, das referências à divindade e providência contidas nos originais em alemão. Voltei a este problema em Cospito (2019, p. 63-76).

16 Quaderno 4, § 3, (Gramsci, 1975, p. 424); Quaderno 4, § 3 (Gramsci, 1975, p. 572); Quaderno 5, § 39 (Gramsci, 1975, p. 1248-1249); e Quaderno 10, II, § 10 (Gramsci, 1975).

17 Quaderno 7, § 1 (Gramsci, 1975, p. 854); mas adiante, no Quaderno 16, § 26 (Gramsci, 1975, p. 1899), Gramsci acusará Bernstein de ter "tomado suas armas do arsenal idealista revisionista (esquecendo as glosas sobre Feuerbach).

tam o marxismo como doutrina capaz de prever o futuro[18] como com a "posição de Croce, para quem, polemicamente, a estrutura se torna um 'deus asqueroso', um 'númeno', em contraposição às 'aparências' superestruturais".[19] Gramsci, por fim, na terceira série dos "Apontamentos de filosofia" do *Caderno 8,* faz referência ao que define como *Glosas a Feuerbach* e, em particular, à última, relativa à passagem da *filosofia* da *interpretação* à *mudança* do mundo, não para afirmar, como Croce e muitos antes e depois, que esta marca o abandono da filosofia por Marx, mas, como Antonio Labriola, o início de uma filosofia *nova*, uma *filosofia da práxis* –[20] uma filosofia que, como se lê ainda no *Caderno 8*, "deve se tornar 'política', 'prática', para continuar a ser filosofia: a 'fonte' para a teoria da unidade entre teoria e prática" (Gramsci, 1975, p. 1066).[21]

O segundo texto da antologia marxiana traduzida por Gramsci é representado pelo célebre *Prefácio* de 1859 a *Para a crítica da economia política*, no qual se lê, entre outras coisas, que

> na produção social de sua vida, os homens estabelecem relações determinadas, necessárias, independentes de sua vontade, relações de produção que correspondem a um determinado grau de desenvolvimento das suas forças materiais de produção. O conjunto destas relações de produção forma a estrutura econômica da sociedade, a base real, sobre a qual se ergue uma superestrutura jurídica e política e a qual correspondem determinadas formas sociais de consciência. O modo de produção da vida material condiciona de maneira geral o processo da vida social, política e espiritual. Não é a consciência dos homens que

[18] Quaderno 8, § 197 (Gramsci, 1975, p. 1059-1060).
[19] Quaderno 8, § 61 (Gramsci, 1975, p. 977).
[20] Quaderno 8, § 198 (Gramsci, 1975, p. 1060).
[21] Quaderno 8, § 208 (Gramsci, 1975, p. 1066). E cf. Frosini (2011, p. 67-80).

> determina seu modo de ser, mas ao contrário é seu modo de ser social que determina a sua consciência. Em um certo grau do seu desenvolvimento, as forças materiais de produção da sociedade entram em contradição com as relações de produção existentes, ou seja, aquilo que apenas é sua expressão jurídica, com as relações de propriedade, no interior das quais se moviam até então. De formas de desenvolvimento das forças produtivas, estas relações se transformam em obstáculos para as mesmas. Inicia-se então uma época de revolução social. Com a mudança da base econômica toda a enorme superestrutura é subvertida mais ou menos rapidamente. Na observação desta subversão, é preciso distinguir entre a subversão material nas condições da produção econômica, que deve ser constatada fielmente com o método das ciências naturais, e as formas jurídicas, políticas, religiosas, artísticas ou filosóficas, em uma palavra: as formas ideológicas, em cujo terreno os homens tornam-se conscientes deste conflito e o solucionam. [...] Uma formação social não perece antes que estejam desenvolvidas todas as forças produtivas para as quais ela é ainda suficiente, e novas, mais altas relações de produção não se assentam antes que suas condições materiais de existência estejam maduras no seio mesmo da velha sociedade. Por isso a humanidade se põe sempre apenas as tarefas que pode resolver. (Gramsci, 2007, p. 746-747) [22]

Seja pelo seu caráter esquemático e sintético, seja pela exigência de polemizar com toda leitura idealista da origem do movimento histórico, o texto citado fora o ponto de partida para as interpretações mecânicas, deterministas e economicistas do marxismo que Gramsci criticava desde os escritos de juventude. Nos *Cadernos*, esta crítica prossegue e se aprofunda progressivamente, utilizando o próprio texto contra aquelas interpretações. Inicialmente, na análise das *Relações entre*

---

[22] *Quaderni di traduzioni (1929-1932)* (Gramsci, 2007).

estrutura e superestruturas do *Caderno 4*, quando ainda não havia relido e realizado a tradução do alemão, Gramsci cita de memória aquilo que chama por "elementos de orientação" do *Prefácio*, para evitar dois possíveis equívocos: "por um lado o excesso de 'economicismo', por outro o excesso de 'ideologismo'; por um lado, sobrevalorizando as causas mecânicas, por outro o elemento 'voluntário' ou individual" (Gramsci, 1975, p. 456).[23] Em seguida, no *Caderno 7*, utiliza as afirmações do *Prefácio*, já em fase de tradução, contra Bukharin, acusando este de não ter "tratado o ponto fundamental: como da estrutura nasce o movimento histórico?", e recorda que aquelas afirmações "deveriam ter sido analisadas em todo seu alcance e consequência. Somente sobre este terreno pode ser eliminado todo mecanicismo e todo traço de 'milagre' supersticioso" (Gramsci, 1975, p. 869).[24] No *Caderno 8*, Gramsci retoma a "proposição que 'a sociedade não se coloca problemas para cuja solução não existam já as premissas materiais'" afirmando que

> é o problema da formação de uma vontade coletiva que depende imediatamente desta proposição e analisar criticamente o sentido desta proposição significa investigar como de fato se formam as vontades coletivas permanentes, e como tais vontades se propõem os fins imediatos e mediados concretos, ou seja, uma linha de ação coletiva. (Gramsci, 1975, p. 1057)[25]

Esta vontade coletiva, como se lê no *Caderno 10*, ainda com referência "aos dois princípios" do *Prefácio*, permite aquilo que então Gramsci define por "catarse", a

---

[23] Quaderno 4, § (Gramsci, 1975, p. 456); na segunda versão do texto, Gramsci inclui a versão da passagem do *Prefácio*, Quaderno 13, § 17 (Gramsci, 1975, p. 1579).

[24] Quaderno 7, § 20 (Gramsci, 1975, p. 869).

[25] Quaderno 8, § 195 (Gramsci, 1975, p. 1057).

> passagem do momento meramente econômico (ou egoísta-passional) ao momento ético-político, ou seja, a elaboração superior da estrutura em superestrutura na consciência dos homens. Isso significa também a passagem do 'objetivo ao subjetivo', e da 'necessidade à liberdade'. A estrutura da força exterior que esmaga o homem e o assimila em si, tornando-o passivo, se transforma em meio de liberdade, em instrumento para criar uma nova forma ético-política, em origem de novas iniciativas. (Gramsci, 1975, p. 1244)[26]

A referência aos "dois princípios fundamentais de ciência política" reaparece ainda no *Caderno 15*, mesmo se então se lê que "estes dois princípios devem ser desenvolvidos criticamente em todo seu alcance e depurados de todo resíduo de mecanicismo e fatalismo" (Gramsci, 1975, p. 1744).[27] "Resíduos" em parte devidos ao próprio Marx, em parte à tradição sucessiva, cuja origem Gramsci atribui a Engels e, em particular, ao *Antidühring*, por meio de sua "tentativa, excessivamente exterior e formal, de elaborar um sistema conceitual ao redor do núcleo são da filosofia da práxis, que satisfizesse a necessidade escolar da completude", que é "a origem de muitos despropósitos contidos no ensaio" de Bukharin,[28] alçado nos *Cadernos* a paradigma negativo do marxismo-leninismo soviético.

As traduções gramscianas da antologia alemã dos escritos de Marx prosseguem com o capítulo *Burgueses e proletários* do *Manifesto* de 1848, cujo título Gramsci, por razões de prudência destinadas a não levantar suspeitas na censura carcerária, atribui como *Teoria da história*: se trata de uma expressão usada desde a enumeração dos *Argumentos principais* que abrem o *Caderno 1* para se referir ao marxismo e, em

---

[26] Quaderno 10.II, § 6 (Gramsci, 1975, p. 1244).

[27] Quaderno 15, § 17 (Gramsci, 1975, p. 1744).

[28] Quaderno 15, § 31 (Gramsci, 1975, p. 1786).

particular, à concepção materialista da história, e na qual é possível interpretar, além da cautela, um polêmica implícita com Croce e sua interpretação de Marx (Gramsci, 1975, p. 1).[29] Como disse anteriormente, Gramsci conhecia esse texto desde a juventude; a sua tradução é, no entanto, uma oportunidade para retornar a ele de maneira atenta e não privada de escrúpulo filológico, como testemunha uma anotação do *Caderno 15* de 1933 (dois anos depois da conclusão das traduções marxianas) a respeito do problema de como encontrar em italiano as expressões alemãs "Zunftbürger" (membros das corporações), "Pfahlbürger" e "Pfahlbürgerschaft" (burgueses dos subúrbios, burguesia suburbana), para as quais, no momento de traduzir a passagem do *Manifesto* na qual apareciam, Gramsci não havia conseguido encontrar termos italianos satisfatórios (Gramsci, 1975, p. 1780-1781).[30]

Também no texto enfrentado em seguida, as *Reivindicações do Partido Comunista na Alemanha*, a intervenção do tradutor--intérprete aparece evidente desde a maneira como concebe o título: *Exigências da política alemã*. Aqui também, além da vontade de evitar, como sempre, qualquer referência explícita ao *comunismo*, existe uma referência teórica implícita, neste caso à necessidade que o partido, expressão das classes subalternas, passe da representação de interesses particulares (a fase assim chamada "econômico-corporativa") àquela dos interesses gerais, do povo-nação, e, em seguida, à hegemonia, primeiro

---

[29] Isso é confirmado pela carta enviada à cunhada em 25 de março de 1929, na qual Gramsci, em referência à "teoria da história", menciona os escritos de Marx, o *Manual* de Bukharin e algumas obras de Croce (Gramsci, 2020, p. 248). E cf. G. Cospito (2015, p. 28-42).

[30] Quaderno 15, § 23 (Gramsci, 1975, p. 1780-1781); e cf. *Quaderni di traduzioni* (Gramsci, 2007, p. 748) e as notas 34 e 37.

sobre os próprios aliados e, depois, também sobre os adversários, condição preliminar para a conquista e manutenção do poder, como Gramsci havia observado desde as anotações do *Caderno 1* sobre a *Direção política e de classe antes e depois da ida ao governo* (Gramsci, 1975, p. 40-54).[31]

Neste ponto, apenas, Gramsci enfrenta o texto mais corpulento da antologia marxiana, que dá título à coletânea, *Trabalho assalariado e capital*. É a oportunidade para aprofundar um aspecto fundamental do materialismo histórico, por ele até então não tematizado, ou seja, a teoria econômica, a partir dos conceitos-chave de preço, valor, valor-trabalho, mais-valia e aí por diante (que, no ensaio em questão, são enfrentados com caráter de divulgação), não tendo chance na prisão de acessar *O capital* ou outros escritos econômicos de Marx. É possível encontrar traços desse "enfrentamento" de Gramsci em uma série de notas dos *Cadernos 10* e *11* sobre o caráter tendencial das leis econômicas descobertas por Marx (a partir daquela relativa à queda da taxa de lucro) em polêmica explícita com a interpretação croceana e implícita, mas não menos cerrada, com a economia política (e a política econômica) do nascente regime staliniano, exemplificada pelo *Précis d'économie politique* [Economia política de precisão] de Lapidus e Ostrovitianov. Gramsci define este texto como "dogmático" na medida em que "apresenta as suas afirmações e seus desenvolvimentos como se não fossem 'contestados' ou rejeitados por ninguém, mas fossem expressão de uma ciência que de um período de luta e polêmica para afirmar-se e triunfar tenha já entrado

[31] Quaderno 1, § 44 (Gramsci, 1975, p. 40-54). A questão da hegemonia atravessa, como se sabem todos os *Quaderni*; sobre isso ver também G. Cospito (2011), cap. II.

em um período clássico de sua expansão orgânica" (Gramsci, 1975, p. 1286). [32] Ao contrário, na longa fase de transição da economia capitalista para a economia regulada, a ciência econômica marxista não pode não se apresentar, segundo Gramsci, como "crítica da economia política" (expressão com a qual nos *Cadernos*, não por acaso, Gramsci indica sempre *O capital*, e não apenas por razões de prudência).[33]

Também o texto sucessivo traduzido por Gramsci projeta uma luz importante sobre as reflexões que ele desenvolveu na prisão: trata-se de alguns extratos da *Questão judaica*, escrita por Marx em dissenso com Bauer, que estão na origem de uma polêmica epistolar do prisioneiro com a cunhada Tatiana Schucht e (indiretamente) com o amigo Piero Sraffa, ambos de origem judaica. À cunhada, que o acusa de antissemitismo por ter negado a peculiaridade da cultura hebraica e por esperar sua assimilação na grande família europeia, Gramsci replica que

> Marx escreveu que a questão judaica não existe mais desde que os cristãos se tornaram judeus, assimilando aquela que fora a essência do judaísmo, a especulação, ou seja, que a

[32] Quaderno 10.II, § 37 (Gramsci, 1975, p. 1286); mais adiante, [Quaderno 15, § 45] sempre em referência a esse texto, falará explicitamente de "trituração" de cérebros restritos e mesquinhos, que apenas pela posição dogmática conseguem manter um lugar na ciência, mas na bibliografia marginal da ciência. Uma forma de pensar ossificada é o maior perigo nestes assuntos: é preferível um certo brilhantismo desordenado à defesa filisteia das posições culturais existentes" (Gramsci, 1975, p. 1805-1806). Esta passagem, em minha opinião, contém uma definição exata e pungente daquilo que será chamado por *stalinismo*. Sobre a crítica, remeto aos numerosos trabalhos de G. Vacca, entre os quais *Modernità alternative. Il Novecento di Antonio Gramsci*, (Vacca, 2017).

[33] Cf. Quaderno 8, § 67, (Gramsci, 1975, p. 1138), Quaderno 10.II, § § 33, 36, 37 e 38 (Gramsci, 1975, p. 1278, p. 1281-1282, p. 1285-1286 e p. 1287), Quaderno 11, § § 29 e 32 (Gramsci, 1975, p. 1440; p. 1446), Quaderno 15, § 43 (Gramsci, 1975, p. 1804).

> resolução da questão judaica se dará quando toda a Europa possa ser liberada da especulação, ou seja, do judaísmo como gênero. (Gramsci, 2020, p. 479)[34]

Apenas neste ponto Gramsci decide traduzir a primeira passagem teórica da antologia alemã dos escritos de Marx, precedida da conhecida carta ao pai de novembro de 1837 (da qual traduz apenas algumas páginas) e da modesta poesia romântica, *Der Spielmann* (O jogador), publicada pelo jovem estudante de filosofia na revista berlinense *Atheneum*. Trata-se de uma parte do sexto capítulo da *Sagrada família*, dedicado ao materialismo francês do século XVIII, no qual Marx intui uma espécie de genealogia filosófica que, a partir do atomismo de Demócrito e Epicuro (tema ao qual havia dedicado uma tese de láurea), passando pelo nominalismo medieval, o empirismo de Bacon, de Hobbes e de Locke, o deísmo inglês do século XVIII, o sensualismo de Condillac e o materialismo ateu de Helvétius, "desemboca diretamente no comunismo". Uma genealogia que Marx renegaria expressamente logo em seguida, com a primeira das *Teses sobre Feuerbach*, que abre com a denúncia do "vício fundamental de todo materialismo, até hoje – inclusive em Feuerbach" (Gramsci, 2007, p. 743), em relação ao qual o materialismo histórico pretende percorrer caminhos originais. Gramsci, que havia começado a traduzir Marx justamente por este último texto, julga a *Sagrada família* "uma fase intermediária ainda indistinta e de origem ocasional" do desenvolvimento do pensamento de Marx, tomando como exemplo próprio, "a passagem sobre o materialismo francês", que lhe parece "mais um argumento de história da cultura, que uma passagem teórica, como normalmente se

[34] Carta de 12 out. 1931 (Gramsci, 2020, p. 479); e cf. F. Izzo (1993, p. 657-685).

pretende interpretá-lo" (Gramsci, 1975, p. 1592).[35] A "matéria" a qual se refere a concepção materialista da história tem a ver com as condições materiais da existência dos seres humanos e com o modo com o qual esses satisfazem as próprias necessidades, que por sua vez são socialmente determinadas e, nas sociedades evoluídas, se relacionam fortemente com elementos não materiais, tais como organização, hierarquia, prestígio e assim por diante. Muito pouco a ver com os assuntos da Física, que justamente nos anos em que Gramsci escreve perdia definitivamente a solidez da mecânica newtoniana para assumir os contornos mais esfumaçados e problemáticos da mecânica quântica (o princípio da indeterminação de Heisenberg foi enunciado em 1927).[36]

Antes de concluir o seu trabalho de tradução com a carta e a poesia citados, Gramsci converte para o italiano um artigo sobre Goethe – atribuído a Marx pelo curador da antologia alemã, mas na realidade escrito por Engels – que, por um lado, exalta a grandeza do escritor e, por outro, denuncia os limites históricos do homem e de seu tempo. Desta valorização do grande poeta e literato alemão – ao qual Gramsci havia dedicado outros dois importantes trabalhos de tradução (uma escolha de poesias e uma parte de suas conversas com o discípulo Eckermann)[37] – se encontra um eco em uma carta para a esposa Giulia, na qual o prisioneiro escreve que "a admiração

[35] Quaderno 13, § 18 (Gramsci, 1975, p. 1592); na primeira versão da passagem, no Quaderno 4, § 38, composta antes da tradução do trecho em questão, Gramsci escreve *Santa Famiglia*, anziché *Sacra Famiglia*, ecoando o título da tradução francesa da obra – *La Sainte Famille* – que havia lido antes (Gramsci, 1975, p. 462).

[36] Ver a respeito as intervenções contidas em Musitelli (2008).

[37] Cf. Gramsci, 2007, p. 504-556; p. 614-739 (texto e comentário).

estética pode ser acompanhada de um certo desprezo 'civil', como no caso de Marx por Goethe" (Gramsci, 2007, p. 425).[38]

À luz de tudo o que foi observado até aqui, considero ser possível concluir reafirmando que o aprofundamento do pensamento de Marx nos escritos do cárcere e sua reinterpretação em chave da filosofia da práxis por Gramsci passam pela leitura e tradução de uma série de textos do próprio Marx, o que confirma o nexo indissociável entre filosofia e filologia afirmado três séculos antes por um outro pensador italiano, muito conhecido de Marx e de Gramsci: Giambattista Vico, hoje com base em uma nova estação dos estudos gramscianos.

Referências

ANTONINI, F. *Gramsci, il materialismo storico e un'antologia del 1924. Studi storici*, LIX, p. 403-435, 2018.

ANTONINI, F. Cesarismo e bonapartismo negli scritti di Antonio Gramsci. Tese de doutorado, Università di Pavia, 2015.

BORGHESE, L. Tia Alene in bicicletta. Gramsci traduttore dal tedesco e teorico della traduzione. *Belfagor*, v. XXXVI, n. 6, p. 635-665, 1981.

COSPITO, G. *Verso l'edizione critica integrale dei "Quaderni del carcere". Studi storici*, LII, p. 881-904, 2011.

COSPITO, G. *Il ritmo del pensiero*. Per uma lettura diacrônica dei "Quaderni del carcere" di Gramsci. Napoli: Bibliopolis, 2011.

COSPITO, G. Appunti sulle traduzioni gramsciane dei Märchen dei fratelli Grimm. *In*: PANICHI, A. (a cura di). *Antonio Gramsci e la favola*. Un itinerario tra letteratura, política e pedagogia. Pisa: Ets, 2019, p. 63-76.

COSPITO, G. Le "cautele" nella scrittura carceraia di Gramsci. International Gramsci Journal, v. 1, n. 4, p. 28-42, 2015. Disponível em: https://ro.uow.edu.au/gramsci/vol1/iss4/4/. Acesso em: 18 ago. 2021.

DI BELLO, A. (a cura di). Marx e Gramsci: filologia, filosofia e politica allo specchio. Napoli: Liguori, 2011.

[38] Carta de 1 jun. 1931.

FINESCHI, R. *Un nuovo Marx*. Filologia e interpretazione dopo la nuova edizione storico-critica (Mega2). Roma: Carocci, 2008.

FROSINI, F. Dalla filosofia di Marx alla filosofia della práxis nei "Quaderni del carcere". *In*: DI GIASI, F. *Marx nella biblioteca di Gramsci*. *In*: DI BELLO, A. (a cura di). *Marx e Gramsci. Filologia, filosofia e politica allo specchio*. Napoli: Liguori, 2011, p. 55-66.

GRAMSCI, A. *Quaderni del carcere* (a cura di V. Gerratana). 4 v. Torino: Eunadi, 1975.

GRAMSCI, A. Il nostro Marx. 1918-1919 (a cura di S. Caprioglio). Torino: Eunadi, 1984.

GRAMSCI, a. *Scritti* 1917 (a cura di L. Rapone). Roma: Istituto della Enciclopedia Treccani, 2015.

GRAMSCI, A. *La construzione del Partido comunista*. 1923-1926. Torino: Eunadi, 1971.

GRAMSCI, A. *Scritti* 1916-1925 (a cura di C. Morgia). Roma: Delotti, 1988.

GRAMSCI, A. *Lettere dal carcere*. (a cura di Francesco Giasi). Torino: Einaudi, I Milleni, 2020, p. 236.

GRAMSCI, A. *Quaderni di traduzioni (1929-1932)*. (a cura di G. Cospito e G. Francioni). Roma, Istituto della Enciclopedia Italiana, 2007.

IZZO, F. *Democrazia e cosmopolitismo in Antonio Gramsci*. Roma: Carocci, 2009, p. 23-74

IZZO, F. "I due mondi". Tatiana Schucht, Antonio Gramsci e Pietro Sraffa sulla questione hebraica. Studi Storici, anno 34, n. 2-3, p. 657-685, abr./set. 1993.

MUSITELLI, M. P. (a cura di). *Gramsci e la scienza*. Storicità e attualità della note gramsciane sulla scienza. Trieste: Istituto Gramsci del Friuli Venezia Giulia, 2008.

MUSTO, M. *Ripensare Marx e i marxismi*. Studi e saggi, Roma: Carocci, 2011.

VACCA, G. *Modernità alternative*. Il Novecento di Antonio Gramsci. Torino: Einaudi, 2017.

A "CONCÓRDIA DISCORDE" NO SOCIALISMO REVOLUCIONÁRIO DE ROSA LUXEMBURGO E ANTONIO GRAMSCI[1]

GUIDO LIGUORI[2]

Dois marxistas revolucionários

Rosa Luxemburgo nasceu em 1871; Antonio Gramsci, em 1891. Luxemburgo morreu em Berlim, assassinada junto a Karl Liebknecht em 15 de janeiro de 1919,[3] quando Gramsci era um pensador e militante revolucionário ainda muito jovem, mas que já havia dado sinais de sua qualidade política e intelectual. Luxemburgo provavelmente nunca ouviu falar de Gramsci, enquanto este comentou a morte e o pensamento da revolucionária oriunda dos *Freikorps*.[4] Gramsci tratou do assassinato de Rosa Luxemburgo no *Avanti!* em 18 de janeiro de 1919, em um artigo intitulado *Carlo Liebknecht* (Gramsci,

---

[1] Tradução de Sabrina Areco.

[2] Professor de História das Doutrinas Políticas do Departamento de Humanidades da Universidade da Calábria e presidente da International Gramsci Society.

[3] Sobre a vida de Luxemburgo, cf. P. J. Nettl (1978); L. Basso (1967); G. Liguori (2018).

[4] O termo está em alemão no original. Palavras e siglas redigidas em língua diferente do italiano foram mantidas. (N.T.)

1984, p. 496-497).[5] O comunista sardo outras vezes recordará de Luxemburgo e Liebknecht como mártires, pelo menos até meados dos anos de 1920.[6] Fez referências mais significativas – como veremos – ao pensamento da revolucionária polonesa, reconhecendo sua relevância.

Em 1917, a Revolução de Outubro havia determinado uma cesura profunda na história do socialismo que Luxemburgo conseguiu ver apenas o início. Por isso se pode dizer que os dois autores viveram em épocas diversas da história teórica e política do movimento revolucionário marxista. Antes da Revolução de Outubro, Luxemburgo e Gramsci já eram parte de correntes de esquerda da Segunda Internacional (por razões biográficas, Rosa o era de modo mais relevante e maduro), e ambos tiveram, em relação à cultura positivista do marxismo do período, uma posição particular e heterodoxa.

Não se pode aqui nem acenar à batalha de Luxemburgo contra Bernstein e depois contra a progressiva inclinação do Partido Socialdemocrata (SPD) – do qual ela era dirigente – para uma política que *de fato* seguia em grande parte Bernstein; nem posso me deter às posições do jovem Gramsci.[7] Deve-se, porém, ao menos recordar que tanto Luxemburgo como Gramsci lutaram contra a hegemonia cultural do positivismo sobre o marxismo da Segunda Internacional, valorizando de maneira diversa o elemento da *subjetividade* revolucionária diante do *objetivismo* típico do marxismo positivista encarnado por Kautsky e Turati.

---

5 A. Gramsci, *Carlo Liebknecht*, [18 gennaio 1919]

6 Cf., por exemplo, A. Gramsci (1987, p. 654; 1971, p. 196).

7 Permito-me indicar a *Introduzione* a. Gramsci, *Masse e partito* (Gramsci, 2016, p. 9-28).

Luxemburgo, buscando remeter diretamente a Marx, chegou a uma impostação que Lukács definiu como tipicamente "dialética", caracterizada pela categoria de "totalidade", que lhe havia permitido refutar a ruptura do nexo entre ação cotidiana e perspectiva política, entre reforma e revolução.[8] Gramsci, submetido à influência do neoidealismo italiano e das correntes antipositivistas do início do século XX, chegara a uma concepção *aberta* da dialética, não necessariamente destinada a encontrar uma síntese ou uma única síntese possível. Em contraste a esta concepção gramsciana da história como *possibilidade*, não faltaram em Luxemburgo elementos típicos da Segunda Internacional, como a convicção da *necessidade* e da *inevitabilidade* do "colapso" do capitalismo. Tal "necessidade", todavia, não a levava a desvalorizar a importância do elemento subjetivo. Para ela, "os homens não fazem a história segundo sua própria fantasia, *mas fazem a história.* O fato de levar em consideração a tendência do processo histórico objetivo não atenua e não paralisa a energia revolucionária ativa", mas a defende "de bater a cabeça contra a parede de maneira inútil e desesperada" (Luxemburgo, 2018, p. 177). Não é que Luxemburgo considerasse que a "crise" levaria à superação do capitalismo, prescindindo da intervenção revolucionária do sujeito, mas que tal *subjetividade revolucionária* seria também produto da crise do capitalismo mais do que da ação organizativa e educativa de um partido revolucionário.

---

[8] Cfr. G. Lukács (1978). A pensadora polonesa havia considerado a dialética "pedra sobre a qual se apoia a doutrina do socialismo marxista" (Luxemburgo, 2018, p. 185).

A relação nacional-internacional

Um primeiro ponto crucial por meio do qual nossos autores serão abordados é o da "questão nacional", do internacionalismo e também da guerra. Gramsci – desde o artigo de 1914, *Neutralità attiva ed operante* (Gramsci, 2016, p. 39-54) –[9] é uma das vozes que no âmbito do socialismo e do marxismo sublinha a importância da questão nacional. O artigo em questão não deve ser confundido com um simples apoio às posições intervencionistas do então chefe da esquerda socialista Mussolini. Nos anos seguintes, Gramsci – que se tornou um convicto jornalista socialista – escreveu muito contra a guerra e contra seus apoiadores.[10] Falta nele, todavia, uma referência forte à teoria do imperialismo, que para muitos dos marxistas da Segunda Internacional, e também para Luxemburgo, sustentava analiticamente a previsão e a rejeição da *inevitabilidade* do conflito entre as potências capitalistas. A obra mais importante de Luxemburgo, *L'accumulazione del capitale*, de 1913, é uma das maiores produções teóricas desse período. Em um dos raros casos no qual Gramsci escreveu sobre a "estrutura do capitalismo" como "caracterizada no período atual pelo predomínio do capital financeiro sobre o capital industrial", atribuiu tal tese aos "teóricos da Terceira Internacional (Lenin, Zinoviev, Bukharin, Rosa Luxemburgo, A. Pannekoek etc.)", mas assinalando sobretudo a importância do "volume de Hilferding sobre *Capitale finanziario*".[11]

---

[9] *Neutralità attiva ed operante* [31 ottobre 1914].

[10] Sobre Gramsci e a Grande guerra cfr. L. Rapone (2011).

[11] *La relazione Tasca e il Congresso camerale di Torino* [5 giugno 1920] (Gramsci, 1987, p. 541). Deve-se acrescentar que em uma carta de 1924, Gramsci, falando do projeto de uma nova revista teórica, levantou a hipótese de confiar ao economista e dirigente comunista Antonio Graziadei um artigo sobre

Sobre a questão nacional propriamente dita, Luxemburgo, desde muito jovem, no fim do século XIX, julgou-a superada pelo desenvolvimento capitalista. Por isso polemizou com alguns marxistas contemporâneos a ela, e em particular com Lenin, taticamente muito mais perspicaz ao avaliar o quanto a questão nacional pesava no *senso comum* das massas. É importante salientar, no entanto, que o tema ganhou forma no pensamento de Rosa Luxemburgo em relação estreitíssima com a "questão polaca" – a *sua* Polônia não era então um Estado independente e estava dentro dos limites do império czarista e em parte no austro-húngaro. A posição da autora não dependia *apenas* de uma impostação teórica geral que considerava que a luta de classes superava os conflitos entre as nações (uma formulação que também era sua e na qual havia uma certa dose de *abstração*, isto é, uma preponderância dos princípios sobre a concreta situação da qual são reduzidos, impostação que constitui seu traço típico). A revolucionária polonesa partilhava da convicção de que o desenvolvimento econômico da Polônia era então estreitamente dependente do mercado russo.[12] Por esse motivo afirmava que a independência nacional polonesa era um objetivo retrógrado: tratava-se sobretudo de fortalecer a luta do proletariado polonês com a classe operária russa para se aproximar do objetivo comum de uma revolução e um Estado socialista.[13]

"L'accumulazione del capitale secondo Rosa Luxemburgo" (A. Gramsci, 1992, p. 175).

12 Tal argumento está presente desde sua tese, escrita na Suíça em 1897 e publicada no ano seguinte.

13 O nexo entre a questão polaca e a questão nacional está presente, por exemplo, em *Prefazione a "La questione polacca e il movimento socialista"* [1905] (Luxemburgo, 2018, p. 145-180), que se ocupa das polêmicas e controvérsias da década precedente.

Também em Lenin são muito importantes os elementos particulares do problema. Como revolucionário *russo*, via nos patriotas poloneses sobretudo aliados contra o czarismo. Esta era uma das principais raízes de sua posição e da divergência com Rosa. Por outro lado, o termo luxemburguista "social-patriota", lançado polemicamente aos dirigentes social-democratas poloneses que colocavam em primeiro plano a questão da unidade nacional (*in primis*, o futuro ditador Piłsudski), será adotado e amplamente usado por Lenin contra aqueles que, na ocasião da Primeira Guerra Mundial, escolheram a solidariedade com a própria burguesia nacional. A partir de 1907, Lenin e Luxemburgo conduziram uma batalha comum no âmbito da Internacional. Como recordará Gramsci, no Congresso de Stuttgart da Internacional, Lenin e Luxemburgo apresentaram conjuntamente uma "moção em relação à atitude da classe operária diante de uma guerra, uma emenda fundamental na qual se afirma que, "em caso de guerra imperialista é dever insurgir em armas para iniciar a revolução socialista" (Gramsci, 1971).[14] Durante a guerra mundial, bolcheviques leninistas e espartaquistas luxemburguistas foram os poucos socialistas de esquerda a rejeitar o canto da sereia da submissão aos interesses das respectivas nações.

No que concerne a Gramsci, além do artigo de 1914 ao qual foi feito aceno, devemos lembrar de uma parte dos *Cadernos* na qual lemos:

> Realmente a relação 'nacional' é resultado de uma combinação 'original' única (em um certo sentido) que nesta originalidade e unicidade deve ser compreendida e concebida se se pretender dominá-la e dirigi-la. Certamente o

[14] A. Gramsci, Vladimiro Ilic Ulianof, *L'Ordine Nuovo* (terza serie), março de 1924.

> desenvolvimento é voltado para o internacionalismo, mas o ponto de partida é 'nacional' e é desse ponto de partida que devemos começar. Mas a perspectiva é internacional e não pode não ser. Portanto, é necessário estudar exatamente a combinação de forças nacionais que a classe internacional deverá dirigir e desenvolver segundo a perspectiva e diretiva internacional. (Gramsci, 1975, p. 1729)

Em Gramsci, como em Lenin, havia atenção considerável à situação nacional na qual se deveria agir, mas sem esquecer que, para os marxistas revolucionários, a direção a seguir era a superação das divisões nacionais. A "classe internacional", o proletariado, e o seu partido, devem saber conquistar o apoio das classes que permanecem no terreno nacional – Gramsci dá como exemplo os camponeses e os intelectuais. O proletariado "deve "nacionalizar-se", acrescenta Gramsci, para poder conquistar a hegemonia – a aliança de classe e de sua dimensão nacional em Luxemburgo é decididamente menos relevante. Há um ponto de diferença aqui entre os dois que devemos ter em mente.

Apesar disso, deve ser lembrado que Lenin, Luxemburgo e Gramsci são unidos por uma forte tensão internacionalista, pela vontade comum de superar a dimensão nacional e unir explorados e exploradas em uma "futura humanidade" sem fronteiras e sem mitos patrióticos.

Massa e partido

Um segundo ponto do confronto Luxemburgo-Gramsci é a relação massa-partido. Para Luxemburgo não é possível o partido não brotar das massas e de suas lutas, deve reagrupar os grupos proletários mais conscientes que constituem a vanguarda, mas não deve fortalecer-se como algo externo ao movimento mesmo. A confiança que a revolucionária polonesa nutre pelas massas é muito elevada e é relevante o peso que o autogoverno tem em seu pensamento como a única via possível para a afirmação do socialismo. Em uma formulação que se tornou célebre e que apareceu em um escrito de 1904, em polêmica com Lenin e seu *Un passo avanti, due indietro*, ela afirmava: "os passos falsos que são dados por um real movimento operário revolucionário são sob o plano histórico incomensuravelmente mais fecundos e preciosos do que a infalibilidade do melhor Comitê Central" (Luxemburgo, 2018, p. 144).

Existe em Luxemburgo, portanto, uma particular concepção de sujeito revolucionário, identificado nas massas e nas suas ações, mais do que no partido. Deve-se lembrar, porém, que o partido era considerado pela revolucionária polonesa como útil e necessário e que sua concepção não é "espontaneísta", "soreliana". Ela crê que a revolução não pode ser decidida e planejada pelo partido, mas não por isso considera o partido supérfluo. Para Luxemburgo, "a *iniciativa* e direção consciente das organizações social-democratas tiveram um papel extremamente modesto" no processo revolucionário (Luxemburgo, 2018, p. 132). Em outras palavras, ela afirma, polemizando com Lenin – mas creio que tendo em mente sobretudo o Partido Social-Democrata Alemão (SPD) –, que o partido tem um papel importante mesmo que não determinante: somente as massas, impulsionadas pela crise, podem ser o *real sujeito* da revolução.

Em 1906, depois da experiência histórica da primeira revolução russa, Luxemburgo esclarecia sua visão do processo revolucionário: a "greve de massa" que caracterizava as lutas mais avançadas naqueles anos na Rússia, mas não apenas, não era um evento singular, mas consequência de ações de massa de vários tipos que indicavam uma situação destinada a desembocar na revolução (Luxemburgo, 2018, p. 216). Uma situação revolucionária, que perdurava no tempo e no espaço, e durante a qual as massas se auto-organizaram criando suas próprias instituições de autodeterminação (os *Sovietes*). Tal estado de fortes agitações não poderia ter sido definido previamente ou programado (Luxemburgo, 2018, p. 188), mas – uma vez iniciado também graças à "plurianual agitação da social-democracia"(Luxemburgo, 2018, p. 193) – o partido social-democrata podia conquistar e desenvolver um papel de direção política (Luxemburgo, 2018, p. 193). Muitas das dúvidas de Rosa Luxemburgo sobre o papel revolucionário do partido e de sua direção central vinham da situação da Alemanha nos anos de 1910, quando o SPD era tão forte no papel quanto era inerte na realidade. Igualmente, como se sabe, muitas das teses de Lenin sobre o partido, o seu papel de direção, sua férrea organização, derivavam da situação na qual atuavam os bolcheviques na Rússia czarista, país dominado pelo mais opressivo regime político daquele período.

As revoltas de 1905, segundo Luxemburgo, projetaram o proletariado russo para a vanguarda do socialismo europeu e não por mérito do Partido Social-Democrata daquele país (bolchevique ou menchevique), mas por mérito das massas insurgentes que criaram os *Soviet*es. Para Rosa, escreveu Lelio Basso, foi a *crise econômica*, a crise do sistema capitalista, que criou *por si* as condições da ação revolucionária. Há aqui o risco de subestimar a política, antes mesmo de subestimar o partido, e seguramente a *educação* e a *cultura* no sentido mais amplo, tal como aparecia no artigo de Gramsci de 1916, *So-*

cialismo e cultura,[15] que considerava fundamental a preparação do processo revolucionário ao definir o Iluminismo como o fator que possibilitou a Revolução Francesa. O que determinaria a revolução, o que moveria a massa, perguntava-se no fundo Gramsci, se não a ação educativa, de organização e de direção do partido? Para Luxemburgo, por sua vez, o que conta "não é tanto a 'disciplina', 'educação'", quanto "a ação de classe decidida, verdadeiramente revolucionária, capaz de conquistar e levar consigo os mais vastos círculos de massas proletárias não organizadas, mas revolucionárias por suas disposições e sua situação"(Luxemburgo, 2018, p. 236).[16] Somente com tal "contingência" emergirá a qualidade do trabalho de preparação do proletariado feito precedentemente pela social-democracia, que a permitirá ser reconhecida, uma vez iniciada a revolta, como guia da massa revolucionária. Em Luxemburgo, portanto, não está ausente o partido e seu trabalho de preparação e direção da revolução, mas esse tem um papel menor do que em outros teóricos revolucionários, entre os quais Lenin e Gramsci.

Antes da revolução, no entanto, a social-democracia – escreve Luxemburgo, quase se antecipando às acusações das quais será alvo, entre elas Gramsci nos *Cadernos* – não deve "esperar fatalisticamente, de braços cruzados", mas "*antecipar* o desenvolvimento das coisas, buscar *apressá-los*"(Luxemburgo, 2018, p. 238). Duas expressões insuficientes e um tanto inde-

---

15 A. Gramsci, *Socialismo e cultura* [29 gennaio 1916] (Gramsci, 2016, p. 55-58).

16 Ainda nos últimos dias de vida a revolucionária polonesa repetirá que os proletários "educam-se na ação" (R. Luxemburgo, *Discorso sul programma* [31 dicembre 1918]. Gramsci, 1969, p. 630). No mesmo texto, porém, Luxemburgo reconhece que alguma educação era necessária no sentido em que os trabalhadores deveriam ao menos ter consciência das tarefas estatais dos conselhos operários.

terminadas, que indicam uma certa subvalorização do papel da *organização* política, da cultura, dos intelectuais – fatores importantes para Gramsci. É sabido quanta relevância Gramsci deu à educação e à cultura durante o "período torinense":[17] a necessidade de que os socialistas fundassem um "*front culturale*" (junto aos econômico-social e político) talvez tenha sido o mais importante dado que caracteriza a sua posição e de seus jovens amigos da esquerda socialista nos anos anteriores ao "Biênio Vermelho".

Tanto Gramsci como Luxemburgo olhavam com forte simpatia o movimento dos conselhos que abalaram a Europa depois da Revolução de Outubro. Gramsci pode ser considerado um dos maiores teóricos do movimento de conselhos europeu. Em Torino, nos anos de 1919-1920, se de um lado ele dedicou a maior parte de sua energia à organização dos Conselhos, de outro não deixou de lamentar a ausência do Partido Socialista Italiano, sua incapacidade de se colocar à frente das lutas sindicais para generalizar-se e colocar-se sobre o terreno do nascimento de um novo poder. Partido e conselhos, vanguarda e órgãos de autogoverno das massas, são elementos presentes em Gramsci e Luxemburgo. Em ambos há a convicção, sobretudo nos anos do movimento de conselhos europeu, da necessidade de que as massas sejam *protagonistas reais* da revolução.[18] Esta convicção estava presente em todos os revolucionários de então, como em Lenin, ao menos até que o curso dos eventos não determinasse o declínio dos *Sovietes*, tanto na Rússia como no Ocidente capitalista. Mas a impor-

---

[17] Cf. A. d'Orsi (2018, p. 112 ss).

[18] Cfr. sobre isto *infra*, o parágrafo *Spontaneità e direzione consapevole*, sobre algumas análises gramscianas consonantes com as posições de Luxemburgo.

tância que Luxemburgo e Gramsci deram a este aspecto no final dos anos de 1910 é, sem dúvida, um traço comum muito relevante entre eles.

No entanto, a importância atribuída ao papel do partido é diversa. No célebre artigo *Democrazia operaia*, que deu início ao *L'Ordine Nuovo*, arauto, defensor e organizador dos conselhos, Gramsci escreveu: "O partido deve continuar a ser o órgão de educação comunista, o foco da fé, o depositário da doutrina, o *poder supremo* que harmoniza e leva à meta a força organizada e disciplinada da classe operária e camponesa" (Gramsci, 1987, p. 167, grifos meus).[19] É fundamental o tema da *disciplina* e da *autodisciplina* do proletariado e dos revolucionários no Gramsci torinense. Os bolcheviques "foram revolucionários" para Gramsci porque estabeleceram a nova ordem e a disciplina (Gramsci, 1987, p. 160),[20] escreveu em 1919. Da mesma forma, os conselhos deveriam saber realizar uma nova disciplina: a "democracia operária (integrada com organizações equivalentes de camponeses)", afirmou Gramsci, deve dar "uma forma e uma disciplina permanente às massas" (Gramsci, 1987, p. 168). Há também diferença entre Gramsci e Rosa Luxemburgo se pensarmos nas palavras já mencionadas anteriormente e o texto de Rosa, *Greve de massa, partido e sindicatos*. Veremos mais adiante como, nos *Cadernos*, Gramsci radicalizará a crítica a este escrito luxemburguista.

Diante da Revolução de Outubro

Antes de continuar analisando o que Gramsci escreveu sobre Rosa nos *Cadernos*, é útil nos determos sobre como os

[19] A. Gramsci, *Democrazia operaia* [21 giugno 1919].
[20] A. Gramsci, *La taglia della storia* [7 giugno 1919].

dois autores observaram a Revolução Russa e o Estado que surge desta. Desde os primeiros comentários sobre a Revolução de Fevereiro, Gramsci viu nos fatos de Petrogrado uma "revolução proletária". A visão de Gramsci sobre os fatos da Rússia não era ausente de erros de avaliação, devidos em parte à escassez de informações e também por uma excessiva confiança na capacidade de regeneração moral propiciada pelo evento revolucionário.[21] "A liberdade faz os homens livres", escreveu em 1917 (Gramsci, 2017, p. 36).[22] Tais convicções não estavam distantes daquelas de Luxemburgo. No entanto, na avaliação da Revolução Russa, a revolucionária polonesa podia mobilizar outro nível de maturidade político-cultural e de conhecimento da situação. Em 1917, ela era uma dirigente e teórica madura e conhecia muito bem a Rússia. No cárcere, em 1917, onde estava por sua atividade contra a guerra, foi uma entre aqueles (o que é um elemento que a une a Gramsci) que viram já na Revolução de Fevereiro o início de uma fase totalmente nova para o socialismo mundial. Mas enquanto Gramsci considerou sempre positivamente a ação do partido guiado por Lenin e depois o trabalho do governo bolchevique, Luxemburgo elaborou uma forte crítica à política dos bolcheviques junto ao poder, embora não deixe faltar à Revolução e ao Estado dela nascido sua solidariedade. Diferente de Luxemburgo, Gramsci não viu riscos na dissolução da Assembleia Constituinte feita no início de 1918 e justificou a medida contrapondo o "modelo de representação direta dos produtores", constituído pelos *Sovietes*, e "um parlamento [...] de tipo ocidental", a ser

---

21 Remeto ao meu *Gramsci e le due rivoluzioni russe del 1917*, introdução a Gramsci (2017, p. 5-23).

22 A. Gramsci, *Note sulla rivoluzione russa* [29 aprile 1917]

superado (Gramsci, 1987, p. 63),[23] ainda que tenha visto a dificuldade da "nova ordem", pois – escreveu com crescente realismo em março de 1918 – "o passado continua a subsistir [...] está pressionado e quer se vingar" (Gramsci, 1987, p. 75).[24]

Diante de outubro, também Rosa Luxemburgo ficou sem hesitar ao lado da Revolução Bolchevique. Ela iniciou seu escrito de 1918 (Luxemburgo, 2018, p. 269-304)[25] polemizando contra os mencheviques e sobretudo contra os sociais-democratas alemães (acusando-os de "cretinismo parlamentar") (Luxemburgo, 2018, p. 279), *in primis* contra Kautsky, e sublinhou os "nexos internacionais desta revolução" e o fato de que essa dependia da "revolução mundial do proletariado". A crítica da autora era solidária, porque o partido de Lenin era "o único na Rússia que soube compreender os verdadeiros interesses da revolução [...], o único partido que adotava uma política verdadeiramente socialista", que havia proclamado e perseguido "com férrea coerência" a única tática que "podia salvar a democracia e levar a revolução adiante": "todo poder para as massas operária e camponesa, todo poder aos *Sovietes*" (Luxemburgo, 2018, p. 275).

Não seria possível encontrar nessas críticas consonância com algumas afirmações gramscianas de 1917. Não poucas foram as decisões dos bolcheviques que Luxemburgo reprovava *depois* da conquista do poder. Ela coloca problemas fundamentais, mas segundo uma impostação que parece realizar uma abstração do contexto histórico, ou seja, considerando que o

---

23 A. Gramsci, *Costituente e Soviety*, [26 gennaio 1918].

24 A. Gramsci, *Un anno di storia*, [16 marzo 1918].

25 Cfr. R. Luxemburgo, *La rivoluzione russa* [1918] (Luxemburgo, 2018, p. 269-304).

discurso sobre *princípios* é mais importante que problemas contingentes e de tática.

As críticas de Luxemburgo concernem à subdivisão de terra, que teria criado uma vasta classe de "camponeses proprietários", inimiga da economia socialista e da propriedade coletiva (Luxemburgo, 2018, p. 282); o "direito de autodeterminação das nações", cujo resultado foi que a burguesia nacional pode dar seguimento a uma "política contrarrevolucionária de classe" (Luxemburgo, 2018, p. 285); a dissolução da Assembleia Constituinte (expressão dos equilíbrios políticos pré-revolucionário), a supressão do direito de voto para algumas categorias, a abolição "das mais importantes garantias democráticas de uma vida pública saudável e da atividade política das massas trabalhadoras: liberdade de imprensa, direito de associação e de reunião, que foram proibidos para todos adversários do regime soviético" (Luxemburgo, 2018, p. 296). Era absurdo – escreveu – reservar a liberdade política apenas "aos partidários do governo, aos membros de um único partido – sejam tão numerosos quanto forem", pois "a liberdade é sobretudo liberdade daquele que pensa diferente"(Luxemburgo, 2018, p. 297). Por isso, se era justo dissolver a velha Assembleia, seria necessário eleger uma nova Assembleia Constituinte.

Luxemburgo não hesitou em escrever contra o boicote do governo revolucionário por parte dos burgueses: "eram naturalmente obrigatórias as medidas de repressão contra eles [...] com mãos de ferro"(Luxemburgo, 2018, p. 290). Mas, superada a emergência, era necessário retomar uma plena vida democrática, tendo clareza da diferença entre "o domínio de classe burguês", que "não tinha necessidade de instrução e educação política de toda a massa popular", e "a ditadura proletária", para a qual "este é elemento vital" (Luxemburgo,

2018, p. 297). O preço que os bolcheviques pagariam, para Luxemburgo, seria altíssimo. Ela escreve:

> Sem eleições gerais, sem liberdade ilimitada de imprensa e de reunião, sem liberdade de luta de opiniões, a vida morre em todas as instituições públicas, torna-se vida aparente onde a burocracia permanece o único elemento ativo de [...] algumas dúzias de chefes de partido de energia incansável e de ilimitado idealismo dirigem e governam. (Luxemburgo, 2018, p. 299)

Teria sido, concluía, "uma ditadura certamente, mas não a ditadura do proletariado e sim a ditadura de um punhado de homens políticos" (Luxemburgo, 2018, p. 299). São objeções relevantes. Mas subestimam o fato de que os bolcheviques tentaram conquistar e manter o *consenso* e permaneceram fiéis às promessas que fizeram antes da Revolução de Outubro. Sobre o tema das relações entre democracia e socialismo, Luxemburgo não desprezava a "ditadura do proletariado", mesmo o uso das "mãos de ferro" contra a burguesia que se opunha ao poder que permaneceu com a maioria da população. Mas o Estado socialista, segundo a autora, deveria garantir um clima político marcado pela máxima liberdade de opinião, de debate, de imprensa, de organização política. Considerando como se desenvolveu, nos anos sucessivos, a história do "socialismo real", sem dúvida a crítica de Luxemburgo parece bem fundamentada. É preciso, no entanto, sublinhar, no seu pensamento, uma excessiva confiança nas massas e sua capacidade de permear as instituições. Subestimava o fato de que os bolcheviques eram, no país, uma minoria que, mesmo se tivessem, ou tenham tido no momento da tomada do poder, um consenso amplo, este era sempre passível de ser revogado. Um olhar que podemos definir como *míope*, comparável àquele de Gramsci na sua famosa carta de outubro de 1926 sobre a luta interna do partido comunista soviético (Gramsci, 2016, p. 350-365).[26]

Rosa Luxemburgo nos Cadernos de Gramsci

Nos *Cadernos*, Rosa Luxemburgo é citada a propósito de duas questões distintas, baseadas em dois escritos diferentes. O primeiro ao qual Gramsci faz referência é de 1903 e se intitula *Ristagno e progresso del marxismo* (Gramsci, 1975, p. 2583),[27] citado no § 31 do *Caderno 3* (maio-junho de 1930), retomado no § 70 do *Caderno 11* (de 1932). No escrito de Luxemburgo lemos – em relação à "fortuna" dos livros d'*O capital* –, que "apenas na medida em que nos movemos em estágios mais avançados e enfrentamos novas questões práticas, nós alcançaremos de novo a reserva conceitual marxiana" (Luxemburgo, 1975, p. 229).[28] Gramsci *traduz* essa afirmação (na segunda redação, no *Caderno 11*) como a "exigência de elaborar os conceitos mais universais, as armas ideológicas mais refinadas e decisivas" (do marxismo) no momento em que "um grupo subalterno torna-se realmente autônomo e hegemônico suscitando um novo tipo de Estado" (Gramsci, 1975, p. 1508-1509).

No § 3 do *Caderno 4* (maio de 1930), Gramsci volta a citar o mesmo escrito de Luxemburgo a propósito de uma questão relacionada, que no texto de segunda redação (no *Caderno 16*, de 1932) cita: "Sobre o argumento deve-se ver o ensaio de Rosa sobre *Progressi e arresti nello sviluppo della filosofia della*

---

26 Cf. *Il carteggio Gramsci-Togliatti dell'ottobre 1926* [1926].

27 Cf., no *Apparato critico* a. Gramsci, *Quaderni del carcere*, nota 3.

28 R. Luxemburgo, *Ristagno e progresso nel marxismo* [14 marzo 1903].

práxis, que nota como as partes constituintes desta filosofia desenvolvem-se de maneiras diversas, mas sempre segundo a necessidade da atividade prática" (Gramsci, 1975, 1857). A questão é, portanto, aquela das relações entre marxismo e desenvolvimento cultural e político das massas, o problema de como o desenvolvimento da filosofia da práxis é pensado em relação às tarefas que progressivamente são colocadas ao movimento operário organizado, de como tal desenvolvimento deve ser estreitamente conexo àquele da *filosofia difusa*, não apenas "renascimento" mas também "reforma", para usar duas categorias gramscianas que são citadas também a este propósito (Gramsci, 1975, p. 892). É uma preocupação – aquela do desenvolvimento *filosófico* das grandes massas – que seguramente era cara a Rosa e à sua ideia das massas como o verdadeiro sujeito da revolução. Há aqui uma problemática comum, ou uma consonância de fundo, entre os dois autores.

O segundo escrito de Rosa Luxemburgo citado nos *Cadernos* é *Sciopero di massa, partito e sindacati*, seu texto político mais significativo. No "Biênio Vermelho", Gramsci mostrou simpatia por este escrito e sua tese, segundo a qual "os movimentos e agitações ditas políticas são os determinantes mais enérgicos da coesão e da solidariedade sindical" (Gramsci, 1987, p. 191).[29] Nos *Cadernos*, a avaliação do escrito mudou drasticamente. O que aconteceu nesse intervalo de tempo? A revolução foi derrotada no Ocidente – podemos dizer muito sinteticamente – porque o Estado e a "sociedade de massa" dos países capitalistas avançados se mostraram muito diversos dos da Rússia de 1917. Este fato impunha uma reconsideração

[29] Cf. também Gramsci, A. *Cronache del L'Ordine Nuovo* [9 ottobre 1920] (Gramsci, 1987, p. 704).

das estratégias e métodos de luta: uma *revolução do conceito de revolução*, como Gramsci começa a compreender a partir de 1924 (depois da temporada em Moscou e o conhecimento mais profundo de Lenin e a política dessa fase, caracterizada pelo entrelaçamento da NEP e da "frente única"). O escrito de Luxemburgo, *Sciopero di massa, partito e sindacati*, por sua vez, parece-lhe parte de uma fase e concepção diferentes e superadas.

O escrito é citado em duas notas do *Caderno 7*, o § 10 (novembro de 1930) e o § 16 (dezembro de 1930).[30] Na segunda nota, Gramsci polemiza com "a famosa teoria de Bronstein sobre a *permanência* do movimento" (ou seja, a teoria da revolução permanente de Trotsky), acrescentando que "a teoria de Bronstein pode ser comparada àquela de certos sindicalistas franceses sobre a greve geral e à teoria de Rosa no opúsculo traduzido por Alessandri: o opúsculo de Rosa e a teoria de Rosa influenciaram os sindicalistas franceses [...] que também depende em parte da teoria da espontaneidade" (Gramsci, 1975, p. 866-867).

Como se vê, o juízo em relação ao de 1920 é alterado. Deve-se acrescentar que, no seu escrito, Luxemburgo tomava explicitamente distância do anarquismo e do espontaneísmo, afirmando mesmo que a Revolução Russa de 1905 havia decretado a derrota dessa tendência (Luxemburgo, 2018, p. 183-186). Gramsci, no *Cadernos 3,* apontou como para a "expressão 'espontaneidade' podemos dar diversas definições" (Gramsci, 1975, p. 328). A nota intitulada *Spontaneità*

30 As considerações de Gramsci são anteriores à dura intervenção de Stalin contra o legado político-teórico de Luxemburgo, que remonta a 1931 e que colocou a autora polonesa entre os "precursores ideológicos de Trotsky" (cf. O. Negt, 1979, p. 325).

e direzione consapevole trata do período do *L'Ordine Nuovo*, quando – escreveu Gramsci – o elemento de espontaneidade "não foi esquecido e nem menos desprezado: foi *educado*, foi orientado, foi purificado de tudo que lhe era estranho e podia contaminá-lo, para torná-lo homogêneo, mas de modo vivo, historicamente eficiente, com a teoria moderna" (Gramsci, 1975, p. 330). Ainda que Rosa não tenha sido citada, parece ser um outro passo que reafirma uma certa distância entre o pensador sardo e a revolucionária polonesa sobre o tema da relação entre massa e partido.

A referência gramsciana à "teoria da espontaneidade", ao espontaneísmo, é mais aprofundado na primeira nota das duas referências do *Caderno 7*, o § 10. A nota é intitulada *Struttura e sovrastruttura*. Vejamos a segunda redação da nota, que se encontra no *Caderno 13* (maio de 1932 – novembro de 1933):

> A propósito do confronto entre os conceitos de guerra de movimento e guerra de posição na arte militar e os conceitos relativos na arte política, deve-se lembrar o livreto de Rosa traduzido em italiano em 1919 por C. Alessandri (traduzido do francês). No livreto, teoriza-se um pouco apressadamente e também superficialmente sobre as experiências históricas de 1905: Rosa, de fato, descuidou dos elementos 'voluntários' e organizativos que naqueles eventos foram muito mais difusos e eficientes do que Rosa foi levada a crer[31] por um certo preconceito 'economicista' e espontaneísta. Porém, esse livreto (e outros ensaios do mesmo autor) é um dos documentos

[31] Na realidade, neste escrito de Luxemburgo há certo reconhecimento do papel da social-democracia antes da Revolução Russa, seja na sua preparação (no sentido geral, indireto) como no seu desenvolvimento, mas – ela afirma –, "a social-democracia [...] certamente participa da revolução, mas não a 'faz'" (Luxemburgo, 2018, p. 201). Gramsci não tinha consigo no cárcere o "opúsculo" e o cita de memória.

> mais significativos da teorização da guerra de movimento aplicada à arte política. O elemento econômico imediato (crise etc.) é considerado a artilharia campal que na guerra abria passagem na defesa inimiga, passagem suficiente para que a própria tropa irrompa e obtenha sucesso definitivo (estratégico) ou ao menos um sucesso importante na diretiva da linha estratégica. [...] Era um tipo de férreo determinismo econômico, com o agravante que os efeitos eram concebidos como rapidíssimos no tempo e no espaço; no entanto, era um verdadeiro misticismo histórico, a expectativa de uma espécie de fulguração milagrosa. (Gramsci, 1975, p. 1613-1614)

A citação ilustra bem a divergência *estratégica* entre Gramsci e Luxemburgo como percebida por Gramsci depois da derrota dos anos de 1920. Gramsci chegou à conclusão de que a guerra de movimento, a revolução insurrecional, havia sido superada ao menos nos países mais desenvolvidos. Isso porque, nos "Estados mais avançados", acrescenta a mesma nota, "a 'sociedade civil'" tornou-se uma estrutura muito complexa e resistente às "irrupções" catastróficas do elemento econômico imediato (crises, depressões etc.); as estruturas da sociedade civil são como o sistema de trincheiras na guerra moderna" (Gramsci, 1975, p. 1615).

Por trás das questões de análise e estratégia, podemos acrescentar, transparecia nas palavras de Gramsci também uma divergência na concepção de dialética: a posição de Luxemburgo é descrita em substância como uma concepção *não dialética* no que concerne à *relação estrutura e superestrutura*, caracterizada por uma superestimação do fator econômico.

As críticas que Gramsci dirige a Luxemburgo nos *Cadernos* são particularmente duras e, em parte, pouco generosas. Sobre elas, provavelmente, pesava também o fato de que, na metade dos anos 1920, depois da morte de Lenin e com a chamada *bolchevização* dos partidos comunistas, a avaliação sobre Luxemburgo e a Terceira Internacional tornava-se pouco a pouco mais negativa. Mas é determinante a profunda ruptura analítica e estratégica que Gramsci teve com a autora do "livreto" de 1906, no momento no qual redesenhava sua concepção de revolução à luz da teoria da hegemonia, apontando na superestimação das consequências políticas das crises econômicas um erro capital do movimento revolucionário e do marxismo de seu tempo.

Referências

BASSO, L. Introduzione a R. Luxemburgo. *Scritti politici* [a cura di L. Basso]. Roma: Editori Riuniti, 1967.

D'ORSI, A. *Gramsci. Una nuova biografia*. [Nuova edizione rivista e accresciuta]. Milano: Feltrinelli, 2018, p. 112 ss.

GRAMSCI, A. *Quaderni del carcere* (edizione critica a cura di V. Gerratana). Torino: Einaudi, 1975, p. 1729.

GRAMSCI, A. Carlo Liebknecht [18 gennaio 1919]. *In*: GRAMSCI, A. *Il nostro Marx 1918-1919.* (a cura di S. Caprioglio). Torino: Einaudi, 1984, p. 496-497.

GRAMSCI, A. Il partito comunista (I parte) [4 settembre 1920]. *In*: GRAMSCI, A. *L'Ordine Nuovo 1919-1920* (a cura di V. Gerratana e A.A. Santucci). Torino: Einaudi, 1987, p. 654.

GRAMSCI, A. Il salvataggio dei mandanti [25 luglio 1924]. *In*: GRAMSCI, A. *La costruzione del partito comunista 1923-1926.* Torino: Einaudi, 1971, p. 196.

GRAMSCI, A. Introduzione. *In:* GRAMSCI, A. *Masse e partito.* Antologia 1910-1926 (a cura di G. Liguori). Roma: Editori Riuniti, 2016, p. 9-28.

GRAMSCI, A. Il carteggio Gramsci-Togliatti dell'ottobre *1926* [1926]. *In*: GRAMSCI, A. *Masse e partito.* Antologia 1910-1926 (a cura di G. Liguori). Roma: Editori Riuniti, 2016, p. 350-365.

GRAMSCI, A. Democrazia operaia [21 giugno 1919]. *In*: GRAMSCI, A. *L'Ordine Nuovo 1919-1920.* [Masse e potere]. Torino: Giulio Einaudi Editore, 1987, p. 167.

GRAMSCI, A. La taglia della storia [7 giugno 1919]. *In*: GRAMSCI, A. *L'Ordine Nuovo 1919-1920.* Torino: Giulio Einaudi Editore, 1987, p. 160.

GRAMSCI, A. Neutralità attiva ed operante [31 ottobre 1914]. *In*: GRAMSCI, A. *Masse e partito.* Antologia 1910-1926 (a cura di G. Liguori). Roma: Editori Riuniti, 2016, p. 39-54.

GRAMSCI, A. Socialismo e cultura [29 gennaio 1916]. *In*: GRAMSCI, A. *Masse e partito*, Antologia 1910-1926 (a cura di G. Liguori). Roma: Editori Riuniti, 2016, p. 55-58.

GRAMSCI, A. La relazione Tasca e il Congresso camerale di Torino [5 giugno 1920]. *In*: GRAMSCI, A. *L'Ordine Nuovo 1919-1920* (a cura di V. Gerratana e A.A. Santucci). Torino: Einaudi, 1987, p. 541.

GRAMSCI, A. Verso nuove istituzioni. Postilla [30 agosto 1919] *In*: GRAMSCI, A. *L'Ordine Nuovo 1919-1920*, (a cura di V. Gerratana e A.A. Santucci). Torino: Einaudi, 1987, p. 191.

GRAMSCI, A. Lettera a Urbani del 13 gennaio 1924. *In*: GRAMSCI, A. *Lettere 1908-1926.* Torino: Einaudi, 1992, p. 175.

GRAMSCI, A. Note sulla Rivoluzione russa [29 aprile 1917]. *In*: GRAMSCI, A. *Come alla volontà piace. Scritti sulla Rivoluzione russa.* Roma: Castelvecchi, 2017, p. 36.

LIGUORI, G. Gramsci e le due rivoluzioni russe del 1917. [Introduzione]. GRAMSCI, A. *Come alla volontà piace. Scritti sulla Rivoluzione russa.* Roma: Castelvecchi, 2017, p. 5-23.

LIGUORI, G. *Il pensiero politico di Rosa Luxemburgo. Una introduzione. In*: *Rosa Luxemburgo, socialismo, democrazia, rivoluzione.* Antologia 1898-1918. Roma: Editori Riuniti, 2018.

LUKÁCS, G. Rosa Luxemburgo marxista. *In*: LUKÁCS, G. *Storia e coscienza di classe* [1923]. Milano: Sugarco, 1978.

LUXEMBURGO, R. Sciopero di massa, partito e sindacati [1906]. *In*: LUXEMBURGO, R. *Socialismo, democrazia, rivoluzione.* Antologia 1898-1918. Roma: Editori Riuniti, 2018.

LUXEMBURGO, R. La rivoluzione russa [1918]. *In*: LUXEMBURGO, R. *Socialismo, democrazia, rivoluzione.* Antologia 1898-1918. Roma: Editori Riuniti, 2018, p. 269-304.

LUXEMBURG, R. Ristagno e progresso nel marxismo [14 marzo 1903]. *In*: LUXEMBURG, R. *Scritti scelti*. [a cura di Luciano Amodio]. Torino: Einaudi, 1975, p. 229.

LUXEMBURGO, R. *Socialismo, democrazia, rivoluzione*. Antologia 1898-1918. Roma, Editori Riuniti, 2018.

LUXEMBURGO, R. Problemi di organizzazione della socialdemocrazia russa [1904]. *In*: LUXEMBURGO, R. *Socialismo, democrazia, rivoluzione*. Antologia 1898-1918. Roma, Editori Riuniti, 2018, p. 144.

LUXEMBURGO, R. Prefazione a "La questione polacca e il movimento socialista" [1905]. *In*: LUXEMBURGO, R. *Socialismo, democrazia, rivoluzione*. Antologia 1898-1918. Roma, Editori Riuniti, 2018, p. 145-180.

LUXEMBURGO, R. Discorso sul programma [31 dicembre 1918]. *In*: GRAMSCI, A. *Scritti politici*, Roma: Riuniti, 1969, p. 630.

NEGT, O. *Rosa* Luxemburgo e il rinnovamento del marxismo. *In*: Storia del marxismo. v. II: Il marxismo nell'età della Seconda Internazionale. Torino: Einaudi, 1979, p. 325.

NETTL, P. J. *Rosa Luxemburgo* [1968]. Milano: Il Saggiatore, 1978.

RAPONE, L. *Cinque anni che paiono secoli*. Antonio Gramsci dal socialismo al comunismo (1914-1919). Roma: Carocci, 2011.

ENGELS, ROSA E GRAMSCI: A ESTRATÉGIA SOCIALISTA EM TRÊS MOMENTOS

Marcos Del Roio[1]

O testamento político de Engels

A abordagem a ser feita dos três autores nomeados no título deste capítulo será nucleada na questão da estratégia política revolucionária. O objetivo é mostrar como há uma continuidade e aumento da complexidade teórica na medida em que os autores se defrontam com o movimento do real, que também ganha em complexidade. Quando se fala em estratégia política revolucionária, aparece subjacente o problema da derrubada do Estado do capital e a passagem para a nova ordem.

Gramsci tece críticas a Engels e a Rosa, assim como Rosa também tece críticas a Engels. Todas essas críticas, porém, são apenas parcialmente corretas, mas muito compreensíveis na ocasião em que foram feitas. Claro que também Engels foi crítico constante de seus contemporâneos e de seus predecessores na luta operária, incluindo a sempre necessária autocrítica. Entenda-se que a autocrítica é um momento do processo do (auto)conhecimento, não um ato de contrição.

[1] Professor Titular de Ciência Política da Unesp/Marília

Uma das vertentes de ação de Engels, na sequência da morte de Marx (1883), foi a publicação de textos do velho companheiro (com claro destaque para os volumes II e III d'*O capital*), fossem textos inéditos ou novas edições. A última iniciativa nessa direção foi a publicação de escritos de Marx sobre a Revolução Francesa de 1848, antes publicados na *Nova Gazeta Renana*, de Hamburgo, em 1850. O livro, publicado em 1895, ganhou o nome de *As lutas de classes na França de 1848 a 1850*. O Prefácio (ou Introdução) escrito por Engels, além de algumas páginas iniciais pesadamente economicistas/deterministas, encara a experiência de 1848 como inteiramente ultrapassada na sua perspectiva estratégica.

O argumento é que o desenvolvimento do capitalismo e do Estado burguês, com sua nova complexidade, teriam tornado ultrapassada a forma de luta herdada da Revolução Francesa, dita jacobina, e, portanto, inadequada ao fim do século XIX. Na situação concreta da Alemanha, Engels defende que o aproveitamento da disputa eleitoral e parlamentar seriam de grande utilidade para o crescimento organizado do movimento operário socialista. Ainda que Engels tenha tido a cautela extrema de dizer que se referia apenas à Alemanha, é fácil notar que as observações que faz caberiam também à França, objeto dos escritos de Marx, ainda que coloque senões. Lembra ainda que em outros países, como a Bélgica, a tática eleitoral era já usada com sucesso.

Mas como a tática eleitoral se relacionaria com a estratégia socialista? A insistência de Engels nas virtudes da utilização do sufrágio talvez visasse setores reticentes do Partido Social-Democrata da Alemanha (SPD), mas o fato é que veio a favorecer os setores oportunistas (reformistas), que preferiam ver o partido inserido nas instituições feudal-burguesas do império alemão. As "correções" que o texto de Engels sofreu, por sua vez, indica o temor de que padecia o partido de ser jogado na ilegalidade da qual havia saído pouco antes.

Engels, contudo, indicava uma nova estratégia de luta para o movimento operário. Sobre o direito de voto,

> durante a campanha eleitoral, ele nos forneceu um meio sem igual para entrar em contato com as massas populares onde elas ainda estão distantes de nós e a obrigar todos os partidos a defender-se diante de todo povo de nossos ataques às suas opiniões e ações; e, além disso, ele colocou à disposição de nossos representantes uma tribuna no parlamento. (Engels, [1895] 2012, p. 21-22)

A campanha eleitoral serviria então como instrumento útil para agregar as massas, organizá-las e educá-las na perspectiva socialista. A bancada parlamentar serviria para denunciar o capitalismo e o Estado. Engels não é tão explícito assim, mas teve o mérito enorme de notar como o evolver do capitalismo e o aumento da sua complexidade exigiam novas formas de luta contra um inimigo ainda mais forte e preparado. Mas ocupar espaços nas instituições burguesas não implicava aderir a elas, pois o mais importante era aglutinar e disciplinar uma massa educada para substituir o Estado do capital.

Assim, com o inimigo fortalecido,

> Uma luta de rua no futuro só poderá ser vitoriosa se essa situação desfavorável for compensada por outros momentos. Por isso, no início de uma grande revolução ela ocorrerá mais raramente do que em seu decurso e terá que ser empreendida com efetivos bem maiores. Mas, nesse caso, estes decerto preferirão o ataque aberto à tática passiva das barricadas. (Engels, 2012, p. 26)

Esse movimento de massas em luta, no entanto, deve estar consciente dos objetivos a serem alcançados, pois, como diz Engels,

> quando se trata de uma remodelagem total da organização social, as próprias massas precisam estar presentes, precisam já ter compreendido o que está em jogo, pelo que empenham e devem empenhar o corpo e a vida [...]. Porém, para que as massas compreendam o que deve ser feito faz-se necessário um trabalho longo e persistente, e é justamente esse trabalho que estamos fazendo agora e com um êxito tal que leva os nossos adversários ao desespero. (Engels, 2012, p. 26-27)

Quando a classe operária estivesse unificada, organizada e disciplinada seria capaz de atrair outras camadas sociais em seu apoio, como parcelas da pequena burguesia e do campesinato, até um momento que estaria tão forte a conseguir reivindicar a direção da vida social, do processo produtivo e do poder político. É certo que, em texto tão curto, Engels não pode mais do que lançar elementos para a reflexão. A "censura" ao texto de Engels mudou por completo o seu significado, que foi lido como possível estratégia de democratização do Estado burguês. Foi assim que o SPD entendeu sempre esse texto como orientação para a "via eleitoral". Mesmo com esse padrão subalterno assumido, o partido e as diversas organizações sociais e culturais a ele vinculadas nas décadas seguintes puderam ser vistas como "um Estado dentro do Estado".

Engels escreveu o seu texto em uma conjuntura de renovada ameaça à atividade legal do SPD. Logo depois de sua morte, ocorrida em agosto de 1895, eclodiu enorme crise ideológica, que ficou conhecida como *Bernstein-debatte*. Kautsky defendeu a ortodoxia contra a proposta feita por Bernstein de necessidade de revisão da obra de Marx. Esse debate se espalhou por boa parte da Europa, ainda que com matizes locais. Com a crise ideológica, também ficou exposta a crise estratégica. O marxismo fundado por Engels nos anos 1880 não conseguiu superar a intrusão das ideologias burguesas, de modo que no SPD se contrastaram o marxismo positivista de Kautsky e o marxismo neokantista de Bernstein, que convergiram na prática política ao modo de oportunismo (reformismo).

Mesmo assim, as pistas deixadas por Engels foram criticadas e desenvolvidas em seguida, primeiro por Rosa Luxemburgo e depois por Gramsci.

Rosa Luxemburgo: a greve de massas como a forma da revolução

Um notável esforço para redefinir a estratégia socialista revolucionária foi empreendido por Rosa Luxemburgo ao analisar as inúmeras greves de massa que perpassaram a Europa no início do novo século, particularmente na Rússia. No opúsculo *Greve de massa, partido e sindicato,* redigido em poucas semanas e concluído em setembro de 1906, Rosa expõe a sua tese sobre como a socialdemocracia deveria desenvolver a luta de massas. É sensível o entusiasmo e a fé na iniciativa autônoma das massas populares, mas isso não implica necessariamente uma visão espontaneísta ou, menos ainda, economicista.

Desde 1896, se desenvolvia um vasto laboratório na Rússia, com greves de massa das formas e conteúdos dos mais variados. As greves podiam ser motivadas por reivindicação econômica ou por reivindicação política, mas acabava por se transformar uma na outra: a econômica se politizava rapidamente e a política alcançava a dimensão econômica, de modo a se diluir ambas as dimensões. Numa formação social como a russa, na qual o capitalismo acabava de nascer, a diferenciação entre Estado político e sociedade civil, entre público e privado, própria da ordem burguesa, mal podia ser notada. Rosa percebia também que a greve organizava o sindicato e a própria social-democracia e com isso elevava o grau de consciência crítica revolucionária das massas,

> mas na constituição do movimento mostraram-se os frutos de muitos anos de agitação da social-democracia, e no transcorrer da greve geral agitadores social-democratas encontravam-se à frente do movimento, lideravam-na e utilizavam-na para uma vivaz agitação revolucionária. (Luxemburgo, 1976a, p. 308)

Pode-se então observar como Rosa faz uma apropriação dialética do movimento operário na Rússia. A movimentação "espontânea" das massas fortalece e educa a social-democracia, que por sua vez, assume a direção consciente da luta e mesmo nos momentos de derrota se ocupa de novas formas de agitação e organização.

Em relação a revolução de 1905, comenta que

> As precedentes greves de massas e gerais se originaram de lutas salariais particulares, que no estado de ânimo geral da situação revolucionária e sob o impulso da agitação da social-democracia se transformaram rapidamente em manifestações políticas: o momento econômico e a fragmentação sindical eram o ponto de partida, a ação coletiva de classe e a liderança política, o resultado final. Agora o movimento é inverso. As greves gerais de janeiro e fevereiro irromperam inicialmente como uma ação política unificada sob a direção social-democrata; mas essa ação logo se fragmentou numa série infinita de greves econômicas locais e parciais em regiões, cidades setores a fábricas isolados. (Luxemburgo, 1976a, p. 314)

A luta política que se transforma em luta econômica não é uma regressão, é momento de aprofundamento da luta de classes, o embate direto entre trabalho e capital que culmina na diluição da cisão aparente do econômico e do político e em novas greves de massa. Para Rosa, contudo, a greve de massa não é um episódio, mas a demarcação de um período histórico de acirrada luta de classes, de aumento da tensão social – o modo da classe operária se movimentar; uma "guerra de movimento".

A greve de massa estreita o nexo entre o econômico e o político, assim como a relação entre iniciativa espontânea das massas e direção consciente. A iniciativa pode surgir de uma determinação e movimentação da massa, mas a direção consciente deve ou pode ser assumida pela social-democracia, sempre que essa se mantenha próxima aos humores da massa. Mais uma vez, trata-se de uma relação dialética entre direção e massa.

Se Rosa estivesse a tratar apenas da experiência russa, o texto não causaria tanto incômodo, pois na Alemanha predominava a ideia de que Rússia e Alemanha eram casos bem diferentes. Acontece que Rosa defende que as semelhanças são de medida tal a fazer com que a greve de massa devesse ser também na Alemanha (e na Polônia) a forma da revolução. Enfim, para ela, a greve de massas é "uma forma geral da luta de classes proletária, que se origina do estágio atual do desenvolvimento capitalista e das relações de classe" (Luxemburgo, 1976a, p. 350).

Rosa faz críticas duríssimas ao sindicato e ao partido na Alemanha. De fato, a greve de massa não era um fenômeno apenas russo, mas perpassava grande parte da Europa. A fundação da Confederação Geral do Trabalho, na França, em 1904, que tinha como orientação a "greve geral", não era exatamente uma coincidência. Na Alemanha, tanto partido quanto sindicato eram favoráveis apenas a greves pontuais, com data marcada, bem organizada e controlada, em defesa de salários ou de direitos políticos ameaçados. A crítica de Rosa foi recebida de modo a causar reações das lideranças políticas e sindicais, que vieram a expressar claramente o seu repúdio à estratégia revolucionária proposta por Rosa. Pode-se dizer que já aparece com nitidez como sindicato e partido já eram instituições internalizadas no Estado burguês.

A perspectiva de Rosa é que se abria um longo período de lutas sociais das mais intensas, no qual a greve de massa seria a forma de expressão da classe operária. Como se trata de um período mais ou menos longo, na luta a classe ganharia sempre mais organização e consciência, ou seja, formaria quadros dirigentes. Nessa luta de longo prazo, na medida em que a classe se organiza, a separação formal entre luta política e luta econômica deixam de existir.

> De fato, a divisão entre luta política e luta sindical e a autonomização de ambas não é mais que um produto artificial, ainda que historicamente condicionado, do período parlamentar. De um lado, nesse período, no curso tranquilo, "normal" da sociedade burguesa, a luta econômica é fragmentada, dissolvida em uma multiplicidade de lutas isoladas em cada empresa, em cada setor de produção. De outro lado, a luta política não é direcionada pela própria massa para uma ação direta, mas segundo as formas do Estado burguês, pela via representativa, mediante a pressão exercida sobre as representações legislativas. (Luxemburgo, 1976a, p. 356)

A estratégia da greve de massa no período de capitalismo consolidado e de aumento da tensão social entre as classes, não rompe com Engels, mas aprofunda e desenvolve a indicação deixada em 1895. A ironia é que Rosa, em 1918, rompe conscientemente com Engels, mas apenas por não ter lido o texto original do velho mestre. Eram tempos diferentes, a teoria e a prática da luta revolucionária deveriam avançar. O capitalismo estava em crise e provocava guerras devastadoras. Resta a questão: Rosa tem ciência de que Engels, na linguagem de Gramsci, falava de uma época de "guerra de posição" e que ela entendia que se passava agora para uma "guerra de movimento" de longo prazo, numa atualização do período anterior 1850? O certo é que as referências que Gramsci faz a esse opúsculo de Rosa não são corretas; há uma distorção e simplificação descabidas com a finalidade de expor o seu próprio pensamento e, ao mesmo tempo, criticar menos Rosa e mais a política então desenvolvida pela Internacional Comunista.

Da greve de massa ao Estado de conselhos

Os sindicatos alemães e o SPD conseguiram controlar o menor ímpeto revolucionário surgido na Alemanha até o fim da guerra 1914-1918, quando eclode a revolução. A verdade é que também nessa conjuntura sindicatos e partido tampouco perderam o controle da situação e foram sustentáculos essenciais na fundação da república burguesa. Nesse momento de alta tensão, na virada de 1918 para 1919, Rosa reafirmou com veemência as posições defendidas já em 1906. Para ela, o sindicato burocrático e o SPD eram grandes empecilhos para o avanço da revolução socialista. A grande diferença que se apresentou na teoria e na prática da revolução foi a determinante experiência dos conselhos.

Os conselhos operários surgiram já na fase final da Revolução Russa de 1905, mas não tiveram a sua importância observada com a devida atenção nem por Rosa (e nem por Lenin). No entanto, o conselho surgiu novamente na Rússia logo na sequência da explosão revolucionária de 1917, e se transformou na marca distintiva da revolução popular socialista que se espalhou por parte significativa da Europa, com grande peso na Alemanha.

Um dos limites da reflexão de Rosa, em 1906, foi a indefinição sobre as instituições a serem criadas no bojo da greve de massa no seu processo de avanço histórico, no seu processo de *ir fazendo* a revolução. De certo, tinha apenas que o sindicato seria superado.

A prática revolucionária da classe operária, entre 1917 e 1921, mostrou que o conselho operário poderia ser o fundamento de um novo tipo de Estado. No pensamento de Rosa, a greve de massa se organizaria em conselhos e, assim, em Estado. No congresso de fundação do Partido Comunista da Alemanha (KPD), na passagem de ano de 1918 para 1919, no *Discurso sobre o Programa*, Rosa retoma a ideia – já exposta no livro *Greve de massa, partido e sindicato* – que, "diante do imenso progresso da grande indústria nesses últimos vinte e cinco anos e a organização da classe operária em partido", dever-se-ia retornar a 1848 (Luxemburgo, 1976b, p. 607-608).

Nota-se com clareza como Rosa se opõe à argumentação de Engels no *Prefácio* de 1895, mas justifica essa oposição com a avaliação feita sobre a mudança de circunstância gerada pelo desenvolvimento das forças produtivas e o crescimento numérico e organizativo da classe operária. Note-se que ela fala em "últimos 25 anos", ou seja, desde a morte de Engels. Ainda que o respeito ao mestre se mantenha, Rosa critica Engels duramente e aponta o seu nome como responsável pela via parlamentar seguida pelo SPD. Certo que há de se considerar – e isso é de grande importância – que Rosa não leu o texto original de Engels, distorcido pelo copidesque editorial da direção do SPD. Não leu a parte essencial na qual Engels se refere ao enfrentamento de rua, quando a correlação de forças assim o permitisse. Engels entende que o período posterior a 1852 é de revoluções burguesas "pelo alto" e que a classe operária deve travar uma luta de organização e educação das próprias forças – isso exatamente por conta do desenvolvimento do capitalismo, que reforçava o poder do capital.

O argumento de Rosa poderia se desenrolar de outro modo, caso tivesse lido o Engels original. Aquela fase estaria vencida e agora, com o capitalismo em crise e com a classe-partido suficientemente forte, seria o momento do enfrentamento. No entanto, o enfrentamento não ocorreria em uma única e decisiva batalha, mas seria uma fase histórica mais ou menos longa.

No momento que se fundava o KPD, na análise de Rosa, a revolução estava para passar de uma fase política - durante a qual nada de essencial havia mudado – para a fase econômica, quando haveria o acirramento da luta de classes e o empenho para a mudança nas relações sociais de produção.

Afirma que

> Só nas últimas semanas é que as greves começaram a estender-se notavelmente de modo totalmente espontâneo. Queremos agora proclamar: é mesmo da natureza dessa revolução que as greves se desenvolvam sempre mais, que devam ser sempre mais o ponto central, o momento fundamental da revolução. Essa é então uma revolução econômica e com isso torna-se uma revolução socialista. (Luxemburgo, 1976b, p. 622)

A época das greves de massas começava, mas, diferente da maioria que se formava no KPD, que entendia que um levante revolucionário imediato seria bem-sucedido, Rosa chamava atenção para o fato de os comunistas serem ainda minoria nos conselhos e que a revolução ainda não havia tocado o campo. A classe operária não estava unificada e não havia conseguido ser dirigente de outras camadas sociais. Insistia que "precisamos, no futuro, antes de qualquer outra coisa, estender em todas as direções o sistema de conselhos de operários e soldados, mas principalmente o sistema de conselhos de operários", pois

> É aí que reside o poder; devemos solapar o Estado burguês a partir da base, não mais dividindo, mas unificando o poder público, legislação e administração, colocando-o em todo lugar nas mãos dos conselhos de operários e soldados. (Luxemburgo, 1976b, p. 628-629)

Mas para que os conselhos possam aos poucos assumir o poder,

> nós devemos antes de tudo ensinar as massas que o conselho de operários e soldados deve vir a ser em todas as direções a alavanca do mecanismo estatal, que devem assumir todos os poderes e envolvê-los todos na mesma corrente da revolução socialista. Mas disso estão ainda mil milhas de distância as mesmas massas operárias que estão já organizadas em conselhos de operários e soldados. (Luxemburgo, 1976b, p. 629)

Pode-se concluir, então, que a estratégia revolucionária de Rosa Luxemburgo reconhecia na greve de massa a forma de luta revolucionária e que essa se organizaria nos conselhos e no partido revolucionário. Essa estratégia não é espontaneísta ou economicista; concebe, em vez disso, que as dimensões do político e do econômico tendem a se diluir no processo de luta pela mudança nas relações sociais de produção. O processo revolucionário avança na medida em que os conselhos assumem o controle da produção e as funções públicas, promovendo o cerco ao Estado burguês e ao capital.

Parece, assim, que na estratégia luxemburguista a greve de massa começa como uma "guerra de movimento", mas passa a ser uma "guerra de posição" no momento da disputa pela destruição do Estado burguês e construção do Estado dos conselhos. A "guerra de movimento" é travada contra a ordem burguesa, pela sua derrocada; a "guerra de posição" tende a acentuar o nexo entre o econômico e o político e a estabelecer o cerco ao núcleo do poder econômico político do capital. Rosa reconhece que a educação revolucionária das massas exige tempo, que a construção do Estado de conselhos em substituição ao Estado burguês é demorada, mas a luta de classes é ainda a melhor escola.

Gramsci e a Alemanha como nexo entre a revolução francesa e a revolução russa

A presença de Engels nos *Cadernos do cárcere* de Antonio Gramsci se manifesta, na quase totalidade das vezes, em reflexões de caráter filosófico. Contudo, sem ser citada, a leitura que Engels faz da segunda metade do século XIX vale ser confrontada com aquela feita por Gramsci, em particular no *Caderno* 13, § 17 (Gramsci, 1975).

Engels demarca claramente o momento revolucionário de 1848-49, como o ponto de esgotamento da forma de luta que se iniciou com a Revolução Francesa de 1789-94. Apesar do marco heroico, mas também prático, que foi a experiência da Comuna, foi apenas a prova daquele esgotamento. O desenvolvimento capitalista posterior, em particular na Alemanha é que demandou uma nova estratégia.

Gramsci faz uma avaliação muito mais profunda dessa fase histórica em uma passagem que procura deslindar o movimento histórico da Revolução Francesa e tenta chamar a atenção para a necessidade de se apreender o movimento orgânico (ou estrutural) e o movimento conjuntural. Gramsci entende que a burguesia, com amplo respaldo das massas populares da cidade e do campo, desencadeou em 1789 a revolução contra a nobreza feudal. Acontece que a nobreza não foi eliminada e resistiu, tendo mesmo imposto um período de revolução/restauração entre 1815 e 1830: revolução, visto que a nobreza se fazia burguesia agrária, restauração por restaurar a monarquia bourbônica e o poder dos agrários. Um novo avanço do processo orgânico de revolução burguesa ocorreu entre 1830 e 1848, com Luis Felipe de Orleáns, representante do capital bancário. Em 1848, a monarquia cai em favor da república e o proletariado se projeta na cena. Até esse momento, o que predomina é uma "revolução permanente", com uso de uma tática "jacobina" em "guerra de movimento". Na verdade, essa concepção foi ainda predominante até 1871, quando da queda do bonapartismo e a instauração da Comuna de Paris.

Pelo menos até 1848, essa estratégia política era compreensível, observado que

> a sociedade civil estava sob muitos aspectos em estado de fluidez: maior atraso do campo e monopólio quase completo da eficiência político-estatal em poucas cidades ou até mesmo numa só (Paris para a França), aparelho estatal relativamente pouco desenvolvido e maior autonomia da sociedade civil em relação à atividade estatal. (Gramsci, 1975, p. 1566)

Em 1870, completa-se a unificação da Itália e da Alemanha, ao modo de revoluções passivas, e em 1871, ocorre a Comuna de Paris. Nesse momento, a burguesia tinha ainda que fazer frente aos restolhos da nobreza feudal, mas um novo risco se apresentava com a contradição intrínseca ao movimento do capital com a qual agora se deparava de forma explícita: a classe operária. Gramsci avalia que a hegemonia burguesa estava consolidada, por meio de uma sociedade civil que tendia a generalizar o sistema fabril, ampliar a urbanização, o conhecimento científico e a produção cultural (universidades, jornais, editoras, livros, revistas), difundir o nacional liberalismo como ideologia, expandir o mercado externo, fortalecer o Estado e a representação política. Nesse contexto, a classe operária cria sindicatos e partidos, como instituições sociais próprias para resistir à cupidez do capital.

A estratégia do movimento operário agora passava pelo fortalecimento de suas instituições civis, o que implicava luta pela hegemonia na sociedade civil. Com relações de força bastante desfavoráveis, qualquer ideia de enfrentamento direto com a burguesia seria derrota certa. Tratava-se de travar então uma "guerra de posição", na produção e na luta política ideológica, a fim de debilitar a hegemonia burguesa. Como se percebe, essa análise de Gramsci se assemelha bastante com a de Engels, ainda que mais sofisticada.

O que Engels não poderia ter visto, mas que Gramsci percebeu (assim como Rosa, até certo ponto) com clareza, é que a intrusão positivista e neokantista no marxismo garantiu a hegemonia burguesa e arrastou o movimento operário para a guerra. De um ponto de vista mais abstrato, pode-se dizer que o eclipse da dialética levou a classe operária à catástrofe. O resgate da dialética, com Lenin e Rosa, possibilitou a Revolução Russa e um novo movimento revolucionário.

Talvez possa se afirmar que, do ponto de vista mais estritamente político, Sorel e Rosa foram os autores que mais influenciaram Gramsci na experiência dos conselhos de fábrica (1919-1920). A ênfase na auto-organização e autoeducação das massas esteve sempre presente na reflexão de Gramsci. Estava também presente a ideia de que o Estado socialista se formaria por fora e contra o Estado democrático parlamentar burguês, num permanente "espírito de cisão". O emblemático artigo *Democracia operária,* publicado em junho de 1919, no número 7 do seminário *L'Ordine Nuovo,* aparece muito explícito a esse respeito.

> O Estado socialista existe já potencialmente nos institutos de vida social da classe trabalhadora explorada. Coligar entre si esses institutos, coordená-los e subordiná-los em uma hierarquia de competências e de poderes, centralizá-los fortemente, mesmo respeitando as necessárias autonomias e articulações, significa criar desde agora uma verdadeira democracia operária, em contraposição eficiente e ativa com o Estado burguês, preparada desde já para substituir o Estado burguês em todas as funções existentes de gestão e de domínio do patrimônio nacional. (Gramsci, 1954, p. 10)

Em outro artigo, no mesmo órgão, nomeado *A conquista do Estado,* Gramsci critica duramente a ideia defendida pelos socialistas de pretender "a conquista do Estado" por meio do ingresso no Estado burguês a fim de democratizá-lo e esclarece que, na verdade,

> A fórmula 'conquista do Estado' deve ser entendida no seguinte sentido: criação de um novo tipo de Estado, gerado da experiência associativa da classe proletária, o qual deve substituir o Estado democrático parlamentar. (Gramsci, 1954, p. 17)

Lenin ganha sempre maior presença no pensamento de Gramsci, desde o II Congresso da Internacional Comunista (julho de 1920), da derrota iminente dos conselhos de fábrica e da consciência de que sindicato e partido (o Partido Socialista Italiano) haviam obstado o avanço daquela importante experiência revolucionária (assim como na Alemanha e, em parte, na Hungria). Gramsci jamais deixou de lado a tese dos conselhos de fábrica como fundamento de um novo Estado.

A reflexão sobre a estratégia revolucionária na Itália foi elaborada por Gramsci sobre a experiência acumulada do movimento operário, mantendo matizes da influência de Sorel e Rosa, mas particularmente sob o influxo do pensamento de Lenin, do bolchevismo, da Internacional Comunista. A fórmula política da frente única foi assimilada pela Internacional Comunista desde 1921, quando a revolução socialista internacional (1917-1921) se viu sustada pela ofensiva do capital. Gramsci teve que confrontar a resistência da direção original do PCI, a qual, com Bordiga, não aceitava tal formulação política pelas implicações que tinha de aproximação com o campesinato e com os socialistas.

A repressão fascista e a pressão da IC desarticularam o grupo dirigente bordiguista para que em seu lugar emergisse outro, em torno de Gramsci. Gramsci permaneceu apenas dois anos e meio na direção do PCI, mas foi o suficiente para delinear uma estratégia revolucionária para a Itália. Haveria que se unificar a classe operária em torno dos comunistas e isso trazia como implicação atrair as bases do PSI e recusar eventual aliança com esse partido, expressão da ideologia positivista e antimeridionalista no seio da classe operária. Em concomitância, haveria a necessidade de se forjar a aliança operário-camponesa. Essa aliança teria um caráter de unificação nacional, considerado que grande parte do campesinato encontrava-se na região meridional do país. Como os camponeses viviam sob o tacão da Igreja e da grande propriedade, seria muito importante selar a aliança com os intelectuais meridionais que alimentavam a perspectiva de uma revolução liberal (democrática). Essas forças seriam capazes de derrotar o fascismo e de abrir a estrada da revolução socialista.

Durante esse período, Gramsci concebeu a ideia de um partido que emerge da classe operária, que forma os seus dirigentes, que educa a classe. Ecos de Rosa (e Sorel) são evidentes. O PCI tinha uma leitura diferenciada dentro da IC, dado que entendia que a situação italiana e internacional era "revolucionária em permanência" e não de "estabilização relativa". Essa convicção viria de Rosa? De Trotsky?

Gramsci e a época das revoluções passivas: guerra de posição

À derrota dos conselhos de fábrica, somou-se outra em novembro de 1926, quando o fascismo se fez efetivamente regime e Gramsci foi preso (assim como outros milhares de militantes antifascistas). Quando Gramsci, já no cárcere de Turi, em 1929, obteve autorização para escrever, as circunstâncias estavam para sofrer modificações de monta: a crise capitalista se avizinhava, a URSS estava para ingressar na época da ditadura staliniana, o fascismo estava plenamente consolidado e em expansão.

Depois do acordo de 1929, entre o fascismo e a Igreja Católica, Gramsci não tinha mais dúvida da força do fascismo, que mesmo com a crise capitalista resistiu, e com grande margem de consenso. A hipótese é que o fascismo seria a atualização do liberalismo conservador do século XIX, da chamada "direita histórica". De fato, com o fascismo,

> haveria uma revolução passiva no fato de que pela intervenção legislativa do Estado e através da organização corporativa, na estrutura econômica do país seriam introduzidas modificações mais ou menos profundas para acentuar

> o elemento 'plano de produção', seriam acentuadas, por exemplo, a socialização e a cooperação da produção sem por isso tocar (ou limitando-se somente a regular e controlar) a apropriação individual ou de grupo de lucro. No quadro concreto das relações sociais italianas essa poderia ser a única solução para desenvolver as forças produtivas da indústria sob a condução das classes dirigentes tradicionais, em concorrência com as mais avançadas formações industriais de países que monopolizam as matérias-primas e acumularam capitais imponentes. (Gramsci, 1975 [Q10, § 9], p. 1228)

O fascismo seria uma referência ideológica para as classes dirigentes europeias, que deram início a uma época de revoluções passivas com o conflito social travado por meio da guerra de posição. Era uma leitura bastante diferente daquela que o próprio Gramsci fez até 1926 e também diversa daquela da Internacional Comunista. Agora Gramsci tinha ciência da gravidade da derrota da revolução socialista de 1921 e que, ao contrário do que muitos afirmavam, o capitalismo não só tinha condições de superar a crise, como poderia se desenvolver pelo período seguinte, mantida ainda a hegemonia burguesa. Com isso, uma revolução socialista em curto prazo era pouco provável e a URSS havia ainda que passar pela fase econômica corporativa até configurar uma situação de hegemonia e significativo florescimento cultural.

O mais importante nesse cenário era observável no desenvolvimento fulgurante do capitalismo nos Estados Unidos da América. Mesmo nos Estados Unidos, o que acontecia era um processo de revolução passiva, ainda que muito particular, que pressupunha a existência de um Estado liberal,

> Não no sentido do liberalismo alfandegário ou de efetiva liberdade política, mas no sentido mais fundamental da

> livre iniciativa e do individualismo econômico que chega com meios próprios, como 'sociedade civil', pelo próprio desenvolvimento histórico, ao regime de concentração industrial e do monopólio. (Gramsci, 1975 [Q22, § 6], p. 2157)

Com a existência de condições propícias, com uma combinação de força e persuasão fez-se com que toda a vida do país fosse baseada na produção. Assim que "a hegemonia nasce na fábrica e não tem necessidade de mais que uma quantidade mínima de intermediários profissionais da política e da ideologia" (Gramsci, 1975 [Q22, § 2], p. 2145-46).

Gramsci percebe que a revolução passiva nos Estados Unidos, o chamado americanismo-fordismo, conta com uma força hegemônica muito forte e que também conta com capacidade expansiva notável, que estava já a incidir na Europa. O fascismo e suas variantes tinham uma força hegemônica bem mais fraca, mas tentavam impor as novas formas produtivas nas suas fábricas, com necessidade de mais coerção. O cenário dos anos 1930 era então o decorrente da derrota universal da classe operária em 1921, seguido de uma ofensiva do capital na produção, com a reorganização da sociedade civil e do Estado, quer dizer uma reorganização da hegemonia por meio de revoluções passivas, que tendiam a reforçar o aspecto programático. Na verdade, a derrota da classe operária em 1921, foi de tal dimensão que o capital pôde redefinir o perfil dos trabalhadores, adaptando-os a novas formas de gerenciamento e de processo de trabalho. Assim, a guerra de posição foi imposta à classe operária como forma possível de resistência.

Há nos *Cadernos* passagens que Gramsci faz a crítica de Sorel, de Trotsky, de Rosa, inclusive distorcendo o pensamento dos autores, Rosa em particular, mas com o objetivo de criticar a política da ofensiva, da guerra de movimento, que prevaleceu na Internacional Comunista entre 1929 e 1933. Foi esse o período em que Gramsci permaneceu no cárcere de Turi e redigiu a maior parte da obra que buscava redefinir a estratégia revolucionária a partir da derrota histórica. Numa leitura muito próxima da concepção de Rosa, Gramsci esclarece a sua compreensão sobre a relação entre movimento espontâneo das massas e direção política consciente, que deve ser mediada pela educação, a fim de que

> essa unidade da 'espontaneidade' e da 'direção consciente', ou seja, da 'disciplina' é exatamente a ação política das classes subalternas, enquanto política de massa e não simples aventura dos grupos que reivindicam as massas. (Gramsci, 1975, [Q3, § 48], p. 330)

No *Caderno* 7, Gramsci faz a crítica ao opúsculo de Rosa, de 1906, mas é uma crítica pouco pertinente, a não ser pelo fato de ser uma exposição de como se travava uma guerra de movimento na Rússia. As observações sobre como uma crise econômica geraria uma revolta espontânea não correspondem ao dito por Rosa, mas cabem perfeitamente àquilo que a Internacional Comunista defendia como política revolucionária naquela fase.

Além do equívoco na concepção política da Internacional, o que agravava sobremaneira a situação era a dificuldade enorme de a classe operária superar sua situação de classe subalterna e de lutar para além da dimensão econômica corporativa. O próprio "marxismo" aparecia como ideologia subalterna ao sentir necessidade de abraçar ideologias burguesas como o cientificismo positivista ou o neokantismo. Em defesa da dialética desde muito jovem, Gramsci se opôs ao positivismo e ao neokantismo e também foi crítico do "marxismo vulgar", economicista e determinista.

Gramsci estava de acordo com Bukharin em relação à estratégia elaborada para o desenvolvimento da URSS e com a interpretação da reorganização do capitalismo nos centros imperialistas. No entanto, até por questão de método, escolheu Bukharin para demonstrar a fragilidade ideológica do grupo dirigente soviético e sua dificuldade em se alçar a dimensão da hegemonia e da filosofia da práxis. Bukharin é mostrado como exemplo da (nova?) intrusão positivista no marxismo.

Com um cenário tão complexo e difícil, como conceber um processo revolucionário que construísse de maneira consciente um novo bloco histórico com a hegemonia do trabalho emancipado e da filosofia da práxis? A disputa ideológica começa como essencial instrumento de luta. É preciso esclarecer o que seja filosofia da práxis e se opor ao marxismo positivista, ao marxismo neokantista e a outras ideologias subalternas como a religião. A crítica à alta cultura liberal burguesa, tal como se apresentava com Croce, era outra frente de luta decisiva. Nessa batalha, Gramsci parte do princípio defendido por Antonio Labriola e por Rosa Luxemburgo de que o marxismo é uma filosofia, uma visão de mundo que se basta a si mesmo e que pode encontrar explicações científicas para todos os fenômenos dentro de seu próprio marco teórico.

Com esse pressuposto, Gramsci entende que o estudo de Hegel e Marx é a peça essencial para recompor a filosofia da práxis. O objetivo programático, todavia, é generalizar a filosofia da práxis, o que significa transpor todas as ideologias subalternas ou as mais sofisticadas ideologias hegemônicas, que são as formas religiosas, e o liberalismo (a laicização da religião protestante). Esse processo, que corresponde a uma profunda reforma moral e intelectual, ocorre na medida em que as relações sociais de produção se transformam e socializam. Diz Gramsci a propósito que

> uma reforma moral e intelectual não pode deixar de estar ligada a um programa de reforma econômica, ou melhor, o programa de reforma econômica é exatamente o modo concreto em que se apresenta a reforma moral e intelectual. (Gramsci, 1975 [Q13, § 1], p. 1561)

O caminho é difícil e longo, mas não é "gradualista", por suposto. Transformar o senso comum, em geral muito arraigado e conservador, é um desafio tremendo, mas dentro do próprio senso comum ocorrem irrupções de revolta contra a ordem social. A revolta espontânea deve ser canalizada, instruída, educada, organizada. Quando os interesses das classes e grupos dominados se organizam, começam pelos interesses básicos de grupo, econômicos e corporativos. Nessa condição os trabalhadores se projetam para dentro da sociedade civil burguesa, podem almejar melhores condições de vida, uma legislação favorável, o estatuto da cidadania plena. Mas é essa também a situação da mais sólida hegemonia do capital e da burguesia, mais sólida que o fascismo. Em ambas as formas, democracia parlamentar burguesa ou fascismo, prevalece o manto espesso do engano ideológico, o qual organiza as formas de exploração sem que esse movimento seja percebido.

O movimento dialético antagônico deve começar – segundo a reflexão de Gramsci iniciada já antes do cárcere – pela unificação da classe operária e pela consecução da aliança com o campesinato, por uma frente única dos trabalhadores contra o fascismo e contra o capitalismo. A frente única deve de imediato constituir novas formas organizativas e novos institutos de uma sociedade civil antagônica a sociedade civil burguesa, expressão de uma nova hegemonia e de um novo bloco histórico. Ocupar espaços na sociedade civil e no Estado burguês para desarticulá-los por dentro é cabível, já que a batalha que se trava é de uma "guerra de posição". A "guerra de posição" se desenrola a partir de uma derrota da classe operária e no terreno de uma revolução passiva desencadeada pela burguesia e seus intelectuais orgânicos.

Como hipótese, talvez se possa supor que Gramsci tenda a usar expressões como classes subalternas ou grupos subalternos como sinal de reconhecimento da gravidade da derrota do processo revolucionário de 1917-1921 e do quanto ainda se deveria caminhar para que um novo movimento político dos trabalhadores pudesse emergir e reivindicar a hegemonia social, o quanto faltava para que os trabalhadores com o perfil fordista/taylorista se fizessem classe e partido. Esse processo demandaria que a classe operária gerasse os seus próprios intelectuais orgânicos e também que atraísse intelectuais de outras camadas sociais de modo a criar uma dialética entre a classe que se organiza e educa a sua direção pela prática social e a direção que educa e conduz a classe num processo de construção da frente única das classes subalternas, de uma nova sociedade civil pública, com hegemonia do trabalho orientado pela filosofia da práxis.

Em perspectiva, a classe, na medida em que se organiza e se educa, tende a se confundir com o partido. O crescimento eventual dessa força antagônica poderia cercar e isolar o capital e o Estado burguês, e configurar uma situação na qual "o fim do Estado é o seu próprio fim, o seu próprio desaparecimento, por exemplo, a reabsorção do Estado na sociedade civil" (Gramsci, 1975 [Q5, § 127], p. 662). Gramsci vai mais longe ainda e diz:

> O elemento Estado-coerção pode ser imaginado exaurindo--se na medida em que se afirmam elementos sempre mais conspícuos de sociedade regulada (ou Estado ético ou sociedade civil). (Gramsci, 1975 [Q 6, § 88], p. 764)

Certo que Hegel, Marx e Lenin alimentam essa reflexão no que tem de abstrato, mas a questão que permanece em aberto é se esse processo pode ser ultimado exclusivamente por uma "guerra de posição" ou haverá momentos de "guerra de movimento", especificamente no momento em que a nova força hegemônica estiver em luta aberta pelo poder e pela derrubada das últimas trincheiras da resistência da classe que decai. A história dirá sobre o modo que o capitalismo deixará de existir, mas certo que para Gramsci a forma e os instrumentos de luta não estão decididos de antemão, dependem sempre da correlação de forças e de uma relação dialética entre as diversas formas de "guerra".

As grandes greves e manifestações de massa que ocorrem atualmente em países muito diferentes parecem ter um caráter quase espontâneo, mas observa-se a ausência ou fragilidade de direção política num momento de gravíssima crise do capital, cenário que pode trazer consequências catastróficas para a humanidade. Organizar/educar a classe para que se faça partido é ainda o grande desafio, mas o ambiente não é mais de revolução passiva capitalista, mas de barbárie, que exige a travessia em direção a uma nova sociabilidade, a fim de que não venha a prevalecer inexoravelmente.

Referências

ENGELS, F. Prefácio *In*: MARX, Karl. *As lutas de classes na França de 1848 a 1850*. São Paulo: Boitempo editorial, 2012.

GRAMSCI, A. *L'Ordine Nuovo*. Torino: Einaudi editore, 1954.

GRAMSCI, A. *Quaderni del cárcere*. 4. T. Torino: Einaudi editore, 1975.

LUXEMBURGO, R. Sciopero generale, partito e sindicati. *In*: LUXEMBURGO, R. *Scritti politici*. Roma: Editori Riuniti, 1976a, p. 283-367.

LUXEMBURGO, R. Discorso sul Programa. *In*: LUXEMBURGO, R. *Scritti politici*. Roma: Editori Riuniti, 1976b, p. 607-631.

GRAMSCI E A DIALÉTICA: NAS RAÍZES DA FILOSOFIA DA PRÁXIS NA ITÁLIA[1]

Gianni Fresu[2]

Introdução

Segundo Gramsci, o marxismo foi um momento fundamental da cultura moderna, capaz de fecundar outras visões do mundo fora do seu próprio campo. Apesar disso, os "marxistas oficiais" do final do século XIX subestimaram esse fenômeno, porque o elo entre o marxismo e a cultura moderna era representado pela filosofia idealista. No panorama italiano, Labriola foi o único que se destacou por interpretar o marxismo como filosofia independente e original, tentando construir cientificamente a filosofia da práxis. A adoção dessa definição caraterística do Labriola nos *Cadernos*, considerada pelo intelectual sardo mais apropriada do que a expressão "materialismo histórico", se explica não apenas pela sua capacidade de esclarecer melhor a relação entre teoria e prática, mas por

1 Os temas dessa minha relação, com variações e adaptações no texto, foram abordados também no meu artigo em língua italiana, *Antonio Gramsci e il rinnovamento del marxismo. Premesse filosofiche e peculiarità concettuali del materialismo storico italiano* (Fresu, 2020, p. 51-63).

2 Universidade Federal de Uberlândia.

ser expressão orgânica de uma concepção do marxismo como visão autônoma e (filosoficamente) autossuficiente do mundo. Não se trata só de uma sutileza; estamos frente a um autêntico divisor de águas no modo de entender o marxismo, que conferiu um marco absolutamente original ao materialismo histórico italiano no quadro do marxismo mundial.

O diferente modo de conceber a dialética representa um dos mais importantes eixos teóricos na história do movimento operário de inspiração marxista. Se intelectuais como Bernstein consideravam a dialética fruto do apriorismo e de um método filosófico-histórico arbitrário (uma astúcia ou um artifício metafísico), segundo outra tradição de pensamento (de Engels a Lenin, de Lukács a Gramsci) a dialética seria o coração pulsante do materialismo histórico, o fermento que o torna uma teoria viva e dinâmica.[3] Em outros tempos, se chegou a dizer que apenas quem estudou Marx podia compreender plenamente Hegel.[4] Como sabemos, Lenin chegou à conclusão oposta, dedicando-se ao estudo da sua filosofia na convicção que, para entender organicamente Marx, era necessário penetrar o pensamento do filósofo alemão.

Labriola, Croce e a tradição do hegelianismo meridional

Nesse longo e denso debate, no panorama do socialismo italiano, Antonio Labriola se destaca tanto em razão da sua

---

[3] Tratei difusamente essas questões no livro *Lenin leitor de Marx. Dialética e determinismo na história do movimento operário* (Fresu, 2016).

[4] Segundo Livio Sichirollo (1973, p. 151), Marx não pode ser considerado um discípulo de Hegel, mas Hegel seria um precursor de Marx; Hegel seria presente historicamente na consciência contemporânea por meio de Marx, no sentido que boa parte do interesse para Hegel no século vigésimo seria consequência da grande importância assumida pela doutrina de Marx.

peculiar formação filosófica quanto para o seu relevo no debate mais avançado no seio da Segunda Internacional:

> Sobre o plano teórico Labriola achava autossuficiente a concepção materialista da história. Essa concepção tinha em si todas as forças necessárias para os seus desenvolvimentos sem precisar das outras filosofias. Turati, pelo contrário, tinha uma impostação positivista e como ele a maioria dos socialistas italianos daquele tempo. (Dal Pane, 1975, p. 430)

Labriola, aluno do grande filósofo Bertrando Spaventa, formou-se na Napoli protagonista do segundo florescimento do hegelianismo, tendo se aproximando de Marx já dotado de profundo conhecimento da dialética (Labriola, 1959; 1961; 1962). Tratando desse processo rumo ao marxismo, os biógrafos indicam fases significativas e datas de viradas; todavia, todos os estudos concordam em torno de um assunto: Labriola chegou ao socialismo primeiramente partindo das exigências políticas, só num segundo momento fortalecidas sobre o plano teórico (Cotroneo, 2005, p. 189-190). Exatamente em razão da formação e da sua concepção filosófica, Gramsci considerou Labriola um constante ponto de referência para a renovação do marxismo, quase um antídoto contra os limites teóricos do socialismo entre os séculos XIX e XX (Losurdo, 1997, p. 17-19).

O hegelianismo meridional alcançou o máximo de sua eficácia apenas depois da morte dos seus protagonistas, "quando os seus maiores discípulos ideais, Croce e Gentile, republicaram os escritos. O mesmo Antonio Labriola realizou as suas coisas mais significativas sob estímulo do Croce, que quis ser o seu editor" (Garin, 1966, p. 14-15). Segundo Eugenio Garin, a cultura filosófica meridional onde se formou Labriola tinha as suas raízes além de Vico e Telesio, chegando até Tommaso Campanella. Nessa tradição, a síntese hegeliana encontrou um veículo intelectual muito adequado na "robustez especulativa" (Garin, 1966, p. 14-15) da tradição meridional. Na leitura de Augusto Vera, o mais importante representante do hegelianismo na Itália, a estrita observância da ortodoxia hegeliana acabava por perder a vitalidade dialética, esgotando o seu horizonte no terreno da teologia. Ao contrário, De Sanctis e Spaventa contribuíram à renovação da tradição hegeliana italiana, lançando os fundamentos do futuro desenvolvimento da filosofia da práxis de Labriola e Gramsci.

Embora De Sanctis não possa ser reconduzido a rigor no hegelianismo, a sua *História da literatura italiana* se enxertava na esteira de uma visão histórico-política que tinha profundos pontos de contato com a concepção do filósofo alemão. Por sua vez, Bertrando Spaventa, sempre problematicamente interessado nas contradições da realidade política a partir de uma sistemática e dialética concepção da história, foi o protagonista de uma autêntica libertação teórica das gaiolas e "das linhas sistêmicas do hegelianismo ortodoxo" (Garin, 1966, p. 17), reinserindo nas artérias do debate intelectual italiano os fermentos mais vitais dessa tradição filosófica.

À história do hegelianismo napolitano, com as suas disputas e heranças filosóficas, Domenico Losurdo dedicou um eficaz trabalho de aprofundamento, sublinhando quanto, exatamente, no marco dessa tradição, Gramsci teria suscitado nos jovens do periódico *L'Ordine Nuovo* um vivo interesse sobre as relações de dependência entre a doutrina de Marx e o idealismo filosófico. A convicção de Gramsci acerca do elo orgânico entre Hegel e o teórico do materialismo histórico se alimenta da leitura de Labriola. Todavia, segundo Losurdo, "o Hegel dele parece pressupor aquele dos irmãos Spaventa, os quais desenrolaram um papel de grande relevo em uma daquelas revoluções liberais que os *Cadernos do cárcere* põem em conexão com a influência do filósofo idealista" (Losurdo, 2006, p. 174):

> Discípulo dos irmãos Spaventa, Labriola exerce por sua vez uma grande influência sobre Gramsci que dele retoma a mesma definição de 'comunismo crítico'. Outros princípios do pensamento de Silvio e Bertrando Spaventa chegaram a Gramsci por meio da leitura dos textos de Croce e Gentile. [...] se Labriola declarou que se converteu lentamente ao socialismo graças ao reflorescimento do hegelianismo, Gramsci não se cansou de insistir, ao longo da sua evolução, sobre o fato que o socialismo crítico se alicerça graniticamente no idealismo alemão culminante em Hegel e que o marxismo se fundamenta no idealismo filosófico. (Losurdo, 2006, p. 171-172)

Tratando das fontes do marxismo gramsciano, Togliatti, em uma entrevista de 1953 (Ferrara e Ferrara, 1953, p. 29), afirmou que para o materialismo histórico italiano, Spaventa desempenhou para Labriola a mesma função de Feuerbach em relação a Marx. A transição intelectual de Labriola, portanto, foi a mesma de Marx e Engels, e nesse marco, Togliatti colocou também o percurso de esclarecimento teórico de Gramsci.

No jovem Gramsci, a inicial proximidade com o idealismo e o sucessivo interesse para Lenin se explicam com a recusa radical da cultura positivista. Nas notas do *Caderno 10* é o próprio Gramsci a relembrar a importância dessa influência, citando um artigo por ele elaborado em 1917 sobre Croce, intitulado *Religião e serenidade*:[5]

[5] *La critica. Rivista di letteratura, storia e filosofia diretta da B. Croce, 13, 1915* (Gramsci, 1975).

> eu escrevi que, assim como o hegelianismo fora a premissa da filosofia da práxis no século XIX, nas origens da civilização contemporânea, da mesma forma a filosofia croceana podia ser a premissa de uma retomada da filosofia da práxis em nossos dias, para as nossas gerações. A questão era apenas aludida, de maneira certamente primitiva e evidentemente inadequada, já que, naquela época, o conceito de unidade entre teoria e prática, entre filosofia e política, não me era claro, e eu era, sobretudo, tendencialmente croceano. (Gramsci, 1975, p. 1233)

Embora reconhecendo a imaturidade das suas posições juvenis, Gramsci considerava proveitoso retomar e desenvolver novamente, de forma crítica, aquela exigência:

> Em suma: deve-se realizar, com relação à concepção filosófica de Croce, a mesma redução que os primeiros teóricos da filosofia da práxis realizaram com relação à concepção hegeliana. Esta é a única maneira historicamente fecunda de determinar uma retomada adequada da filosofia da práxis, de elevar esta concepção (que, pelas necessidades da vida prática imediata, tem se 'vulgarizado') a altura que ela deve atingir para poder solucionar as tarefas mais complexas que o desenvolvimento atual da luta propõe, isto é, a criação de uma nova cultura integral, que tenha as características de massa da Reforma protestante e do iluminismo francês e que tenha as características de classicidade da cultura grega e do Renascimento italiano, uma cultura que, retomando as palavras de Carducci, sintetize Maximilien Robespierre e Emanuel Kant, a política e a filosofia numa unidade dialética intrínseca a um grupo social não só francês ou alemão, mas europeu e mundial. (Gramsci, 1975, p. 1233)

Para construir uma visão de mundo crítica e coerente, capaz de disputar o terreno da luta hegemônica ao liberalismo, era preciso elevar o marxismo italiano ao nível mais elevado alcançado pelo pensamento filosófico:[6]

> É necessário que a herança da filosofia clássica alemã seja não apenas inventariada, mas reconvertida em vida ativa; e, para isto, é preciso acertar as contas com a filosofia de Croce, isto é, para nós, italianos, ser herdeiros da filosofia clássica alemã significa ser herdeiros da filosofia croceana, que representa o momento mundial hodierno da filosofia clássica alemã. (Gramsci, 1975, p. 1235)

Apesar da crítica, Gramsci reconheceu a Croce o mérito de ter aprofundado, no terreno da luta e da organização política, a "frente da luta cultural", elaborando a teoria da hegemonia e ampliando o campo conceitual da Ciência Política além da simples identificação da relação Estado-força. Ele encaminhou o interesse científico até o estudo dos elementos culturais e filosóficos como parte integrante das ordens de domínio de uma sociedade. Isso favoreceu a compreensão do papel dos intelectuais na vida dos Estados e na construção da hegemonia e do consenso, ou seja, na edificação do "bloco histórico concreto".

Em ensaio intitulado "*La politica in nuce*", editado em 1924 na revista de história e filosofia *La Critica*, por ele fundada e dirigida, Benedetto Croce escreveu que a política se articula por meio de dois termos fundamentais, estritamente conexos: força e consenso, correspondentes ao binômio autoridade/liberdade. O consenso é um elemento decisivo para explicar as formas de articulação do poder político, porque não existe

6 Elementos desse esforço de emancipação das angústias intelectuais do socialismo italiano se encontram em muitos artigos juvenis, como "*Il Sillabo e Hegel*", escritto su *Il Grido del Popolo* il 15 gennaio 1916 como resenha ao livro de Mario Missiroli *Il Papa e la guerra*.

(na antiguidade, como na modernidade) relação política sem conexão com a questão do consenso.

Mais em geral, segundo Gramsci, o verdadeiro protagonista desta mudança na Ciência Política é Hegel, que traduziu conceitualmente a transição histórica do Estado patrimonial, o Estado por castas fechadas do "Ancien régime", ao moderno Estado ético. Benedetto Croce, com base na sua concepção da "história ético-política", elaborou a história do momento da hegemonia colocando nos dois termos, "ética" e "política", a essência das relações de direção e domínio: no primeiro termo ("ética"), temos o momento da hegemonia da sociedade civil; no segundo ("política"), aquele da dimensão institucional e coercitiva (Gramsci, 1975, p. 1302).

O maior limite de Croce, segundo Gramsci, foi pensar que o marxismo não reconhecia o momento da hegemonia, até subestimar dolosamente o tema da direção cultural. Na sua legítima reação ao determinismo econômico, Croce teria confundido a essência do materialismo histórico com o desenvolvimento vulgarizado da vertente positivista. Além da reação ao mecanicismo mais grosseiro, segundo Frosini, a posição revisionista assumida por Croce no final do século XIX, que ficou embora com formas renovadas no novo século, assumia para Gramsci uma precisa função política (ainda plenamente operativa durante o fascismo) de absoluta importância para as dinâmicas de modernização passiva essenciais a cada "revolução-restauração":

> Essa função pode ser reassumida na exigência de absorver as pulsões de rebelião dos subalternos, decapitando as suas organizações graça à assimilação dos intelectuais delas. Com a crítica a Marx, por meio da filosofia do espírito, com a história ético-política e agora como a religião da li-

> berdade, Croce perseguia sempre a mesma tarefa: o controle das tentativas de auto-organização das classes subalternas. Essa finalidade não estava, portanto, em contraste com o fascismo, senão de forma superficial. (Frosini, 2019, p. 29)

O anticomunismo, substancialmente, teria empurrado Croce rumo ao fascismo, concebido como uma forma de revolução passiva renovada correspondente ao novo quadro histórico, um dique contra o perigo bolchevique e uma garantia dos velhos equilíbrios sociais passivos (Frosini, 2019, p. 33).

As premissas teóricas e a autossuficiência filosófica do marxismo

Segundo Gramsci, cada filosofia surge das íntimas contradições históricas das quais é parte, e cada filosofia concebe a si mesma como unidade de história e natureza, ou seja, como supra assunção do que a precedeu; todavia, na história do pensamento filosófico, a obra de Hegel representa uma exceção porque ela compreende o que é a realidade num único sistema filosófico, como consciência da unidade não contraditória das contradições. Afirmando que a realidade tem uma estrutura, pela qual o real é racional e o racional é real, Hegel não afirma uma visão teleológica da história: a história tem um sentido não porque uma razão com letra maiúscula, anterior ao tempo e à história, lhe tivesse predeterminado o sentido e o significado. É o homem que, ao pensar e ao agir com o seu trabalho, deu um sentido ao mundo. Unicamente o homem conferiu sentido àquilo que se tornou compreensível e é de fato compreendido, em que tudo aparece, como é justo e necessário, como preparação do resultado (Sichirollo, 1973, p. 139-140).

Num determinado sentido, portanto, a filosofia da práxis seria uma reforma e um desenvolvimento do hegelianismo –

Gramsci fala do marxismo como de uma "filosofia liberada (ou que tenta liberar-se) de cada elemento unilateral ou fanático", a consciência plena das contradições nas quais o filósofo, individualmente ou como grupo social, toma consciência da realidade colocando a si mesmo como elemento da contradição até elevar este elemento a princípio de conhecimento e de ação (Gramsci, 1975, p. 1487).

Segundo Gramsci (*Quaderno 11*, § 27, *Concetto di ortodossia*), o verdadeiro problema da ortodoxia no marxismo não pode ser confundido com a defesa doutrinária, a exegese e a apologética do quadro ideológico originário, nem tampouco com a busca dos elementos de continuidade ou descontinuidade em discípulos e correntes sucessivas a Marx. A filosofia da práxis deve ser concebida como visão unitária do mundo, que não precisa da contribuição alheia dessa ou daquela outra filosofia:

> A filosofia da práxis 'basta a si mesma', contendo em si todos os elementos fundamentais para construir uma total e integral concepção do mundo, não só uma total filosofia e teoria das ciências naturais, mas também os elementos para fazer viva uma integral organização prática da sociedade, isto é, para tornar-se uma civilização total e integral. Este conceito de ortodoxia, assim renovado, serve para precisar melhor o atributo de 'revolucionário' que se costuma com tanta facilidade aplicar a diversas concepções do mundo, teorias, filosofias. O cristianismo foi revolucionário com relação ao paganismo porque foi um elemento de completa cisão entre os defensores do velho e do novo mundo. Uma teoria é 'revolucionária' precisamente na medida em que é elemento de separação e de distinção consciente em dois campos, na medida em que é um vértice inacessível ao campo adversário. (Gramsci, 1975, p. 1434)

Gramsci define a concepção do mundo como ideologia, uma visão unitária (teórica e prática) que se manifesta na arte, no direito, na atividade econômica e em todas as manifestações de vida intelectual e coletiva, capaz de fornecer ao bloco social unidade ideológica. Sem possuir uma concepção criticamente coerente do mundo, ou seja, sem ter consciência da sua historicidade e do fato de que ela está em contradição e luta com as outras visões ou com partes das outras concepções, não podemos ser filósofos no sentido pleno da palavra, ou seja protagonistas ativos da nossa emancipação. A necessidade de incorporar o marxismo à cultura tradicional e às outras visões do mundo, assim como a busca de uma filosofia originária e geral à base do materialismo histórico, são todos sinais evidentes de que ainda não foi reconhecida a essa concepção a sua autossuficiência, isto é, que não foram cortados os elos com o velho mundo.

Assim, é comum confundir Marx com a sua cultura filosófica, sem considerar a sua teoria como uma supra assunção das elaborações que alimentaram a formação intelectual. O marxismo não pode ser reduzido às outras filosofias; ao contrário, é a síntese dialética das linguagens e das concepções à base do seu processo de edificação teórica. Esclarecido tudo isso, por quanto o marxismo não possa ser considerado apenas um desenvolvimento revertido dela, Gramsci (como Lenin e Lukács) reconhece a absoluta centralidade (entre as fontes do marxismo) da filosofia hegeliana, exatamente porque esta filosofia representa já uma superação das filosofias antecessoras.

> É certo que o hegelianismo é o mais importante (relativamente) dos motivos de elaboração filosófica do nosso autor, também e especialmente porque o hegelianismo tentou superar as concepções tradicionais de idealismo e de materialismo em uma nova síntese, que teve certamente uma excepcional importância e representa um momento

> histórico-mundial da pesquisa filosófica. [...] A filosofia da práxis e o historicismo absoluto, a mundanização e terrenalidade absoluta do pensamento, um humanismo absoluto da história. Nesta linha é que deve ser buscado o filão da nova concepção do mundo. (Gramsci, 1975, p. 1437)

Ao subjetivismo do *Ensaio popular* de Bukharin, Gramsci contrapõe o historicismo absoluto, reafirmado por meio da famosa proposição hegeliana "o que é Real é racional e o que é Racional é real", demasiadas vezes evocada como legitimação filosófica do que existe, incluídos governos despóticos e reacionários. Como sugeriu um dos grandes filósofos do hegelo-marxismo italiano, o mestre de Losurdo, Livio Sichirollo, para melhor compreender essa frase da Filosofia do Direito, em vez de "racional", temos que utilizar a palavra razoável, isto é, o que pode e deve ter um sentido, o que pode e deve ser compreendido como unidade nas suas contradições. Nesse sentido, "o estável e o verdadeiro é a realidade na sua integridade, o efetivo considerado como totalidade: a realidade que, no seu movimento, evolui e, por vezes, destrói as formas, culturas, as instituições nas quais se manifestou. Hegel tinha sentido que um mundo estava no fim, que a velha vida estava a dar lugar a uma idade nova" (Sichirollo, 1973, p. 161).

Hegel aplica o atributo do "real" para o que é também "necessário" – portanto, não qualquer medida do governo pode ser considerada assim – e o que é "necessário" é também "racional". Como esclarecidos por Engels, essa proposição aplicada à realidade da Prússia significa que tal Estado corresponde à razão na medida em que se põe como necessário: "Se ele nos aparece ruim e apesar disso segue a existir, a pouca qualidade do governo encontra a sua justificação e a sua explicação na correspondente baixa qualidade dos seus sujeitos. Os prussianos, então, tinham o governo que se mereciam" (Sichirollo, 1973, p. 12).

Portanto, na visão de Hegel o atributo do real não é aplicável em qualquer contexto histórico e a cada estado de coisas sociais ou políticas. Assim, a república romana era tão real como mesmo o império que a substituiu, enquanto a monarquia francesa era sem necessidade histórica e, portanto, irracional e foi destruída pela Revolução Francesa, da qual (nos anos da Restauração) só Hegel defendeu a racionalidade e, então, a necessidade histórica. O discurso tem validade na filosofia como em cada atividade prática: assim como o conhecimento se evolve progressivamente, da mesma maneira a história não pode parar e chegar a uma conclusão da condição perfeita. O Estado e a sociedade perfeita podem existir só na fantasia.

Cada situação histórica não é senão uma etapa de um processo progressivo de desenvolvimento da sociedade humana. Como muitos estudiosos sublinharam, se Marx foi o primeiro a reconhecer a natureza historicamente determinada, não natural ou eterna, das leis econômicas, Hegel soube reconhecer a história mundial como um processo unitário dialético, no qual as transformações não são dominadas por inacessíveis leis divinas ou naturais, mas são a consequência do estrito entrelaçamento de contradições objetivas e subjetivas no mesmo corpo social. Cada etapa é historicamente determinada e como tal necessária, mas acaba por ser assim quando se criam ao seu interno as condições para uma etapa seguinte mais elevada, entrando no ciclo que o leva da decadência à morte.

Segundo Gramsci, a genialidade de Hegel foi não apenas a de mostrar a potência geradora do negativo; ele esclareceu a imanência do negativo na afirmação por ele negada. Assim, se antes dele as transformações ligadas à Revolução Francesa foram explicadas com categorias conceituais externas ao corpo social – como as teorias da conspiração ou aqueles que comparam a revolução às catástrofes naturais (terremoto, erupção, inundação) ou doenças –, Hegel é o primeiro a fornecer um quadro conceitual histórico racional dos processos revolucionários (Losurdo, 2001).

A Revolução Francesa teve causas reais e racionais (ou razoáveis), ou seja, buscou necessidade histórica própria, nas contradições imanentes à sociedade do Antigo Regime que a gerou, quando esta perdeu de necessidade histórica, entrando na decadência que conduz à morte. O dialético é o princípio de qualquer movimento, de toda a vida e de toda a atividade na efetividade, como dialético é cada processo de conhecimento científico. Cada afirmação produz a sua negação, ela nunca surge fora de si. Hegel, na *Enciclopédia das ciências filosóficas* explica tudo isso utilizando a metáfora da vida e da morte. A segunda é imanente à primeira, não é um momento acidental externo.

> O finito não é limitado simplesmente de fora, mas se supra assume por sua própria natureza, e por si mesmo passa ao seu contrário. Diz-se, assim, por exemplo: o homem é mortal e considera-se então o morrer como algo que tem sua razão-de-ser apenas nas circunstâncias exteriores; e, conforme esse modo de considerar, são duas propriedades particulares do homem: ser vivo e também ser mortal. Mas a verdadeira compreensão é esta: que a vida como tal traz com si o gérmen da morte, e que em geral o finito se contradiz em si mesmo, e por isso se supra assume. Ora, além disso, a dialética não pode confundir-se com a simples sofística, cuja essência consiste em fazer valer por si, em seu isolamento, determinações unilaterais e abstratas – segundo o que implica cada vez o interesse do indivíduo e de sua situação particular. [...] A dialética é essencialmente diversa de um tal agir, pois ela tende justamente a consi-

> derar a coisa em si e para si; e aí descobre então a finitude das determinações unilaterais do entendimento. (Hegel, 1995, p. 163-164)

Desta maneira, Hegel explica na *Fenomenologia do espírito* também a história da filosofia, na qual cada sistema filosófico representa uma etapa da verdade que vai se revelar apenas no momento final, no resultado deste processo. Com extrema dificuldade, a opinião chega a conceitualizar a diversidade dos sistemas filosóficos vendo apenas a contradição entre eles mais do que o progressivo e unitário desenvolvimento da verdade. Hegel exprime a natureza unitária do processo dialético por meio de uma metáfora natural que une as três passagens da semente ao fruto, passando pela flor. A semente desaparece na flor, assim como o fruto sucede a flor. Estas formas não apenas se distinguem; cada uma dispersa-se na outra porque são reciprocamente incompatíveis. Mas, ao mesmo tempo, a natureza dinâmica deles eleva estas formas a etapas da unidade orgânica, em que não só elas não se repelem, mas, ao contrário, são reciprocamente necessárias, constituindo a vida do inteiro. Segundo Gramsci, as diferentes estratificações de positivismo até as leituras grosseiras do *Ensaio popular* de Bukharin nunca entenderam esse elo unitário, limitando-se a negar a racionalidade dos sistemas filosóficos criticados, transformando a história da filosofia num tratado de teratologia intelectual.

> Julgar todo o passado filosófico como um delírio e uma loucura [escreve Gramsci] não é apenas um erro de anti-historicismo, já que contém a anacrônica pretensão de que no passado se devesse pensar como hoje, mas é um verdadeiro resíduo de metafísica, já que supõe um pensamento dogmático válido em todos os tempos e em todos os países, através do qual se julga todo o passado. O anti-historicismo metodológico não é senão a metafísica. O fato de que os

> sistemas filosóficos passados tenham sido superados não exclui a possibilidade de terem sido válidos historicamente e de terem desempenhado uma função necessária: sua caducidade deve ser considerada do ponto de vista do desenvolvimento histórico global e da dialética real; que eles fossem dignos de perecer não é um juízo moral ou de profilaxia do pensamento, emitido de um ponto de vista 'objetivo', mas um juízo dialético-histórico. Pode-se comparar com a apresentação feita por Engels da proposição hegeliana segundo a qual 'tudo o que é racional é real e o que é real é racional', proposição que será válida também para o passado. (Gramsci, 1975, p. 1416-1417)

No *Caderno 7*, Gramsci explica de forma ainda mais explícita o seu historicismo, escrevendo que cada etapa da história deixa traços de si nas seguintes. Isso torna o processo histórico uma "unidade no tempo", no qual o presente contém todo o passado e do passado realiza-se no presente o que fica essencial. O que se perdeu, ou seja, que não foi transmitido dialeticamente no processo histórico, era apenas uma escória contingente, crônica e não história, que dizer, episódio parcial e não orgânico (Gramsci, 1975, p. 873).

Segundo Gramsci, o marxismo foi um momento fundamental da cultura moderna capaz de fecundar outras correntes de pensamento fora do seu campo. No entanto, os marxistas oficiais da Segunda Internacional subestimaram esta riqueza, pois a conexão entre o marxismo e a cultura moderna era a filosofia idealista. Nas suas notas do cárcere, Gramsci se voltou sobre a dupla revisão sofrida pelo marxismo entre os séculos XIX e XX: por um lado, alguns de seus elementos foram absorvidos das correntes idealistas (Croce, Sorel, Bergson); por outro, os chamados "marxistas oficiais", preocupados em buscar uma filosofia que compreendesse o marxismo a acharam nas derivações modernas do materialismo filosófico vulgar (como aconteceu com Kautsky) ou no neokantismo (é o caso de Eduard Bernstein). Isso porque a impostação deles estava baseada na ideia da absoluta historicidade do marxismo como resultado histórico da ação combinada da Revolução Francesa e da Revolução Industrial inglesa, ignorando ou subestimando totalmente a matriz filosófica alemã entre suas fontes.

Nesse contexto, no marxismo italiano, Antonio Labriola era, segundo Gramsci, o único a distinguir-se, ao afirmar a natureza independente e original do marxismo como doutrina. Labriola se empenhou em "construir cientificamente" a "filosofia da práxis", por isso foi praticamente o único ponto de referência no marxismo italiano para os jovens do periódico *L'Ordine Nuovo*. Não casualmente, nos *Cadernos do cárcere*, Gramsci utiliza a definição de Labriola, "filosofia da práxis", para referir-se ao materialismo histórico, explicando a sua visão da realidade social como totalidade e a natureza unitária da relação entre pensamento e ação. Essa definição, considerada por Gramsci mais completa que a expressão "materialismo histórico", explicaria perfeitamente a visão de Marx como autônoma e (filosoficamente) autossuficiente do mundo. Não se trata apenas de uma sutileza teórica, mas de um modo de entender o marxismo que deixou um marco absolutamente original na tradição do materialismo histórico italiano (Mustè, 2018, p. 19).

Ao contrário, a superstição no progresso científico do positivismo semeou ilusões tão infantis e ridículas a "nobilizar a superstição religiosa", favoreceu o nascimento da espera de novo messias que realizaria na terra o paraíso, o país da abundância, sem a intervenção do cansaço humano, mas só para a obra das forças da natureza e dos mecanismos do progresso, tornados sempre mais perfeitos. Essa enfatuação infantil para a ciência escondia, na verdade, a ignorância sobre os fatos científicos, sobre a especialização dos seus ramos de disciplinas e, portanto, acabava por carregar de esperas o mito do progresso científico, transformando-o numa "superior bruxaria". O determinismo fatalista e mecânico é característico de uma fase ainda caracterizada pela subalternidade de determinados grupos sociais, representa um "cheiro ideológico imediato", um excitante ou uma religião necessitada do caráter subalterno do grupo social.

A concepção mecanicista é, segundo Gramsci, a "religião dos subalternos". No marxismo a fratura entre teoria e práxis corresponde à separação entre intelectuais-dirigentes e massas, ou seja, a uma fase na qual ainda a iniciativa não é na luta, e o determinismo, a convicção na racionalidade da história, tornam uma força de resistência moral e coesão. Mas tudo isso muda quando o subalterno se torna dirigente; se antes era uma "coisa", agora é uma "pessoa histórica, um protagonista, se ontem era um irresponsável pois resistente a uma vontade exterior, hoje sabe ser responsável porque não mais resistente, mas agente e necessariamente ativo e empreendedor" (Gramsci, 1975, p. 1389).

Se o marxismo, em sua origem, foi a superação das maiores manifestações culturais do seu tempo, a filosofia clássica alemã, o marxismo seguinte, entre os séculos XIX e XX, se demonstrou incapaz de abraçar e compreender o homem em todos os seus significados e, assim, buscou as respostas em outras filosofias ou no darwinismo. Investigar as razões da assimilação do marxismo tanto ao idealismo, quanto ao materialismo mais vulgar, era uma tarefa extremamente complexa, porque deveria esclarecer quais elementos foram absorvidos explicitamente, mas também desenrolar as influências implícitas e não confessadas, aquelas devidas ao fato de que o marxismo foi um momento da cultura geral, uma atmosfera difusa que transformou também os velhos modos de pensar.

A crítica ao determinismo e a importância de Labriola

Labriola foi o único filósofo italiano plenamente consciente dessas contradições; por isso, nos *Cadernos 3* e *11*, Gramsci sublinha a sua importância exatamente nas notas dedicadas à dupla revisão do materialismo vulgar, incapaz de impostar o problema da cultura filosófica de Marx, e da vertente neokantiana pela qual "o marxismo pode ser integrado ou sustentado com qualquer filosofia"(Gramsci, 1975, p. 284).

Como esclarecido por Marco Vanzulli, o limitado sucesso de Labriola no movimento socialista tem a sua explicação exatamente na originalidade da sua formação e na sua distância das duas principais correntes do marxismo naquele tempo: a ortodoxa de Kautsky e a revisionista de Bernstein. Além disso, quem cuidou da herança filosófica de Labriola foi Benedetto Croce (inicialmente discípulo do filósofo Cassino), que transfigurou arbitrariamente o legado filosófico dele com a tarefa de revisar criticamente Marx. Por essa razão, o pensamento de Labriola ficou imprescindível tanto para os desenvolvimentos do materialismo histórico italiano (Gramsci) quanto para o revisionismo de Croce e Gentile (Vanzulli, 2013, p. 23).

A transfiguração arbitrária do pensamento de Labriola por parte de Croce, que utilizou a sua herança filosófica como base para criticar Marx, tratada amplamente por Luigi Dal Pane em seus estudos, seria consequência da vontade de Labriola de criar uma escola afiliando-se às virtudes morais e intelectuais do jovem Croce, depois acusado de traição por seu mestre por ter corroído as bases teóricas da sua doutrina (Dal Pane, 1975, p. 431). Labriola não conseguiu seu intento de criar uma escola capaz de prosseguir a linha do mestre; todavia, segundo Dal Pane, ele renovou todo o ambiente intelectual nacional, porque boa parte dos intelectuais depois da década de 1890 passou, direta ou indiretamente, por sua escola (Dal Pane, 1975, p. 443).

Labriola viveu de fato isolado dentro do socialismo italiano e o pensamento dele exerceu escassa influência sobre as orientações teóricas e políticas do PSI. Contudo, sua contribuição crítica à história do movimento operário italiano germinou novamente entre as jovens gerações socialistas do pós-Primeira Guerra Mundial, insatisfeitas tanto do evolucionismo reformista quanto da lógica inerte da inevitabilidade da revolução maximalista.

De acordo com Togliatti, Antonio Labriola foi praticamente o único ponto de referência para os jovens do *L'Ordine Nuovo*. Segundo Dal Pane, ao contrário, a consciência da centralidade da contribuição teórica de Labriola se manifestou bastante tarde em Gramsci, essencialmente nos anos do cárcere, assim como, mais em geral, as referências ao pensamento dele nos escritos do período de Turim foram bem limitadas:

> De resto, em 1922, quando comecei as minhas pesquisas na família Labriola, eu tive um colóquio com Gramsci na sede sindical dos condutores de bondes, onde ele viera para cumprimentar em nome do partido ao congresso do qual eu era secretário. As minhas investigações labriolanas e para o Labriola mesmo não suscitaram um grande interesse em Gramsci. (Dal Pane, 1975, p. 463)

Na realidade, já na década de 1920, Gramsci achava importante a atividade teórica de Labriola, assim como, ainda antes, os três ensaios sobre o materialismo histórico tiveram um relevo significativo em sua formação (Mustè, 2018, p. 181-182). Não casualmente, em 1923, Gramsci estudou a hipótese de dedicar-lhes um número especial da nova edição do *L'Ordine Nuovo* (Zangheri, 2005, p. 15), e, depois, na introdução ao primeiro curso da escola interna do partido, em 1925, reconheceu em Labriola uma estatura intelectual fora do comum no panorama italiano (Gramsci, 1971, p. 54). Todavia, é indubitável que nas notas do cárcere as reflexões sobre a importância de Labriola para a renovação do marxismo tornam-se mais centrais, tanto a levantar a exigência de um estudo objetivo e sistemático de sua obra capaz de esclarecer seu percurso de formação teórica.[7]

Segundo Gramsci, na "fase romântica da luta", a pouca sorte de Labriola na imprensa social-democrata era uma consequência da excessiva tendência à sobrevalorização das questões táticas a respeito dos problemas teóricos. Mas, necessariamente, este atraso mudava com a construção do Estado socialista, num contexto novo pelo qual Labriola devia ser considerado um ponto de referência essencial:

[7] Remetemos a propósito ao denso e exaustivo ensaio de Alberto Burgio, *Il Labriola di Gramsci*: "Labriola nos *Cadernos* é em primeiro lugar sinônimo de interpretação correta do *materialismo histórico*. O primeiro terreno sobre o qual se coloca a atenção de Gramsci por Labriola é então de ordem filosófica e política. Labriola é o filósofo marxista, ao qual é reconhecido o mérito teórico de haver produzido uma interpretação do materialismo histórico em contratendência em relação às derivações revisionistas de natureza variada e (por isso mesmo) a altura das tarefas políticas do movimento operário". (Burgio, 2005, p. 311).

> Com a existência de um novo tipo de Estado, nasce concretamente o problema duma nova civilidade e então a necessidade de elaborar as concepções mais gerais, as armas mais refinadas e decisivas. Eis que Labriola deve ser recolocado em circulação e a sua impostação do problema filosófico deve ser predominante. (Gramsci, 1975, p. 309)

Com o desenvolvimento das forças produtivas e a assunção por parte das classes subalternas de um papel dirigente, as posições mais primitivas e mecânicas do marxismo deviam ser superadas. Nesse esforço de amadurecimento, Gramsci atribuía exatamente à impostação do problema filosófico de Labriola uma função central. Por isso avançou a tarefa de um estudo objetivo e sistemático sobre Labriola, capaz de esclarecer o seu percurso de formação para o materialismo histórico. Antonio Labriola chegou ao socialismo por um longo e mediado percurso de aproximação filosófica e política, que o distingue dos teóricos positivistas da Segunda Internacional, com os quais polemizou durante anos, avançando a exigência de uma diferente abordagem do marxismo, por ele definido como "comunismo crítico". Em seus duelos com os "neófitas da causa socialista", combateu com rara dureza as combinações forçadamente unitárias e sistêmicas, do positivismo e do evolucionismo, aplicadas às teorias sociais.

Um dos produtos mais negativos daquela cultura foi, segundo ele, o verbalismo, ou seja, um culto sem limite para as palavras que edificava a ideologia por meio da fraseologia, até corroer o significado real e verdadeiro das coisas efetivas e transformá-las em termos e modo de dizer abstratos e convencionais. Quando o verbalismo se junta às suposições teoréticas de uma falsa contraposição entre matéria e espírito, logo pretende explicar o universo do homem afiando-se só ao cálculo dos interesses materiais, até contrapô-los àqueles ideais e reduzir mecanicamente os segundos aos primeiros. A causa desse modo de entender o materialismo histórico precisava ser procurada no despreparo de muitos intelectuais tornados marxistas, os quais tentaram explicar aos outros o que eles não compreendiam, estendendo à história os padrões que achavam feliz aplicação no estudo do mundo natural e animal.

Mas a história do homem refere-se aos processos pelos quais este sujeito consegue criar e aperfeiçoar seus instrumentos de trabalho, mudando o ambiente no qual fica inserido até criar um mundo novo e artificial que, por sua vez, produz multíplices efeitos sobre ele; a história, segundo o uso da palavra, ou seja, aquela parte do processo humano que se exprime na tradição e na memória, começa depois da criação deste terreno artificial, quando a economia está já em função. A ciência histórica tem como seu objeto fundamental exatamente o conhecimento desse terreno artificial, das suas formas originais, das suas transformações, e só o abuso da analogia e a superficialidade pode interpretar tudo isso como se fosse parte e prolongamento da natureza.

Ao contrário, segundo Labriola, faltavam todas as razões para reconduzir esse processo evolutivo do homem e de seu ambiente, ou seja, a história, à pura e simples luta pela existência, confundindo o darwinismo com o materialismo histórico, nem para evocar ou servir-se de qualquer forma "mítica, mística ou metafórica" de fatalismo. Portanto, seria sem fundamento a opinião que tende a negar cada papel à vontade e pretende substituir ao voluntarismo o automatismo.

Como sabemos, em contradição com essa tendência, Engels (2020) escreveu seu manifesto antideterminista, *Ludwig Feuerbach e o fim da filosofia clássica alemã*. Nessa obra, Hegel é definido como o filósofo que mais ajudou a compreender a tarefa da filosofia: desvelar o significado prevalente da evolução realizada pelo gênero humano no seu progressivo desenvolvimento; uma vez entendida esta verdade, para Engels, a filosofia inteira esgota seu papel. Na filosofia de Hegel, a história seria o resultado dos multíplices no seu devir; ela se forma e manifesta a partir das infinitas mediações entre realidade e coisas e a tarefa da filosofia, e exatamente de descobrir a sua racionalidade, apesar da aparente acidentalidade dos acontecimentos. Mas a importância da dialética no materialismo histórico encontrou a sua confirmação mais elevada nas palavras do próprio Marx, no famoso posfácio à segunda edição *d'O capital*:

> Critiquei o lado mistificador da dialética hegeliana há quase trinta anos, quando ela ainda estava na moda. Mas quando eu elaborava o primeiro volume de *O capital*, os enfadonhos, presunçosos e medíocres epígonos que hoje pontificam na Alemanha culta acharam-se no direito de tratar Hegel [...] como um 'cachorro morto'. Por essa razão, declarei-me publicamente como discípulo daquele grande pensador e, no capítulo sobre a teoria do valor, cheguei até a coquetear aqui e ali com seus modos peculiares de expressão. A mistificação que a dialética sofre nas mãos de Hegel não impede em absoluto que ele tenha sido o primeiro a expor, de modo amplo e consciente, suas formas gerais de movimento. Nele, ela se encontra de cabeça para baixo. É preciso desvirá-la, a fim de descobrir o cerne racional dentro do invólucro místico. Em sua forma mistificada, a dialética esteve em moda na Alemanha porque parecia glorificar o existente. Em sua configuração racional, ela constitui um escândalo e um horror para a burguesia e seus porta-vozes doutrinários, uma vez que, na intelecção positiva do existente, inclui, ao mesmo tempo, a intelecção de sua negação, de seu necessário perecimento. (Marx, 1994, p. 44-45)

O marxismo resgata, nada mais nada menos, o sentido revolucionário da filosofia hegeliana, isto é, o seu método dialético, que na forma e no interior do sistema filosófico de Hegel era inaplicável. Enquanto em Hegel a dialética "flutua sobre a cabeça", agora ela "é recolocada sobre os pés". Se de fato Hegel compreende as coisas como reflexo deste ou daquele conceito absoluto, o materialismo histórico concebe os conceitos do nosso cérebro como reflexos do real. Hegel chegou à grande formulação segundo a qual o mundo não é entendido como um complexo de coisas consumadas, mas um complexo de processos, nos quais qualquer situação aparentemente estável e todo conceito acabado passarão por um desenvolvimento que, desde sua origem e gênese, conduzem à decadência e, finalmente, à sua superação. Esse devir, ainda que pareça casual e que se articule mesmo com fases regressivas é, em última análise, o senso do progresso e da evolução histórica da humanidade. A grande ideia hegeliana do devir histórico por meio das contradições dialéticas "recolocadas sobre os pés" aparece livre dos empecilhos idealistas e assume todo o seu significado revolucionário.

A dupla derrota do movimento operário socialista, com o estouro da Primeira Guerra Mundial e o afirmar-se dos fascismos, despertou em Gramsci uma pergunta que marcou problematicamente suas reflexões nos anos do cárcere: por quê, apesar de condições objetivas (crise do capitalismo mundial) e subjetivas (crise de hegemonia das classes dirigentes tradicionais e irrupção das grandes massas populares na cena política) favoráveis não foi possível traduzir a língua russa nas línguas europeias? A resposta a essa questão dramática, num quadro histórico dominando pela reação e não pela revolução, implicava necessariamente uma profunda investigação filosófica, com a tarefa de entender tanto as razões das contradições quanto as potencialidades (ainda não objetivadas) da filosofia da práxis como profunda reforma intelectual e moral.

Referências

BURGIO, A. *Antonio Labriola nella storia e nella cultura della nuova Italia*. Macerata: Quodlibet, 2005.

BURGIO, A. Il Labriola di Gramsci. *In*: BURGIO, A. *Antonio Labriola nella storia e nella cultura della nuova Italia*. Macerata: Quodlibet, 2005.

COTRONEO, G. Il giovane Labriola tra Hegel e Spaventa. *In:* BURGIO, A. *Antonio Labriola nella storia e nella cultura della nuova Italia*. Macerata: Quodlibet, 2005, p. 189-190.

DAL PANE, L. *Antonio Labriola nella politica e nella cultura italiana*. Torino: Einaudi, 1975, p. 430.

ENGELS, F. Ludwig Feuerbach e o fim da filosofia clássica alemã. São Paulo: Hedra, 2020.

FERRARA, M; FERRARA, M. (a cura di). *Conversando con Togliatti*. Roma: Editori di Cultura Sociale, 1953, p. 29.

FRESU, G. Antonio Gramsci e il rinnovamento del marxismo: Premesse filosofiche e peculiarità concettuali del materialismo storico italiano. *Crítica Marxista*, Roma, v. 1, p. 51-63, 2020.

FRESU, G. *Lenin leitor de Marx. Dialética e determinismo na história do movimento operário,* Anita Garibaldi editora, São Paulo, 2016.

FROSINI, F. *La "storia d'Europa" di Benedetto Croce e il fascismo*. Milano: Unicopli, 2019, p. 29.

GARIN, E. *Cronache di filosofia italiana*. 1900-1903. v. 1. Bari: Laterza, 1966, p. 14-15.

GRAMSCI, A. *Quaderni del carcere*. [edizione critica dell'Istituto Gramsci a cura di V. Gerratana]. 4 v. Torino: Einaudi, 1975.

GRAMSCI, A. La critica. Rivista di letteratura, storia e filosofia diretta da B. Croce, *Caderno 13, 1915*. *In*: GRAMSCI, A. Quaderni del carcere. [edizione critica dell'Istituto Gramsci a cura di V. Gerratana]. 4 v. Torino: Einaudi, 1975.

GRAMSCI, A. *La costruzione del partito comunista, 1923-1926*. Torino: Einaudi, 1971, p. 54.

HEGEL, G. W. F. *Enciclopédia das ciências filosóficas em compêndio*. v. I. São Paulo: Edições Loyola, 1995, p. 163-164.
LABRIOLA, A. *Opere*. [a cura di L. Dal Pane] v. I. Milano: Feltrinelli, 1959.
LABRIOLA, A. *Opere*. [a cura di L. Dal Pane] v. II. Milano: Feltrinelli, 1961.
LABRIOLA, A. *Opere*. [a cura di L. Dal Pane] v. III. Milano: Feltrinelli, 1962.
LOSURDO, D. *Antonio Gramsci. Dal liberalismo al comunismo critico*. Roma: Gamberetti, 1997, p. 17-19.
LOSURDO, D. *Dai fratelli Spaventa a Gramsci*. Per una storia politico sociale della fortuna di Hegel in Italia. Napoli: La città del sole, 2006, p. 174.
LOSURDO, D. *L'ipocondria dell'impolitico*. La critica di Hegel ieri e oggi. Lecce: Milella, 2001.
MARX, K. *Il Capitale*. v. I. Roma: Editori Riuniti, 1994, p. 44-45.
MUSTÈ, M. *Marxismo e filosofia della práxis*. Da Labriola a Gramsci. Roma: Viella, 2018, p. 19.
SICHIROLLO, L. *Dialética*. Lisboa: Editoria Presença, 1973, p. 139-140.
VANZULLI, M. *Il marxismo e l'idealismo*. Studi su Croce, Gentile e Gramsci. Roma: Aracne, 2013, p. 23.
ZANGHERI, R. Labriola e il nuovo secolo. *In:* BURGIO, A. (a cura di). *Antonio Labriola nella storia e nella cultura della nuova Italia*. Macerata: Quodlibet, 2005, p. 15.

PARTE II:

CRISES E REVOLUÇÕES

CLASSE POLÍTICA E CRISE DA DEMOCRACIA NA CRÍTICA DE ANTONIO GRAMSCI

Alvaro Bianchi[1]

No início dos anos 1880, a organização dos governos nacionais com base no princípio da representação política obtida por meio de eleições já havia se estendido por boa parte da Europa ocidental e das Américas e, para muitos, assemelhava-se à forma mais adequada, ou ao menos mais desejada, de governo em todas as nações. O epicentro a partir do qual se espraiava esse movimento político era evidentemente a França, país no qual a revolução de 1789 parecia ter permitido finalmente a reconciliação dos princípios da soberania popular e da representação política na forma do regime parlamentar. Mas ao mesmo tempo em que essa forma de governo se consolidava, um novo gênero de literatura política começava a ganhar vigor e a expandir-se: a análise crítica das democracias parlamentares existentes.[2]

---

[1] Professor de Ciência Política da Unicamp.

[2] Apenas para a primeira metade dos anos 1880 e a título de exemplo, destaque-se Maine (1885); Prins (1884); Scherer (1884); Syme (1882).

Na Itália, esse gênero ganhou corpo no pensamento político *post-Risorgimentale*, principalmente depois da expansão do corpo de votantes pela reforma eleitoral de 1882.[3] Emergiu então o descontentamento e tornou-se cada vez mais frequente a crítica ao afastamento que o regime parlamentar promoveria entre o "país legal", constituído pelo conjunto de cidadãos portadores de direitos políticos e pelas instituições nas quais esses direitos ganhavam sentido, e o "país real", a grande massa posta à margem da vida política. A crítica provinha de vários lugares do espectro político da época, mas naqueles anos, nos quais o movimento socialista dava ainda seus primeiros passos, era entre conservadores e liberais de diversos matizes que ela predominava.[4] Escrevendo no próprio ano daquela reforma eleitoral, um desses conservadores, o publicista Pasquale Turiello, sintetizou em uma dedicatória a Giustino Fortunato aquela que era a consequência mais evidente do dissídio entre o país legal e o país real: a "discordância crescente entre governo e governados" (Turiello, 1882, p. 5).

Não foram poucos, inclusive o citado Turiello, aqueles que imputaram esse afastamento ao caráter artificial ou imitativo das instituições políticas da Itália unitária, as quais teriam se inspirado no modelo francês já implementado no reino subalpino. Acusava-se recorrentemente essas instituições de serem obra de reformadores sem conhecimento

[3] A reforma eleitoral permitiu que o número de votantes passasse de 621.896, em 1879, cerca de 2,2% da população, para 2.049.461, 6,9%, em 1882 (cf. Cammarano, 1999, p. 163). Para a reação do pensamento conservador aos efeitos dessa mudança, ver os comentários de D'Orsi (2011, cap. 2).

[4] Apenas em 1892 foi fundado o *Partito dei Lavoratori Italiani*, antecessor do Partido Socialista Italiano.

da vida política real e de estarem apoiadas em princípios abstratos, como a liberdade e a igualdade. Tais instituições, afirmava-se, teriam sido construídas ignorando não só a nação realmente existente, como também as tradições políticas da península. O resultado estaria muito longe das aspirações dos reformadores. O regime parlamentar, em vez de promover a desejada soberania popular, teria estimulado práticas políticas nocivas, clientelistas e autoritárias.

O diagnóstico pessimista que caracterizava essa literatura completava-se com um discurso político de caráter fortemente normativo. Frequentemente, os livros de seus protagonistas encerravam-se com uma proposta de reforma das instituições, como no livro de Marco Minghetti, *I partiti politici e la ingerenza loro nella giustizia e nell'amministrazione*, cujo capítulo final dedicava-se a inquirir a respeito "*dei remedi*" necessários para evitar a ingerência dos partidos políticos na administração e no Judiciário, de modo a garantir a imparcialidade (Minghetti, 1881). De certo modo, essa literatura conservadora confluiu mais tarde no clamor por uma diminuição do poder do Parlamento. A reivindicação de Sidney Sonnino, "*Torniamo allo Statuto*", anunciada em um conhecidíssimo artigo publicado na revista *Nuova Antologia*, sintetizou de certa maneira esse espírito conservador (ver *Un deputato*, 1897).

Interpretações do Risorgimento

Na prisão, Gramsci mostrou-se atento a essa literatura *post-Risorgimentale* de crítica à democracia parlamentar e àquilo que ela parecia indicar. Não era sua qualidade historiográfica aquilo que julgava mais importante, uma vez que ela tinha valor predominantemente "de caráter político e ideológico" (Q9, § 89, p. 1153).[5] Ainda assim essa literatura conservadora teria sua relevância, a qual decorreria não apenas daquilo que ela trazia de informação, mas, principalmente, daquilo que ela revelava do debate político da época, o qual assumia a forma, também, de um debate historiográfico.

Foi nesse parágrafo que Gramsci fez sua primeira referência nos *Cadernos* ao livro *Teorica dei governi e governo parlamentare*, escrito pelo jovem Mosca, recém egresso da *Facoltà di Giurisprudenzia* de Roma. Publicado pela primeira vez em 1884 e republicado em 1925, o livro expressava de maneira fiel os argumentos antiparlamentaristas correntes no *millieu* conservador.[6] Apresentando-se como um empreendimento científico, alicerçado no método histórico, a *Teorica* atribuía ao regime parlamentar a propriedade de estimular o monopólio da classe política pela burocracia administrativa, judiciária e militar, produzindo "efeitos funestíssimos, pois pouco a pouco separa completamente os governantes dos governados, dá aos últimos indiferença e também o ódio pelos primeiros" (Mosca, 1982 [1884], p. 349).

---

5 Gramsci, A. *Quaderni del carcere*, a cura di V. Gerratana, v. 4, Torino: Einaudi, 1975. De agora em diante, citados com a letra Q, seguida pelo número do caderno, do parágrafo e de páginas. (N.E.)

6 Embora o livro não tenha sido encontrado entre aqueles que Gramsci deixou no cárcere, é muito provável que tenha lido a segunda edição na prisão e a tivesse em mãos quando escreveu a nota. Três indícios corroboram esta hipótese: a) várias referências bibliográficas citadas nos *Cadernos* coincidem com aquelas apontadas por Mosca em sua obra (comparar as referências citadas em Q9, § 89, p. 1154; e Mosca, 1982 [1884], p. 487); b) nos *Cadernos*, é feita menção às mudanças no texto original que Mosca teria introduzido na segunda edição; c) em vez de datar a publicação da primeira edição em 1884, informação muito fácil de encontrar se a tivesse em mãos, afirma que ela é de 1883, seguindo a data que consta no prefácio republicado em 1925.

De acordo com Gramsci, o livro de Mosca era "útil como documento", uma vez que seu autor "termina por trazer à vista muitos aspectos da vida italiana daquele tempo, que de outra maneira não teriam encontrado documentação" (Q9, § 89, p. 1156). Ainda assim, Gramsci reservou palavras ásperas para o livro de Mosca e o grupo com o qual o identificou. A crítica era duríssima contra o texto da *Teorica*: "O livro é grosseiro, incerto, escrito apressadamente por um jovem que quer se 'distinguir' em seu tempo com uma atitude extremista e com palavras grosseiras e muitas vezes triviais em um sentido reacionário" (Q9, § 89, p. 1135).[7]

Ao lado do livro de Mosca, e representando um mesmo movimento cultural, Gramsci citou as obras de Pasquale Turiello, Leone Carpi, Luigi Zini, Giorgio Arcoleo, Marco Minghetti, além de artigos publicados por Pasquale Villari, Ruggero Bonghi e Luigi Palma.[8] Produzida por conservadores, essa literatura "irascível, biliosa, acrimoniosa, sem elementos construtivos" seria uma reação à "diminuída importância na vida estatal dos grandes proprietários de terra e da aristocracia" depois que a *Sinistra*, liderada por Agostino Depretis, chegou ao poder em 1876. O pensamento político desses autores seria, em grande medida, "uma consequência da queda da *Destra*, do advento ao poder da *Sinistra* e das inovações 'de fato'

[7] As palavras de Mosca para a democracia parlamentar eram, de fato, duras e ásperas e o diagnóstico que desenhou extremamente desfavorável: "É também o sistema em que a covardia moral, a falta de qualquer sentimento de justiça, o mal, a intriga, que são precisamente as qualidades que levam os povos e Estados a se arruinar, encontram o seu melhor jogo, mais levam adiante seus seguidores, e mais eles tendem a se destacar e desenvolver" (Mosca, 1982 [1884], p. 486-487).

[8] Como visto, os livros de Turiello, Carpi, Zini, Arcoleo e Minghetti são citados a partir das referências do próprio Mosca, que os considera suas fontes de inspiração.

introduzidas no regime parlamentar. Em grande medida são lamentações, recriminações, juízos pessimistas e catastróficos sobre a situação italiana" (Q9, § 89, p. 1154).

As críticas de Gramsci tinham um sentido fortemente político. Aquilo que essa literatura documentava era múltiplo. Eram dois os movimentos político-intelectuais com os quais Gramsci estava lidando, ambos muito vinculados à história dos intelectuais e das ideias na Itália. O primeiro era daquela literatura do final do século XIX e do início do século XX, na qual os ressentimentos da *Destra* derrotada pareciam aflorar. Mas havia outro movimento, talvez mais importante: aquele no qual essa literatura era reapropriada e revalorizada no debate político a partir do imediato pré-guerra, quando a crise da democracia liberal assumia contornos mais fortes.

Sujeitos dessa reapropriação foram primeiro as correntes moderadas, nacionalistas e, mais tarde, aquelas fascistas. A difusão das ideias de Mosca convergia com o surgimento de um pensamento aristocrático, inspirado na livre leitura que Gabriele D'Annunzio promoveu de Friedrich Nietzsche no final do século XIX e início do século XX. Gramsci esteve atento a esses movimentos e comentou a revalorização da obra de Pasquale Turiello pela revista *La Voce*, dirigida por Giuseppe Prezzolini, provavelmente uma referência ao tardio e sóbrio comentário de Alberto Caroncini (1912).[9] Por essa razão, considerava que a reedição da *Teorica* de Mosca, em 1925, era "um dos tantos episódios da inconsciência e do diletantismo dos liberais" (Q9, § 89, p. 1155).

[9] Acrescente-se que já em 1903, nas páginas da revista *Il Regno*, o mesmo Prezzolini havia indicado Gaetano Mosca e Vilfredo Pareto como suas inspirações científicas e filosóficas: "podemos nos voltar para Gaetano Mosca e Vilfredo Pareto, que nos treinaram em suas obras para justificar cientificamente e filosoficamente nosso trabalho prático." (Prezzolini, 1960, p. 454).

A acolhida dessas obras ia além e chegava até mesmo aos liberais, como Benedetto Croce, como se pode verificar nas referências a Mosca e Turiello em sua *Storia d'Italia*, citadas por Gramsci (Croce, 2004 [1928], p. 102; Q9, § 89, p. 1154), ou na elogiosa resenha que *La Critica* publicou da segunda edição de *Elementi di scienza politica* (Croce, 1923). Acrescente-se a apropriação das ideias moschianas por Piero Gobetti no jornal *La Rivoluzione Liberale* e a resenha favorável que este publicou a respeito dessa mesma edição referindo-se a Mosca de maneira insuperável como "*Un conservatore galantuomo*" (Gobetti, 1924).[10]

Gramsci demonstrava estar vigilante com relação a esse movimento político-intelectual e seus efeitos na luta política da época. Prestava, desse modo, atenção a uma apropriação da crítica elitista – liberal ou conservadora – da democracia por um pensamento oligárquico. Essa apropriação encerrava um perigo ao qual era necessário estar atento: a dissolução do liberalismo e do conservadorismo no interior de uma crítica meramente reacionária ou mesmo despótica do regime parlamentar.[11]

Classe política e intelectuais

O movimento que Gramsci promoveu nos *Cadernos* ia em direção oposta à dessa crítica oligárquica, reacionária e despótica e procurava traduzir a historiografia e a ciência política dos elitistas na filosofia da práxis. Notável nesse sentido foi o uso

10 A influência das ideias de Gaetano Mosca sobre *La Rivoluzione Liberale* era notável. No próprio manifesto do jornal, afirma-se como um dos objetivos do jornal a pesquisa histórica "*la mancanza di una classe dirigente come classe politica*" (Gobetti, 1922, p. 1).

11 Gramsci estabeleceu rapidamente e sem aprofundar essa distinção entre crítica de "*origine oligarchica*" ao regime parlamentar e a crítica dos elitistas (Q13, § 30, p. 1625).

cauteloso que promoveu da noção de classe política, presente na obra de Gaetano Mosca. Em sua *Teorica dei governi e governo parlamentare*, o jovem palermitano, contrariando definição universalmente aceita à época, havia escrito que

> Os governantes, isto é, aqueles que têm em mãos e exercitam os poderes públicos, são sempre uma minoria, e que, abaixo deles, há uma grande classe de pessoas, que nunca participam de modo algum no governo, elas só fazem subi-lo, as quais podem ser chamados de governados. (Mosca, 1982 [1883], p. 203)

Essa distinção entre governantes e governados, comum na literatura daqueles anos, era assim radicalizada e apreendida como fato "constantíssimo e *generale*" por meio da observação da sociedade, constituindo-se em chave de abóboda de uma nascente ciência política. Em Mosca, essa distinção tornava-se estável no tempo, apresentando-se como característica essencial de toda forma de governo. O conceito que permitiria explicar essa característica e organizar o estudo das formas de governo, em particular da forma atual do governo italiano, era o conceito de *classe política*. De acordo com Mosca,

> Em todos os tempos e em todos os lugares, tudo o que no governo é uma parte dispositiva, um exercício de autoridade e implica comando e responsabilidade é sempre a atribuição de uma classe especial, cujos elementos de formação, de acordo com o século e o país, podem variar muito, é verdade, mas também, de qualquer modo que seja composta, sempre se forma diante da massa dos governados, à qual se impõe uma pequena minoria. Esta classe especial nós, de agora em diante, chamaremos a classe política. (Mosca, 1982 [1883], p. 207)[12]

---

[12] Sobre o conceito de classe política na *Teorica* ver, em especial, Albertoni (1985, cap. III e IV).

Gramsci tinha suas ressalvas ao enunciado por Mosca do conceito de classe política e procurou explicitá-las no texto. Sobre a exposição do conceito na *Teorica*, escreveu: "'classe política', cuja afirmação se tornará centro de todos os escritos de ciência política de Mosca, é de extrema fragilidade e não é fundamentado nem justificado teoricamente" (Q9, § 89, p. 1156).[13] O juízo negativo a respeito do conceito de classe política se estendeu nos comentários dirigidos aos *Elementi di scienza politica*, de Gaetano Mosca, obra escrita em "dois momentos típicos da histórica político-social italiana, em 1895 e 1923, enquanto a classe política se desintegra e não consegue encontrar um terreno sólido de organização" (Q8, § 52, p. 972).[14] De acordo com Gramsci,

> nem sequer se compreende exatamente o que Mosca entende precisamente por classe política, tão ondulada e elástica é a noção. Parece abraçar todas as classes possuidoras, toda a classe média; mas qual então a função da classe alta? Em outros momentos parece referir-se apenas a uma aristocracia política ao 'pessoal político' de um Estado e, ainda, àquela parte que opera 'livremente' no sistema representativo, isto é, excluindo a burocracia mesmo em sua camada superior,

[13] Mosca oscilou na denominação: utilizará como sinônimos de classe política expressões como "classe governante", "classe dirigente", "classe *dominatrice*", "classe *superiore*", "classe *elevate*", "*governanti*", "*elementi dominatori*" e "*minoranzza organizata*". Cf. o levantamento feito por Giorgio Sola no texto da *Teorica* (Mosca, 1982 [1884], p. 207). Sobre essas oscilações e as possíveis diferenças entre os termos, ver também Filippini (2016, p. 199-200)

[14] A primeira edição de *Elementi di scienza politica* foi publicada por Gaetano Mosca em 1896. Uma nova edição aparece em 1923, na qual seu autor acrescentou uma segunda parte completamente inédita. Embora o livro não esteja entre aqueles que Gramsci deixou na prisão, é provável que tivesse em mãos esta segunda edição, como se infere da longa citação que faz de um texto de Guglielmo Ferrero a partir da obra de Mosca (Q8, § 36, p. 963). Os momentos típicos aos quais Gramsci faz referência são marcados pela derrota italiana na batalha de Adua, a qual revelou a crise do regime liberal (1896), e a marcha fascista sobre Roma (1923), quando essa crise encontrou uma solução reacionária.

> a qual para Mosca deve ser controlada e liderada pela classe política. (Q8, § 52, p. 972)

A principal lacuna da reflexão moschiana nesse livro estaria em que ela "*non affronta nel suo complesso il problema del 'partito politico*'" (Q8, § 52, p. 972). A ausência de uma reflexão desenvolvida sobre os partidos políticos impediria Mosca de compreender os processos de formação da classe política e de mudança social, ou seja, da criação de "*un nuovo livello di civiltà*". As observações sobre o conceito de classe política de Mosca eram fortemente vinculadas nesta nota à noção de moderno príncipe e ao caráter de educador da classe política que este teria. Mas o texto é desordenado e observações desconexas sobre o moderno príncipe, a revolução permanente, a guerra de posição, a guerra de movimento e as ideologias aparecem justapostas.[15]

Apesar de suas ressalvas, Gramsci considerou que o conceito moschiano de classe política poderia ser útil para aquela análise histórica dos intelectuais italianos na qual estava trabalhando. Com esse propósito, registrou uma rápida mas importante observação em uma nota dedicada a essa análise histórica e justamente intitulada "*Note sparse e appunti per una storia degli intellettuali italiani*": "A assim denominada 'classe política' de Mosca não é outra coisa que a categoria intelectual do grupo social dominante" (Q8, § 24, p. 956).[16] Nessa mesma nota, considerou que o conceito de classe política poderia ser avizinhado ao conceito de *élite* de Pareto, o qual também

[15] Na segunda versão o texto foi depurado, no argumento moschiano. Mas a crítica à ausência de uma reflexão sobre os partidos políticos foi mantida como ponto principal da crítica (Q13, § 16, p. 1565).

[16] Esta observação inseria-se no contexto da pesquisa anunciada em uma carta a Tania de 19 de março de 1927 (Gramsci, 1996, p. 55-56).

seria uma tentativa de interpretar o fenômeno histórico dos intelectuais e sua função na vida social e estatal.

Como visto, Gramsci havia lido tanto a *Teorica* como os *Elementi* de Mosca e certamente teve esses livros na prisão. Seu conhecimento das ideias de Vilfredo Pareto era, entretanto, menor, mas há alguns indícios em seus artigos juvenis de que pode ter lido o *Tratatto di Sociologia*, obra à qual se referiu de maneira indireta mas precisa em um artigo publicado no jornal *Avanti!* no ano seguinte ao lançamento desse livro.[17] As ideias de Mosca e Pareto, entretanto, eram correntes nos meios intelectuais da Torino do início do século, cidade pela qual ambos passaram e cuja cultura marcaram de modo notável.[18] Mas sua influência ia muito além da cidade e pode-se dizer, sem medo de errar, que nos primeiros anos do século XX a teoria elitista desses autores havia encontrado forte difusão, consolidando-se no léxico político da época.

Embora Gramsci tenha procurado aproximar os conceitos de classe política e de elites, eles não são idênticos entre si. Albertoni destacou que enquanto o conceito moschiano de classe política remetia a um âmbito político-estatal, o conceito paretiano de elites era apresentado em termos essencialmente sociais (Albertoni, 1985, p. 267). Gramsci parecia estar ciente disso quando afirmou que o conceito moschiano de classe política dizia respeito exclusivamente aos grupos dominantes.[19]

---

17 "Os sociológicos dividem os eventos em duas grandes categorias: eventos lógicos, eventos não lógicos. Eventos lógicos: aqueles que podem ser previstos; não lógicos: aqueles imprevisíveis" (Gramsci, 1972, p. 51). La Tegola. *Avanti!*, a. XXI, n. 54, 23 feb. 1917.

18 Sobre a presença e influência de Mosca e Pareto em Torino ver D'Orsi (2002, cap. II e III).

19 O conceito moschiano de classe política corresponderia não ao conceito de *élite tout court* tal como aparece na obra de Pareto e sim àquilo que o professor

Os usos que Gramsci fez nos *Cadernos* dos conceitos de elites e classe política é revelador dessas diferenças. Gramsci utilizou o conceito de elites em um sentido quase neutro, muitas vezes adjetivando-o para torná-lo mais delimitado. Escreveu assim a respeito de uma "elite intelectual, mas especialmente moral", "elite de intelectuais" ou, simplesmente, "elite intelectual" (Q4, § 49; p. 480, Q12, § 1, p. 1525; Q14, § 18, p. 1676; Q19, § 24, p. 2027); de "elite de ricos e de moças" (Q4, § 49, p. 483); de "elites de jovens escolhidos por concurso ou indicados por instituições privadas idôneas sob a sua responsabilidade" (Q4, § 49, p. 485); de "elite internacional" (Q6, § 62, p. 731); e de uma "elite-aristocracia-vanguarda" (Q6, § 79, p. 750). A ambiguidade do conceito permitia a Gramsci utilizá-lo, ainda, para referir-se obliquamente aos grupos intelectuais das classes subalternas, como no § 79 do *Caderno 6*, com a rubrica "*Riviste tipo*".

Por sua vez, apesar das reiteradas ressalvas, "classe política", com ou sem aspas, aparece como uma importante, embora infrequente, noção nos *Cadernos*. O uso das aspas remete geralmente ao conceito no interior da obra moschiana, e desse modo, aparecia na maioria das notas nas quais Gramsci se dedicou a comentar a *Teorica* e os *Elementi*. Predomina o uso sem aspas quando esta é uma noção incorporada por Gramsci a seu próprio léxico e utilizada para designar os grupos intelectuais e dirigentes das classes dominantes. É neste último sentido, certamente mais rico em termos analíticos, que Gramsci refere-se, por exemplo, à "elaboração que tem lugar na classe política piemontesa durante o império napoleônico" (Q6, §

de Lausanne chamava de "*classe eletta di governo*" (cf. por exemplo Pareto, 1988 [1923], § 2056, p. 1955).

70, p. 737) ou à "classe política italiana" (Q9, § 108, p. 1172). Ou ainda o sugestivo § 48 do *Caderno 8*, no qual distingue a grande política, voltada em termos maquiavelianos para a conquista e manutenção do Estado, e a "pequena política as questões parciais e diárias que são colocadas em uma estrutura já estabelecida para as lutas de proeminência entre as diferentes frações da mesma classe política" (Q8, § 48, p. 970).

Pode-se dizer, assim, que enquanto Gramsci circunscreve o conceito de classe política ao aparelho governativo, a sociedade política, utiliza a noção de elites para nomear grupos que se encontram, predominantemente no âmbito da sociedade civil, nos aparelhos privados de hegemonia. Talvez por essa razão prefira utilizar a noção de classe dirigente, a qual permite identificar grupos que têm lugar nessas duas dimensões, ou seja, no "Estado em seu sentido orgânico e mais amplo (Estado propriamente dito e sociedade civil)" (Q6, § 87, p. 763). O uso da noção de classe dirigente pode ser encontrado já nos escritos pré-carcerários e culminava nas Teses de Lyon e na densa análise das classes dirigentes italianas que ali tinha lugar.[20] A expressão reaparecerá no *Primo quaderno*, naquelas notas destinadas à análise do *Risorgimento* italiano no qual é apresentada uma teoria da hegemonia, em particular no § 44 do *Caderno 19*. Essa primeira aparição já indica fortemente que a noção de

[20] Por exemplo: "O primeiro período de vida do Estado italiano (1870-90) é o da sua maior debilidade. As duas partes das quais a classe dominante é composta, os intelectuais burgueses de um lado e os capitalistas de outro, estão unidos no propósito de manter a unidade, mas divididos na forma a ser dada ao Estado unitário. Falta entre eles uma homogeneidade positiva. Os problemas que o Estado propõe são limitados; ao contrário, dizem respeito à forma que a substância da dominação política da burguesia; acima de tudo, o problema do equilíbrio, que é um problema de pura preservação. A consciência da necessidade de alargar a base das classes que governam o Estado ocorre apenas com o início do 'transformismo'" (Q6, § 87, p. 763).

classe dirigente só adquire pleno sentido no texto gramsciano mais maduro quando inserida no âmbito dessa teorização sobre as formas de dominação e direção na vida estatal.[21]

Partidos políticos e crise da democracia

A noção de classe dirigente é central para compreender a análise gramsciana da crise do regime parlamentar. O diálogo com as teorias elitistas era intenso neste ponto. Ao analisar o conjunto daquelas "*Interpretazioni del Risorgimento italiano*", em particular aquelas do "*gruppo Mosca-Turiello*", Gramsci considerou no *Caderno 9* que aquele tipo de literatura prosperava em situações de crise, uma crise que essa literatura não era capaz de compreender. Sua observação a respeito é importante para um melhor entendimento do modo como ele via a crise:

"Percebe-se que essas interpretações florescem nos períodos mais característicos da crise político-social e são tentativas para provocar uma reorganização das forças políticas - existentes, estimular novas correntes intelectuais em antigos organismos partidários ou exalar suspiros e gemidos de desespero e negro pessimismo" (Q9, § 89, p. 1153-1154).	"Nota-se que tal literatura floresce nos períodos mais característicos da crise político social, quando a separação entre governantes e governados se torna mais grave e parece anunciar eventos catastróficos para a vida nacional; o pânico se difunde entre certos grupos intelectuais mais sensíveis e se multiplicam as tentativas para provocar uma reorganização das forças políticas existentes, estimular novas correntes intelectuais nos extenuados e pouco consistentes organismos partidários ou exalar suspiros e gemidos de desespero e negro pessimismo" (Q19, § 5, p. 1975).

[21] Ver, por exemplo: "O critério histórico-político sobre o qual se deve fundar a própria pesquisa é o seguinte: que uma classe é dominante de duas maneiras, quer dizer, é 'dirigente' e 'dominante'. É dirigente das classes aliadas, é dominante das classes adversárias. Por isso uma classe antes mesmo de chegar ao poder pode ser 'dirigente' (e deve sê-lo): quando está no poder torna-se dominante, mas continua a ser, também, 'dirigente'. [...] Pode-se e se deve ser uma 'hegemonia política' mesmo antes de ir ao Governo e não se precisa contar somente com o poder e a força material que este poder dá para exercer a direção ou hegemonia política" (Q1, § 44, p. 41).

A segunda versão desse texto permite iluminar um ponto importante e persistente da reflexão gramsciana sobre a "crise político-social". Esta é interpretada como o resultado do agravamento da separação entre "governantes e governados". As palavras destacadas eram ainda aquelas que organizavam o léxico dos elitistas. Embora Gramsci criticasse aquela literatura que insistia na tese segundo a qual "o marasmo no qual se encontra o país" teria sido provocado exclusivamente pelo "regime parlamentar (que talvez só torne público aquilo que antes permanecia escondido)",[22] a explicação que o próprio Gramsci construía encontrava-se fortemente marcada não apenas pelo léxico, como também, por uma ideia que é possível encontrar também na *Teorica* de Mosca: a crise teria sido uma consequência da "debilidade geral da classe dirigente e à grande miséria do país" (Q9, § 89, p. 1154-1155).

Essa maneira de conceber a crise foi exposta de maneira mais detalhada, como era de se esperar, no *Caderno 13*. Primeiro no § 23, intitulado "*Osservazioni su alcuni aspetti dela struttura dei partiti politici nei periodi di crisi organica*", uma nota que julgou pertinente conectar explicitamente com

[22] Embora essa crítica não fosse completamente justa no caso de Mosca, o qual via a crise como resultado da estreiteza do processo de seleção da classe política, ela era pertinente para boa parte da literatura *post-risorgimentale* produzida pela *Destra*, e em particular para o livro de Pasquale Turiello também citado por Gramsci como representante dessa corrente. Na carta de apresentação que Turiello endereçou a Fortunato, afirmou que seu livro "pode se tornar o conteúdo de qualquer um dos partidos políticos presentes, embora eu ache que aquele que caiu em 1876 poderia revivê-lo mais facilmente" (Turiello, 1882, p. 8). Este autor era bastante explícito a respeito do caráter artificial e imitativo das instituições políticas italianas. Sobre a importação das instituições, afirmou: "nossa legislação, tanto em tempos de plenos poderes ministeriais, como por meio de discussão parlamentar, foi quase completa e sumariamente imitada dos modelos belgas e franceses, alguns deles já adotados anteriormente pelo reino subalpino" (Turiello, 1882, p. 13-14).

o importantíssimo § 17, "*Analisi dele situazioni: rapporti di forza*". Nessa nova sede foram reagrupados textos presentes anteriormente nos *Cadernos 4* (§ § 66 e 69, redigidos em novembro de 1930), 7 (§ 77, escrito em dezembro de 1931) e 9 (§ 22, de maio de 1932, e § 40, de junho de 1932), dedicados originalmente ao estudo do "elemento militar na política", dos "partidos políticos" e da "burocracia". Espalhadas no tempo, com diverso conteúdo e carentes de fontes explícitas, essas notas inscritas nos *Cadernos miscelani* não formam originalmente um todo orgânico. Foi apenas no *Caderno 13* e no processo de reelaboração que ganharam uma unidade temática mais forte.

Como o próprio título anuncia, o § 23 do *Caderno 13* tem por objeto a análise da crise dos partidos políticos. Colocava, assim, no centro da reflexão, aquilo que Gramsci havia identificado como uma lacuna no conceito de "classe política" de Gaetano Mosca. O texto, entretanto, não reproduz uma análise formal da estrutura interna das agremiações políticos. Seu objeto de estudo era aquilo que hoje chamaríamos de sistema partidário, o conjunto articulado dos partidos em uma dada unidade nacional. Com esse propósito, o parágrafo iniciava com uma afirmação generalizante a respeito da relação entre representantes e representados, a qual, de certo modo, sintetizava a trajetória dos partidos parlamentares europeus no imediato pós-guerra:

> Em um certo ponto de sua vida histórica, os grupos sociais se separam de seus partidos tradicionais, isto é, os partidos tradicionais, na forma organizacional dada, com aqueles certos homens que os constituem, os representam e os dirigem, não são mais reconhecidos como expressão de sua classe ou fração de classe. (Q13, § 23, p. 1602)

Gramsci retomava aqui uma ideia já presente na literatura do final do século XIX: o que caracterizava a crise política era o afastamento entre representantes e representados, dirigentes e dirigidos, governantes e governados (Q19, § 15, p. 1975). A crise subverteria o funcionamento normal do regime parlamentar, no qual a "democracia política tende a fazer coincidir governantes e governados (no sentido de governo com o consenso dos governados)" (Q12, § 12, p. 1547).[23] Nessas situações nas quais a coincidência deixava de existir, reforçava-se "a posição relativa do poder da burocracia (civil e militar), da alta finança, da Igreja e em geral de todos os organismos relativamente independentes das flutuações da opinião pública" (Q13, § 23, p. 1603). Descrevia-se, assim, o processo de autonomização da sociedade política em relação à sociedade civil.

Essa crise, que se manifesta primeiro no interior dos partidos políticos entre dirigentes e dirigidos se expressaria também "em todo o organismo estatal", contaminando toda a vida política nacional. O conteúdo dessa crise, segundo Gramsci, "é a crise de hegemonia da classe dirigente". Na literatura da época, principalmente naquela de corte elitista, na qual se destacava Gaetano Mosca, esse fenômeno recebia o nome de "crise de autoridade".[24] O próprio Gramsci, escrevendo em 1921, afirmou que a "crise geral italiana é crise das classes médias, é crise do princípio de autoridade nos comandos sociais subalternos, que precisamente consti-

[23] Ver as observações de Vacca a respeito dessa passagem (2017, p. 190).

[24] Comentando a elevação da prosperidade material, da cultura e dos recursos intelectuais da sociedade italiana na Itália liberal, Mosca escreveu, por exemplo, que esta era acompanhada por "*una lenta decomposizione del principio d'ordine e d'autorità*" (Mosca, 1982 [1884], p. 514).

tuem o máximo da estrutura burguesa do Estado" (Gramsci, 1966, p. 146).[25] Nos *Cadernos*, entretanto, aquilo que antes recebia o nome de "crise do princípio de autoridade" passou a ser compreendido de maneira mais abrangente e precisa como uma "crise de hegemonia, ou crise do Estado em seu conjunto" (Q13, § 23, p. 1603).

O texto de Gramsci demonstra preocupação com os rumos que uma crise política poderia tomar. A situação imediata criada pela crise poderia tornar-se "delicada e perigosa", alertava no § 23. O aviso tinha em mente a solução particular que a crise de hegemonia havia encontrado na Itália com a ascensão do fascismo. Na crise, "o campo aberto às soluções de força, à atividade de potências obscuras representadas pelos homens providenciais ou carismáticos" (Q13, § 23, p. 1603). A solução "normal" da crise era outra, do ponto de vista da "classe dirigente tradicional". Ela possuía recursos maiores do que aqueles disponíveis para as classes subalternas. O pessoal dirigente dessas classes tradicionais era numeroso e treinado, e mesmo que fosse necessário fazer sacrifícios para manter o poder, poderia com um custo menor "esmagar o adversário e dispersar o pessoal dirigente" (Q13, § 23, p. 1603). Desse modo poderia passar-se rapidamente à direção de muitos partidos "sob a bandeira de um único partido que melhor representa e resume as necessidades de toda a classe" (Q13, § 23, p. 1604).

Essa solução na qual ocorre "a fusão de todo um grupo social sob uma única direção que é considerada a única capaz de resolver um problema existencial dominante e afastar

[25] Trata-se de artigo não assinado, publicado em *L'Ordine Nuovo*, 23 apr. 1921, a. I, n. 113.

um perigo mortal" era considerada "um fenômeno orgânico e normal", mas ela teria lugar apenas quando existisse uma relação de forças francamente favorável às classes dirigentes tradicionais (Q13, § 6, p. 1604). A crise encontraria outra solução quando essa relação de forças não existisse, quando predominasse um "equilíbrio estático" entre as classes, ou seja, quando "nenhum grupo, nem o conservador nem o progressivo, tem a força necessária para a vitória e mesmo o grupo conservador também precisa de um mestre". Nessa situação na qual o "fenômeno orgânico e normal" não é possível surgem as condições para a afirmação de um "chefe carismático".

Gramsci já havia escrito a respeito da noção de capo carismático, em uma nota do *Caderno 2*, um parágrafo destinado a discutir a obra de outro importante expoente do pensamento elitista, Robert Michels. O parágrafo é revelador do método de trabalho de Gramsci. A primeira parte do texto, escrita provavelmente em fevereiro de 1929, consiste de uma longa paráfrase de um artigo publicado por Michels na revista *Mercure de France* com algumas observações de Gramsci interpoladas entre parênteses.[26] A redação desse parágrafo foi retomada mais tarde, entre agosto e setembro de 1930, e no final dela o autor expôs um juízo geral sobre a obra do sociólogo alemão.[27]

26 Ver Michels (1927). A maioria das referências citadas nesses parágrafos encontravam-se no texto do próprio Michels. As exceções estão na segunda parte da nota, redigida mais de um ano depois: uma carta de Sorel a Croce, publicada na revista *La Critica* de 20 de setembro de 1929, na qual uma brochura do sociólogo alemão era criticada, e de um conjunto de cartas de Sorel a Michels, publicadas pela revista *Nuovi studi di Diritto, Economia e Politica* de setembro-outubro de 1929.

27 Sobre a composição do *Caderno 2* e dessa nota em particular ver Francioni (2009). As datas de composição das duas partes foram sugeridas por Cospito (2011).

De modo geral, nesse texto, os pensamentos de Michels sobre os partidos políticos eram considerados "bastante confuso[s] e esquemático[s], mas eles são interessantes como uma coleção de material bruto e observações empíricas e díspares" (Q2, § 75, p. 237), um juízo similar àquele que expresso a respeito de Mosca. Porém, há alguns indícios de que Gramsci havia planejado aprofundar seus estudos sobre Michels, mas isso não ocorreu, as referências são apenas ocasionais e este parágrafo não recebeu uma segunda redação.[28] As observações de Michels, sobre o capo carismático forneceram, entretanto, um pretexto para que Gramsci refletisse sobre o tema. Benito Mussolini era citado explicitamente no texto de Michels e embora Gramsci considerasse que as observações do sociólogo alemão sobre o caso italiano fossem inexatas, elas lhe permitiram mobilizar diretamente a noção de carisma para a análise do fascismo (Sgambatti, 1977, p. 611).

Gramsci suspeitava, entretanto, que o sociólogo alemão radicado na Itália não fosse o portador de uma reflexão original e que o conceito de capo carismático já estivesse presente na obra de Max Weber, planejando cotejar a obra deste com o livro de sociologia política publicado por Michels em 1927 (Q2, § 75, p. 231).[29] No sentido atribuído por Michels,

---

[28] Nesse mesmo parágrafo, por exemplo, Gramsci escreveu: "*La bibliografia degli scritti del Michels si può sempre ricostruire dai suoi stessi scritti, perché egli si cita abbondantemente. La ricerca può incominciare dai libri che ho già*" (Q2, § 75, p. 237). Sobre as fontes disponíveis por Gramsci para esse estudo ver a minuciosa pesquisa de Bettoni (1984, p. 212-218).

[29] Trata-se do *Corso di sociologia politica*, publicado em Milano naquele ano (Michels, 1927). Gramsci possuía na prisão o livro de Michels sobre os partidos políticos e conhecia o *Corso di sociologia politica*, embora seja improvável que o tenha lido. De Weber citou repetidamente *Parlamento e governo nel nuovo ordinamento della Germania*, publicada em 1919 pela editora Laterza. Mas o planejado estudo comparativo teria sido possível apenas a partir de

escreveu Gramsci, o carisma coincidiria sempre com "uma fase primitiva dos partidos de massa", na qual "a doutrina se apresenta às massas como algo nebuloso e incoerente, que precisa de um papa infalível para ser interpretada e adaptada às circunstâncias." (Q2, § 75, p. 233). Os partidos "carismáticos", por sua vez, seriam "agrupamentos em torno de certas personalidades, com programas rudimentares; a base desses partidos é a fé e autoridade de apenas um" (Q2, § 75, p. 234). Gramsci considerava, entretanto, que essa categoria de classificação não corresponderia a nenhum partido realmente existente. Criticava a ideia de Michels segundo a qual os partidos carismáticos não teriam um programa definido. De acordo com o sardo, personalidades "mais ou menos excepcionais" seriam sempre a expressão de interesses. O que permitiria a emergência de um capo carismático não seria o caráter rudimentar do partido e sim uma particular relação de forças entre as classes:

> em certos momentos de 'anarquia permanente' devido ao equilíbrio estático das forças em luta, um homem representa a 'ordem', isto é a ruptura com meios excepcionais do equilíbrio mortal e em torno dele se reagrupam os amedrontados, as 'ovelhas hidrofóbicas' da pequena burguesia. (Q2, § 75, p. 234)

Gramsci parece diferenciar aqui uma crise decorrente do "equilíbrio estático das forças em luta", a qual se expressaria na dificuldade de formar um governo, de uma crise da forma Estado, aquilo que neste parágrafo chama de "crises constitu-

1934, quando recebeu no cárcere uma antologia de textos organizados por Michels, dentre os quais estava a seção V do capítulo VIII de *Wirtschaft und Geselschaft*, de Max Weber, publicada com o título "*Il potere carismatico e la sua trasformazione*" (Filippini, 2017, p. 117).

cionais". Essa distinção é importante. Nem toda crise política ou parlamentar é ou se torna uma crise do *regime* ou do Estado. A crise pode ser "devido ao grande número de descontentes, difíceis de domar pela sua mera quantidade e pela simultânea, mas mecanicamente simultânea, manifestação de descontentamento em toda a área da nação" (Q2, § 75, p. 234). Nestes casos, a solução "tende apenas a refazer a cobertura política externa de um conteúdo social que não passa por uma crise constitucional real" (Q2, § 75, p. 234).

O laboratório francês

Essa distinção entre crise parlamentar e crise do Estado é importante para o desenvolvimento da reflexão no interior dos *Cadernos*. As formulações apresentadas no § 75 do *Cadernos 2* e no § 23 do *Caderno 13*, ganharam maior concretude nas anotações de Gramsci a respeito da vida nacional francesa, as quais culminaram no § 37 do *Caderno 13*. Gramsci já havia indicado que o caso francês era de grande importância devido ao seu caráter exemplar e que os "partidos franceses" eram um campo muito rico para a pesquisa sobre a crise de hegemonia: "todos eles são documentos mumificados e anacrônicos, documentos histórico-políticos das diferentes fases da história passada francesa, dos quais repetem a terminologia antiga." (Q13, § 23, p. 1604). A França apresentava-se, assim, como o laboratório escolhido por Gramsci para testar suas hipóteses.

O § 37 do *Caderno 13* é um texto mais orgânico do que aquele do § 23. Ele reúne anotações presentes todas no *Primo quaderno*, escritas entre julho de 1929 e março de 1930, e organizadas em torno de um conjunto bastante preciso de temas: a *Action Française* de Charles Maurras, suas relações com o Vaticano e a crise parlamentar de 1925-1926.[30] Em sua segunda redação, estas notas foram reagrupadas com o título "*Note sulla vita nazionale francese*" indicando que a análise do dissídio entre os monarquistas católicos e o papado receberia um enquadramento mais amplo.

Nesse estudo, Gramsci adotou uma periodização de longa duração, apresentada no § 17 do *Caderno 13*, a qual partindo da Revolução Francesa via nos acontecimentos da Comuna de Paris de 1871 a exaustão histórica de todos os germes nascidos em 1789.[31] A periodização que organizava a pesquisa

---

[30] A seguir, as cartas citadas (Gramsci, Antonio. *Lettere dal* carcere: a cura di Antonio Santucci. Palermo: Sellerio, 1996) serão indicadas apenas pela letra L e o número da página (N.E.). Neste conjunto de notas, as fontes que Gramsci tinha em mãos eram poucas e conhecidas. A ruptura do Vaticano com a *Action Française* chamou-lhe a atenção muito cedo na prisão. Em 3 de outubro de 1927, solicitou a Tania o livro de Charles Maurras e Leon Daudet, *L'Action Française et le Vatican* (L, p. 124) e no dia 14 de novembro, lhe informou que o livro havia chegado (L, p. 132). Mais tarde, em carta a Giuseppe Berti, sintetizou as ideias presentes nesse livro e apontou outras fontes. Com relação ao livro citado, revelou seu interesse na iniciativa de formação de um "*partito cattolico democrático*" por parte do Vaticano, um tema com evidentes repercussões na Itália, onde, após a concordata, os católicos haviam entrado oficialmente na arena política (L, 153). As outras fontes comentadas nessa carta são a *Storia dela terza repubblica: La Francia dal settembre 1870 al 1926*, de Alessandro Zévaès, considerado "superficialissimo ma divertente", e *La Francia contemporanea*, de Robert Michels, "una trufa libraia" (L, 153-154). Além do livro de Maurras e Daudet, Gramsci citou no § 48 do *Primo quaderno* dois artigos presentes em uma edição do *Alamanach de L'Action Française* que possuía na prisão, um de Leon Daudet (1929) e outro de Jacques Bainville (1929). Deve se destacar, entretanto, que no cárcere de Turi, Gramsci tinha acesso muito restrito à imprensa e somente entre outubro de 1931 e a primavera de 1932 pôde ter acesso ao *Corriere della Sera*. A maior parte das informações que recebia da França eram de segunda mão e provinham de revistas como *Nuova antologia*, *L'Italia letteraria* e *Critica fascista*. Sobre as fontes francesas de Gramsci ver Gervasoni (1998).

[31] "Realmente as contradições internas da estrutura social francesa que se desenvolvem depois de 1789 encontram sua relativa composição apenas com a Terceira República e a França tem sessenta anos de vida política equilibrada

gramsciana questionava aquela dotada por Benedetto Croce em sua *Storia d'Europa nel secolo decimonono*, o qual começava sua narrativa com a derrota de Napoleão Bonaparte e a restauração (Croce, 1999 [1932]). Em um conjunto de notas inscritas no *Caderno 8* e depois transcritas para o *Caderno 10*, Gramsci questionou a narrativa croceana e evidenciou o caráter político desta:

> Mas o 'século XIX' existe sem a Revolução Francesa e as guerras napoleônicas? Os eventos tratados por Croce podem ser organicamente concebidos sem esses precedentes? O livro de Croce é um tratado de revoluções passivas, para usar a expressão de Cuoco, que não podem ser justificadas e compreendidas sem a Revolução Francesa, que foi um evento europeu e mundial, não apenas francês. (Q8, § 236, p. 1088)[32]

Essa nota foi escrita em maio de 1932, quase ao mesmo tempo em que Gramsci redigia a citada nota do *Caderno 9*, na qual se discutia as interpretações do *Rissorgimento*. Neste último parágrafo, era feita uma referência implícita à *Storia d'Europa*. Segundo Gramsci, embora o crítico abruzês superasse Adolfo Omodeo, o qual circunscrevia a história do liberalismo exclusivamente na península e parecia afirmar a primazia de um "liberalismo italiano", a *Storia* croceana suprimia da narrativa o momento da revolução e das guerras, ou seja, o jacobinismo e o próprio ato de nascimento e difusão da democracia parlamentar na Europa continental (Q9, § 89, p. 1153). Por fim, a exclusão da Revolução Francesa da narrativa histórica croceana foi criticada no *Caderno 10*, em um

depois de oitenta anos de reviravoltas em ondas sempre mais longas: 89-94-99-1804-1815-1830-1848-1870" (Q13, § 17, p. 1582).

32 Sobre o caráter político da crítica gramsciana a Croce, ver Frosini (2015).

parágrafo coetâneo àqueles dois já citados. Segundo Gramsci, a periodização levada a cabo por Croce era o resultado de um "hegelismo degenerado e mutilado, porque sua preocupação fundamental é um medo pânico dos movimentos jacobinos, de toda intervenção ativa das grandes massas populares como fator de progresso histórico" (Q10/I, § 6, p. 1220).

Contrariando essa periodização croceana, a qual tinha por objetivo expurgar o momento da revolução da narrativa e resumir a história da França ao período da restauração, a parábola da crise descrita por Gramsci tinha início "*nella fase ativa dela Rivoluzione Francese*", na qual o desenvolvimento do "*giacobinismo (di contenuto) e della formula della rivoluzione permanente*":

> encontrou seu 'aperfeiçoamento' jurídico-constitucional no regime parlamentar, que realiza, no período mais rico das energias 'privadas' na sociedade, a permanente hegemonia da classe urbana sobre toda a população, na forma hegeliana de governo com o consentimento permanentemente organizado (mas a organização do consentimento é deixada para a iniciativa privada, é, portanto, de natureza moral ou ética, porque o consentimento é dado 'voluntariamente' de uma forma ou de outra). (Q13, § 37, p. 1636)

As formas institucionais e políticas que esse processo assumiu foram variadas. Em um arco de tempo que se prolongou entre 1789-1893 e 1871-1914, ocorreram ondas de revolução e repressão, expansão e retração do sufrágio, constitucionalização e desconstitucionalização da política, distribuição e redistribuição dos poderes no interior do aparelho estatal. As diferentes formas político-institucionais francesas foram descritas de modo sumário por Gramsci, mas dada a escassez de fontes adequadas, é surpreendentemente precisa. Tal descrição tinha por objetivo ilustrar uma tese fundamental: a hegemonia não é própria de uma única forma institucional. Ela pode se realizar por meio de várias formas. As recorrentes mudanças constitucionais ocorridas nesse período não abalaram o "exercício 'normal' da hegemonia no terreno que se tornou o clássico do regime parlamentar". Este permaneceu de pé,

> caracterizada pela combinação de força e consenso que são equilibrados de várias maneiras, sem que a força supere muito o consenso, mesmo tentando obter que essa força apareça apoiada pelo consentimento da maioria, expressa pelos chamados órgãos da opinião pública – jornais e associações – que, portanto, em certas situações, são multiplicados artificialmente. (Q13, § 37, p. 1638)

Embora as instituições parlamentares continuassem funcionando no período do pós-guerra, "o aparato hegemônico se fissura e o exercício da hegemonia se torna permanentemente difícil e aleatório". Percebida por meio de seus efeitos mais superficiais, essa dificuldade de exercer de modo "normal" a hegemonia por meio do regime parlamentar, era denominada pela opinião pública da época, como visto, de "crise do princípio de autoridade" ou de "dissolução do regime parlamentar". Os efeitos mais notáveis dessa crise eram a

> dificuldade crescente na formação de governos e na crescente instabilidade dos próprios governos, a qual tem sua origem imediata na multiplicação dos partidos parlamentares e nas crises internas permanentes de cada uma desses partidos (ou seja, dentro de cada partido verifica-se aquilo que se verifica em todo o parlamento: dificuldade de governo e instabilidade da governação da direção). (Q13, § 37, p. 1639)

Gramsci parece dar grande importância à multiplicação dos partidos políticos e à emergência de um grande número de soluções. No interior dos partidos, cada fração acredita ter em mãos a receita que pode deter o enfraquecimento da agremiação. No parlamento, cada partido está convencido de que pode formar sob sua direção uma nova e estável maioria. As formas mais mórbidas da política manifestam-se agudamente – "negociações capciosas e minuciosas", "escandalosas", "insídia e perfídia" (Q13, § 37, p. 1639). Mas, para a opinião pública, prevaleceriam as ações vistas como "personalistas". A crise parece ser o momento no qual as personalidades políticas individuais, frequentemente demagógicas, emergem ou, pelo menos, se tornam mais visíveis. Embora o sardo não fizesse menção ao fascismo neste parágrafo, é bastante evidente que a situação italiana reverberava nos temas de análise.

Em um certo ponto do texto, Gramsci escreveu "*La crisi in Francia*" e a partir daí seu discurso político ganhou novos tons. Nas páginas seguintes, em vez de uma análise generalizante da crise política no pós-guerra, é possível encontrar uma sutil análise das relações de forças na França. Gramsci passou então a destacar a lentidão do desenvolvimento da crise nesse país, tornando o argumento precedentemente apresentado mais matizado e sutil. A multiplicidade de partidos existentes, em vez ser um indicativo da crise, passou a ser vista como "muito útil" para a formação e seleção de um "um número grande de hábeis homens de governo" (Q13, § 37, p. 1640). O grande número de políticos experientes, a concentração de intelectuais em instituições e revistas, a tradição e a homogeneidade da burocracia militar e civil, tudo isso contribuía para tornar a hegemonia burguesa "muito forte" e com "muitas reservas" (Q13, § 37, p. 1640).

A conclusão de Gramsci era a de que a "a guerra não debilitou, mas reforçou a hegemonia" e mesmo depois da guerra as "lutas internas [...] não tiveram, por isso, grande aspereza" (Q13, § 37, p. 1640-1641). O argumento reforçava a distinção entre a crise de hegemonia e a crise parlamentar. Esta última, apesar de ser endêmica na França "não teve até agora um caráter radical, nem colocou em jogo questões intangíveis" (Q13, § 37, p. 1641). Embora ocorressem deslocamentos políticos importantes, os representados encontravam rapidamente novos representantes e novos equilíbrios entre os partidos eram formados; a crise parlamentar não se traduzia, desse modo, em uma separação radical entre governantes e governados.

Na análise gramsciana, até mesmo a crise parlamentar de 1925 e 1926, quando a *Action Française* achou que era chegada sua hora de assumir o poder e anunciou seu futuro governo, esteve muito longe de representar uma crise de hegemonia. A ruptura que o Vaticano promoveu com Maurras implicou em um afastamento das grandes massas nacionais dos monarquistas clericais por ele liderados. O sonho reacionário de que o regime republicano pudesse cair em meio de uma crise parlamentar era, segundo Gramsci, uma "estupidez". Em meio à crise, o sistema partidário continuou a funcionar *as usual*:

> No momento decisivo, vemos que as grandes massas de energia que entraram na crise não são despejadas em reservatórios criados artificialmente, mas seguem os caminhos realmente traçados pela política real anterior, movem-se de acordo com os partidos que sempre estiveram ativos, ou mesmo que nasceram como cogumelos no próprio chão da crise. (Q13, § 37, p. 1647)

Conclusões

Ao enfatizar o caráter superficial das crises parlamentares, em especial, daquela francesa de 1925-1926, Gramsci destacou a distinção entre esta e a crise de hegemonia. Desse modo, afastou-se da literatura conservadora e fascista que considerava a crise um fenômeno inerente às instituições políticas representativas em geral e, em particular, àquela combinação específica de sufrágio ampliado e parlamentarismo que caracterizava as democracias modernas. Concebendo a crise política em seu sentido mais forte como crise de hegemonia, sua análise se deslocou da pequena política, ou seja, daquela caracterizada pelas "lutas de predomínio entre as diversas frações de uma mesma classe política", para a grande política. Com isso, a investigação era transferida da arena parlamentar para a sociedade civil.

Gramsci acertava as contas com as interpretações fascistas. Comentando no *Caderno 15* um artigo de Sergio Panunzio publicado na revista *Gerarchia*, no qual era discutido o fim do parlamentarismo, Gramsci criticou o caráter formalista do argumento de Panunzio, típico "dos velhos constitucionalistas", mas reteve o tema: a dificuldade de construir uma direção política permanente em um regime parlamentar. Para tratar o tema de modo apropriado, escreveu nos *Cadernos*, seria necessário estudar a multiplicação dos partidos políticos, as razões da dificuldade para formar uma maioria parlamentar e a decadência dos grandes partidos tradicionais. Do ponto de vista de Panunzio a análise destes fenômenos e da crise seria "puramente parlamentar" e nesse sentido retomava muitos dos argumentos da *Destra storica* acima apresentados. O autor dos *Cadernos* apontava, entretanto, para outra direção, na qual seria possível identificar "mutações radicais que ocorreram na própria sociedade" (Q15, § 47, 1807).

Para compreender a crise real e "a origem da decadência dos regimes parlamentares" seria necessário concentrar-se nas transformações que teriam ocorrido na sociedade civil. Gramsci considerava que a pesquisa deveria dar importância ao "*fenômeno sindicale*". Não ao sindicalismo corporativo de Panunzio e do fascismo, ou seja, não o "associativismo de todos os grupos e por qualquer fim", e sim "dos elementos sociais recém-formados, que anteriormente não tinham 'nada a dizer' e que simplesmente unindo-se mudavam a estrutura política da sociedade" (Q15, § 47, p. 1808). Era na emergência de novos grupos sociais, das classes trabalhadoras, na vida política nacional e na incapacidade de as classes dirigentes tradicionais absorvê-las nessa vida, que poderia ser desvendado o segredo da crise.

Se a crise não era decorrência das instituições parlamentares, sua solução não poderia ocorrer por meio da supressão dessas instituições, como imaginava o fascismo. O "desaparecimento dos partidos políticos" e o "esvaziamento do Parlamento" promovido pelo regime de Mussolini era uma "solução 'burocrática', a qual mascarava que "os partidos são substituídos por camarilhas e influências pessoais não confessáveis". A eliminação dos partidos implicava na supressão daqueles órgãos responsáveis não apenas pela elaboração das "direções políticas" tão desejados por Panunzio, como também, dos meios capazes de formar e educar "os homens em modo de aplicá-las", as classes dirigentes (Q15, § 48, p. 1809).

A resposta à qual o fascismo não conseguia chegar havia sido apresentada por Gramsci no § 49 do *Caderno 14*.[33] Comentando a oposição da burocracia estatal ao regime parlamentar, considerado um obstáculo ao bom funcionamento da administração, Gramsci destacou que uma coisa era reconhecer a ineficiência e a inadequação do parlamentarismo e outra,

[33] Os § 47 e 48 do *Quaderno 15* foram escritos em maio de 1933, enquanto o § 49 do *Quaderno 14* é de fevereiro do mesmo ano.

bem diferente, era desejar o restabelecimento de um poder burocrático que operasse sem nenhum contrapeso ou controle. A solução apresentada por Gramsci como uma hipótese de trabalho questionava a identificação entre regime parlamentar e regime representativo, ponto de convergência entre liberais, conservadores e fascistas. A maneira de apresentar a questão era cuidadosa: "É preciso ver se o parlamentarismo e o regime representativo se identificam e se uma solução diferente do parlamentarismo e do regime burocrático não é possível, com um novo tipo de regime" (Q14, § 49, p. 1708).

A ideia de um novo tipo de regime representativo não foi desenvolvida nos *Cadernos* e permaneceu como hipótese. Mas se a crise era uma crise de hegemonia, caracterizada pela separação entre governantes e governados, dirigentes e dirigidos, compreende-se o sentido da solução. Ela não poderia resumir-se à exposição de uma reforma institucional, como aquelas que a literatura da *Destra storica* havia tantas vezes apresentado no final do século XIX. A solução só poderia estar em uma nova relação entre representantes e representados. Uma relação que superasse os limites que a teoria elitista havia imposto.

Referências

ALBERTONI, E. A. *Dottrina della clase politica e teoria delle elites.* Milano: Giuffrè, 1985.

BAINVILLE, J. Comment finissent les régimes parlementaires. *Almanach de L'Action Française,* v. 21, p. 51-58, 1929.

BETTONI, F. Gramsci e Michels: Un itinerario critico. *In*: FURIOZZI, G. B. (Org.). *Roberto Michels tra politica e sociologia.* Firenze: Centro Editoriale Toscano, p. 195-251, 1984.

CAMMARANO, F. *Storia política della Italia liberale.* Bari: Laterza, 1999.

CARONCINI, A. Il libro di Pasquale Turiello. *La Voce,* a. IV, n. 12, p. 779-780, 1912.

COSPITO, G. Verso l'edizione critica e integrale dei "Quaderni del carcere". *Studi Storici*, v. 52, n. 4, p. 881–904, 2011.

CROCE, B. Rivista bibliografica. *La Critica: Rivista di Letteratura, Storia e Filosofia*, n. 21, p. 374-378, 1923.

CROCE, B. *Storia d'Europa nel secolo decimonono: a cura di Giuseppe Galasso*. Milão: Adelphi, 1999.

CROCE, Benedetto. [1928]. *Storia d'Italia dal 1871 al 1915*. Napoli: Bibliopolis, 2004.

D'ORSI, A. *Allievi em maestri:* l'Università di Torino nell'Otto-Novecento. Torino: Celid, 2002.

D'ORSI, A. *L'Italia delle idee*: il pensiero politico in un secolo e mezzo di storia. Milano: Bruno Mondadori, 2011.

DAUDET, L. L'Action Française quotidienne a vingt ans. *Almanach de L'Action Française,* v. 21, p. 51-58, 1929.

FILIPPINI, M. Max Weber. *In*: PASSOS, R; ARECO, S. *Gramsci e seus contemporâneos*. Marília; São Paulo: Oficina Universitária; Cultura Acadêmica, p. 115-144, 2017.

FROSINI, F. Sulle "spie" dei "Quaderni del carcere". *International Gramsci Journal,* v. 1, n. 43-65, 2015.

GERVASONI, M. *Antonio Gramsci e la Francia: dal mito della modernità alla "scienza della politica"*. Milano: Unicolpi, 1998.

GOBETTI, P. Un conservatore galantuomo. *La Rivoluzione Liberale,* n. 18, p. 3, 1924.

GOBETTI, P. Manifesto. *La Rivoluzione Liberale*, n. 1, p. 1-2, 1922.

GRAMSCI, A. *Socialismo e fascismo: L'Ordine Nuovo, 1921-1922.* Torino: Giulio Einaudi, 1966.

GRAMSCI, A. *Quaderni del carcere:* edizione a cura di Valentino Gerratana. Torino: Einaudi, 1975.

GRAMSCI, A. *La cittá futura, 1917-1918:* a cura di Sergio Caprioglio. Torino: Einaudi, 1982.

GRAMSCI, A. *Lettere dal carcere: a cura di Antonio Santucci*. Palermo: Sellerio, 1996.

MAINE, H. S. *Popular government*. London: John Murray, 1885.

MICHELS, R. *Corso di sociologia politica*. Milano: S. A. Instituto Editoriale Scientifico, 1927.

MINGHETTI, M. *I partiti politici e la ingerenza loro nella giustizia e nell'amministrazione.* Bologna: Nicola Zanichelli, 1881.

MOSCA, G. *Scritti politici:* a cura di Giorgio Sola. Torino: Utet, 1982.

PARETO, V. *Trattato di sociologia generale: edizione critica a cura di Giovanni Busino*. Torino: Utet, 1988.

PREZZOLINI, G. L'aristocrazia dei briganti. *In*: FRIGESI, Delia. *La cultura italiana del '900 atravverso le riviste*. Torino: Giulio Einaudi, v. I, p. 455-460, 1960.

PRINS, A. *La démocratie et le regime parlementaire*. Bruxelles: Murquardt, 1884.

SCHERER, Edmond. *La démocratie et la France: études*. Paris: Librairie Nouvelle, 1884.

SGAMBATTI, V. Per un'analisi del rapporto tra Gramsci e gli èlitisti. *In*: FERRI, F. (Org.). *Politica e storia in Gramsci*. Roma: Riuniti, v. II. p. 606–616, 1977.

SOLA, G. *Mosca*. Bari: Laterza, 1994.

SYME, D. *Representative government in England: its faults and failures*. London: Kegan Paul & Trench, 1882.

TURIELLO, P. *Governo e governati in Italia*. Bologna: Nicola Zanichelli, 1882.

UN DEPUTATO [Sidney Sonnino]. Torniamo allo Statuto. *Nuova Antologia*, v. LXVII, fasc. I, p. 9-28, 1º gen, 1897.

VACCA, G. *Modernità alternative*: il Novecento di Antonio Gramsci. Torino: Einaudi, 2017.

IL BIENNIO NERO: FASCISMO, ANTIFASCISMO E VIOLÊNCIA POLÍTICA

Leandro Galastri[1]

Introdução

Abordar o tema da violência política com base nos escritos de Gramsci significa localizá-lo como parte daquela tradição do pensamento político que concebe a violência como possível desdobramento lógico das relações de forças entre grupos em sociedade.[2] Para o pensamento marxista e, portanto, para Gramsci, tais grupos são, principalmente, as classes sociais. Nesta perspectiva, tratar da violência política também significa tratar dos limites legais da ação política além dos quais a violência aparece, seja a do Estado, para "recompor" a ordem institucional, seja a de fora do Estado, que via de regra também é contra o Estado – ou melhor, contra a ordem institucional vigente no interesse de determinada classe social.

---

1 Professor de Ciência Política da Unesp-Marília.

2 Para mencionarmos quatro nomes centrais desta tradição, veja-se Maquiavel (2008, p. 57; p. 69), Hobbes (1999, p. 141), Weber (2011, p. 120-121) e Clausewitz (2007, p. 100; p. 184).

Em situações históricas ameaçadoras para determinado modelo institucional de dominação de classe, esta própria "legalidade" é modificada ou mesmo abandonada por esta classe social, em nome de sua sobrevivência material. Marx (2011) foi o primeiro a demonstrá-lo em seu *Dezoito Brumário de Luís Bonaparte*. Já Engels, diante do crescimento partidário e eleitoral irrefreável da social-democracia alemã no final do século XIX, afirmara que a única solução para a burguesia seria "violar pessoalmente essa legalidade que lhes é tão fatal [...]. Violação da constituição, ditadura, retorno ao absolutismo". Ciente das plenas possibilidades de uma manobra autoritária que suprimisse as próprias leis e os direitos políticos de milhões de eleitores operários social-democratas, advertia que "se uma das partes romper o contrato, caduca todo o contrato, a outra parte também não estará mais obrigada por ele" (Engels, 2012, p. 30).

Para Marcuse, comentando edição do *Dezoito Brumário* de Marx em 1965, existiria um "conflito entre a forma política e o conteúdo social da dominação da burguesia" (Marcuse, 2011, p. 10). O autor afirma que a liquidação do período liberal se consuma por causa da própria estrutura do Estado liberal. A burguesia já não consegue governar, seus princípios liberais de liberdade e igualdade se voltam contra ela, sendo brandidos agora pelo proletariado, que cobra o cumprimento das promessas das revoluções burguesas. Surge o aparato político-militar "encabeçado por um líder carismático" que toma o lugar da burguesia, já impotente, nas decisões do Estado. A burguesia só pode ser salva pela "dominação autoritária, pelo Exército, pela liquidação e traição de suas promessas e instituições liberais". Em suma, a classe dominante precisa liquidar agora não apenas o movimento socialista, mas as instituições de sua própria criação, que começaram a entrar em contradição "com o interesse da propriedade e do negócio" (Marcuse, 2011, p. 11).

Gramsci mesmo aborda a questão em artigo publicado no *L'Ordine Nuovo* de 28 de agosto de 1921 ("*Legalità*"), em um momento significativo da resistência armada contra o esquadrismo fascista na Itália. Analisando a legalidade fascista, sustenta que a definição do que seja "legal" ou "ilegal" depende diretamente da relação entre "forma" e "substância" da dominação estatal burguesa (Gramsci, 1967, p. 304). Critica o entusiasmo vão dos ideólogos da democracia liberal pelo estatuto do sufrágio universal, sem que se dessem conta de que "a legalidade possuía duas faces: uma interna, a substancial; outra externa, a formal". A face formal é exatamente aquela em que a burguesia mantém para si e para os trabalhadores o direito de voto, da organização partidária, da competição eleitoral. A face substancial é aquela que considera como violação da legalidade qualquer ataque à "propriedade privada e aos lucros derivados dela" (Gramsci, 1967, p. 305). Nos momentos históricos em que tais ataques pareçam excessivamente ameaçadores, a inversão nas prioridades entre forma e substância é efetivada sem cerimônias ou escrúpulos.

Este texto apresentará justamente a análise gramsciana da violência política e da subversão da institucionalidade burguesa na experiência histórica italiana da ascensão fascista, nos últimos dois anos antes da tomada do poder por Mussolini, e da resistência popular antifascista organizada em armas, os *Arditi del popolo*. O objetivo é tentar elucidar o método gramsciano de análise da temática da violência e demonstrar as maneiras em que Gramsci acolhe as possibilidades de luta que se deem por fora e em oposição à legalidade vigente. Isso será feito em quatro partes. A primeira apresentará os traços gerais do arditismo como fenômeno militar da Grande Guerra; na segunda, será exposta, de forma concisa, a história do surgimento dos *Arditi del popolo* a partir do próprio fenômeno do arditismo de guerra; a terceira debaterá as características principais das reflexões de Gramsci de caráter político-militar; a quarta parte discutirá as análises de Gramsci defronte à experiência do arditismo popular; finalmente, seguir-se-ão as considerações finais deste trabalho.

Arditismo

Os *arditi* italianos originais eram destacamentos de elite das tropas terrestres, criados na segunda metade da Grande Guerra para o cumprimento de missões específicas que avançavam sobre as linhas inimigas. Formavam grupos de combatentes apartados do restante da tropa, recebendo armas e treinamento especiais (Pirocchi, 2004, p. 46).[3] Os soldados comuns costumavam vê-los como grupos privilegiados, que cumpriam tarefas especiais e não eram obrigados a permanecer na insustentável condição da vida nas trincheiras.

Após a guerra, dada a frustração da ausência de conquistas italianas significativas, a dissolução de sua imagem de heróis de guerra e sua consequente dispersão no meio civil, passaram a cultivar características políticas específicas, como o antiparlamentarismo ressentido e a hostilidade contra a grande burguesia. Mas os *arditi* evocavam também em seu seio um antissocialismo visceral devido à anterior resistência operária

---

[3] Com relação às suas condições de surgimento, Gramsci observa que o arditismo, como função político-militar, "ocorreu nos países politicamente não homogêneos e enfraquecidos, tendo como expressão um exército nacional pouco combativo e um Estado-maior burocratizado e fossilizado na carreira". (Gramsci, 2001, p. 122)

à guerra, e um intenso patriotismo: "tudo isso contribuirá para alimentar o mito do *ardito* combatente, que ferozmente fora ao encontro da morte, cantando seu amor pela pátria" (Garofalo, s/d, p. 1).

Dadas tais características de identidade e descontentamento político, e o contexto nacional de crise política e econômica, convergiram para a criação de uma organização própria. A *Associazione fra gli arditi d'Italia* foi fundada em 1º de janeiro de 1919. Seu estatuto continha reivindicações patrióticas e sindicalistas, mas também questões políticas de matiz democrático e revolucionário, além de explícita aversão ao sistema parlamentar de partidos. Em seguida, a associação recebeu maciço apoio material do movimento futurista e se aproximou organicamente dele, movimento que atingiu seu emblema ideológico na exaltação da "guerra de regeneração" (Garofalo, s/d, p. 2). A ascensão acelerada da organização ocorreu quando os industriais começaram a contribuir financeiramente com ela, num arranjo antissocialista. A associação começou então a se aproximar cada vez mais das posições dos *Fasci di combattimento*, os esquadrões fascistas de Mussolini.

Em 10 de novembro de 1918, Mussolini participou de um encontro de *arditi* num café no centro de Milão, onde os interpelou em diapasão nacionalista:

> Arditi! Soldados companheiros! Eu lhes defendi quando o covarde filisteu lhes difamou [...] O raio de seus punhais e o rugido de suas bombas farão justiça a todos os miseráveis que quiseram impedir a marcha da maior Itália. Ela é de vocês! [...] Para vocês! (Garofalo, s/d, p. 2, tradução minha)[4]

---

4 *Il Popolo d'Italia*, 25 de novembro de 1918.

Em pouco tempo, um pacto provisório foi formado e o antissocialismo fora o cimento comum que uniu arditismo e fascismo. As autoridades militares e a grande burguesia saudaram o novo movimento ao perceber imediatamente sua utilidade na luta antioperária. Ao longo de 1919 e dos primeiros meses de 1920, arditismo, fascismo (e futurismo) formaram um único bloco orgânico. A entrada em cena dos *arditi* nas convulsões sociais de 1919 assinalou um verdadeiro salto qualitativo na luta política entre as classes subalternas e hegemônicas, na medida em que introduziu o emprego de meios modernos e de técnicas de ataque em chave contrarrevolucionária e antipopular (Francescangeli, 2008, p. 20).

Entretanto, a ação contrarrevolucionária preventiva teve pernas curtas entre os *arditi*. As contradições começaram a se impor. O choque entre uma perspectiva teórica revolucionária e a prática reacionária emergiu: o giro definitivamente conservador do fascismo e as agitações e revoltas do *Biennio Rosso* forçaram parte significativa dos *arditi* a escolher a trincheira na qual combater em definitivo. Dados seu antiparlamentarismo partidário e a hostilidade à alta-burguesia, a aproximação cada vez maior do fascismo com o capital monopolista causava desconforto entre os *arditi*, que foram se afastando de Mussolini. A consolidação do terrorismo fascista (*squadrista*) também afastou definitivamente os futuristas, e o intervencionismo democrático-*resorgimentale* do movimento fascista (Garofalo, s/d, p. 4). Apesar dos apelos fascistas, a maioria dos ex-combatentes regulares se postou contra o fascismo e o nacionalismo, propondo a superação dos confrontos civis por meio de um programa democrático.

Os primeiros problemas aconteceram já no verão de 1919, quando parte dos *arditi* aproximou-se cada vez mais dos socialistas na luta contra as classes dirigentes e a política parlamentar, rebelando-se contra Mussolini. Alguns *arditi* também começaram a colaborar com o diário socialista *L'Avanti*. Quando, em 12 de setembro de 1919, Gabriele D'Annunzio ocupou a cidade de Fiume com seus legionários, a maioria era formada por ex-*arditi* e estes foram os primeiros a entrar na cidade, formando, sob o comando de D'Anunzzio, o corpo dos "Legionários Fiumianos". Tais "legionários", em sua maioria, eram compostos por uma importante corrente *ardita* de inspiração anarcorrevolucionária e guiados, desde janeiro de 1920, pelo sindicalista revolucionário Alceste De Ambris (Garofalo, s/d, p. 3).

Boa parte dos legionários fiumianos mantinha um posicionamento declaradamente antifascista, seja antes, durante ou depois do advento do fascismo ao poder. Aqui se deve levar em consideração também os contatos que D'Annunzio e os fiumianos mantiveram com os líderes do movimento operário organizado – entre eles, Bombacci e Serrati –, com alguns sindicalistas revolucionários – Baldesi e D'Aragona – e com elementos anarco-insurrecionalistas de destaque – entre eles Malatesta – entre 1920 e 1922. Por isso é possível considerar apressadas as afirmações sobre o movimento D'Annunziano ter sido, estritamente, um ensaio fascista. Observa-se, por exemplo, que por trás dos ataques à política parlamentar e à monarquia não se encontravam apenas intentos autoritários e elitistas, mas as mesmas críticas à democracia burguesa que, apenas um ano depois, constituiriam a premissa para o nascimento do Partido Comunista da Itália (PCd'I). Tudo isso pode explicar como "a primeira organização antifascista [ou seja, os *Arditi del popolo*] tenha sido herdeira do *ribellismo* pós-bélico em geral e do espírito fiumiano em particular" (Francescangeli, 2008, p. 33-4).[5]

Após o distanciamento em relação ao movimento fascista – cada vez mais um braço armado da reação patronal –, os *arditi* formaram fileiras no flanco operário e se amotinaram contra a intervenção italiana na Albânia, participando ativamente da Revolta de Ancona de junho de 1920. Em maio de 1921, a linha filo-fascista da Associação Nacional dos Arditi da Itália tornou-se minoria por causa do aumento da violência dos esquadrões fascistas, e a associação retoma os laços com D'Annunzio, após tê-lo acusado de filossovietismo. Seu comitê central aceitou como programa a Carta de Carnaro (Constituição de Fiume)[6] e convidou os *arditi* membros dos *Fasci di Combatimento* a abandonar as fileiras fascistas. No entanto, tratava-se de uma postura na verdade equidistante entre fascismo e socialismo, à qual outra minoria passou a se opor abertamente: a componente anarcorrepublicana liderada pelo ex-tenente *ardito* Argo Secondari, que decidira se unir militarmente ao proletariado, então duramente atacado pela reação burguesa e fascista. Assim foi fundada, em julho de 1921, a *Associazione degli Arditi del popolo* (Garofalo, s/d, p. 4).

---

5 A Constituição de Fiume (Reggenza italiana del Carnaro), feita por Alceste de Ambris, ele próprio sindicalista revolucionário, encerrava uma política externa filossoviética, previa todas as liberdades políticas, direito de voto às mulheres, educação laica e popular, voto dos soldados e controle e revogabilidade dos cargos políticos, nacionalização de portos e ferrovias e condicionava a propriedade privada ao trabalho. Bordiga, por exemplo, elogiou a proposta avançada da "Carta" em artigo numa publicação de *Prometeo*, de 15 de janeiro de 1924. (Francescangeli, 2008, p. 33)

6 Ver nota anterior.

Os Arditi del popolo

A violência política que irrompeu na sociedade italiana, bem como em outras partes da Europa após a Grande Guerra, teve como elementos propulsores os conflitos sociais e políticos resultantes da tragédia social e humanitária que se abateu sobre operários, trabalhadores rurais e setores médios urbanos no imediato pós-guerra. A formação, bem como o desenvolvimento e dissolução do arditismo militar, já havia sido expressão imediata desse estado de debilidade econômica e social no âmbito das Forças Armadas (como arma especial de tropas enfraquecidas e imobilizadas). O fenômeno conheceria, no entanto, novos desdobramentos político-militares posteriores à guerra (Rossi, 2011, p. 23).

Desde o início de 1921, a ofensiva fascista promovia cotidianamente assassinatos de operários, militantes de esquerda ou não, em várias localidades e diferentes contextos pelo território italiano. De forma mais ou menos organizada, mais ou menos espontânea, o movimento operário começou a responder militarmente. Além da reativação, em alguns locais, das "guardas vermelhas", oriundas do movimento anterior de ocupação de fábricas, surgiram também grupos de autodefesa, sob a iniciativa de núcleos de combatentes populares oriundos de várias tendências à esquerda do espectro político: socialistas, anarquistas, comunistas, republicanos, sindicalistas. Milícias vermelhas se armavam e jovens militantes se organizavam no plano militar (Rossi, 2011, p. 101).[7] No segundo semestre

[7] Eram, em geral, formações de defesa armada proletária. Esses grupos assumiram as mais diversas denominações de acordo com a orientação política prevalecente e a região do país. Nesta nota, apresentamos um elenco delas, perfil político-ideológico e região de atuação, segundo Francescangeli (2008, p. 245-6): Formações existentes antes da constituição "oficial" dos *Arditi del*

de 1921, essas organizações armadas operárias e populares atingiram um contingente total de quase 20 mil combatentes antifascistas, embora antes do final do ano, após a tomada de poder definitiva pelo fascismo apoiado pelas forças de segurança oficiais, iriam se reduzir para menos de 6.500 (Francescangeli, 2008, p. 257).[8]

Para Spriano (1976, p. 145), o caráter unitário e espontâneo da organização, ao mesmo tempo que sua fragilidade, seriam evidências do esforço popular de construir uma rede de resistência armada "a partir do nada". Por todo o território italiano, se promovem subscrições populares e arrecadação de fundos para aquisição de armas:

---

popolo entre 1919 e julho de 1921: *Abasso la legge* (Carrara – anarquistas); *Centurie proletarie* (Torino – comunistas e socialistas); *Gruppi arditi Rossi* (Venezia Giulia – socialistas e comunistas); *Gruppi rivoluzionari d'azione* (Torino – anarquistas e socialistas); *Guardie Rossi* (Torino e outros centros industriais – socialistas); *Figli di nessuno* (Genova e ouras cidades da Itália norte-ocidental – anarquistas); *Lupi Rossi* (Genova – socialistas) e *Squadre d'azione antifascista* (Livorno – anarquistas e comunistas). Formações atuantes a partir de julho de 1921 até dezembro de 1922: *Arditi del popolo* (várias regiões da Itália – Frente Única); *Arditi Rossi* (Trieste – comunistas); *Legione arditi proletari "Filipo Corridoni"* (Parma e província – sindicalistas revolucionários e republicanos); *Squadre comuniste d'azione* (Itália norte-ocidental e principais cidades – comunistas); *Squadre d'azione repubblicane* ou *Avanguardie repubblicane* (Romagna e Marche – republicanos). Formações associadas à estrutura nacional dos *Arditi del popolo*: *Arditi ferrovieri* (Milano e outras cidades – frente única); *Associazione volontaria italiana per la difesa proletária* (Pontedera – anarquistas, comunistas e socialistas); *Centurie proletarie* (Basso Friuli – frente única); *Ciclisti Rossi* (Cremonese, Polesine, Venezia Giulia – anarquistas, comunistas e socialistas); *Corpo di difesa operaia* (Torino – Frente Única); *Guardie rosse volante* (Crema – comunistas e socialistas); *Squadre d'azione per la difesa proletária* (Fermo – anarquistas e comunistas) (Francescangeli, 2008, p. 269-270).

8 O autor apresenta o número exato de 19.567 pessoas comprovadamente em armas (Francescangeli, 2008).

> Que tanto entusiasmo se exprima sem qualquer incentivo, ao contrário, em meio à desconfiada inércia dos partidos, é a prova de que a vontade de resistir das massas, ou pelo menos de suas vanguardas, precisa absolutamente de um núcleo de centralização e coordenação. (Spriano, 1976, p. 145, tradução minha)

Com o nascimento em Roma, aos 6 de julho de 1921, da *Associazione Arditi del popolo*, a maior parte dessas estruturas de resistência se fundiria com a nova organização nacional liderada por Argo Secondari, tenente dos corpos de assalto dos *arditi* durante a guerra.[9] Secondari colocava-se, então, na liderança de milhares de ex-combatentes e voluntários que passavam a constituir a primeira manifestação do antifascismo organizado e declarado (Francescangeli, 2011, p. 8).

Dentre as associações pré-existentes que se fundiriam aos *Arditi*, há dois casos particularmente interessantes. O primeiro são os *Figli di nessuno*. A denominação *sui generis* resultava justamente da ausência de uma paternidade política específica de seus componentes, majoritariamente anarquistas e comunistas irmanados na prática comum da ação direta. Era um dos vários grupos que se lançavam às ruas "como expressão do difuso antagonismo social e da aversão de classe em relação aos poderes constituídos" (Rossi, 2011, p. 102). Ainda no mês de julho, autoridades policiais transmitiram ao Ministério do Interior o estatuto desta "secreta associação comunista", obtido por um espião. O documento, dividido em 12 pontos, trazia como identificação de cabeçalho: "*Grupo 'Figli di Nessuno'* –

[9] Para um minucioso estudo sobre os grupos da luta armada e revolucionária em Roma e suas várias tendências (anarquistas, sindicalistas, comunistas, republicanos, socialistas), do pós-guerra até a ascensão do fascismo, ver Gentili (2010).

Sezione di Genova, Statuto per le esquadre d'azione proletaria", e designava como inimigos a abater "qualquer organização patriótica" e "os grupos burgueses e quem os proteja". O sexto ponto do estatuto lembrava ao militante de, nas ruas ou nas barricadas, atirar contra o "próprio pai, a própria mãe ou outro parente" se fosse o caso, pois "quem é contra o proletariado é nosso inimigo" (Rossi, 2011, p. 102, tradução minha).

Outro registro incontornável sobre os grupos pertencentes à estrutura nacional dos *Arditi del popolo* é a mobilização feminina de combate, ou as *Ardite rosse*, apontadas pelos órgãos policiais de Trieste como uma "estrutura feminina colateral àquela dos mais conhecidos *Arditi Rossi* e constituída por aproximadamente duas dezenas de integrantes" (Rossi, 2011, p. 104, tradução minha). Amplamente minoritárias num ambiente quase totalmente masculino, sua presença chama a atenção "se se considera que a organização *ardito*-popular não previa a presença feminina e admitia apenas jovens homens de idade superior aos 18 anos". Há vários relatos, registros policiais e de esquadristas fascistas, inclusive, que dão conta de passagens de feroz engajamento feminino nos enfrentamentos de rua. Na militância intelectual, as mulheres socialistas, por exemplo, se mostraram mais lúcidas e decididas do que seus dirigentes, contestando abertamente a histórica e notória postura de passividade por eles adotada diante da luta contra o fascismo. Em um artigo publicado no jornal La *Difesa delle lavoratrici*, em 30 de julho de 1921, se afirmava que "a 'resistência passiva' da parte do proletariado não faz mais do que encorajar os inimigos e criar, com a cumplicidade do governo, inúmeras vítimas" (Rossi, 2011, p. 106, tradução minha). Dos registros policiais da época, provavelmente limitados, contam-se pelo menos 35 mulheres assassinadas pelos esquadristas fascistas entre 1919 e 1922.

A organização liderada por Secondari representava a oposição absoluta e violenta ao fascismo. Sem dúvida, era herdeira "espiritual" do arditismo de guerra e da experiência *d'annunziana* de Fiume, e seus integrantes tinham em comum um forte desejo de justiça social que os afastara tanto mais de Mussolini quanto mais o fascismo avançara e reivindicara sua função antiproletária. Após sua fundação e pelos 12 meses seguintes, o termo *ardito* transformou-se em sinônimo de *ardito del popolo*, reforçando a ligação entre as duas experiências, a formação de grupamentos especiais de assalto e a luta popular contra o fascismo (Francescangeli, 2008, p. 9).[10]

A ofensiva fascista avançava aceleradamente, contando com fortes subvenções do patronato agrário e industrial e, cada vez mais, com as forças policiais. Os esquadristas não apenas não eram admoestados pela polícia, mas chegavam mesmo a ocupar as mesmas sedes da força pública. Em cada região do país, o inimigo escolhido era aquela organização ou partido nos quais a adesão do proletariado era maior. Nessas circunstâncias, nos confrontos armados nos quais os fascistas terminavam derrotados, era cada vez mais comum a presença e a ação dos *Arditi del popolo*, até o ponto em que o confronto ocorrido em novembro de 1921 em Roma (onde os fascistas se reuniram para o congresso que fundaria seu Partido Nacional) se revelaria como o "Caporetto fascista", segundo as

[10] Como observa Francescangeli (2008), a notícia da formação dos *Arditi del popolo* chegara rapidamente a Moscou e fora elogiada pelo próprio Lenin durante o III Congresso da Internacional Comunista. Criticando o que seria a precipitação do levante de março de 1921 na Alemanha, o líder russo conclama os partidos da Terceira Internacional a preparar-se e coordenar-se melhor para a ação: "A interpretação mais importante da coordenação é a seguinte: imitar melhor e mais rapidamente os bons exemplos. É bom o exemplo dos operários de Roma" (Lenin, 1968, p. 306-307, tradução minha).

palavras do periódico *ardito L'Ardito del popolo* (Rossi, 2011, p. 148; p. 151).

Não tardaria, no entanto, a se desencadear o "Caporetto antifascista", catalisado pela renitente passividade das maiores forças políticas e sindicais, notadamente o Partido Socialista e o movimento sindical a ele vinculado. No decorrer de menos de um ano, já em agosto de 1922, o fascismo tinha conseguido consolidar as relações de força definitivamente a seu favor. Conseguira o consenso popular e a imposição de sua ordem por todo o território italiano por meio das promessas de bem-estar acompanhadas da incessante prática da violência física contra os adversários de todo o espectro político, violência essa, de resto, convenientemente apoiada pela Polícia e o Exército (Rossi, 2011, p. 163).

A cidade de Parma protagonizou os atos finais do engajamento dos *Arditi* numa batalha épica para os registros da resistência popular. Entre os dias 1 e 6 de agosto de 1922, os fascistas encontraram feroz resistência na periferia da cidade, diante de barricadas e trincheiras ladeadas por prédios de cujas janelas partiam todo tipo de ataque defensivo, de xingamentos a tiros. A coesão popular armada contra o fascismo encontrou ali seu ápice. Teriam contribuído para isso, no balanço final, uma tradição própria de insurrecionalismo urbano, forte presença do sindicalismo revolucionário e uma pequena burguesia de orientação política radical (Francescangeli, 2008, p. 131).

Após cinco dias de combate e repetidas tentativas de ocupação por parte dos fascistas, os esquadristas se retiraram com um número indefinido de baixas, enquanto da parte dos combatentes populares se contavam cinco mortos e em torno de 30 feridos (Rossi, 2011, p. 171). Mussolini contou com a decretação do Estado de Sítio em Parma por parte do governo, para cobrir a retirada fascista e evitar que a revolta se alastrasse:

> A despeito das esperanças e pressões dos fascistas, não foi possível nenhuma repressão cruenta. Depois de apenas um tiro de canhão como aviso, os regimentos de infantaria mobilizados se confraternizaram com a população, como já tinha ocorrido mesmo durante os combates, fazendo com que a ocupação da cidade ocorresse de modo pacífico. Os oficiais, diante da firmeza dos antifascistas, se recusaram a executar as ordens de impor aos revoltosos a entrega das armas. (Rossi, 2011, p. 171, tradução minha)

Porém, a "Parma subversiva das periferias" (as organizações subversivas e de classe locais – União Sindical Italiana, o Partido Comunista local, o Comitê de Defesa Proletária, a Liga Proletária) recusou a trégua acordada entre fascistas e socialistas e em outubro os combates recomeçaram. Italo Balbo, comandante dos esquadrões fascistas, planejou uma intervenção definitiva, que contaria com mais de 2.600 homens armados com metralhadoras e lança-chamas. Mussolini, no entanto, já com quase todo o território sob domínio e a marcha sobre Roma planejada, ordenou a Balbo que desistisse. A tarefa seria agora atribuída às autoridades militares, que procederiam à ocupação e desmobilização dos bairros militares (Rossi, 2011, p. 172).

Na cidade, os grupos que se haviam empenhado na resistência formavam ampla coalizão, principalmente porque se tratava de agrupamentos combativos relativamente autônomos das principais organizações políticas de esquerda, como os partidos comunista e socialista, cujas direções eram, aliás, manifestamente contrárias ao arditismo popular (o primeiro, porque se opunha a organizações operárias de combate que não se pusessem sob sua disciplina partidária estrita; o segundo porque, às vezes de forma convicta, às vezes mais envergonhada, se opunha à resistência armada em si) (Francescangeli, 2008, p. 131).[11]

Angelo Tasca, um dos dirigentes do PCd'I à época dos *arditi*, escrevendo a respeito quase duas décadas depois, observa que

> Os trabalhadores e o povo de Parma puderam resistir ao ataque fascista, apesar da concentração de milhares de esquadristas em combate, porque a defesa dos bairros operários de Parma foi organizada segundo métodos militares, utilizando a experiência de guerra; foi dirigida por um comando único, sob o qual se encontravam antigos combatentes; foi preparada por fora dos partidos, todo o povo participou com uma disposição torrencial, seguindo as indicações dos *Arditi del popolo*. (Tasca, 2003, p. 251, tradução minha)

Em Parma, a unidade das forças proletárias e populares e uma adequada preparação militar fora capaz de fazer frente ao ataque dos esquadrões fascistas. Foi derrotada, finalmente, por uma correlação de forças absolutamente desfavorável em nível nacional, que testemunhou a resoluta passividade legalista do maior partido proletário da Itália, o PSI, ajudar a escrever as últimas páginas da história da "Caporetto" antifascista.

[11] Segundo Paolo Spriano, duas características que marcaram a "meteórica" história dos *Arditi del popolo* teriam sido "o caráter absolutamente popular, espontâneo, que o movimento tende a assumir imediatamente e o erro extraordinário que os partidos proletários cometem em sua avaliação do movimento, cegos pelo sectarismo, pelas prerrogativas doutrinárias, pelos pequenos cálculos políticos, pela desconfiança em relação a tudo que não provém diretamente das organizações institucionalizadas no campo operário" (Spriano, 1976, p. 139, tradução minha). Sobre o dissenso entre PCd'I e a Terceira Internacional a esse respeito, cf. Spriano (1976, p. 152-164) e Francescangeli (2008, p. 96-107).

Gramsci e a reflexão político-militar

Nesta seção, serão debatidas as reflexões gerais de Gramsci sobre as relações político-militares de força. Primeiramente, é preciso apontar que Gramsci confere à noção de violência um lugar político de culminância das relações de força em sociedade.[12] Na análise dos diferentes níveis de relações de força em determinada formação social, ele indica o mais elevado como aquele que já adquiriu característica de relação de força "militar":

> I) uma relação de forças sociais estreitamente ligada à estrutura, objetiva, independente da vontade dos homens, que pode ser medida com os recursos das ciências exatas ou físicas [...]. II) um momento sucessivo que é a relação de forças políticas, ou seja, a avaliação do grau de homogeneidade, de autoconsciência e de organização alcançado pelos vários grupos sociais [...]. III) O terceiro momento é aquele da relação de forças militares, imediatamente decisivo em cada caso (o desenvolvimento histórico oscila continuamente entre o primeiro e o terceiro momento, com a mediação do segundo). (Gramsci, 2001, p. 1583-1586, tradução minha)

A passagem acima tem estreita relação, na obra carcerária, com a notória reflexão de Gramsci sobre a distinção entre o que ele chama de "guerra de posição" e "guerra de movimento". Trata-se de um dos principais momentos dos escritos do cárcere sobre a questão aqui analisada. É sobretudo na análise do terceiro momento, acima citado, que adquire maior relevância o debate sobre as estratégias de "posição" e "movimento". A metáfora criada por Gramsci a partir das táticas de combate

---

[12] Gramsci, por exemplo, afirma que "as lutas políticas entre as forças sociais são a manifestação concreta das flutuações de conjuntura do conjunto das relações sociais de força, em cujo terreno ocorre a passagem destas a relações políticas de força, para culminar na relação militar decisiva" (Gramsci, 2001, p. 1588, tradução minha).

da Grande Guerra não é gratuita, e precisa ser considerada em toda sua precisão (Gramsci, 2001, p. 859; p. 1614). Segundo Bianchi (2008),

> A analogia entre luta política e estratégia militar começou a ser desenvolvida já no *Primo Quaderno*, como parte de uma discussão sobre a direção política e militar no *Risorgimento* italiano. [...] Fica claro que já neste primeiro momento, Gramsci concebia de modo unitário as funções técnico-militares e políticas, o que era fundamental para sua elaboração a respeito das relações de forças político-militares. (p. 199)

Ficam condicionadas à guerra de posição aquelas forças políticas (e/ou militares) levadas à situação de quase imobilidade, seja devido a um equilíbrio resultante da equivalência das forças em presença, seja devido à consolidação de larga superioridade da força adversária, que reduz a(s) outra(s) a uma espécie de resistência recuada. Deste raciocínio, fica a conclusão de que a chamada guerra de posição não é uma escolha estratégica que permanece à disposição das forças em embate, mas é uma situação a qual essas forças são levadas independentemente de sua vontade.

Guerra de posição, em todo caso, não parecia ser a tática em voga por parte dos trabalhadores urbanos e rurais na Itália dos primeiros anos do século XX. Com a industrialização crescendo e o número de operários urbanos aumentando, a organização política destes já acenava, por meio de greves sucessivas, com uma intensa luta de classes que em breve evoluiria para violentos conflitos com as forças da ordem.[13]

---

[13] A respeito das organizações e movimentos dos trabalhadores urbanos e rurais da Itália nos primeiros anos do século XX conferir Antonioli (1997), Gianinazzi (2006), Colarizi (2000) e Dias (2000).

A violência política dos subalternos tornava-se uma evidente preocupação para as elites urbanas e rurais, em razão pela qual Giolitti diria, em discurso à Câmara dos deputados, ao assumir o ministério do Interior italiano em fevereiro de 1901:

> Não temo nunca as forças organizadas, temo muito mais as inorgânicas, porque sobre aquelas a ação do governo pode exercer-se legítima e utilmente e contra os movimentos inorgânicos pode-se apenas fazer uso da força. (Giolitti *apud* Dias, 2004, p. 88)

Giolitti manifestaria, ainda, um estratégico desejo por alguma forma de integração das massas trabalhadoras à vida administrativa do Estado, para que não ficassem "sujeitas à influência dos que acham que, por virtude de sua exclusão, às classes populares não resta outra defesa, contra as possíveis injustiças das classes dominantes, senão o uso da violência..." (Giolitti *apud* Dias, 2004, p. 101).

A violência institucional, por sua vez, está presente na sofisticada fórmula gramsciana definidora do Estado nos *Cadernos do cárcere*. Trata-se do Estado como a unidade orgânica "coerção + consenso" – unidade que comporia, finalmente, o exercício da hegemonia, anunciada por Gramsci da seguinte forma, já notória:

> deve-se notar que na noção geral de Estado entram elementos que estão relacionados à noção de sociedade civil (no sentido, se poderia dizer, que Estado = sociedade política + sociedade civil, ou seja, hegemonia couraçada de coerção). (Gramsci, 2001, p. 763-764, tradução minha)

Nesse sentido temos que, em relação ao termo "coerção" remetido àquela unidade, a perspectiva é sempre da hegemonia já constituída como Estado. Importa, portanto, explorar de forma sistemática o elemento e o conceito de "coerção" relativo à prática dos grupos e classes subalternos, voltada para a constituição de sua própria proposta alternativa de hegemonia, ou seja, suas formas próprias de violência política: suas formas de guerra.

Na perspectiva do materialismo histórico, a guerra é concebida, em geral, como a precipitação de um conflito entre as classes dirigentes internacionais. Mas provoca também uma agitação interna, dado que não deixa de ser a expressão armada de um conflito de classe. Em última instância, como observa Lenin em *Imperialismo, fase superior do capitalismo*, uma disputa internacional pela expansão dos capitais monopolistas (Lenin, 1987). A guerra, também para Gramsci, está subordinada a objetivos políticos inerentes ao Estado capitalista como instrumento do capital monopolista (Gramsci, 2001, p. 1141).[14]

Embora se origine nas lutas dos grupos dominantes de uma nação, a guerra tende a envolver toda a população, abarcando assim interesses antagônicos e atraindo para si questões relativas à manutenção do *status quo*, à luta de classes e à reprodução do Estado (Gramsci, 2001, p. 1141). Daí a questão de a hegemonia não estar apartada do fenômeno da guerra.

Com base no pressuposto acima, algumas ideias podem ser desenvolvidas sobre a relação entre guerra, luta de classes e hegemonia. Racionalmente considerado, o objetivo do conflito militar não é o aniquilamento completo ou destruição total do inimigo ou adversário político, mas está no que se vislumbra, por todas as partes envolvidas, como a situação pós-conflito,

---

[14] A percepção da guerra como um fenômeno subordinado à política já se encontra formulada em profundidade por Clausewitz em seu notório tratado sobre a guerra (Clausewitz, 2007). Gramsci demonstra conhecer as ideias do general prussiano, embora não haja evidências de que tivesse lido diretamente o autor.

ou seja, nos planos para um novo equilíbrio de forças. Para tal novo equilíbrio, é necessária a presença de uma classe social que se faça hegemônica, que seja capaz de utilizar os resultados da vitória militar para consolidá-lo tanto no plano interno quanto naquele das relações interestatais. Como aponta Ciccarelli, "a ausência de tal condição mínima de racionalidade da ação militar é, para Gramsci, sintoma da ausência da direção política da guerra e, portanto, da debilidade de uma determinada classe dirigente" (Ciccarelli, 2009, p. 376).

Gramsci observa que a estrutura produtiva influi diretamente sobre a organização da guerra e sobre a composição social dos exércitos. A conclusão óbvia é que tal estrutura, assim, tem peso decisivo sobre a natureza da direção política do conflito (Gramsci, 2001, p. 1141). Esta última observação tem importância incontornável na análise da guerra que podemos extrair do pensamento de Gramsci. Como observa, fazendo uma profícua releitura do prefácio de 1859 da *Contribuição para a crítica da Economia Política* de Marx, toda relação de forças se desenvolve no âmbito de condições materiais que "podem ser mensuradas com os sistemas das ciências exatas e físicas". Esta "relação de forças sociais estreitamente ligada" à estrutura será tão mais ferozmente defendida e atacada pelos grupos sociais que se opõem quanto maior o "grau de homogeneidade, de autoconsciência e de organização" alcançado por tais grupos. Essa é a força dialética capaz de trazer a guerra para o interior da luta de classes em determinada formação social. Por isso, "a classe dirigente deve procurar manter o melhor equilíbrio político e social possível para que as novas ocasiões de conflito não levem à derrocada de sua hegemonia" (Ciccarelli, 2009, p. 377). Também neste caso, ademais, "a direção militar deve estar sempre subordinada à direção política, ou seja, o plano estratégico deve ser a expressão militar de determinada política geral" (Gramsci, 2001, p. 2051-52).

Na passagem que encerra o parágrafo anterior, como se sabe, Gramsci está tratando diretamente da guerra, de tática e estratégia, e de como a guerra seja, ou deva ser, subordinada à política da classe social que a conduz, ou de seus representantes. Mas não se pode negar que este raciocínio possua também alguma relação com a dimensão da coerção estatal na guerra de classes interna. Toda coerção, toda força estatal, se volta contra os grupos, classes e frações de classes que não se convencem de sua situação subalterna. E a estrutura voltada para a função repressiva o faz não apenas no exercício de fato de sua função precípua, mas na perene promessa desta. A espada pende constantemente sobre a cabeça das classes trabalhadoras. Tal ameaça também é "pedagógica". "Ensina" a aceitar a hegemonia vigente. Por isso mesmo, necessita de mecanismos autônomos de reprodução, tal qual aqueles aparelhos privados da sociedade civil. Vejamos o que embasa, cria e justifica esses mecanismos.

Há elementos importantes para se pensar sobre o que aludimos anteriormente, por exemplo, no § 48 do *Caderno 1*, reelaborado no § 37 do *Caderno 13*, com outras passagens de primeira redação. Nessas passagens, Gramsci observa como, durante a Revolução Francesa, se aprofunda a hegemonia jacobina das classes urbanas, ampliando-se e aprofundando-se a base econômica com o desenvolvimento industrial e comercial. E aponta que "neste processo, alternam-se insurreições e repressões, ampliações e restrições do sufrágio político, liberdade de associação e restrição ou anulação desta mesma liberdade" etc. (Gramsci, 2001, p. 58, tradução minha). Segue-se a descrição do processo sinuoso, irregular, feito de saltos, avanços e retrocessos, assimétrico e desigual, da tentativa jacobina de consolidação de sua hegemonia:

> com equilíbrio diverso entre forças armadas recrutadas e corpos armados profissionais (polícia, gendarmeria); com a dependência desses corpos profissionais de um ou outro poder estatal (do judiciário, do ministro do interior ou do ministro da guerra); com a maior ou menor parte das normas deixada ao costume ou à lei escrita, pelo que se desenvolvem formas consuetudinárias que podem ser abolidas em virtude de lei escrita; com separação real maior ou menor entre os regulamentos e as leis fundamentais, com o uso maior ou menor de decretos-lei que se sobrepõem à legislação ordinária e a modificam em certas ocasiões, forçando a 'paciência' do parlamento. (Gramsci, 2001, p. 58)

Na sequência, aparece o conhecido raciocínio segundo o qual o exercício "normal" da hegemonia, num sistema representativo parlamentar, é caracterizado por uma combinação mais ou menos equilibrada entre força e consenso etc. Essas ocorrências históricas tornam saliente o fato da coerção (seja como a espada pendente sobre as cabeças populares ou como o exercício efetivo da força) como presença constituidora da formação, construção, consolidação da nova hegemonia. As leis, a estrutura jurídica e a institucionalidade vigente são permanentemente flexibilizadas, ajustadas, corrigidas, por vezes mesmo ignoradas, na turbulência da consolidação do poder da nova classe que se pretende hegemônica.

Para os grupos subalternos, encontrar-se em uma situação de violência não é uma escolha. Um dos elementos componentes da sempre incompleta hegemonia burguesa é o uso sistemático da coerção contra os grupos que não consentem, nem passiva, nem ativamente, com a direção de outra classe social. As classes trabalhadoras estão involuntária e necessariamente inseridas em um contexto de coerção classista, formalizado e reproduzido pelas instituições do Estado, que tem sua base fundante na exploração da força de trabalho. Przeworski observa, por exemplo, que

> o que distingue as instituições específicas, tanto as que aparentam ser de caráter privado como as que parecem ser diretamente políticas, não é sua função sob o exercício normal da hegemonia, e sim a ordem e a maneira como revelam suas funções coercivas quando a hegemonia é ameaçada. (Przeworski, 1991, p. 200)

Para Gramsci, ainda mais uma vez aqui, trata-se de compreender a complexa forma na qual uma sociedade de classes é estruturada em termos de relações de força, como essas relações de força se expressam na relação entre estrutura e superestrutura, e representar seu movimento como uma sucessão dos vários resultados do confronto entre essas forças em luta.

> Parece evidente que nunca podem faltar as assim chamadas condições subjetivas quando existem as condições objetivas, porquanto se trata de simples distinção de caráter didático. Assim, é sobre a medida e a intensidade das forças subjetivas que se pode discutir, e, portanto, sobre a relação dialética entre as forças subjetivas contrastantes. (Gramsci, 2001, p. 1781, tradução minha)

Aos grupos subalternos, portanto, cabe submeter-se completamente ou procurar formas de resistência. Falar de "violência política" dos grupos subalternos é falar, mais precisamente, de reação a uma coerção cotidiana sistemática e legitimada ideologicamente, imposta pelo trabalho assalariado e pela concentração privada da riqueza social que ele produz.

A reprodução de qualquer relação de hegemonia requer doses variadas de coerção. O consenso, assim, vive à sombra de medidas "correcionais" para que se mantenha como tal:

> Para Gramsci, a força – força física permanentemente organizada – é um elemento constitutivo do consentimento, no sentido de que qualquer ruptura deste ativa os mecanismos da coerção, os quais são inerentes a todas as esferas da vida social e permanecem latentes enquanto o consentimento for suficiente para reproduzir as relações capitalistas. [...] O consentimento e a coerção não podem ser tratados como opostos; a coerção é o elemento, normalmente latente, inerente ao consentimento. É verdade que a coerção é possível sem o consentimento, mas este sempre contém um elemento de coerção. (Przeworski, 1991, p. 197-198)

É importante, desse modo, compreender a concepção gramsciana da relação entre Estado e sociedade civil para esclarecer a dinâmica entre as variáveis "força" e "consenso", o que é fonte de muitas imprecisões entre os intérpretes de Gramsci. Przeworski é, aqui, muito bem-sucedido neste ponto: "*Para Gramsci, todas as instituições que participam da reprodução das relações sociais capitalistas constituem elementos do Estado*" (Przeworski, 1991, p. 198, destaque meu).

A definição do Estado ocorre conforme os objetivos das várias iniciativas e atividades das instituições de que se trata, e não pelas distinções convencionais formais. Para Gramsci, educação e repressão, por exemplo, são elementos inseparáveis (respectivamente como aspecto positivo e negativo da mesma atividade de conformação de determinada visão de mundo) (Gramsci, 2001, p. 1049). Assim, a coerção é onipresente e não se restringe a instituições específicas. Não se poderia dizer, portanto, que o exercício da coerção esteja ausente da esfera da sociedade civil, nem que aquele da construção do consentimento se limite a ela.

A resistência à coerção pela via institucional tem limites claros, que são os da legalidade vigente. É o caso, portanto, de organizar tal resistência por vias extra institucionais. Claro que qualquer análise realista das relações de força contemporâneas entre capital e trabalho, mediadas e reproduzidas pelas instituições do Estado capitalista, desaconselharia a tática do enfrentamento violento direto, ostensivo e aberto contra as armas do Estado. Esta violência política do "contra-ataque", que não é senão reação a uma violência constante e institucionalizada contra os grupos subalternos, pode tomar formas várias, dependendo da situação conjuntural das relações de força. A experiência histórica italiana analisada por Gramsci apresenta os fundamentos possíveis de tal resistência a partir da violência "ilegal", anti-institucional, dos grupos subalternos.

A violência dos subalternos: Gramsci e a experiência histórica italiana

As opiniões teóricas de Gramsci sobre a violência política e suas necessidades e condições de emprego por parte dos subalternos tornam-se mais sofisticadas na passagem de seus escritos políticos para as reflexões do cárcere, alterando-se a profundidade analítica com que ele aborda as relações de força político-militares. Mas não seria lícito sustentar que Gramsci tenha mudado essencialmente de opinião sobre o tema, e as considerações a seguir pretendem indicá-lo a partir de suas abordagens a respeito da resistência do proletariado no "*Biennio Nero*" da ascensão fascista (1921-1922).

A luta dos *Arditi del popolo*, entre 1921 e 1922, pode ser considerada uma batalha de classes, a resistência de "uma classe social atacada em suas conquistas econômicas e políticas" por uma "frente única" que unia a burguesia, grande parte da pequena burguesia, nacionalistas e fascistas (Staid, 2015, p. 19). Embora se originando de ex-combatentes de elite do Exército e liderado por um deles, o tenente Argo Secondari, a participação popular fora se ampliando até atingir dezenas de milhares de trabalhadores e trabalhadoras armados em resistência ao fascismo.

O caráter de classe da oposição ao fascismo já é anotado por Gramsci quando analisa a hostilidade que se desenvolve entre os legionários de Fiume e os *Fasci* esquadristas. Em artigo de 19 de fevereiro de 1921, publicado no *L'Ordine Nuovo* ("*Fascisti e Legionari*"), discordando do que se registrava superficialmente nos periódicos publicados por uns e outros, segundo os quais se tratava de discordâncias de "fé política", Gramsci afirmou que havia algo "mais profundo ainda" em tais discordâncias, pois os grupos fascistas eram formados por "jovens abastados, estudantes ociosos, oficiais da reserva", enquanto entre os legionários eram numerosos aqueles que sentiam diretamente as agruras da crise econômica e as dificuldades de sobrevivência material (Gramsci, 1967, p. 79). Sobre os legionários, observa ainda que

> são pessoas que, vivendo em dificuldades, não veem saída individual, porque tinham sonhos de existência grandiosa e 'heroica', e não veem outra saída coletiva senão em um movimento que une as características militar e insurrecional, como aquele de Fiume. (Gramsci, 1967, p. 79)

Em outro texto, sempre no *L'Ordine Nuovo*, de 23 de julho ("*Insurrezione di popolo*"), ao chamar a atenção para a enorme desproporção entre o número de assassinatos cometidos pelo fascismo (2.500 homens, mulheres, idosos e crianças em 1920; 1.500 ainda em meados de 1921, no momento em que escreve) e os poucos fascistas abatidos até então, Gramsci chama a atenção para a aguerrida resistência dos bairros populares em algumas localidades, nas quais "o padre toca o sino de alerta, enquanto as mulheres preparam o óleo fervente e os homens se armam de tudo que possa servir para golpear e formam esquadrões de defesa" (Gramsci, 1967, p. 249, tradução minha). E a respeito dos momentos em que as próprias forças policiais se veem obrigadas a lutar ao lado da população, ele deixa mais uma vez explícito o caráter de classe de tal "apoio", observando que o fazem

> Com prudência, com cautela, porque não se trata agora de golpear a pobre gente, se trata de golpear os filhos da burguesia, gente que vai ao saque gritando 'Viva a Itália, viva o rei', adornada com a bandeira italiana; pessoas selecionadas, gente de bem, ligada por vínculos de parentesco aos deputados, à hierarquia militar, à magistratura [...]. Pedir às classes dirigentes que esmaguem o fascismo seria como pedir-lhes o suicídio. (Gramsci, 1967, p. 249, tradução minha)

Pouco antes de sair do Partido Socialista, junto a outros militantes, para fundar o Partido Comunista da Itália, Gramsci reprovara a falta de atenção dos dirigentes socialistas para o que considerava ser os importantes acontecimentos de Fiume, em um texto de 11 de janeiro de 1921 ("*Fiume*"). Para ele, os fatos de Fiume eram a conclusão lógica

> do desenvolvimento histórico de uma classe social, a pequena burguesia urbana, que temia ser eliminada das posições de guia e árbitro dos destinos da nação que havia conquistado durante a guerra [...]. Fiume era a cotidiana e clamorosa prova das condições de debilidade, de prostração, de incapacidade funcional do Estado burguês italiano. (Gramsci, 1967, p. 35, tradução minha)

Para ele, o partido da classe operária tinha a obrigação de intervir de forma a explorar a situação, dirigir as massas e reforçar as posições revolucionárias do proletariado. Como visto anteriormente neste texto, é justamente dos eventos de Fiume que surgirão os principais representantes dos setores radicalizados do arditismo para a fundação dos *Arditi del popolo.*

A premente necessidade das massas operárias de organizar a resistência armada ao esquadrismo fascista era reiteradamente apresentada por Gramsci. Insistindo na crítica mordaz ao Partido Socialista e sua incapacidade de organizar os trabalhadores para uma resistência política consequente, Gramsci afirmara, em texto de 11 de junho de 1921 ("*Socialisti e fascisti*"), que "o Partido Comunista tem sua própria orientação: lançar a palavra de ordem da insurreição, conduzir o povo em armas até a liberdade, garantida pelo Estado operário" (Gramsci, 1967, p. 187, tradução minha). Gramsci já havia tratado diretamente dos *Arditi del popolo* em um artigo de 15 julho de 1921, também no *L'Ordine Nuovo* ("*Gli 'Arditi del popolo'*").[15] Refletindo sobre a derrota das ocupações de

---

[15] Importa lembrar que o artigo de Gramsci é publicado um dia após a publicação de um comunicado oficial do Executivo comunista (14 de julho) no qual se recebe com hesitação a formação dos *Arditi del popolo* e se recomenda aos militantes do partido aguardarem "indicações precisas" sobre como se comportar diante de iniciativas como essa; em 15 dias, o partido iria repudiar oficialmente a formação militar operária dos *Arditi* (Spriano, 1976, p. 144). Sobre esta passagem, Spriano se pergunta por que os comunistas refutaram o movimento dos *Arditi del popolo* se a situação era tal como descrita por Gramsci? Como se pode aferir acima, 12 dias antes deste texto vir à luz, o PCd'I já havia emitido um comunicado ameaçando "com providências severas" os militantes que aderissem aos *Arditi* (Spriano, 1976, p. 146). Sobre a evidente simpatia de Gramsci pelo movimento dos *arditi,* resta a hipótese, aventada pelo historiador do Partido Comunista, de que Gramsci estivesse se dirigindo ao próprio partido de maneira indireta, para evitar qualquer tipo de cisão interna à direita. Numa carta enviada pela direção da Terceira Interna-

fábrica consumada em setembro do ano anterior, ele aponta a responsabilidade do Partido Socialista Italiano, ou de suas hesitações e falta de clareza quanto aos objetivos políticos do movimento. É interessante, nesse momento, a forma como Gramsci aborda a ideia do proletariado em armas. Primeiro, considera que um movimento de reação popular organizado não deve se deparar com limites previamente estipulados por suas lideranças. Isso seria "o mais grave erro de tática que se pode cometer" (Gramsci, 1967, p. 541). Em seguida, faz uma reflexão que ainda conheceria profundo alcance teórico em seus escritos carcerários:

> é necessário compreender, é necessário insistir na compreensão de que, hoje, o proletariado não está apenas contra uma associação privada, mas contra todo o aparelho estatal, com sua polícia, seus tribunais, seus jornais que manipulam a opinião pública ao bel-prazer do governo e dos capitalistas [...]. Quando o povo trabalhador sai da legalidade e não encontra a virtude de sacrifício e a capacidade política necessária para conduzir até o fim sua ação, é punido com o fuzilamento em massa, com a fome, o frio, a inanição que mata lentamente a cada dia. (Gramsci, 1967, p. 541-2, tradução minha)

Gramsci conclama o Partido Socialista a mudar de atitude e tirar do torpor e da indecisão "as massas que ainda seguem

cional ao partido italiano, cuja autoria Spriano (1976, p. 150) não identifica (tratava-se de Bukharin, cf. Francescangeli, 2008, p. 106), é afirmado que "O PCI deveria penetrar imediatamente, energicamente, no movimento dos *Arditi*, agrupar em torno de si os operários e assim converter em simpatizantes os elementos pequeno-burgueses, denunciar os aventureiros e eliminá-los dos postos de direção, colocar elementos de confiança à frente do movimento". Para Spriano, segundo o Komintern, "os comunistas poderiam, com sua organização militar, tornar-se o elemento dominante, ao passo que o enquadramento apenas de comunistas mostra 'que o partido é impotente para satisfazer uma necessidade vital das massas'" (Spriano, 1976, p. 151, tradução minha).

o partido". Apela para que não sejam impostos limites à ação dessas massas a fim de que o povo italiano não sofra "uma nova derrota e um novo fascismo multiplicado por cada vingança que a reação implacavelmente aplica sobre os titubeantes e indecisos, depois de ter massacrado a vanguarda do assalto" (Gramsci, 1967, p. 542).

Veja-se que Gramsci não cai na armadilha blanquista, que aqui poderia ser comparada ao arditismo "puro", à elite militar e militante que descura a necessidade do suporte de retaguarda, do apoio das massas trabalhadoras à sua causa heroica. Mas ele se coloca francamente favorável também à luta por fora da legalidade, ao desafio à institucionalidade vigente, desde que respaldada em bases populares de massa, desde que seja conduzida pela vanguarda de um amplo contingente de trabalhadores politicamente organizados contra o Estado capitalista em questão:

> os comunistas são contrários ao movimento dos '*Arditi del popolo*'? Pelo contrário: eles aspiram ao armamento do proletariado, à criação de uma força armada proletária que tenha condições de derrotar a burguesia e de garantir a organização e o desenvolvimento das novas forças produtivas geradas pelo capitalismo. (Gramsci, 1967, p. 542, tradução minha)

Em artigo de 21 de julho do mesmo ano ("*Sviluppi del fascismo*"), ao analisar a expansão e fortalecimento das formações regionais dos esquadristas, ele sustenta que as populações locais não podiam esperar a organização de sua defesa a partir dos órgãos políticos e sindicais do Partido Socialista, mas deveriam contar com suas próprias forças: "Viterbo e Sarzana deram o exemplo daquilo que precisa ser feito.[16] Esperamos

[16] Trata-se da bem-sucedida resistência popular, nessas cidades, a expedições paramilitares fascistas, que contou ainda, pelo menos nessa ocasião, com a ajuda de forças policiais locais (Gramsci, 1967, p. 247).

que, nas grandes cidades, entrem em jogo também uma outra força: os soldados, que têm tudo a temer de um governo fascista" (Gramsci, 1967, p. 247, tradução minha). Dado o caráter antiproletário do esquadrismo, seria de se esperar que os militares componentes das classes populares fossem vistos como um razoável risco político ao poder fascista.

Ainda uma vez, no auge da luta dos *Arditi del popolo* contra a violência paramilitar fascista, Gramsci alude à necessidade urgente de direção política revolucionária decisiva para os trabalhadores em armas. Em artigo de 19 de agosto ("*Contro il terrore*"), escreve que

> As massas populares, torturadas, expostas continuamente ao perigo de morte pelas expedições punitivas, sem defesa por parte das autoridades legais, estavam se insurgindo violentamente contra o terror branco. Automaticamente, pelo fato mesmo de que o fascismo tinha se tornado um flagelo nacional, estava amadurecendo uma insurreição de caráter nacional, que teria tido um altíssimo valor revolucionário. O Partido Socialista e a Confederação Geral do Trabalho, com suas posições pacifistas, provocaram [...] uma queda nas energias revolucionárias que estavam se desenvolvendo nas grandes massas populares; [...]. As grandes massas populares já devem estar convencidas que por trás da esfinge socialista não existe nada. Se mesmo socialistas (e talvez os mais à direita) participaram da criação dos primeiros núcleos de '*Arditi del popolo*', é certo, porém, que a difusão instantânea da iniciativa não foi determinada por um plano geral, preparado pelo Partido Socialista, mas se deveu simplesmente ao estado de ânimo generalizado no país, à vontade de insurreição que brotava nas grandes massas. (Gramsci, 1967, p. 288-289, tradução minha)

O arditismo como fenômeno político-militar seria ainda estudado por Gramsci primeiro como tipo específico de tática militar no campo de batalha, depois analisado em suas consequências como tática política na dimensão da luta de classes. Nos escritos do cárcere, Gramsci aprofunda o uso da noção de arditismo como recurso de guerra política e militar (embora o faça enfatizando a necessidade de se considerar as diferenças e nuances entre uma e outra prática, comparando as artes política e militar apenas como "estímulo ao pensamento"). Para Gramsci, o "arditismo moderno" nasce como recurso de guerra de posição, como tática de sabotagem e incursão por trás das trincheiras inimigas, efetuadas por pequenas patrulhas que atuavam como "arma especial" (Gramsci, 2001, p. 121).

Na luta política moderna, o Estado usa o arditismo (a "ilegalidade") como meio para sua própria reorganização, enquanto, na aparência, permanece na legalidade. A seguir, Gramsci condena a eventualidade das mesmas iniciativas por parte das classes trabalhadoras:

> Crer que à atividade privada ilegal se possa contrapor outra atividade semelhante, ou seja, combater o arditismo com arditismo, é uma tolice. Significa crer que o Estado permaneça eternamente inerte, o que não acontece nunca, sem mencionar outras condições diversas. (Gramsci, 2001, p. 121, tradução minha)

A seguir, Gramsci refuta a possibilidade de que as classes trabalhadoras possam constituir grupos especializados de ataque devido à própria impossibilidade de se afastar de sua jornada de trabalho fixa para isso. Ora, estaria claro então que este não poderia fazer parte do método regular e sistemático de luta política das massas operárias em nenhum contexto? Gramsci não trata esse limite como uma camisa de força tática. Importa lembrar aqui a distinção entre o "voluntarismo que teoriza a si mesmo como forma orgânica de atividade histórico-

-política" e o que é concebido apenas como "momento inicial de um período orgânico de preparação e desenvolvimento" (Gramsci, 2001, p. 1675). Veja-se de forma mais completa a passagem que compara, por exemplo, a luta *partigiana* com a prática do arditismo:

> Os *comitadjis*, os irlandeses e as outras formas de guerra *partigiana* [guerrilha] devem ser separados da questão do arditismo, embora pareçam ter pontos de contato com ele. Essas formas de luta são próprias de minorias (fracas, mas exasperadas) contra maiorias bem organizadas, enquanto o arditismo moderno pressupõe uma grande reserva, imobilizada por várias razões, mas potencialmente eficiente, que o sustenta e o alimenta com aportes individuais. (Gramsci, 2001, p. 123, tradução minha)

Sobre esta passagem, Secco (2017, p. 199) observa que Gramsci "reencontra o arditismo em fase superior. Ele não o rejeita, mas considera que se devem criar as condições políticas do arditismo moderno", o que indicaria que, para Gramsci, "o arditismo moderno permaneceu necessário no interior de uma estratégia de guerra de posições" (Secco, 2017, p. 204). Nesse último sentido, no entanto, a "guerra *partigiana*" (de guerrilha) e o "arditismo moderno" podem ser aproximados em termos de tática e métodos. A "grande reserva" potencialmente eficiente "que o sustenta e alimenta com aportes individuais" poderia ser constituída por um proletariado politicamente organizado. O principal trabalho continuaria sendo, neste caso, a organização política das massas trabalhadoras.

Seja como for, no biênio italiano de 1921-22, o aparecimento das organizações armadas antifascistas representou importante ponto de inflexão no combate ao esquadrismo de extrema-direita. Com os *Arditi del popolo*, o movimento operário passava a combater o fascismo militarmente. Praticava o "ataque preventivo" ou de represália e criava uma estrutura militar ágil, capaz de se concentrar em pouco tempo nos lugares em que pudessem ocorrer expedições fascistas. A tática fascista consistia justamente na rápida concentração de contingentes em pontos de encontro pré-estabelecidos e, a partir daí, atacar de surpresa as sedes, organizações operárias locais e reuniões de trabalhadores. Os *Arditi del popolo* romperam este esquema e, por mais de um ano, com muito menos combatentes, muito menos armas e sem apoio das direções de nenhum dos dois partidos operários em cena, demonstraram o potencial de resistência de massas trabalhadoras que se levantaram de forma decidida contra a barbárie e o obscurantismo.

Considerações finais

As lições a tirar deste importante momento da história da luta operária italiana ainda não se esgotaram. Uma "força armada proletária" que possa derrotar as elites dirigentes não é exatamente uma possibilidade frequente na história da luta contra o capital. Mas, em meados de 1921, ainda se podia alimentar esperanças numa sublevação continental – embora, a partir de então, cada vez menos –, e Gramsci certamente levava em conta tal variável. O que importa enfatizar aqui, em todo caso, é que se tratou de uma das formas de luta "contra todo o aparelho estatal" assimiladas pela reflexão de Gramsci: o desafio insurreto à estrutura institucional vigente, desde que respaldado num trabalho político de organização dos trabalhadores.

Como afirmamos anteriormente em relação aos comentários de Gramsci sobre a consolidação do Estado revolucionário francês, as leis, a estrutura jurídica e a institucionalidade são permanentemente flexibilizadas, ajustadas, corrigidas, por vezes mesmo ignoradas, na turbulência da consolidação do poder da nova classe que se pretende hegemônica. Essa "turbulência" segue até que a nova classe logre a consolidação histórica da concepção de mundo e da estrutura institucional conformes ao seu modo de vida. Mas, até aqui, trata-se da consolidação do poder de Estado de uma classe revolucionária que já o alcançou. Ocorre, porém, que aquela relação conflituosa com a institucionalidade estabelecida também se verifica na atividade política das frações dos grupos subalternos que resistem à hegemonia consolidada de determinada classe social.

A fundação dos *Arditi del popolo* correspondeu a um momento de crise de hegemonia burguesa, à contestação da ordem por fora dessa ordem, pela perspectiva de uma nova classe social em luta pela sua afirmação. Manifestou-se como forma de luta também contra a integralidade do aparelho estatal pró-fascista. Não foi, no entanto, especificamente o caráter de organização armada que definiu a importância histórica da experiência dos *arditi* para os grupos subalternos de todos os tempos, mas sua postura anti-institucional, de contestação do aparato hegemônico em crise, que havia mandado parte deles para a frente de batalha contra outros trabalhadores em prol de noções nebulosas de "pátria", "nação", "nacionalismo".

As tradições de luta e resistência dos grupos subalternos desenvolvem-se em uma relação de frequente antagonismo com a estrutura institucional do Estado. Práticas típicas dessa resistência incorrem constantemente no desafio às regras estatais. Sob o pressuposto pétreo do direito à propriedade, por exemplo, as leis do Estado capitalista protegem o latifúndio, as grandes corporações e as instituições financeiras de quaisquer medidas substanciais que os obriguem a participar de algum processo de redistribuição de riqueza socialmente produzida e por eles privadamente acumulada. Não há, portanto, como resistir aos avanços antipopulares do latifúndio e das grandes corporações industriais e financeiras sem se chocar, em algum momento, com as instituições do Estado.

Assumido esse pressuposto, a observação histórica pode demonstrar que a organização política independente, própria daquelas frações dos grupos subalternos que constantemente se preparam para o choque cotidiano com as regras e o funcionamento do Estado capitalista, cria uma tradição de práticas de luta. Historicamente, as greves de massas, as lutas e ocupações no campo e na cidade, a prática organizacional dos conselhos de fábrica, os princípios educativos que unificam trabalho e ensino numa perspectiva totalizante a respeito da produção de determinado modo de vida, enfim, todo esse conjunto de práticas de luta e resistência, assim como os *Arditi del popolo*, merece um estudo voltado para a demonstração de seu potencial criador de embriões de uma nova concepção de mundo, nova moral, germes de reforma moral e intelectual, de uma democracia mais radicada nos setores populares. Ou seja, a demonstração de que a insurgência política, que neste caso significa a luta que desafia a estrutura institucional em vigência, pode criar sementes de radical democratização dessa mesma estrutura.

Referências

ANTONIOLI, M. *Il sindacalismo italiano*: dalle origini al fascismo. Pisa: BFS, 1997.

BIANCHI, A. *O laboratório de Gramsci:* filosofia, história e política. São Paulo: Alameda, 2008.

CICCARELLI, R. Guerra. *In*: LIGUORI, G.; VOZA, P. *Dizionario Gramsciano.* Roma: Carocci, 2009, p. 376-379.

CLAUSEWITZ, C. V. *On war.* New York: Oxford University Press, 2007.

COLARIZI, S. *Storia del Novecento Italiano*. Milano: BUR, 2000.

DIAS, E. F. Do giolittismo à guerra mundial – primeira parte. *Textos Didáticos 39*. Campinas: IFCH/Unicamp, 2004.

DIAS, E. F. *Gramsci em Turim*. A construção do conceito de hegemonia. São Paulo: Xamã, 2000.

ENGELS, F. Prefácio. *In*: MARX, Karl. *As lutas de classes na França*. São Paulo: Boitempo, 2012, p. 9-31.

FRANCESCANGELI, E. *Arditi del popolo*: Argo Secondari e la prima organizzazione antifascista (1917-1922). Roma: Odradek, 2008.

FRANCESCANGELI, E. Il petardo dell'adunata. *In*: ROSSI, Marco. *Arditi, non gendarme!* Dalle trincee alle barricate: arditismo di guerra e Arditi del popolo (1917-1922). Pisa: Biblioteca Franco Serantini edizioni, 2011, p. 7-14.

GAROFALO, D. *Arditi del popolo:* storia dela prima lotta armata al fascismo (1917-1922). s/d, p. 1-15. Disponível em http://www.comunismoecomunita.org/wp-content/uploads/2010/04/Arditi_del_popolo.pdf. Acesso em: 7 jan. 2017.

GENTILI, V. *Roma combatente*: Dal "biennio rosso" agli Arditi del popolo, la storia mai raccontata degli uomini e delle organizzazioni che inventarono la lotta armata in Italia. Roma: Castelvecchi, 2010.

GIANINAZZI, W. Le syndicalisme révolutionnaire em Italie (1904-1925): les hommes et les luttes. *In*: *Mil neuf cent*, n. 24, 2006, p. 95-121.

GRAMSCI, A. *Quaderni del carcere* (a cura de Valentino Gerratana). Turim: Giulio Einaudi, 2001.

GRAMSCI, A. Socialismo e fascismo. *L'Ordine Nuovo* 1921-1922. Torino: Giulio Einaudi, 1967.

HOBBES, T. *O leviatã*. São Paulo: Nova Cultural, 1999.

LENIN, V I. *Opere Complete* XLII (ottobre 1917-marzo 1923). Discorsi alla riunioni dei membri dele delegazioni tedesca, polacca, cecoslovacca, ungherese e italiana. Roma: Editori Riuniti, 1968.

LENIN, V. I. *Imperialismo, fase superior do capitalismo*. São Paulo: Global, 1987.

MAQUIAVEL, N. *O príncipe*. São Paulo: Martins Fontes, 2008.

MARCUSE, H. Prólogo. *In*: MARX, K. *O 18 de brumário de Luís Bonaparte*. São Paulo: Boitempo, 2011, p. 9-16.

MARX, K. *O 18 de brumário de Luís Bonaparte*. São Paulo: Boitempo, 2011.

PIROCCHI, A. *Italian Arditi*. Elite assault troops 1917-1920. Oxford: Osprey Publishing, 2004.

PRZEWORSKI, A. *Capitalismo e social-democracia*. São Paulo: Companhia das Letras, 1991.

ROSSI, M. *Arditi, non gendarmi*! Dalle trincee alle barricate: arditismo di guerra e Arditi del popolo (1917-1922). Pisa: Biblioteca Franco Serantini edizioni, 2011.

SECCO, L. Questões táticas. *In*: LOLE, Ana; GOMES, Victor L.C.; DEL ROIO, Marcos. *Gramsci e a Revolução Russa*. Rio de Janeiro: Mórula, 2017, p. 195-206.

SPRIANO, P. *Storia del Partito Comunista Italiano*: da Bordiga a Gramsci. Torino: Giulio Einaudi, 1976.

STAID, A. *Gli Arditi del popolo*: la prima lotta armada al fascismo 1921-1922. Milano: Milieu edizioni, 2015.

TASCA, A. *Naissance du fascisme*. Paris: Gallimard, 2003.

WEBER, M. *Ciência e Política:* duas vocações. São Paulo: Cultrix, 2011.

NOTAS SOBRE A CONSTRUÇÃO DO CONCEITO DE HEGEMONIA: ENTRE A HISTÓRIA E A HISTORIOGRAFIA

Sabrina Areco[1]

Introdução

Pode-se verificar, nos estudos gramscianos recentes, uma preocupação em identificar as fontes e interlocuções estabelecidas por Antonio Gramsci na elaboração de seus conceitos. Em certa medida, esse movimento deriva do esforço de historicização do pensamento do marxista italiano, mas também de uma abordagem filológica mais apurada que exige que se capte e analise tais interlocuções como forma de apreender de maneira mais efetiva o desenvolvimento do texto em si. Seus escritos labirínticos têm entradas diversas: de temas e de autores, referências a revistas, resenhas, jornais de cultura e obras literárias. Algumas dessas entradas são breves parágrafos ou anotações bibliográficas; outras aproximam-se de uma obra concluída, com organicidade entre as partes que as compõem.

Identificar as fontes de Gramsci, isto é, as obras que lhe servem de subsídio teórico ou histórico, seria uma forma de

1 Cientista social e doutora em Ciência Política (Unicamp). E-mail: sabrinaareco@gmail.com.

percorrer tal labirinto. Pode-se saber, por exemplo, pelo acesso a determinada obra no momento em que Gramsci redigiu determinado parágrafo. As fontes ajudaram, assim, a reconstituir a história interna dos *Cadernos do cárcere,* imprescindível para uma abordagem atenta ao uso das palavras no texto gramsciano (Francioni, 1984).

Um dos resultados mais visíveis do esforço de reconstrução das fontes pode ser indicado no desenvolvimento do conceito de hegemonia – uma das formulações centrais de Gramsci e que possivelmente é sua maior contribuição à teoria política do século XX. De acordo com a literatura, o conceito de hegemonia tem como ascendência teórica e histórica: 1) o debate linguístico da virada do século (Piparo, 1979; Ives, 1998); e 2) a experiência vivida na URSS entre 1921-1922, no contexto de construção do Estado proletário (Thomas, 2016) e as ideias de Lenin, assim como os debates políticos e culturais ligado à diversidade étnica e linguística russa (Schirru, 2008; 2011) e 3) a história francesa e a construção do Estado moderno no século XVIII (Medici, 2000).

Neste artigo abordarei, a leitura da Revolução Francesa nos escritos gramscianos dos *Cadernos* com ênfase no Q1, em especial 44 e 48 (notas de tipo A), e depois na reescrita dessas notas no Q13, 37 (nota tipo C).[2] Nos parágrafos citados do Q1, Gramsci tratou do tema da Revolução Francesa e, depois, retomou-os no citado parágrafo do Q13, expandindo a noção de hegemonia, novamente olhando para o país vizinho. Pretendo demonstrar, através destes parágrafos, como

[2] O Qdesigna o número do caderno e § o parágrafo. O Q1 foi consultado na edição nacional da *Istituto della Enciclopedia Italiana* (Gramsci, 2017); os demais cadernos foram lidos na edição crítica organizada por V. Gerratana (Gramsci, 1975).

a historiografia francesa e em especial a produção de Albert Mathiez foi fonte da elaboração gramsciana e contribuiu com seu conceito de hegemonia, um dos principais elementos de sua teoria política marxista.

Para o desenvolvimento deste artigo, proponho inicialmente explorar a aproximação entre A. Gramsci e A. Mathiez (1874-1932) para, em seguida, a partir das páginas dos cadernos, demonstrar a hipótese assinalada, isto é, a contribuição de Mathiez para a elaboração do conceito de hegemonia. Com isso, pretendo iluminar um aspecto pouco explorado pela crítica gramsciana especializada: a presença de Mathiez no desenvolvimento de um conceito que foi tratado de maneira a articular as dimensões teóricas e históricas. Desde as primeiras páginas dos cadernos, a questão dos intelectuais foi relacionada com o exercício do poder e abordada em sua dimensão histórica concreta e singular, isto é, a partir do olhar a processos individualizados, que indicava a tentativa de uma leitura monográfica na forma de exposição das ideias (Q1, Gramsci, 2017).

Assim, a história e a historiografia, e particularmente a França e a produção de Mathiez, foram centrais para a elaboração do conceito de hegemonia – formulação essa capaz de contribuir com a ciência e a teoria política na abordagem das relações entre legitimidade, consenso e força e suas relações com o exercício do poder.

Mathiez e o estudo da revolução

Nas décadas de 1920-1930, uma parte substantiva dos debates sobre o tema da revolução estava centrada na oposição entre jacobinos e girondinos, representados pelas figuras de Robespierre e Danton (Vovelle, 2000). As polêmicas eram travadas nos livros ou periódicos acadêmicos, mas também em revistas de circulação mais ampla, como convém a um tema *toujour vivant*, e colocavam em lados opostos os historiadores Albert Mathiez (1874-1932)e A. Aulard (1849-1928), esse último, um dantonista (Friguglietti, 2008).

É esse o cenário dos estudos e polêmicas sobre a Revolução Francesa que Gramsci encontrou quando acessou a produção historiográfica sobre o tema.[3] Ele parecia bastante atento, tendo feito referências a estes antagonismos ainda antes da prisão, e citou os dois historiadores nos *Cadernos*.[4] Mathiez era de uma geração posterior à de Aulard, mais próximo de Gramsci; era militante socialista e republicano, além de ter aderido aos comunistas depois de 1917, embora tenha permanecido por um breve período junto à *Section française de l'Internationale communiste* (SFIC).

Inicialmente, tratou da revolução a partir de uma perspectiva da história política, circunscrita aos mecanismos institucionais. No decorrer de sua carreira, aproximou-se de uma abordagem orientada por novas fontes, em especial dados relativos à economia no contexto revolucionário, e por uma ampliação do que entendia pela esfera do político. Dialogou com a sociologia durkheimiana e seu conceito de religião, mobilizando-o no estudo do culto civil que Robespierre pretendeu introduzir no contexto das disputas dos jacobinos com a Igreja (Friguglietti, 1972; 1974; Gauthier, 2008).

---

3 Deve-se indicar ainda que, após 1905 e especialmente a partir de 1917, a Revolução Francesa (RF) passou a ser forte objeto de interesse de historiadores profissionais e militantes políticos. O passado era um recurso analítico-comparativo, servindo, portanto, para se destacar as aproximações e divergências entre as duas experiências. A analogia entre jacobinos e bolcheviques circulou amplamente, mas teve em Mathiez um precursor e divulgador central. Sobre as analogias entre a RF e a Revolução Russa (RR) ver: Kondratieva (1989).

4 Sobre Mathiez e Gramsci antes do período carcerário (1926), remeto a Areco (2018).

Essa ampliação do político e mobilização de fontes primárias não anteriormente exploradas permitiu-lhe compreender as mobilizações nas províncias francesas no contexto do Comitê de Saúde Pública. O comitê foi uma iniciativa dos jacobinos, então em sua fase de direção política absoluta na Assembleia, e que conduziu iniciativas para minimizar os conflitos no campo, buscando a adesão dos estratos rurais. Analisando arquivos de diferentes regiões da França e, portanto, identificando as particularidades do processo revolucionários em diferentes regiões, pôde compreender as divergências de interesses entre os setores rurais e urbanos e a política executada pelo partido jacobino para superar tais divergências e ligar os diferentes estratos com o projeto republicano em construção (Friguglietti, 1972, 1974; Gauthier, 2008).

Ao conjugar as disputas entre os jacobinos e os girondinos – que ocorriam no âmbito da Assembleia e que foi vencido pelo partido de Robespierre, culminando na instauração do comitê – com a leitura das mobilizações populares, Mathiez inovou a forma de abordagem da revolução. Foi considerado um dos primeiros a pensar a história "a partir de baixo", em especial na obra *La vie chère et le mouvement social sous la Terreur* [O alto custo de vida e o movimento social sob o Terror], publicada em 1927 (Mathiez, 1936; Friguglietti, 1972, 1974).

Seu conhecimento sobre a revolução foi mobilizado nos muitos artigos que escreveu para a imprensa republicana e socialista, em especial a partir de 1917. Nesse período, o historiador era um entusiasta da Revolução Russa e dos bolcheviques, que considerou análogos à Revolução Francesa e aos jacobinos.

É importante pensar aqui sobre quais elementos apoiava-se ao identificar paralelos entre os dois eventos. Primeiro, deve-se destacar a definição da duração da revolução. Para o historiador, ela teria iniciado com a crise do Antigo Regime e a "irrupção irresistível" que gerou a queda da nobreza em 1787 e foi encerrada com a morte de Robespierre. Esse recorte temporal indica que o fim da fase jacobina encerra para ele o próprio processo de transformação, pensado como um movimento de emancipação não apenas político, mas também social e econômico (Mathiez, s./d. [1927]; Friguglietti, 1972, 1974). Ele foi encerrado, mas deve ser finalizado, e os russos estariam, no século XX, reabilitando-o.

Depois, deve-se observar que a ênfase em Robespierre e nos jacobinos indica a relevância que atribuiu ao que chamou de vontade política. A questão da iniciativa e capacidade de compreender as demandas das massas urbanas e rurais foi o que permitiu-lhe chamar os jacobinos de realistas – como fez Gramsci nos *Cadernos* – e era o que também Mathiez verificava nos bolcheviques. Porém, os jacobinos foram derrotados porque, ao cabo, suas bases mostraram-se frágeis para a profunda mudança que pretendiam, pois "não se apagam 20 séculos de monarquia e de escravidão em alguns meses", e mesmo com as mais rigorosas leis e instituições não se venceu a "resistência das coisas" (Mathiez, s./d. [1927], p. 248).

Por último, trata-se de notar que, no século XVIII, assim como para os russos a partir de 1917, a questão da edificação de um Estado novo era o desafio que envolvia refletir sobre a legitimidade do poder e os mecanismos para seu exercício (Bosc e Gauthier, 2017).

São essas identidades que Mathiez mobilizou nos textos publicados na imprensa até 1922,[5] como no *L'Humanité*, con-

[5] Três artigos publicados em setembro de 1920 por Mathiez exploram essa identidade entre as duas revoluções: *Le bolchevisme et le jacobinisme*, publicado

vertido em jornal dos comunistas franceses e do partido criado em 1920 e ligado à Terceira Internacional, cuja contribuição o historiador encerrou também em 1922 quando rompeu com o PCF. Gramsci traduziu um artigo de Mathiez, em 1921, que apresenta o paralelismo entre jacobinos e bolcheviques. Tal paralelismo foi replicado em outros textos redigidos antes de sua prisão, ocorrida em novembro de 1926 (Areco, 2018; Medici, 2000; Gervasoni, 1998). Nos *Cadernos,* ele fez referência à *História da Revolução Francesa,* uma síntese histórica publicada em três tomos entre 1922 e 1927.[6]

O historiador francês não era um marxista[7] e existem diferenças significativas entre o que pode-se chamar de republicanismo radical de Mathiez e o socialismo revolucionário de Gramsci. Mas a leitura e apropriação de Mathiez reforça a postura aberta de Gramsci diante de correntes diferentes e, por vezes, divergentes, e seu esforço em traduzir formulações tomadas de empréstimo dessas correntes em conceitos coerentes com sua teoria política marxista, como no caso da elaboração do conceito de hegemonia.

---

em janeiro, *Lénine et Robespierre*, de junho, e *Le bolchevisme est-il antidémocratique?*. Sobre Mathiez e seus textos sobre a Revolução russa ver Bosc e Gauthier (2017).

6 O primeiro tomo é intitulado *A queda da realeza (1787-1792),* o segundo, *A Gironda e a Montanha* e o último, *O Terror*.

7 "Nós publicamos as notáveis notas inéditas que o historiador dos Iguais, Buonarroti, redigiu em sua velhice para vingar Robespierre [...]. Babeuf e Buonarroti tiveram ganho de causa com os democratas e socialistas de sua geração. Somente em nossa época, quando a tradição da revolução se perdeu, sobretudo depois de 1870 com a invasão marxista, que os democratas e socialistas franceses, ou ao menos alguns entre eles, se deixaram levar por teses tendenciosas, mais políticas que históricas, e deixaram de compreender Robespierre, que seus antecessores admiravam" (Mathiez *apud* Bosc e Gauthier, 2017).

Gramsci e Mathiez

Em 8 de fevereiro de 1929 Gramsci redigiu as primeiras páginas do *Caderno 1*. Cerca de dois anos depois de sua prisão, finalmente havia conquistado o direito de escrever em sua cela na Casa Penal Especial de Turi. O *Caderno 1* demarca, assim, o início do projeto intelectual a ser desenvolvido quando passou a "ler segundo um plano e desenvolver argumentos, não mais apenas devorar livros" [Lettere (L) 141, 9 de fevereiro de 1929] (Gramsci, 1965, p. 236).

Tendo seu plano em vista, na primeira página redigiu um sumário de assuntos que pretendia abordar. Em 25 de março de 1929, escreveu uma vasta lista de títulos que estariam em Roma e que deveriam ser-lhe enviados, mas precisou:

> Claro que não significa que eles devam ter sido enviados para mim imediatamente. Muito pelo contrário. Por enquanto, tenho muito o que ler. *Mas esses são livros que eu comprei com a intenção de fazer certas pesquisas, que* [...] *fazem parte de uma estrutura cultural que eu precisarei no futuro.* [L. 147, 25 de março de 1929] (Gramsci, 1965, p. 248, itálicos meus)

Entre os livros, estavam os dois primeiros volumes da *História da Revolução Francesa* de Mathiez. Portanto, Gramsci tinha acessado a produção do historiador quando, em fevereiro de 1930, escreveu a nota que fez referência à França e ao jacobinismo.[8] Intitulado *Direzione politica di classe prima e dopo l'andata al governo* [Direção política de classe antes e depois da chegada ao governo] (Q1, § 44), é um dos parágrafos que marcam uma aceleração da redação dos textos – depois de

---

[8] Sabe-se que ele redigiu o *Caderno 1* simultaneamente com outros cadernos, os chamados *Cadernos de tradução* e *Miscelâneos*. Depois de escrever o sumário de 8 de fevereiro, voltou ao *Caderno 1* apenas quatro meses depois, isto é, em junho de 1929, e utilizou-o até maio de 1930.

uma pausa inicial de quatro meses sem escrever no Q1 – e o aprofundamento teórico e histórico em relação às notas anteriores à prisão com a retomada de temas explorados no texto *Notas sobre a questão meridional* de 1926.

O conceito de hegemonia foi utilizado pela primeira vez nos *Cadernos* no § 44, entre aspas e adjetivado: "hegemonia" política. No escrito de 1926, tratou de hegemonia do proletariado e a partir deste parágrafo do texto carcerário, o termo foi expandido e utilizado para tratar de processos históricos do passado, presente e futuro nos quais investiga como um determinado grupo ou classe exerce sua função dirigente e dominante (Cospito e Frosini, 2017, p. 198).

Para fazê-lo, coloca em contraposição a experiência francesa de sua revolução, o processo de unificação italiano e a trajetória da burguesia nos dois processos. Gramsci, portanto, abordou no § 44 a dimensão histórica de processos de hegemonia, elaborando uma tipologia, ainda nessa fase de redação, formulada em termos mais gerais e ligada a *situações de crise de hegemonia* ou, em outros termos, a contextos nas quais se coloca a possibilidade de criação de um novo Estado.

Indicando que dentre as fragilidades do Partido da Ação estava a ausência de uma base efetiva e sua incapacidade de atrair quadros intelectuais, observa que ele também foi incapaz de assimilar as demandas dos estratos sociais populares. O Partido da Ação é distinto do partido francês, não obstante tenham sido jacobinos em sua vontade de unificar (quase que restrita a uma unidade geográfica, mas não social), o que fez deles jacobinos apenas na forma e não no conteúdo (Q1, § 44).

Mathiez não é citado neste parágrafo, mas alguns elementos remetem ao autor. Primeiro, a ênfase nos jacobinos e no jacobinismo (tal como Mathiez), que era ausente em outras produções historiográficas[9] ou tratada como um desvio ou apenas como exercício de pura força.[10] Esse grupo, lembra Gramsci ainda no Q1 § 44, também havia sido identificado por Marx, n'*A sagrada família*, como fundamental para a consolidação do poder da burguesia. O marxista italiano reitera Marx também ao considerar que formulações jacobinas, fundamentadas no direito natural, não eram abstrações, mas elaborações concretas e ligadas tanto à cultura como à história daquele país.

Outro elemento que faz forte aceno à historiografia de Mathiez é a compreensão dos jacobinos como formuladores de uma política voltada para a construção da unidade, entendida como unidade territorial (campo e cidade), política (sob a república una e indivisível) e social (camponeses e trabalhadores rurais, em conjunto com a burguesia, isto é, entre os membros do Terceiro Estado). Esse projeto de unidade nacional foi continuado por Napoleão e, indica Gramsci, nos anos de 1930, pelos radicais socialistas franceses. Isso quer dizer que o processo expansivo, de revolução, que visa ampliar suas bases alcançando os estratos populares, havia sido encerrado com os jacobinos, mas reabilitado com tentativas posteriores (Q1, § 44).

A comparação entre Partido da Ação e os jacobinos consiste, assim, em traçar historicamente a atuação dos dois grupos políticos e mostrar o processo por meio do qual os últimos

---

9 Como no caso de Croce, cuja historiografia Gramsci considera "um hegelianismo degenerado e mutilado, porque sua preocupação fundamental é o pânico dos movimentos jacobinos, de toda intervenção ativa das grandes massas populares como fato de progresso histórico" (Q10, § 6, p. 1220). Em *Storia d'Europa nel secolo decimonono*, Croce exclui as guerras napoleônicas e encerra a narrativa com a Primeira Guerra Mundial.

10 Como em A. Aulard, crítico radical de Robespierre e dos jacobinos, também citado por Gramsci no Q1, § 47 e Q2, § 91. Os debates e posicionamentos dos historiadores acerca dos jacobinos pode ser lida em Vovelle (2000).

se tornaram partido dirigente. Para Gramsci, a insurreição clerical e realista ocorrida no departamento da Vendeia foi o episódio que deu início à direção jacobina no processo revolucionário. Em suas palavras,

> sem a política agrária dos jacobinos, Paris seria cercada pela Vendeia em seus portões: a resistência a Vendeia propriamente dita está ligada à questão nacional [...] da 'república una e indivisível', a qual os jacobinos não podiam renunciar sob o risco de suicídio: os girondinos buscaram alavancar o federalismo para esmagar os jacobinos, mas as tropas provinciais levadas à Paris passaram para o lado dos jacobinos: exceto a Bretanha e outras pequenas zonas periféricas, a questão agrária apresentava-se separada da questão nacional, como se vê neste e em outros episódios militares: a província aceitava a hegemonia de Paris, isto é, os rurais compreendiam que seus interesses estavam ligados àqueles da burguesia. (Q1, § 44, p. 63)

Essa leitura apresenta um paralelismo bastante importante com a produção de Mathiez. Para o historiador, a resposta dos montanheses (de maioria jacobina) às agitações nos departamentos contra os revolucionários, foi adotar a política agrária que a Gironda recusava a fazer, "para conservar seu contato com as massas, talvez mesmo a contragosto". E a Vendeia teve como resultado o Terror, isto é, a ditadura jacobina, depois de uma reorganização das forças políticas que fez com que parte dos republicanos aderissem à Montanha e esse partido se encaminhasse mais para a esquerda, atendendo reivindicações das alas mais radicais, como os *Enragés* (Mathiez, s./d. [1927], p. 214).

No Q1 § 48, a hegemonia aparece sem aspas e indica não mais apenas o momento de criação de um novo Estado, mas é aproximado dos *modos de exercício do poder*, que depende do consenso permanentemente organizado na esfera privada, segundo a fórmula hegeliana, na qual se expande e se aprofunda a base econômica pautada na indústria e na cidade, com o instrumento parlamentar passando a ser a forma "normal" de equilíbrio de forças (Q1, § 48).

Por fim, no Q1 § 44 – assim como no Q1 §48 –, ao tratar das estratégias de assimilação das demandas das classes e grupos populares executada pelos jacobinos, Gramsci cita a Lei *Le Chapelier*[11] e adiciona posteriormente (não podemos saber quando, exatamente) a Lei do Máximo.[12] Esse conjunto de leis foi abordada por Mathiez no tomo III de sua obra.

Gostaria de confrontar os § 44 e § 48 do Q1, com atenção aqui à referência a essas duas leis.

Q1, § 44 (itálicos meus)	Q1, § 48 (itálicos meus)
Que os jacobinos permaneceram sempre no terreno de classe é demonstrado pelos acontecimentos que se seguiram ao fim e depois com a morte de Robespierre: esses não queriam reconhecer aos operários o direito de coalizão (Lei Le Chapelier [*e suas consequências na lei do "maximum"*]) e assim derrotaram o bloco urbano de Paris; suas forças de assalto, que se reuniam na Comuna, se dispersaram, desapontaram, e o Termidor prevaleceu: a revolução havia encontrado seus limites de classe: a política dos "aliados" havia desenvolvido questões novas que essas não podiam resolver.	O "limite" encontrado pelos jacobinos com a Lei Le Chapelier *ou o maximum* é superado e alargado através de um *processo complexo*, teórico-prático (jurídico-político = econômico) pelo qual se recupera [*riottiene*] o consenso político (se mantém a hegemonia) permanente.

[11] O que era a Lei Le Chapelier (1791-1864): Em 14 de junho de 1793, foi promulgado um decreto que complementava a referida lei que dizia que "se os cidadãos que compartilham as mesmas profissões, arte ou ofício, deliberem ou realizem convenções para fixar salários, as deliberações e convenções serão consideradas inconstitucionais, atentados à liberdade e à declaração de direitos dos homens".

[12] Promulgada em 4 de maio de 1793 pela Convenção Nacional, instituiu o máximo decrescente do preço dos grãos, quando a França se encontrava em uma crise econômica importante. A lei definiu que todo cultivador deveria declarar a quantidade de grãos que possuía; as vendas deveriam ser feitas apenas no mercado e os oficiais municipais poderiam fazer requisições aos detentores de grãos. O preço médio de janeiro a maio passaria a servir de *maximum*, e o *maximum* deveria ser reduzido sucessivamente em escalas de cerca de 25%.

Os termos destacados foram inseridos no texto por Gramsci posteriormente, nas entrelinhas. Os dois parágrafos foram redigidos entre fevereiro e março de 1930. Mas apenas em junho do mesmo ano, em uma nova carta, solicitou o terceiro volume de Mathiez.[13]

A referência à Lei *Le Chapelier* e do Máximo aparecem nas notas dos cadernos como instrumentos para a obtenção de consenso dos "aliados". Mas o que significa dizer que alcançaram seu limite? No § 44, Gramsci indica que os jacobinos se mantiveram na política de classe – era o partido da classe burguesa –, mas expandiram demasiadamente seus limites. Aproximaram-se da política radical dos *Enragés* – como a defesa de distribuição de terras –, permitindo que novas questões, com potencial de dissolução das conquistas da classe burguesa, aparecessem.

Entender por que as duas leis – do Máximo e *Le Chapelier* – são abordadas conjuntamente traz certa dificuldade. A *Le Chapelier* proibiu organizações ou associações de qualquer tipo. Robespierre era contra (Jaume, 2015). A Lei do Máximo estipulou um teto para o preço de grãos e teve a finalidade de enfrentar a miséria na cidade. Robespierre e os jacobinos foram responsáveis pelo Máximo. O que ocorre é que a proibição de associações atacava a existência de organizações como os clubes jacobinos. E a Lei do Máximo era um arranjo econômico que colocava em questão a noção de livre mercado defendida pelos fisiocratas e girondinos. Por que em conjunto encerram os

---

[13] "Gostaria que você me enviasse dois livros da Biblioteca: 1º Benedetto Croce – Alessandro Manzoni – Editora Laterza, Bari – 2º Albert Mathiez – Revolução Francesa, Tomo III. *La Terreur* – Coleção Armand Colin – da mesma editora, Paris (avise que eu só quero esse terceiro volume, porque eu já tenho os dois primeiros) [16 de junho de 1930] (L, 190, p. 340)".

limites de um consenso em torno dos jacobinos? Tal resposta é indicada no § 48: essas leis são superadas e alargadas por um "processo complexo", "teórico prático", em busca de um consenso permanente. Poder-se-ia dizer: um consenso sem o risco do jacobinismo.

Mas é no Q13, § 37, onde retoma os dois parágrafos citados, que Gramsci desenvolve mais a resposta:

> O 'limite' encontrado pelos jacobinos na *Lei Chapelier* e na *Lei do Maximum,* é superado e levado adiante progressivamente através de um *processo completo,* no qual se alternam a atividade propagandística e a atividade prática (econômica, político-jurídica): a base econômica do desenvolvimento industrial e comercial é continuamente alargada e aprofundada, das classes inferiores elevam-se às classes dirigentes os elementos sociais mais ricos de energia e de espírito de iniciativa, a sociedade inteira está em um contínuo processo de formação e de dissolução seguido de formações mais complexas e ricas de possibilidade; isto dura, em linha geral, até a época do imperialismo e culmina na guerra mundial. (Q13, § 37, p. 1636, itálicos meus)

Vejamos: é um processo completo, não complexo (como no § 48), quando Gramsci aproxima-se do desenvolvimento da noção de Estado integral, no qual as associações da base civil são permeadas pela atividade de propaganda e de iniciativas econômicas que "organizam o consenso". O Máximo aparece, nesta redação, incorporado ao texto. O *Caderno 13* foi redigido entre abril de 1932 e novembro de 1933 – depois que pediu o livro de Mathiez a Tatiana.

Poderíamos falar de uma superação dialética do Máximo e da Lei Le Chapelier, como uma forma de manter estável as conquistas da fase ativa da revolução, mas sem os revolucionários e os riscos potencialmente desagregadores.

O importante *Caderno 13* é formado por várias notas reescritas e extraídas do *Caderno 1*.[14] Pode-se ver neste caderno o esforço de desenvolver sua reflexão sobre Maquiavel, o que o próprio título dado pelo marxista indica: *Noterelle sulla politica del Machiavelli* [Notas sobre a política de Maquiavel]. Para isso, ele selecionou parágrafos redigidos em outros cadernos sobre o assunto. O autor de *O príncipe* é tratado como um protojacobino por combinar o realismo com a existência de um projeto, no caso, a unidade na península (Q10).

De novo a relevância do jacobinismo, trazida para o Caderno no qual ele avança na formulação de uma teoria política capaz de apreender as relações de força e a dupla dinâmica por meio da qual a dominação é exercida, isto é, a força e o consenso. De forma complementar, o horizonte que mobiliza Maquiavel – a unidade – é também o elemento que Gramsci valorizou na atuação dos jacobinos.

Em um artigo de 1936, Mathiez criticou os fisiocratas, manifestando o continuísmo que haveria entre os interesses dos proprietários fundiários e a monarquia. A monarquia tinha interesse na propriedade agrícola, depois de ter organizado um sistema de taxação. Ao cabo, os fisiocratas limitariam o poder do Estado à proteção da propriedade das terras, subordinando o interesse social ao individual, amparados na ideia de direitos naturais que incluía o direito à propriedade. Mathiez indica uma certa sacralização do direito à propriedade, cuja força constrangia mesmo a classe dominante do Antigo Regime. Quesney chegou a considerar

[14] Não apenas do *Caderno 1*: também reescreveu notas dos *Cadernos 4, 8, 7* e *9* ao redigir o *Caderno 13*.

que ao rei não cabia mais governar, mas apenas seguir as leis. Os fisiocratas não estariam limitados a uma política ou teoria econômica, mas é "uma filosofia que compreende uma moral e uma política, e esses caracteres os torna mais sedutor e dá mais escopo" (Mathiez, 1936, p. 203).

Gramsci provavelmente não leu este artigo, mas ele aproxima-se da forma como Mathiez abordou a relação entre política e direito no período revolucionário: o "governo das leis" havia se alimentado das teorias econômicas em curso; essas teorias e sistemas estavam em disputa no contexto. Por isso Robespierre, em uma direção oposta aos fisiocratas, orientou sua atuação política tendo em vista a necessidade de amparar as conquistas em uma linguagem jurídica. Demarcando na esfera estatal as conquistas obtidas no âmbito parlamentar e nas lutas sociais (que anteciparam a chegada dos jacobinos ao poder), a legislação seria um ponto importante para que a classe revolucionária se fizesse Estado.

O Máximo, instituído durante o Ano I, era uma oposição à teoria fisiocrata dos girondinos. O novo limite superado pela classe em 1793, com essa lei, era a demonstração clara de sua capacidade de adaptação e de iniciativa. É a noção de uma relação entre as classes (exercício da direção) como mecanismo da hegemonia que o tabelamento de grãos explicita (hegemonia = direção + domínio). Tendo como pressuposto a república una e indivisível e a convergência dos interesses particulares em um bem comum (a pátria), a lei impôs aos camponeses os ônus mais pesados, que não estavam dispostos a aceitar. Ainda no período pré-carcerário, Gramsci acentuou que o Máximo teve uma função importante na formação de um espírito unitário na França: por meio dele, o Estado atuou "pedagogicamente", colocando pilares necessários para o posterior surgimento do patriotismo entre os camponeses.[15]

As duas leis explicitam o fundamento do programa jacobino: economia + política. Enquanto a primeira (*Le Chapelier*) demonstra que o liberalismo é também uma direção imposta ao mercado, por meios coercitivos, de modo que a separação entre sociedade civil e sociedade política não pode ser senão uma abstração de utilidade analítica, a segunda (Máximo) mostra que a hegemonia pôde ser obtida quando a classe revolucionária se colocou como a classe universal.

Ao contrário da direção popular que a Lei do Máximo dava à política da Convenção, a proibição de associações da Lei *Le Chapelier* era uma clara oposição às reivindicações dos trabalhadores que começavam a se organizar sob forma próxima aos sindicatos modernos. Ela foi eficiente ao colocar fim às limitações ao mercado capitalista, representadas pela organização coletiva do trabalho feudal (corporações, guildas e associação de produtores rurais). Entender o caráter dessa lei exige considerar que ela manifestou com clareza a capacidade expansiva do projeto revolucionário em uma perspectiva liberal clássica, encerrando no passado os privilégios de castas e abrindo o mercado às iniciativas dos indivíduos. Ao fazê-lo, a lei impôs um atomismo nas relações sociais de produção, identificando no indivíduo atomizado o único corpo adequado ao sistema político representativo: "a 'vontade geral' não existe senão no corpo da Assembleia [...]; não pode existir vontade coletiva ou corpo unificado fora da Assembleia". É uma ruptura radical com o passado, expressa no texto da lei: "*não existem*

---

15 No artigo *I contadini e lo Stato* [Os camponeses e o Estado] publicado no *Avanti!* – seção piemontesa (6 de junho de 1918).

mais nem *jurandes* e nem corporações de profissionais, artes e ofícios. A *lei não reconhece mais* nem os votos religiosos nem um outro engajamento que seja contrário os direitos naturais ou à Constituição" (Jaume, 2015).

Condenado ao lado dos privilégios das corporações, e fundamentado na mesma concepção que refutava qualquer tipo de corpo intermediário entre o indivíduo atomizado e o Estado, o direito à associação (ausente também na Constituição de 1791) foi suplantado e precisou de mais de um século para vir à luz. A lei atuou assim não apenas como um instrumento de estabilização das conquistas da classe, mas pretendia moldar o futuro em um sentido pré-determinado.

Conclusão

A questão da unidade campo e cidade na análise gramsciana dos jacobinos seria uma transposição da problemática da frente única entre proletariado e camponeses na URSS? Pode-se afirmar que, em realidade, os dois processos históricos – Revolução Francesa e Revolução Russa – permitem-no aprofundar sua concepção de hegemonia por meio de uma investigação das formas de construção do consenso em duas situações históricas diversas que, não obstante separadas no tempo e no espaço, tiveram que enfrentar questões similares. Como Thomas (2009, p. 143) afirma, a experiência de construção do Estado proletário na URSS (que Gramsci acompanhou de perto entre 1922 e 1923) serviu-lhe de material para sua reflexão durante o período do cárcere. Ela havia explicitado a necessidade de uma teoria política do Estado proletário que não podia ser uma simples transposição de uma teoria vinculada à experiência histórica de construção do Estado burguês.

Mas deve ser ressaltado que Gramsci tratou a construção da hegemonia pelos jacobinos históricos como emblemática. Diante da diversidade de interesses, por vezes antagônicos, que compunham o Terceiro Estado, coube ao grupo de Robespierre e Marat colocar-se como expressão da vontade coletiva e não de interesses corporativos particulares. Notará Medici (2000) que, na primeira fase de redação dos *Cadernos*, o jacobinismo aparecerá com uma dupla acepção: "caso exemplar de exercício da direção política e expressão de uma formidável capacidade de acelerar o tempo histórico no sentido da inovação política e social". Quer dizer, o jacobinismo foi a organização política de uma força social e econômica específica (partido de classe), em determinado momento do desenvolvimento das forças produtivas. Foi capaz de fazer germinar uma vontade coletiva, na qual os diferentes estratos do Terceiro Estado viram seus interesses ao menos parcialmente acolhidos e, mais do que isso, foi capaz de se antecipar às necessidades da classe revolucionária: ao fundar o Estado como seu organismo próprio, "destinado a criar as condições favoráveis à máxima expansão do próprio grupo", ele direcionou o futuro em um determinado caminho, de acordo com um programa. A capacidade de previsão dos jacobinos repousou, portanto, não em uma sobrevalorização da consciência histórica (expressão de Furet) e sim em sua capacidade política, ou nos termos de Badaloni (1987), em seu "realismo metodológico", que se encontra com um programa político cuja objetividade "se revela no sucesso da previsão".

Se os jacobinos foram aptos em construir a hegemonia, seu exercício passou a depender do desenvolvimento político-jurídico, alcançando a forma mais madura no sistema parlamentar animado pelas disputas partidárias e pela organização de interesses coletivos, produzido em um longo processo que chega até o século XX. Para isso, tornou-se antes dispensável o partido radical da Revolução e a reação do Termidor bloqueou politicamente as forças mobilizadas pelos jacobinos.

A contribuição de Mathiez, assim, é essencial para desdobrar os aspectos jurídicos e econômicos envolvidos na construção da hegemonia na França. Com sua leitura da obra do historiador francês, Gramsci pôde avançar em relação às formulações presentes no debate soviético, precisamente por esmiuçar a forma que chamou de exemplar – a França e sua revolução. Aquela experiência histórica serviu, assim, como um eficiente campo de provas de suas elaborações acerca da conquista e exercício do poder, o que permitiu construir seu conceito de hegemonia.

Nas notas que tratamos (A: Q1, § 44 e Q1, § 48 e C: Q13, § 37), o limite da assimilação dos demais grupos ao projeto dos jacobinos foi identificado na Lei *Le Chapelier* e na Lei do Máximo. Gramsci citou a Lei *Le Chapelier* e, mais tarde (não se pode precisar exatamente quando), acrescentou ao texto, nas entrelinhas, a Lei do Máximo. É possível sugerir que essa atenção ao máximo dependeu de uma leitura de Mathiez, mais especificamente do último volume de *La Révolution Française*, que Gramsci solicitou por carta a Tania em 16 de junho de 1930 (LC, 190). Além disso, pretendemos demonstrar que o historiador francês foi um interlocutor implícito das notas do *Caderno 1*, quando elaborava o conceito de hegemonia – depois retomadas no *Caderno 13*, quando Mathiez torna-se um interlocutor manifesto.

Além disso, com esse artigo, pretendo afirmar que ao tratarmos do processo de construção do conceito de hegemonia nos *Cadernos*, seria importante mais do que considerarmos a presença da França e sua história, entender a relevância de Mathiez e sua particular leitura daquele processo histórico.

Referências bibliográficas

ARECO, S. M. *Passado presente*: a Revolução francesa no pensamento de Gramsci. 1. ed. Curitiba: Appris, 2018.

BADALONI, N. Gramsci: a filosofia da práxis como previsão. *In*: HOBSBAWN, E. (org). *História do marxismo.* Rio de Janeiro: Paz e Terra, 1987.

BOSC, Yannick. GAUTHIER, Florence. Révolution russe et Révolution française. Paris: Paris: Éditions Critiques, 2017.

BOSC, Y. Albert Mathiez, la guerre, la " dictature" et le pouvoir constituant. *In*: BIARD, M. et DUCANGE, J-M (dir.). *L'exception politique en révolution*: pensées et pratiques (1789-1917). PURH: 2019.

COSPITO, G. FROSINI, F. Introduzione. *In*: GRAMSCI, A. *Quaderni del carcere 2. Quaderni miscellanei (1929-1935).* A cura di Giuseppe Cospito, Gianni Francioni e Fabio Frosini. Roma: Istituto della Enciclopedia Italiana, 2017.

FRANCIONI, G. *L'officina gramsciana*: ipotesi sulla struttura dei "Quaderni del carcere". Napoli: Bibliopolis, 1984.

FRIGUGLIETTI, J. Albert Mathiez, an historian at war. *French Historical Studies*. v. 7, n. 4, p. 570-586, 1972.

FRIGUGLIETTI, J. *Albert Mathiez, historien révolutionnaire (1874-1932).* Paris: Société des études robespierristes, 1974.

FRIGUGLIETTI, J. La querelle Mathiez-Aulard et les origines de la Société des études robespierristes. *Annales historiques de la Révolution française*, Armand Colin, Société des études robespierristes, n. 353, 2008.

GAUTHIER, F. Albert Mathiez, historien de la Révolution Française. *Annales historiques de la Révolution française*, n. 353, 2008, p. 95-112.

GERVASONI, M. *Antonio Gramsci e la Francia*: dal mito della modernità alla "scienza della politica". Milano: Edizioni Unicopli, 1998.

GRAMSCI, A. *Lettere del carcere.* A cura di Sergio Caprioglio e Elsa Fubini. Torino: Einaudi, 1965.

GRAMSCI, A. *Quaderni del carcere 2.* Quaderni miscellanei (1929-1935). A cura di Giuseppe Cospito, Gianni Francioni e Fabio Frosini. Roma: Istituto della Enciclopedia Italiana, 2017.

GRAMSCI, A. *Quaderni del carcere.* Edizione critica dell'Istituto Gramsci. A cura di V. Gerratana. Torino: Einaudi, 1975.

JAUME, L. *Le religieux et le politique dans la Révolution française*: l'idée de régénération. Paris: PUF, 2015.

KONDRATIEVA, T. *Bolcheviks et Jacobins.* Paris: Payot, 1989.

MATHIEZ, ALBERT. História da Revolução francesa. São Paulo: Atena: s/d. 3v.

MATHIEZ, A. Les doctrines politiques des physiocrates. *Annales Historiques De La Révolution Française,* v. 13, n. 75, p. 193-203, 1936. Disponível em: www.jstor.org/stable/41924765. Acesso em: 25 ago. 2021.

MEDICI, R. *Giobbe e Prometeo*: filosofia e politica nel pensiero di Gramsci. Firenze: Alinea, 2000.

PIPARO, F. L. *Lingua, intellettuali, egemonia in Gramsci.* Bari: Laterza, 1979.

IVES, P. A Grammatical Introduction to Gramsci's Political Theory. *Rethinking Marxism*, n. 1, Spring, 1998.

POGHOSYAN, V. Sur la polémique entre Albert Mathiez et les historiens soviétiques. *In*: COLIN, Armand. *Annales historiques de la Révolution française*, n. 1, p. 31-54, 2017.

SCHIRRU, G. Antonio Gramsci studente di linguistica. *Studi storici*, p. 925-973, 2011.

SCHIRRU, G. La categoria di egemonia e il pensiero linguistico di Antonio Gramsci. *In*: D'ORSI, A. (a cura di). *Egemonie.* Napoli: Dante & Descartes, p. 397-444, 2008.

THOMAS, P. D. A Revolution against Capital? Gramsci and the 'visual angle' of October 1917. *Gramsciana,* 3, p. 35-49, 2016.

REVOLUÇÃO PASSIVA E REVOLUÇÃO-RESTAURAÇÃO: DOIS CONCEITOS EM CONSTRUÇÃO

Luciana Aliaga[1]

Introdução

O conceito de revolução passiva recebeu uma valorização tardia em sua difusão e recepção se considerados outros conceitos formulados por Antonio Gramsci nos *Cadernos do cárcere*. Imediatamente após a publicação das primeiras edições na Itália, a partir de 1947, seguiram-se debates que tornaram centrais as discussões sobre o papel dos intelectuais na organização da cultura. Subsequentemente, o conceito de hegemonia se tornou central, em especial na segunda metade da década de 1950 na Itália (Thomas, 2018). Apenas após a publicação da edição crítica organizada por Valentino Gerratana, em 1975, é que o conceito de revolução passiva passará a ter centralidade na bibliografia produzida na Itália e nos países onde suas obras foram traduzidas – especialmente no Brasil e na Argentina,

[1] Professora do Departamento de Ciências Sociais (DCS) e do programa de pós-graduação em Ciência Política e Relações Internacionais (PPGCPRI) da Universidade Federal da Paraíba (UFPB/Brasil). Líder do Grupo de Pesquisa Materialismo e Modernidade – CNPq-UFPB. Secretária da *International Gramsci Society* – IGS-BRASIL. E-mail: lualiagaa@gmail.com

que foram os primeiros a publicar o maior volume de obras de Gramsci em língua não italiana (Aricó, 1988; Del Roio, 2011; Coutinho, 2007; Secco, 2002).[2]

Desde a segunda metade da década de 1970, com efeito, houve uma notável propagação de leituras que chamavam atenção para a capacidade explicativa deste conceito, "sua distinção em comparação com outras teorias da revolução e sua 'atualidade' em diferentes conjunturas políticas" (Thomas, 2018, p. 2). Ele, de fato, tem dado mostras de sua validade como chave de interpretação histórica não apenas para o estudo da Itália, mas também – e sobretudo – pela sua potencial abrangência, isto é, como guia de pesquisa aplicável a diferentes contextos nacionais. Neste sentido, como observa Roccu (2017, p. 549), a proliferação de estudos que utilizam o conceito para compreender processos específicos – podemos dizer, para "traduzir" o conceito para diferentes realidades sociais em diferentes temporalidades – "parece consistente com a compreensão de Gramsci da revolução passiva como 'um critério de interpretação'".

A tradução entre culturas como metáfora linguística e como metodologia histórica – ou, pode-se dizer, a tradutibilidade – consiste em uma proposição original de Gramsci. Ela se

[2] Enquanto a Argentina traduziu as primeiras obras (publicação parcial do *Cadernos do cárcere*) entre 1958 e 1962, no Brasil, as primeiras traduções foram publicadas entre 1966 e 1968. "Nesses anos, ambas edições foram as mais numerosas e completas em língua não italiana" (Aricó, 1988, p. 135). Destaca-se o fato de que o volume *Il Risorgimento* da primeira edição italiana, publicado pela Editora Einaudi em 1949, que reúne as notas do *Cadernos 19*, onde se encontra a maior parte das anotações sobre a revolução passiva italiana, nunca foi traduzido para o português. De modo que o leitor brasileiro só teve acesso ao texto em português após a publicação da tradução da versão crítica organizada por Carlos Nelson Coutinho, em edição temática, a partir de 1999.

debruça especialmente sobre a possibilidade de transmigração de conceitos entre diferentes realidades sociais e, por esta razão, tem sido objeto de estudo da bibliografia recente interessada na investigação das vias e características da revolução passiva em contextos particulares.[3] De acordo com Boothman (2009, p. 855), Gramsci se debruçou nos *Cadernos* sobre dois diferentes aspectos da tradução: a possibilidade teórica de traduzir algo e a atividade prática de traduzir, que se imbricam em dois processos diferentes, a tradução entre línguas naturais e entre culturas nacionais. No que se refere à língua, Gramsci teria chegado à conclusão que uma tradução exata, uma transposição do sentido original como um "esquema matemático" jamais seria possível (Q16, § 21, p. 1893)[4]. Contudo, uma vez que as línguas naturais são expressões das culturas nacionais – "Gramsci antes de tudo ancora a linguagem na realidade nacional", esquivando-se da "naturalização" e da "alienação" linguística –, a tradutibilidade cultural depara-se com a mesma dificuldade prática, isto é, em ambos os casos, as modificações semânticas são sempre necessárias, de modo que "*tradurre*" implica fatalmente em "*tradire*" o objeto original (Boothman, 2009, p. 856; p. 858). Deste modo, traduzir significa recriar as ideias e os conceitos nas condições específicas da cultura que os recepciona, incorporando-os a ela como se fossem sua expressão originária (Lacorte *et al.*, 2013, p. 256). Dito de outro modo, traduzir um conceito ou

---

3 Ver, por exemplo, Del Roio, 2012, 2014, 2018; Lacorte, 2013; Cortés, 2016; Goes, 2016.

4 Adotamos aqui o padrão internacional de citação de A. Gramsci nos *Quaderni del Cárcere* na edição crítica organizada por Valentino Gerratana (Gramsci, 2007), utilizando a letra "Q" para indicar o *Cadernos*, seguida do parágrafo (§) e da página de referência.

uma ideia originalmente formulada nas condições sociais de uma dada realidade nacional para uma cultura diversa implica na criação de uma "novidade teórica" (Cortés, 2016, p. 152) e não em uma transposição mecânica e dogmática tal como um esquema matemático.

Portanto, a tradução do conceito de revolução passiva para diferentes contextos e períodos históricos, ao mesmo tempo em que oferece profícuas abordagens analíticas, impõe severas dificuldades. Recriá-lo nas condições específicas da cultura que o recepciona consiste de fato em um trabalho minucioso que não pode perder de vista a diversidade das formações sociais, do movimento histórico e de suas contradições. Neste caso específico, o desafio aumenta expressivamente em função da complexidade e amplitude semântica da formulação original do conceito. Destarte, uma das principais dificuldades de interpretação e tradução do conceito de revolução passiva é, como expomos a seguir, sua excessiva extensão, que ameaça esgarçar os sentidos e anular as potencialidades explicativas. Pesquisas recentes têm alertado para o problema da sua extensão e consequente perda da precisão. Alex Callinicos, em *The limits of passive revolution* (2010), chama a atenção para a extensão do conceito que o próprio Gramsci operou nos *Cadernos do cárcere*. Por outro lado, Peter Thomas, em *Gramsci's Revolutions: passive and permanent* (2018), observa que o conceito tem recebido usos contemporâneos, que a despeito de indicar sua atualidade, ampliam ainda mais as possíveis interpretações da revolução passiva.

De acordo com Callinicos, o conceito de revolução passiva padeceu de "um problema crônico de excesso de extensão nos próprios *Cadernos do cárcere*" (Callinicos, 2010, p. 492). Segundo o autor, inicialmente a revolução passiva seria utilizada para interpretar o *Risorgimento*

> como um processo através do qual a dominação burguesa é estabelecida, gradualmente e por meio de um compromisso entre as classes exploradoras, em contraste com o processo radical e pontual de destruição do Antigo Regime instituído na França, a partir de baixo, pelas massas populares de 1789 a 1794, sob a liderança dos jacobinos. (Callinicos, 2010, p. 492)

O empenho de Gramsci, contudo, iria muito além da análise da revolução burguesa italiana. Suas formulações tornariam evidentes os esforços em contribuir com "a extensão da problemática marxista das revoluções burguesas – isto é, dos esforços teóricos para entender as transformações que criam as condições políticas da dominação capitalista" (Callinicos, 2010, p. 494). Gramsci, assim, teria estendido o escopo da revolução burguesa do século XIX para o século XX, incluindo, no interior da reflexão sobre a revolução passiva, também uma consideração da estratégia revolucionária socialista no presente (relação entre revolução passiva e guerra de posição), assim como a interpretação do fascismo e do "americanismo e fordismo" como revoluções passivas (Callinicos, 2010, p. 496). Deste modo, Gramsci teria abrigado, sob a mesma categoria de revolução passiva, o processo de revolução burguesa, ainda que "gradual, molecular e de cima para baixo" e "os processos contrarrevolucionários, que buscam administrar as contradições estruturais do modo de produção capitalista" (Callinicos, 2010, p. 498).[5] Esta impressionante extensão do conceito nos

---

[5] Aqui se localizaria mais um problema: "a tendência de Gramsci em assimilar as estruturas das revoluções burguesas e socialistas, o que se reflete em seu tratamento do século XIX e de sua própria época como época da revolução--restauração'" (Callinicos, 2010, p. 498). Contudo, chama a atenção Callinicos (2010, p. 499), "esses tipos de revolução são profundamente diferentes em sua estrutura: o domínio do capitalismo não exige um Estado controlado

Cadernos leva Callinicos a uma postura cautelosa, e até mesmo cética, em relação às tentativas atuais de estender ainda mais o conceito para a análise de contextos contemporâneos. O autor argumenta que "o alargamento do conceito pode chegar a um ponto em que deixa de ser uma ferramenta de progresso e se torna uma ferramenta de destruição que compromete tanto o significado quanto a verdade" (Callinicos, 2010, p. 492).

Esta extensão do conceito já havia sido observada anteriormente por Felice (1978, p. 194-195), segundo o qual, para a recondução do fascismo, do transformismo e de outros fenômenos históricos no interior da categoria de revolução passiva, foi necessário elevar "o grau de elaboração desta categoria a uma generalização muito maior que aquela conexa à reapropriação da fórmula de Cuoco ou às especificações históricas que podem caracterizá-las". Neste mesmo sentido, Roccu (2017) – a despeito de polemizar com Callinicos ao chamar a atenção para um "núcleo" de continuidade que conectaria os diferentes nexos semânticos do conceito de revolução passiva nos *Cadernos*, bem como afirmar que a extensão do conceito é, de fato, "consistente com o entendimento de Gramsci da natureza inevitavelmente contraditória do capitalismo"

diretamente pela burguesia, apenas um Estado que respeite os imperativos da acumulação de capital". Por outro lado, "o socialismo consiste no autogoverno dos 'produtores associados': portanto, isso só pode ser alcançado com a participação ativa e a direção do processo revolucionário. A revolução socialista é, portanto, necessariamente um processo de autoemancipação". Roccu (2017, p. 553) entende, contudo, que esta seria uma representação muito parcial da ambivalência do reformismo gramsciano. Para o autor, Gramsci estaria afirmando que dentro do capitalismo já existiriam "transições que apresentam uma dimensão progressiva para as classes trabalhadoras, aumentando seu potencial de autoconsciência e emancipação". Não seria, portanto, possível afirmar uma assimilação entre as estruturas das revoluções burguesas e socialistas.

(Roccu, 2017, p. 551) –, não pode deixar de reconhecer que houve uma extensão e que ela é problemática na medida em que suscita intrincadas dificuldades de interpretação, as quais ele próprio se dedica a investigar. Destarte, para Roccu (2017, p. 555), "se definida de maneira restrita, a revolução passiva se torna analiticamente mais útil, pois mantém sua especificidade como uma das formas pelas quais a reestruturação capitalista pode ocorrer em qualquer formação social". Fica evidente, portanto, que a extensão do conceito de revolução passiva – nos *Cadernos* e nas interpretações posteriores – permanece como uma pauta de investigação ainda não esgotada e sua delimitação constitui uma condição *sine qua non* da tradução para contextos particulares.

Problema intimamente relacionado à extensão do conceito de revolução passiva operada por Gramsci nos *Cadernos* consiste nos seus diversos usos contemporâneos. De acordo com Thomas (2018, p. 3), pelo menos quatro diferentes entendimentos sobre o significado da revolução passiva podem ser identificados em estudos recentes: 1. Foi pensado para representar uma reformulação do conceito mais estabelecido de "revolução (burguesa) pelo alto", entendido como um processo no qual as elites políticas existentes instigam e gerenciam períodos de convulsão e transformação social; 2. A revolução passiva foi entendida também como uma "rival ou complemento de outras teorias sociológicas macro-históricas de formação, modernização ou descolonização do Estado"; 3. Visto pelas lentes da tradição italiana do transformismo, foi conceituado como uma "estratégia e técnica política específica da arte de governar" e; 4. Como uma "lente útil para analisar a natureza e a transformação do capitalismo contemporâneo, se entendido como 'neoliberalismo' ou em outros termos". O que se constata a partir destes usos do conceito é que a revolução passiva acabou se constituindo como "uma série de conceitos com às vezes apenas uma fraca semelhança familiar".[6]

Estes problemas indicam que uma tradução rigorosa para contextos atuais exige cautela e maior aprofundamento crítico sobre os diferentes matizes do conceito nos *Cadernos*.[7] Em outros termos, traduzir a revolução passiva demanda que o conceito esteja suficientemente definido e delimitado. Uma pesquisa filológica detida,[8] baseada na análise das diferentes notas e temporalidades da produção do cárcere nos conduz a pelo menos duas constatações importantes com relação ao conceito de revolução passiva e ao conceito correlato de revolução-restauração: 1. O caráter de pesquisa em andamento; e 2. A citação de fonte secundária.

Sobre o caráter de pesquisa em andamento, embora a identificação entre o conceito de revolução passiva, originalmente formulado por Vincenzo Cuoco, e o conceito de revolução-restauração, de Edgar Quinet, seja hoje aceita de forma inequívoca – por exemplo, o *Dizionario gramsciano*, publicado na

---

6 Thomas (2018), contudo, propõe a utilização da noção de revolução passiva não como um conceito – cuja generalidade unificaria os diferentes sentidos encontrados na leitura histórica –, mas como uma "fórmula heurística"[...] "dentro da arquitetura lexical dos *Cadernos do cárcere*", com base em uma análise diacrônica e contextualista, que tornaria possível interpretar o pensamento do autor nos diferentes momentos de sua produção, em diferentes contextos do texto, "sem pressupor sua unificação originária ou eventual em um conceito" (Thomas, 2018, p. 5).

7 Neste mesmo sentido, Roccu (2017, p. 538) ressalta – diante da atual diversidade "às vezes contrastante" de interpretações do pensamento de Gramsci – a importância de voltar aos conceitos originais do autor.

8 Sobre a necessidade da análise filológica dos diferentes "ritmos" do cárcere consultar Baratta (2004). Para a datação das notas dos *Quaderni del carcere* nos basearemos em Francioni (1984).

Itália pela Editora Carocci em 2009,[9] não traz definição para o verbete "revolução-restauração" (o verbete está presente no *Dizionario*, mas remete o leitor ao verbete "revolução passiva", cf. Liguori; Voza, 2009, p. 731) –, é importante notar que nos *Cadernos* ela aparece como uma questão a ser estudada e não como uma formulação acabada.

Destarte, apresentamos aqui a hipótese de que estes dois conceitos são identificados na análise gramsciana sobre a Itália, mas eles não podem ser identificados em todos os casos, de modo que não seria correto afirmar uma revolução passiva na França, por exemplo. Nossa hipótese consiste na proposição de que Gramsci não desenvolveu o conceito em todas as suas potencialidades e não o delimitou de forma expressa nos *Cadernos*. Esta tarefa permanece, portanto, em aberto.

Sobre a citação de fonte secundária, embora as obras de Cuoco e Quinet constituam duas matrizes do conceito de revolução passiva, de acordo com o próprio autor, Gramsci não as leu no original. Segundo Gerratana, provavelmente Gramsci teve acesso ao conceito de Cuoco por meio do prefácio de Croce à *La rivoluzione napoletana* de 1799, onde se encontra uma referência à expressão "revolução passiva" na acepção de Cuoco (Gerratana, 2007, p. 2654-2655). Do mesmo modo, Gramsci chega a Quinet por meio do artigo de Daniele Mattalia, *Gioberti in Carducci*, em *La Nuova Italia*, 20 de novembro de 1931 (Gerratana, 2007, p. 2654-2655).

A dificuldade de acesso às fontes primárias inseriu os diversos problemas apontados por Antonio Di Meo no artigo *La "rivoluzione passiva" da Cuoco a Gramsci. Appunti per una*

---

9 Recém-traduzido para o português e publicado no Brasil pela Editora Boitempo em 2017.

interpretazione (2014). Di Meo, a partir da análise direta das obras de Cuoco e de Quinet, aponta para o distanciamento – ou mesmo distorção – da interpretação gramsciana em relação aos conceitos originais dos autores. De acordo com o autor, revolução passiva e revolução pelo alto consistiriam em duas abordagens diferentes: a primeira teria sido formulada por Cuoco e a segunda seria uma interpretação de Benedetto Croce, que modificou o significado original. Para Cuoco, as revoluções passivas se caracterizavam pela ausência de ação popular autônoma, de modo que caberia a uma elite revolucionária "ganhar a opinião do povo". Neste sentido,

> a condição necessária para a passagem do povo da passividade para a atividade residia – antes de tudo – na eliminação de sua separação [do povo] dos intelectuais mais avançados, especialmente porque, na época, no Reino de Nápoles, essa separação era tão dramática a ponto de provocar uma situação de divisão real da nação napolitana em dois povos distintos. (Di Meo, 2014, p. 5)

Deste modo, "as elites revolucionárias deveriam antes de tudo caracterizar-se por sua adesão às necessidades profundas do povo, e não a princípios gerais derivados das constituições de outros países" (Di Meo, 2014, p. 5). Necessário recordar, como faz Di Meo (2014, p. 9), que Cuoco era um intelectual moderado e entendia que as mudanças mais preferíveis e estáveis não eram as mais radicais. Elas deveriam atender ao princípio da moderação (Di Meo, 2014, p. 9). Em suas palavras, "a revolução não deveria extrapolar os limites de uma ativa e decisiva democracia liberal" (Cuoco, *apud* Di Meo, 2014, p. 8). Estas mudanças deveriam ser guiadas pelo alto, mas, por outro lado, entendia que era preciso atender as necessidades profundas do povo (Di Meo, 2014, p. 5-8). Deste modo, o que ocorreu em Nápoles teria sido uma falida revolução ativa, que não foi possível diante da ausência de lideranças populares ativas. Mas também não ocorreu uma revolução passiva, de acordo com o sentido original de Cuoco, que seria uma mudança guiada pelas lideranças intelectuais moderadas em contato com as autênticas necessidades populares.

Benedetto Croce, em seus numerosos escritos sobre a *Rivoluzione napoletana del 1799*, sobre a história do Reino de Nápoles e sobre a obra de Cuoco, citará poucas vezes o conceito de revolução passiva. Contudo, sua interpretação da revolução passiva lhe imprimirá um sentido diverso, de revolução pelo alto. É neste momento que os dois conceitos começam a se confundir e o conceito de revolução passiva a sofrer mudanças (Di Meo, 2014, p. 11). Assim, a "'revolução pelo alto' tendia sobretudo a excluir o povo do processo histórico, talvez incorporando algumas de suas reivindicações e realizando-as sem sua participação direta", enquanto a "revolução passiva", para Cuoco, "era a forma particular de um processo de mudança que, ao contrário, supunha a conquista do consenso do povo e sua ativação contínua e progressiva a partir de suas necessidades concretas" (Di Meo, 2014, p. 12). Croce insere, portanto, uma profunda modificação no conceito original de revolução passiva na medida em que fratura a relação entre intelectuais e povo, cuja relação assumia um caráter programático necessário nas formulações de Cuoco (Di Meo, 2014).

Contudo, os estudos croceanos sobre a República Napolitana de 1799 e a obra de Cuoco "foram de fato fundidos como se fossem uma espécie de *corpus* unitário e como se a interpretação de Croce desse evento pudesse ser homóloga aos significados que Cuoco queria expressar" (Di Meo, 2014, p. 15). Deste modo, segundo Di Meo, quando Gramsci usa o conceito de revolução passiva, este já havia sofrido o rebaixamento semântico operado por Croce. Sua primeira aparição nos *Cadernos* (Q1, § 44, p. 41) mostra o significado já alterado por Croce, apesar dele se referir explicitamente a Cuoco. Gramsci define a revolução passiva como uma revolução pelo alto,

> que tendia a não envolver os estratos populares mais profundos e até atrasados, e se realizava substancialmente em favor dos novos blocos de interesse das classes emergentes, mas também de algumas partes daquelas em processo de marginalização ou outras mais radicais cujos membros foram absorvidos molecularmente dentro do novo paradigma hegemônico. (Di Meo, 2014, p. 16)

Do mesmo modo, a interpretação gramsciana do conceito de Quinet – da revolução-restauração – está longe do sentido original formulado pelo autor de *Les révolutions d'Italie* (1848). Na realidade, por revolução-restauração, Quinet havia pretendido algo que não poderia ser identificado em nenhum caso com o conceito de revolução passiva de Cuoco:

> Na verdade, Quinet havia argumentado de maneira bem diferente: que na história da Itália, desde a Idade Média e até o momento, todas as mudanças, inovadoras ou revolucionárias, foram descritas por historiadores ou por cronistas sobretudo como uma tentativa da restauração de uma situação anterior considerada melhor, ou seja, a era clássica da República Romana e do Império, considerada uma espécie de 'era de ouro' da história italiana. (Di Meo, 2014, p. 17)

Um estudo rigoroso das duas obras mostra, portanto, que a identificação entre elas é imprópria. Contudo, levando em conta que os conceitos de revolução passiva e revolução-restauração presentes nos *Cadernos* são conceitos próprios de Gramsci, isto é, podem ser considerados elaborações novas e originais, queremos ainda insistir que a identificação entre eles é proposta na obra do cárcere como uma questão a investigar e que o autor não os identifica em todos os casos, portanto, tal extensão é inadequada. Diante destas considerações, propomos uma análise sobre a composição dos conceitos de revolução passiva e de revolução-restauração nos *Cadernos* no intuito de identificar suas especificidades, conexões e diferenças. Ao final, esperamos que fiquem claras as razões pelas quais propomos interpretar revolução passiva e revolução-restauração como conceitos conexos, porém distintos.

A composição do conceito de revolução passiva nos Cadernos

Embora a identificação entre o conceito de revolução passiva e o conceito de revolução-restauração seja consensual na bibliografia especializada, a concepção de revolução-restauração foi ainda pouco estudada e a completa identificação ao conceito de revolução passiva conduz a problemáticas antinomias, como é o caso de conceituar a Revolução Francesa ao mesmo tempo como um processo de revolução ativa e de revolução passiva.[10]

[10] De acordo com Di Meo (2014, p. 4) "a classificação de Cuoco das revoluções modernas continha duas exemplificações significativas: a Revolução Francesa iniciada em 1789 (entre as ativas) e a napolitana (entre as passivas)". Esta classificação muito provavelmente foi assimilada por Gramsci. Contudo, encontram-se análises gramscianas que identificam na França uma revolução passiva. Por exemplo, Bianchi (2016, p. 129, grifos do autor) afirma: "a revolução passiva *francesa* foi um movimento de reação a um processo revolucionário, no qual os trabalhadores haviam assumido um forte ativismo político, e uma restauração da ordem por meio do acordo entre forças políticas da burguesia e da pequena burguesia urbana com os remanescentes do antigo regime. Gramsci sintetizou este processo com a fórmula revolução-restauração". Do mesmo modo, Kebir (2003, p. 149), ao discutir o conceito de revolução-restauração, afirma "o potencial revolucionário e o potencial restaurador de complexos históricos integrais como o Renascimento, a Reforma protestante,

Como se sabe, originalmente o termo "revolução passiva" estava ausente dos primeiros parágrafos dos *Cadernos do cárcere* e só foi adicionado posteriormente nas margens do primeiro caderno. Isto ocorre pela primeira vez entre fevereiro e março de 1929, no Q1, § 44, *Direzione politica di classe prima e dopo l'andata al governo*. Neste parágrafo, Gramsci utiliza a fórmula "revolução sem revolução" e só posteriormente acrescenta nas margens: "ou revolução passiva segundo a expressão de V. Cuoco" (Q1, § 44, p. 41). Gerratana fornece esta informação em nota de rodapé (Q1, § 44, p. 41, nota "a"), mas utiliza a expressão "em época posterior", de modo que não é possível definir quando Gramsci insere esta nota. Na segunda versão deste parágrafo, redigida entre fevereiro de 1934 e fevereiro de 1935 no Q19, § 25, p. 2011, a alusão à V. Cuoco está plenamente integrada ao texto.

Ainda no Q1, § 150, escrito em maio de 1930, Gramsci observa que o nascimento dos Estados modernos na Europa se deu como "reação-superação nacional" da Revolução Francesa e do napoleonismo e posteriormente acrescenta nas margens "revolução passiva" (p. 132). A primeira referência expressa no corpo do texto ao conceito de revolução passiva de Cuoco aparece numa nota de redação única (Q4, § 57, p. 504), de novembro de 1930. Ao passo que a associação entre o conceito de revolução passiva de Cuoco e a concepção de revolução-restauração de Quinet aparecerá somente no Q8, § 25, p. 957, redigido entre janeiro e fevereiro de 1932. Fundamental perceber, contudo, que esta associação aparece como uma questão a investigar. Diz Gramsci: "investigar o que significa

---

as Revoluções francesas de 1789, 1830 e 1848", e em seguida afirma que "toda história é revolução e restauração – ou revolução passiva" (p. 150).

e como é justificada em Quinet a fórmula de equivalência da revolução-restauração na história italiana" (Q8, § 25, p. 957).

A partir de fevereiro de 1932, Gramsci passa a identificar revolução passiva e revolução-restauração sempre que trata especificamente do Estado italiano ou dos Estados europeus que se modernizaram após a Revolução Francesa.[11] Após fevereiro de 1932, a reflexão sobre a revolução passiva se adensa. Gramsci desenvolve o tema iniciado ainda em 1929 no referido Q1, § 44, onde afirma a importância dos fatores internacionais para análise do *Risorgimento* (Q1, § 44, p. 54) e no Q1, § 150, p. 132, nota sobre o nascimento dos Estados modernos na Europa como "reação-superação nacional" da Revolução Francesa e do napoleonismo.

Destarte, a revolução passiva na Itália será analisada a partir da articulação entre as condições nacionais e a situação internacional europeia, revelando um processo de reação e impulsão das transformações políticas e sociais provocadas pela Revolução Francesa. O conceito de revolução passiva vai sendo construído ao longo da redação dos *Cadernos*. Enquanto a revolução passiva aparece já no Q4, § 57, em 1930, a concepção de revolução-restauração de Quinet é aproximada da revolução passiva somente no Q8, § 25, em 1932. A partir de então, Gramsci consolida a percepção da importância do período da Restauração na França para a formulação do conceito de revolução passiva. O período da Restauração passa a ser o mais significativo na medida em que os Estados que se modernizaram após a Revolução Francesa foram movidos pelas correntes ideológicas vindas

[11] Ver Q8, § 36; Q8, § 39, texto A (retomado junto com o Q8 § 25 no Q10.II, § 41.XIV); Q8, § 51; Q10.II, § 61; Q15, § § 11 e 25.

da França e, ao mesmo tempo, são reações a elas (Q10 I, § 9, p. 1226; Q10 II, § 41 XIV, p. 1324; Q10 II, § 61, p. 1361).

A Revolução Francesa nos *Cadernos* é definida no longo período de 1789 a 1870. Seu primeiro período é definido como modelo exemplar de revolução ativa, jacobina, propulsora por "reação" das revoluções passivas na Europa. No longo período que se encerra em 1870 se observam momentos de restauração como reação à Revolução Francesa, que pode então ser considerada um caso antitético ao de revolução passiva, ainda que possua momentos de restauração.

Gramsci claramente sugere a identificação entre revolução passiva e revolução-restauração – isto fica claro na aproximação nos *Cadernos* entre o historicismo de Croce, a tradição moderada do *Risorgimento* e o pensamento reacionário da restauração francesa (Q10 II, § 41, XIV, p. 1325-1326). O autor, contudo, não afirma uma revolução passiva na França. O contexto da identificação entre revolução passiva e revolução-restauração nos *Cadernos* é o da história italiana e dos Estados europeus que se modernizaram após a Revolução Francesa, de modo que é possível concluir que os dois conceitos estão profundamente articulados, mas não se equivalem para todos os casos. O caso francês, neste sentido, pode ser caracterizado como a concretização histórica da dialética revolução-restauração, sem ser também um caso de revolução passiva. Se, ao contrário, identificarmos totalmente e para todos os casos a revolução passiva à revolução-restauração, estaremos afirmando uma antinomia: na França, desenvolveu-se um processo de revolução passiva e de revolução ativa. Com isto, ao mesmo tempo, estaremos abrindo a possibilidade de afirmar que todos os processos revolucionários na história podem ser caracterizados como revoluções passivas, o que lança o conceito em uma profunda indeterminação. Isto implicaria em uma excessiva extensão do conceito, que de tão alargado se esgarça; o sentido se rompe e não é mais capaz de explicar. Destarte, a seguir propomos um olhar mais detido sobre a concepção de revolução-restauração, o que nos ajudará a avançar na proposta de diferenciação entre as duas concepções.

Revolução-restauração como dialética

No Q1, § 44, por meio da análise do *Risorgimento*, Gramsci inicia a formulação de uma "teoria" do movimento histórico, em especial aquele que se refere à construção e afirmação de novas hegemonias, que seria composto por períodos de "expansão" e de "coerção". De acordo com o autor,

> Este fenômeno se verifica 'espontaneamente' nos períodos nos quais determinada classe é realmente progressiva, isto é, faz avançar toda a sociedade, não somente satisfazendo às suas exigências existenciais, mas ampliando continuamente os seus quadros para uma contínua conquista de novas esferas de atividade industrial-produtiva. Quando a classe dominante exaure a sua função, o bloco ideológico tende a se desintegrar e agora a 'espontaneidade' é sucedida pela 'coerção' em formas sempre menos veladas e indiretas, até às verdadeiras e próprias ações policiais e aos golpes de Estado. (Q1, § 44, p. 42)

Disto se deduz que todo processo histórico ativo de consolidação de uma nova direção política passa por um primeiro momento progressivo e hegemônico, mas que aos poucos vai se esgotando. A classe cada vez mais precisa se valer da coerção, até o golpe de Estado, para sustentar seu domínio, o que consiste num movimento reacionário. O progresso histórico, assim, caminha por meio de um movimento de expansão e regressão.

Gramsci ainda não havia tido acesso ao conceito de Edgar Quinet (cujo sentido original é perdido mesmo depois da leitura do artigo de Mattalia), mas aqui já aparecem todos os elementos de uma "dialética revolução-restauração". Numa nota do Q8, § 27, – redigida entre janeiro e fevereiro de 1932, produzida, portanto, no mesmo período do Q8, § 25, p. 957 –, onde aparece a primeira referência a Quinet, Gramsci, ao criticar o historicismo dos moderados, observa a distorção feita por esta corrente sobre o "método de ação no qual o progresso histórico (o desenvolvimento) resulta da dialética de conservação e inovação". Diz o autor: "na realidade, se é verdade que o progresso histórico é dialética de conservação e inovação e a inovação conserva superando o passado, é também verdade que o passado é coisa complexa" (Q8, § 27, p. 957-958). Gramsci, ao criticar Croce e os moderados, afirma o "progresso como dialética conservação e inovação", atribuindo a ela, portanto, a generalidade do próprio progresso histórico a partir da constatação da natureza "não linear e intimamente contraditória do desenvolvimento capitalista", como observa Roccu (2017, p. 545-546).

Um pouco mais tarde, no Q8, § 225, p. 1083, de abril de 1932, Gramsci desenvolve a crítica à "teoria da revolução-restauração" dos moderados como "uma dialética domesticada, porque pressupõe 'mecanicamente' que a antítese deva ser conservada pela tese para não destruir o processo dialético". A segunda versão desta nota no Q10 I, § 6, p. 1219-1222, composta entre abril e maio de 1932, é bem mais desenvolvida e insere a referência a Edgar Quinet. Aqui, Gramsci afirma que a historiografia de Croce é um "renascimento da historiografia da Restauração adaptada às necessidades e aos interesses do período atual", como um "hegelianismo degenerado e mutilado" que tem como motivação o "terror pânico" de qualquer "intervenção ativa das grandes massas populares como fator de progresso histórico" (Q10 I, § 6, p. 1220). O efeito disto teria sido a positivação do conceito de revolução passiva, que, de uma advertência sobre a necessidade de ativação política das massas passa a ser programa político e moral. Deve-se observar, neste sentido, que, desde as redações no primeiro caderno, Gramsci formula uma teoria do movimento histórico que se define por períodos de expansão e inovação, que são seguidos de períodos de reação e regressão. Mais tarde ele nomeará este processo como dialética revolução-restauração.

A concepção de revolução-restauração, neste sentido, ganha maior generalidade, como "forma" do movimento mais geral, que encontra seu caso mais exemplar na Revolução Francesa. Voltando ao Q1, § 44, como dissemos, a análise se debruça sobre o *Risorgimento*, neste caso o momento da revolução e da expansão progressista da classe, que faz avançar toda a sociedade, é limitado e simultâneo ao da restauração, isto é, uma revolução sem revolução. Este caso particular de concretização histórica da dialética revolução-restauração ocorre quando, no caso da Itália *risorgimental*, a modernização do Estado é dirigida pelas classes dominantes de um bloco histórico já existente anteriormente. Assim, ao invés de uma nova hegemonia se afirmar, são as velhas forças que se vestem de novas roupagens e que assimilam os grupos adversários mais ativos. A expansão da classe, neste caso, se faz por meio de processos de transformismo, de consenso passivo, sem revolução. A contraposição que se segue neste parágrafo entre os jacobinos franceses e o italiano Partido da Ação espelha dois casos antagônicos de um mesmo fenômeno histórico e político: enquanto os jacobinos foram capazes de expandir seus interesses da classe para toda a sociedade (conduzindo a burguesia, aliás, para uma "posição muito mais avançada do que aquela que ela pretendia 'espontaneamente' [...] e daí os contragolpes e a função de Napoleão" – Q1, § 44, p. 50), o Partido da Ação foi desde sempre dirigido pelos moderados (Q1, § 44, p. 41-43).

Desta maneira, podemos inferir que a dialética revolução-restauração se identifica com a revolução passiva para o caso da Itália, mas não para o caso da França. Se o progresso histórico é, como afirma Gramsci, "dialética de conservação e inovação", a categoria de revolução-restauração assume maior generalidade e abrangência que o conceito de revolução passiva. Destarte, propomos aqui interpretar a revolução-restauração como um movimento histórico, nas palavras de Gramsci, uma dialética, da qual, o conceito de revolução passiva seria um dos seus operadores, isto é, o caso particular é que possibilita sua efetivação num contexto específico, ou, pode-se dizer, a *forma histórica particular* de realização da dialética revolução-restauração.

Referências

ARICÓ, J. *La cola del diablo. Itinerário de Gramsci na América Latina*. Buenos Aires: Punto Sur Editores, 1988.

BARATTA, G. "Os ritmos do pensamento nos *Cadernos do Cárcere*". *In*: BARATTA, G. *As rosas e os cadernos*: o pensamento dialógico de Antonio Gramsci. Rio de Janeiro: DP&A, 2004.

BIANCHI, A. "O Brasil dos gramscianos". *Revista Crítica Marxista*, São Paulo: Unesp, 2016, p. 117-132.

BOOTHMAN, D. "Traducibilità"; "Traduzione". *In*: LIGUORI, G.; VOZA, P. *Dizionario gramsciano*. Roma: Carocci, 2009.

CALLINICOS, A. "The limits of passive revolution". *Capital & Class*, n. 34, 2010.

CORTÉS, M. "José Aricó: traducir el marxismo en America Latina". *Nueva Sociedad*, n. 262, mar./abr., 2016.

COUTINHO, C. N. "O Gramsci no Brasil: recepção e usos". *In*: MORAES, J. Q(org.). *História do Marxismo no Brasil*, v. 3. Campinas: Editora Unicamp, 2007, p. 151-196.

DEL ROIO, M. T. "Notas sobre a trajetória de Gramsci na América Latina". *Revista Crítica Marxista*, São Paulo, Unesp, n. 33, 2011.

DEL ROIO, M. T. "Translating passive revolution in Brazil". *Capital & Class*, 36(2), [25-01-2019], p. 215-234, 2012. Disponível em https://journals.sagepub.com/doi/10.1177/0309816812437920.

DEL ROIO, M. T. "A URSS e o socialismo de Estado". *In:* PINHEIRO, J. (org.). *Marx: crise e transição, contribuições para o debate hoje*. São Paulo: Cultura acadêmica, p. 13-50, 2014.

DEL ROIO, M. T. *Gramsci e a emancipação do subalterno*. São Paulo: Editora Unesp, 2018.

DI MEO, A. "La 'rivoluzione passiva' da Cuoco a Gramsci. Appunti per una interpretazione". *Filosofia Italiana*, out., 2014.

FELICE, F. "Revolução passiva, fascismo, americanismo em Gramsci". *In*: FERRI, F. (org.). *Política e História em Gramsci*. Rio de Janeiro: Civilização Brasileira, 1978.

FRANCIONI, Gianni. *L'Officina Gramsciana: Ipotesi sulla struttura dei "Quaderni del Carcere"*. Nápoles: Bibliopolis, 1984.

GERRATANA, V. "Apparato critico", *In*: GRAMSCI, A., *Quaderni del Carcere,* v. 4, Torino: Einaudi, 2007.

GRAMSCI, A. *Quaderni del carcere*. Edizione critica dell'Istituto Gramsci a cura di Valentino Gerratana. Torino: Einaudi, 2007.

KEBIR, S. "Revolução-restauração" e "revolução passiva": conceitos de história universal. *In*: COUTINHO, C. N.; TEIXEIRA, A. P. *Ler Gramsci, entender a realidade*. Rio de Janeiro: Civilização Brasileira, 2003.

LACORTE, R. *et al*. "Sobre a 'tradutibilidade' de Gramsci e algumas transformações sociais na Itália e no Brasil. *Revista virtual Enfil*, ano 1, n. 2, set. 2013.

LIGUORI, G.; VOZA, P. *Dizionario gramsciano*. Roma: Carocci, 2009.

ROCCU, R. "Passive revolution revisited: from the prison notebooks to our 'great and terrible world'". *Capital & Class*, v. 41, n. 3, 2017.

SECCO, L. *Gramsci e o Brasil. Recepção e difusão de suas ideias*. São Paulo: Cortez, 2002.

THOMAS, P. "Gramsci's revolutions: passive and permanent". *Modern Intellectual History*, FirstView, 2018.

SENSO COMUM E POLÍTICA EM ANTONIO GRAMSCI: PARA UMA CRÍTICA AO ESPONTANEÍSMO[1]

Martín Cortés[2]

O problema do senso comum constitui, sem dúvida, um dos problemas cruciais da crítica contemporânea à dominação. Isto se dá porque, frente a um capitalismo que mostra sua face mais angustiante em matéria de desigualdade, guerra e descarte de vidas, a direita global é capaz de oferecer respostas à crise sistêmica que são incorporadas como prática em uma parcela do sentimento popular. Assim, a estigmatização do migrante, a responsabilização do pobre por sua condição ou a rejeição a qualquer forma de igualdade podem circular como símbolos que estruturam com êxito as conversas cotidianas

---

1 Tradução de Danilla Aguiar, professora do Departamento de Educação na Universidade Federal do Rio Grande do Norte (UFRN). Uma primeira versão deste trabalho foi publicada na revista *Materialismo Storico* (v. 4, n. 2, p. 58-72, 2018), da Universidade de Urbino, Itália. Nesta versão, para as citações diretas, nos amparamos na edição brasileira dos *Cadernos do cárcere*, da Civilização Brasileira (1999-2002), organizada e traduzida por Carlos Nelson Coutinho, com colaboração de Marco Aurélio Nogueira e Luiz Sérgio Henriques. No idioma original, o autor utilizou as edições em espanhol da ERA. Todas estão listadas nas referências, ao final do texto. (N.T.)

2 Universidad Nacional General Sarmiento (Argentina).

daqueles que, em muitos casos, são os próprios prejudicados pelos efeitos desses discursos. Inclusive, acontece que essas paixões obscuras são capazes de se tornar a base de projetos políticos e governos em várias regiões do planeta, como acontece agora no Brasil e em tantas outras zonas do globo. Porém, mesmo que de um modo assimétrico ou mais tênue, também no senso comum persistem imagens de solidariedade e empatia em torno dos mesmos fenômenos. Estas constituem formas espontâneas de crítica ou rejeição ao estado atual das coisas, que se entrelaçam como uma disputa persistente, implícita e explícita, pelo significado que a experiência adquire na vida em comum.

Se a aproximação de Gramsci com a questão do senso comum possui ainda um valor, é justamente por sua perspicácia para mostrar a *ambivalência* do problema, isto é, a heterogeneidade de elementos que convivem no senso comum e, ao mesmo tempo, pela ênfase colocada em sustentar que o que pode redirecionar em um sentido libertador o decorrer desta ambivalência é a intervenção de uma prática política com pretensão hegemônica. Sobre estas duas questões, a heterogeneidade do senso comum e a centralidade da intervenção política, tratam os parágrafos seguintes.

"Elementos dos homens das cavernas e princípios da ciência mais moderna e progressista"

A noção gramsciana de senso comum baseia-se em uma visão complexa do mundo social. Talvez devêssemos começar lendo cuidadosamente estas duas palavras, em toda sua densidade: homens e mulheres vivem em mundos de *senso*, ou seja, dão significado àquilo que os rodeia, e esse significado nada mais é do que o modo de viver em *comum*, com seus costumes, relações e hierarquias – implícitas ou explícitas – nas quais se enquadram. Assim, o senso comum faz parte da matéria que compõe as sociedades, como um tipo de massa cuja forma mutável dá aparência a essa vida em comum.

Em mais de uma ocasião, Gramsci sublinha o caráter *necessário* das superestruturas. Isso não apenas elimina os mal-entendidos econômicos, mas também nos aproxima de uma dimensão muito mais profunda do problema: as superestruturas como forma de conhecimento. No Caderno 4 § 38 aparece pela primeira vez uma tese que se repetirá ao longo da obra carcerária de Gramsci, em torno da dimensão *gnosiológica* da famosa afirmação de Marx do *Prefácio* à *Contribuição à crítica da Economia Política*, de 1859:

> de que os homens adquirem consciência dos conflitos fundamentais no terreno das ideologias – possui valor orgânico, é uma tese gnosiológica e não psicológica ou moral, foi criada a figura mental de considerar a política e, portanto, toda a história, como um *marché de dupes*, um jogo de ilusionismo e prestidigitação. (Gramsci, 2007, p. 52)

O final da citação é fundamental: enquanto essa dimensão gnosiológica é esquecida, a história se constitui de uma sucessão de atos de engano, que finalmente supõem uma verdade que avança, idêntica a si mesma, e uma falsidade que, deliberadamente, a oculta.

Por outro lado, se a afirmação é tomada em seu poder crítico, vemos que o que Gramsci convida a pensar é a ideologia como uma maneira de aproximação com o mundo. A ideologia é finalmente a linguagem – e a linguagem, então, é um território heterogêneo das concepções de mundo, em vez de meros meios de comunicação (Frosini, 2014; 2017) – e aí se crava a referência que fizemos anteriormente ao *senso*, entendido como o significado de que a realidade é, necessariamente, encoberta. Este significado certamente não é unívoco, mas é, em última instância, uma das dimensões mais importantes da luta que Gramsci está interessado em pensar, talvez a maior novidade de seu *materialismo* – se nos for permitido a expressão que nosso autor tendia a não gostar. Essa massa é o cenário e o ponto de partida de uma profunda disputa pelo *senso*, e quem não compreende isto está condenado a divagar pelo mundo dos ilusionismos e das prestidigitações.

Contudo, a heterogeneidade parece ter pelo menos duas dimensões. Por um lado, em várias passagens, Gramsci se refere a uma espécie de sedimentação de camadas diacrônicas, isto é, resquícios de sucessivas formas históricas de *senso* que constituem esse horizonte heterogêneo do presente. O caráter mais ou menos autoconsciente da maneira como essas camadas se organizam constitui, para Gramsci, o grande dilema político, com o qual trataremos a seguir. Por enquanto, devemos permanecer com o sentido heterogêneo e até *inconsciente* do senso comum, para o qual basta apontar, como aparece no Caderno 8 § 213, que "o senso comum é a concepção do mundo difundida em uma época histórica para a massa popular". Mais adiante, no Caderno 11 § 12, lemos:

> Quando a concepção do mundo não é crítica e coerente, mas ocasional e desagregada, pertencemos simultaneamente a uma multiplicidade de homens-massa, nossa própria personalidade é composta, de uma maneira bizarra: nela se encontram elementos dos homens das cavernas e princípios da ciência mais moderna e progressista, preconceitos de todas as fases históricas passadas estreitamente localistas e intuições de uma futura filosofia que será própria do gênero humano mundialmente unificado. Criticar a própria concepção do mundo, portanto, significa torná-la unitária

> e coerente e elevá-la até o ponto atingido pelo pensamento mundial mais evoluído. (Gramsci, 1999, p. 94)

Numa concepção "ocasional e desintegrada" do mundo, as camadas da história se acumulam, formando uma espécie de unidade magmática que contém elementos do passado e do presente. E contém também, por mais estranho que seja, elementos do futuro, se os entendermos como poderes do futuro que repousam nas possibilidades escondidas nesse magma.

Uma segunda dimensão da heterogeneidade do senso comum poderia ser pensada em diferenças *sincrônicas*, isto é, camadas não sedimentadas da história – e do futuro – mas diferentes elementos do presente: fragmentos, signos, discursos – para usar um termo mais contemporâneo – que se entrelaçam nessa grande mistura. Assim, é também possível dizer que não há *um* senso comum, mas uma disputa de *sensos*, que envolve necessariamente sensos reprodutivos e sensos potencialmente emancipatórios. Colocadas as mediações, essa disputa encaminha, ainda que não linearmente, a interesses de grupos sociais diversos e antagônicos.

Desta maneira, o que caracteriza os vários elementos que existem na forma de *senso comum* é seu caráter desagregado e incoerente e não necessariamente o conteúdo singular de cada um deles, muito menos suas origens em termos sociológicos ou de classe. O que encontramos, antes de tudo, são tendências contrapostas à atividade e passividade dos setores subalternos, à reprodução ou à contestação da ordem, e essa é finalmente a luta que está em jogo. Se trata de uma luta que encontra um momento de dispersão no qual é possível defrontar-se com um traço abundante de fragmentos de senso comum que permanecem em sua dimensão inorgânica, incapazes de contribuir para uma unidade política; e que pode, ao mesmo tempo, encontrar momentos de articulação, que poderíamos muito bem redirecionar para o problema da *hegemonia*: é esta que oferece uma unidade a essa desintegração e oferece com uma orientação política específica.

"O sorriso de burla, mas não de desprezo ou de altiva superioridade"

A heterogeneidade do senso comum é um fato, mas é ao mesmo tempo um problema político. Tanto que se poderia argumentar que o programa político-filosófico de Gramsci é a *superação* do senso comum, entendido por ele como uma operação *interna* ao senso comum. Vejamos como a questão é levantada no Caderno 1 § 12:

> Uma filosofia da práxis só pode ser apresentada inicialmente em uma atitude polêmica e crítica, como superação do modo de pensar anterior e do pensamento concreto existente (ou do mundo cultural existente). Ou seja, principalmente como uma crítica ao 'senso comum' (depois de basear-se no senso comum para demonstrar que 'todos' são filósofos e que não se trata de introduzir *ex novo* uma ciência na vida individual de 'todos', mas inovar e tornar 'crítica' uma atividade já existente). (Gramsci, 1999, p. 101)

São frases extremamente ricas e intensas, que condensam uma concepção de senso comum, e também a filosofia da práxis. Vamos por partes: primeiramente, a insistência de que aquilo que é superado é o "existente", o qual é endossado pelo que podemos considerar como a parte mais importante da citação, que sintomaticamente se encontra entre parênteses: a crítica do senso comum *se baseia* no próprio senso comum, e isso vai na direção da afirmação gramsciana de que todos os homens são filósofos – porque a filosofia é mais uma forma (a mais coerente) de aproximação ideológica do mundo, de pertencimento a um horizonte simbólico, ou, melhor dito, linguístico – e, nesse sentido, a crítica não implica a criação *ex novo* de uma ciência, mas um trabalho em grande medida *interno*: inovar, contudo também tornar "crítica" uma atividade *já existente*. É aí que a consideração de Gramsci se concentra em torno da heterogeneidade do senso comum: se trata de uma atividade potencialmente crítica, que contém os elementos para se tornar uma crítica à sociedade e, portanto, trata-se de ultrapassá-lo ou superá-lo.

Aqui aparece a questão do *bom senso* ou mesmo do *núcleo sadio* do senso comum, de acordo com a terminologia que Gramsci usa em todos os momentos dos *Cadernos* (para uma leitura diacrônica dessa questão, ver Cospito, 2016). Em relação a uma das concepções populares que se tem da filosofia, aquela que nos convida à reflexão para "levar as coisas através da filosofia", Gramsci diz, na mesma nota do Caderno 11 § 12: "Este é o núcleo sadio do senso comum, que poderia precisamente ser chamado de bom senso e que merece ser desenvolvido e transformado em algo unitário e coerente". Como se pode ver, reafirmando a importância linguística da questão, trata-se de um trabalho interno das próprias palavras: o bom senso é latente nos usos populares, mas precisa ser trabalhado e transformado em uma concepção coerente do mundo. Isso é, ao mesmo tempo, a tarefa e a definição de filosofia: "A filosofia é a crítica e a superação da religião e do senso comum e, nesse sentido, coincide com o 'bom senso', que se contrapõe ao senso comum."

É preciso insistir na questão do senso comum como *território* de trabalho político-filosófico. Existem várias passagens nas quais Gramsci revela uma reflexão sobre a necessidade de não produzir uma separação entre a crítica e seu objeto, afirmando que uma posição filosófica externa, que desdenhosamente aponte as deficiências ou insuficiências do senso comum, está condenada à impotência política. Contudo, não é apenas um problema estratégico, vinculado à eficácia da crítica, mas, novamente, da possibilidade de aprofundar-se em um caminho da crítica que o próprio senso comum contém, ainda que não seja como potência. A propósito da revisão de revistas teóricas e de cultura geral que Gramsci realizou no Caderno 1, o autor atribui a alguns o nível intermediário:

> O tipo geral, pode-se dizer, pertence à esfera do 'senso comum' ou 'bom senso', já que sua finalidade é modificar a opinião média de uma determinada sociedade, criticando, sugerindo, ironizando, corrigindo, renovando e, em última instância, introduzindo 'novos lugares-comuns'. Se bem escritas, com vivacidade, com certo sentido de distanciamento (de modo a não assumir tons de pregador), mas com cordial interesse pela opinião média, as revistas deste tipo podem ter grande difusão e exercer uma profunda influência. Não devem ter nenhuma 'carranca', nem científica nem moralizante; não devem ser 'filisteias' e acadêmicas, nem se revelar fanáticas ou predominantemente partidárias: devem colocar-se no próprio campo do 'senso comum', distanciando-se dele o suficiente para permitir o sorriso de burla, mas não de desprezo ou de altiva superioridade. (Gramsci, 2001, p. 208-209)

A primeira questão importante pode ser a lista de verbos que Gramsci utiliza para explicar a intenção dessas publicações de modificar a "opinião média" da sociedade: criticar, sugerir, corrigir, rejuvenescer, enfim, introduzir novos "lugares comuns". Entende-se que a virtude aparece em um procedimento *imanente* a essa opinião média, a ponto de ser "rejuvenescida", para oferecer novos elementos ou "lugares comuns". Esse seria, precisamente, o segredo de sua possibilidade de efetivamente realizar transformações no senso comum, que seriam truncadas se fosse adotada uma atitude moralizante, acadêmica ou científica. O dilema, para Gramsci, parece ser gradual: quanto a crítica deve se afastar de seu objeto para ser efetiva, mas ao mesmo tempo permanecer audível? É necessário permanecer no campo do "senso comum", mas ao mesmo tempo operar uma espécie de incompatibilidade ou distanciamento, que aparece como "aquele pedaço de estranhamento" com o termo italiano "*distacco*": aquele que permite "o sorriso de burla, mas não de desprezo ou de altiva superioridade". Tudo está nessa diferença: a propósito, há um paralelo com o tipo de sarcasmo que Gramsci atribui a Marx, especialmente em *A sagrada família*, no Caderno 1 § 29 e depois no Caderno 26 § 5: ali ele distingue um sarcasmo "positivo", com o qual Marx se dirigiria para as "ilusões populares" (justiça, igualdade, fraternidade etc.), para reter seu sentimento mais íntimo e, ao mesmo tempo, criticar sua forma imediata e revestida de dominação; e um sarcasmo "de direita", cético e puramente destrutivo, que ataca as formas, mas sobretudo o conteúdo "humano" dessas ilusões.

"Foram convencidos de uma maneira fulminante"

Superar o senso comum é uma tarefa filosófica. Isso se dá tendo em conta duas grandes considerações em que trabalhamos até agora, a saber: que o senso comum é uma estrutura heterogênea e que o trabalho político-filosófico se realiza em torno desta matéria, mas com a dupla precaução de não se identificar com ela e de não desassociar-se dela. Para Gramsci, não existe, como afirma na conhecida nota sobre a espontaneidade e a direção consciente, uma diferença *essencial* entre senso comum e filosofia, senão de ordem "quantitativa" ou gradual, o que significa que é possível uma "redução" ou tradução de um para outro. Voltando ao exposto, a razão para esse tipo de continuidade entre ambos os registros se explica pelo fato dos dois fazerem parte da abordagem ideológica do mundo, a linguagem é sua matéria comum.

Dentro dessa matéria comum, a filosofia oferece coerência contra a heterogeneidade e mistura de senso comum. Essa coerência não se refere a nenhuma forma abstrata de racionalidade, mas à transformação da passividade em atividade. Em outras palavras, e com uma inspiração certamente marxista, trata-se da apropriação *consciente* do mundo. E é importante sublinhar o caráter adjetivo da palavra *consciente*, porque a apropriação do mundo – entendendo sua produção e transformação – é algo que está sempre acontecendo. Quando Gramsci fala do "*uomo attivo di massa*" – também Caderno 11 § 12 –, aponta que seu funcionamento é a transformação e até, como tal, *conhecimento* do mundo. No entanto, existe uma espécie de consciência desdobrada: "uma, implícita na sua ação, e que realmente o une a todos os seus colaboradores na transformação prática da realidade; e outra, superficialmente explícita ou verbal, que ele herdou do passado e acolheu sem crítica". Há um lado ativo e um lado passivo da consciência, mas o problema consiste em saber se esta divisão se reproduz e prolonga, tende à passividade, pois a margem de compreensão da própria ação se debilita. Aí intervém a filosofia e, com ela, o papel dos intelectuais, como aquele que confere coerência ao senso comum, desarticulando a divisão entre os dois lados da consciência. Apesar da redundância, aparece como uma tarefa fundamentalmente ligada à *autoconsciência*. Obviamente, tratando-se de Gramsci, não há tarefa filosófica que não seja ao mesmo tempo política; portanto, o problema de fundo é o da *hegemonia*, isto é, o da constituição de um sujeito político que somente lutando para produzir a si mesmo tende a superar a divisão entre teoria e prática e, finalmente, a construir uma concepção "coerente e unitária" do mundo. É por isso que Gramsci considera o desenvolvimento do conceito de hegemonia como "um grande progresso filosófico e político-prático", pois implica a unidade entre uma política e uma ética que transcende o senso comum.

O problema da hegemonia nos leva de volta ao argumento que consideramos central em toda essa problemática: o caráter *não linear ou espontâneo* da continuidade entre o senso comum e a filosofia. É necessária uma operação (melhor seria dizer: uma série permanente de operações) que de alguma forma *interrompa* o senso comum e o transforme, elevando-o racionalmente a uma concepção coerente e sistemática do mundo. Essa operação nada mais é do que intervenção política. Gramsci se pergunta sobre as condições que possibilitam difundir, tornando-se populares, as novas concepções de mundo. Quanto aos setores subalternos, ressalta que a mudança é mais difícil e que quando ocorre nunca ocorre de maneira pura, mas como uma combinação "mais ou menos bizarra e heteróclita". E que tende a ser duradouro: "O fato de ter sido convencido uma vez, de maneira fulminante, é a razão da permanente persistência na convicção, ainda que não se saiba mais argumentar" (Gramsci, 2001, p. 257). Aqui nos interessa destacar o termo *fulminante*, que parece respaldar uma série de elementos que Gramsci vem desenvolvendo – sempre na nota 12 do Caderno 11 – ou seja, a tese de que, no processo de difusão de uma concepção do mundo, o elemento racional é apenas uma das partes, cuja eficácia depende de sua capacidade de se combinar com algo da ordem de crença ou fé (no sentido laico que Gramsci fornece, como unidade entre uma concepção do mundo e uma norma de conduta – finalmente, como sinônimo de "política"). A própria possibilidade de que essa mudança aconteça parece também exigir um tipo de iluminação *fulminante*.

É isso que queremos dizer com a necessidade de *interrupção* do senso comum, e o próprio Gramsci afirma repetidas vezes que essa possibilidade finalmente repousa na política, ou seja, na luta. Interromper o senso comum é interromper a *passividade* das massas, e isso só é possível politicamente. Tanto é que é justamente a ruptura com a dimensão tendencialmente conservadora do senso comum que revela, retrospectivamente, a eficácia de uma política: "o senso comum é grosseiramente misoneísta e conservador, e ter conseguido inserir nele uma nova verdade é prova de que tal verdade tem uma grande força de expansividade e de evidência" (Caderno 11 § 13). A "*verità nuova*" deve obviamente oferecer uma forma de racionalidade e coerência que vá além do senso comum, mas alcançará pouco se não tiver força política para expandir-se. Ressoa aqui a formulação da juventude de Marx, que assegurava que a teoria se torna uma força material ao conquistar as massas.

"Ex novo"? Contra o espontaneísmo

A heterogeneidade do senso comum não é uma ligação entre forças opostas: o senso comum tende a ser conservador; poderíamos dizer que o que o anima é uma espécie de *inércia* que mantém as tendências reprodutivas de dominação, por baixo das quais pulsa a capacidade política dos setores subalternos de produzir uma concepção de mundo coerente que os eleve e aproxime à gestão de seu próprio destino. Para encerrar essas notas, interessa-nos somente insistir no caráter *político* da leitura gramsciana, entendendo, por isso, um elogio da *intervenção* (ou *intervenções*), o que também implica o contrário: uma crítica ao espontaneísmo. De fato, Gramsci ressalta que espontaneidade pura não existe; em todo caso, revela a impossibilidade de ser documentada, de deixar uma marca na história, e é por isso que está fundamentalmente associada às classes subalternas (cuja história, nos lembra o Caderno 25, parece-nos "desagregada e episódica", e não pela falta de historiadores que a narrem bem, mas porque apenas a luta política pode deslocá-la de seu caráter subalterno e, com isso, proporcionar continuidade). Com relação à experiência dos conselhos de Turim, Gramsci explica que a espontaneidade foi a maneira pela qual os líderes se referiram ao poder do processo, e essa declaração funcionou como um "elemento de profunda unificação, principalmente a negação de que seja algo arbitrário, aventureiro, artificial" (Caderno 3 § 48). Com o qual existe um aparente paradoxo, em virtude do qual parece que é o elemento de intervenção política o que produz, retrospectivamente, a imagem da espontaneidade como potência que a antecede.

É nessa mesma direção que o senso comum não pode ser preservado em sua espontaneidade, e somente a intervenção política é capaz não apenas de transformá-lo em crítica, mas também de produzir retrospectivamente os elementos que ali repousam como uma possibilidade de desenvolvimento crítico. Vimos acima que Gramsci definiu a tarefa da filosofia da práxis não como a introdução *ex novo* de uma ciência na vida popular, mas como a potência crítica de uma atividade já existente. "*Ex novo*" parece ser uma expressão que interessa especialmente a Gramsci para refletir sobre o que começa "de novo", e sua relação com aquilo em que esse início está montado. No caso mencionado, Gramsci preocupa-se em enfatizar que *não* há criação *ex novo* na operação da filosofia sobre o senso comum.

No entanto, podemos muito bem fazer uma analogia com outra passagem nos *Cadernos* onde a mesma expressão é usada, embora afirmativamente. Com relação ao príncipe e à construção da vontade nacional-popular, Gramsci afirma que o jacobinismo funciona como um exemplo "do modo pelo qual *se* formou concretamente e atuou uma vontade coletiva que, pelo menos em alguns aspectos, foi criação *ex novo*, original". O *príncipe*, recordemos, age como uma "fantasia concreta" sobre um "povo disperso e pulverizado para despertar e organizar sua vontade coletiva". Agora, observando que essa vontade coletiva é nova "pelo menos em alguns aspectos", Gramsci relativiza toda a novidade, e por isso os dois usos da expressão *ex novo* são parangonáveis. A preocupação de fundo parece ser a da relação entre a novidade, o que é produzido, e os elementos que formam sua matéria. Na filosofia, como nas tarefas do príncipe, o procedimento é análogo: existe um privilégio do momento da *unidade*, que reúne elementos dispersos, incoerentes e produz *política* com eles, apontando retrospectivamente a existência desses elementos com seu potencial crítico. Dizemos retrospectivamente porque o mesmo procedimento, em ambos os casos, mostra que, sem mediar a *interrupção* política que produz a unidade, os elementos que a antecedem tendem a se reproduzir, ou seja, a manter intacta a dominação.

Se o trabalho de Gramsci sobre o senso comum é *imanente*, é, por assim dizer, um imanentismo *controlado*: embora reconheça que os elementos para a emancipação existem como potência na prática efetiva do povo, ele também insiste que não há nenhuma garantia que essa potência se desenvolva. É claro que, para Gramsci, a operação de interrupção política do senso comum não é externa aos setores subalternos (como uma posição blanquista poderia ser, ou a antiga tese de Kautsky sobre "consciência a partir de fora" que vem dos intelectuais pequeno-burgueses ao movimento operário para incorporar a sua prática ao propósito socialista), mas implica uma importante desigualdade interna, uma função específica que, mais uma vez, não se autoproduz.

Dessa maneira, a potência crítica do senso comum está sempre presente, mesmo em tempos políticos fatídicos. E precisamente fatídicos são estes tempos, em que vivemos uma dramática ofensiva reacionária que parece operar com êxito na politização das paixões excludentes mais sombrias. Diante desse cenário, é necessário suspender qualquer imagem idílica sobre a capacidade da solidariedade popular de contrariar, por sua própria existência, o estado atual das coisas. Incorporarão formas de resistência, sempre essenciais, mas a ruptura só é possível quando mediada pela política, entendida como uma organização em todos os primeiros planos e também como uma condução, em suma, como a articulação entre pessoas e príncipe que produz a vontade coletiva nacional-popular. A operação de interrupção política do senso comum, então, talvez seja o que articule o próprio significado da luta dos setores subalternos por sua emancipação. Possivelmente, temos que buscar nas formas e capacidades de articulação política das tradições populares e de esquerda – em suas crises, altos e baixos ou em sua vitalidade – as pistas para entender os dramas persistentes do presente, bem como para vislumbrar as luzes sutis de esperança que iluminam tenuamente alguns países da nossa região.

Referências

Bibliografia citada

CORTÉS, M. Interrupción y novedad. Sentido común y politica em Antonio Gramsci. *In*: ANTONTINI, F. e GUZZONE, G. (a cura di). L'estensione dell'ideologia: folclore, religione, senso comune, buon senso, filosofia. *Materialismo Storico*, v. 4, n. 2, p. 58-72, 2018.

COSPITO, G. *El ritmo del pensamiento de Gramsci.* Buenos Aires: Peña Lillo Continente, 2016.

FROSINI, F. Ideologia em Marx e em Gramsci. *Educação e Filosofia,* v. 28, n. 56, p. 559-582, 24 set. 2014. Disponível em: https://doi.org/10.14393/REVEDFIL.issn.0102-6801.v28n56a2014-p559-582. Acesso em: 26 ago. 2021.

FROSINI, F. Historia, crisis y revolución en Gramsci. Conferencia dictada en las Jornadas *Incursiones gramscianas argentinas*, Buenos Aires, 2017.

GRAMSCI, A. *Cadernos do cárcere.* Introdução ao estudo da filosofia. A filosofia de Benedetto Croce. v. 1. Rio de Janeiro: Civilização Brasileira, 1999.

GRAMSCI, A. *Cadernos do cárcere.* Os intelectuais. O princípio educativo. O jornalismo. v. 2. Rio de Janeiro: Civilização Brasileira, 2001.

GRAMSCI, A. *Cadernos do cárcere.* Maquiavel. Notas sobre o Estado e a Política. v. 3. Rio de Janeiro: Civilização Brasileira, 2007.

Bibliografia consultada

GRAMSCI, A. *Cuadernos de la cárcel,* Tomo I. México: Era, 1981.

GRAMSCI, A. *Cuadernos de la cárcel,* Tomo II. México: Era, 1999.

GRAMSCI, A. *Cuadernos de la cárcel,* Tomo IV. México: Era, 2001.

PARTE III

QUESTÕES CONTEMPORÂNEAS

CONSCIÊNCIA CRÍTICA E PROCESSO EMANCIPATÓRIO

Javier Balsa[1]

Introdução

Neste artigo, abordaremos as aprofundadas reflexões de Antonio Gramsci nos *Cadernos do cárcere* sobre o processo emancipatório, analisando a elaboração de uma consciência crítica e sua relação com as lutas pela hegemonia, observando o papel dos intelectuais e do partido neste processo. Também detectamos e analisamos uma série de tensões nessas questões e as abordaremos na segunda parte do artigo: a possível dissociação entre as elaborações das elites intelectuais e as massas – o problema de qual é o sujeito da luta hegemônica, de qual é a "forma partido" e seu componente mítico – para resolver a relação entre intelectuais-massa e a representação/construção de interesses de classe.

O plano individual e o plano coletivo na elaboração da consciência crítica

Para Gramsci, o ponto de partida para o desenvolvimento de um processo emancipatório é abandonar o "conformismo"

[1] IESAC, Universidad Nacional de Quilmes/CONICET (Argentina).

por meio de uma elaboração crítica da própria consciência. Para isso, tem-se que "criticar a própria concepção do mundo", "torná-la mais unitária e coerente". Gramsci escreve que devemos começar fazendo um "inventário" das diferentes concepções do mundo que, de maneira estratificada, moldaram nossa consciência. Assim, na versão original escreve, "*un'infinità di tracce accolte senza beneficio d'inventario. Occorre fare inizialmente un tale inventario*" (Q11, § 12, Gramsci, 1975, p. 1376)[2]. Na tradução ao português,

> o início da elaboração crítica é a consciência daquilo que é realmente, isto é, um 'conhece-te a ti mesmo' como produto do processo histórico até hoje desenvolvido, que deixou em ti uma infinidade de traços acolhidos sem análise crítica. Deve-se fazer, inicialmente, essa análise. (Q11, § 12, Gramsci, 1999, v. 1, p. 94)

Como analisa Alessandro Errico,

> a contradição, ou como disse Gramsci a 'consciência contraditória' é interna à linguagem e não externa [...] A elaboração crítica dessa 'consciência contraditória' se apresenta com um 'conhece-te a ti mesmo' radical que é reconhecimento do próprio 'eu-social' – e é a 'história das classes subalternas'. (Errico, 2012, p. 75)

Depois, para avançar nesse processo de autoconsciência, pode-se retomar as críticas que o "bom senso" faz aos elementos hegemônicos. São as críticas que surgem da prática. Como disse José Nun, "a própria experiência concreta dos setores populares gera um *núcleo de bom senso* dentro do senso co-

2 De agora em diante, cada caderno da obra *Cadernos do cárcere* será citado com indicação do *Quaderni* (Q), o número, e o parágrafo (§), seguido da citação da obra e da numeração da página. As obras consultadas, estão citadas como Gramsci (1975), na edição italiana organizada por V. Gerratana, e Gramsci (1999), na edição brasileira traduzida por C. N. Coutinho. (N. E.)

mum, incluso quando este tenda a 'embalsamar, mumificar e degenerar' as reações que aquele promove" (Nun, 1989, p. 76).

Guido Liguori afirma que, se bem o termo "bom senso" às vezes é sinônimo de "senso comum" e não tem uma valorização clara, "a partir do Caderno 10, em alguns textos B [que foram reescritos a partir de fragmentos de cadernos prévios] e mesmo em textos C, em parágrafos *não* presentes em uma primeira escritura, a valorização do 'bom senso' é quase sempre positiva" (Liguori, 2006, p. 83). No Caderno 11, Gramsci escreve que "a filosofia é a crítica e a superação da religião e do senso comum e, nesse sentido, coincide com o "bom senso", que se contrapõe ao senso comum" (Q11, § 12, Gramsci, 1999, v. 1, p. 96; Gramsci, 1975, p. 1378).[3]

No processo de autoemancipação, esse "bom senso" também gera um "sentimento de 'distinção', de 'separação' [no original: "*distacco*"], de uma independência quase instintiva" (Q11, § 12, Gramsci, 1999, v. 1, p. 104; Gramsci, 1975, p. 1385). Esse sentimento, que também chama de "sentimento de cisão", Gramsci reconhece ter tomado de Sorel (Q25, § 5, Gramsci, 1999, v. 5, p. 140; Gramsci, 1975, p. 2288). Como Gramsci havia escrito, "as pessoas" sentem que "têm inimigos e os identificam apenas empiricamente nos chamados senhores". "É um 'ódio 'genérico', e é ainda do tipo 'semifeudal', não moderno, e não pode ser apresentado como documento de consciência de classe: é apenas seu primeiro vislumbre..." (Q3, § 46, Gramsci, 1999, v. 3, p. 190; Gramsci, 1975, p. 323).

Um passo adicional na consciência de classe seria a consciência corporativa. Mas, para disputar a hegemonia é

---

3 Cospito faz uma análise detalhada da evolução dos termos "senso comum" e "bom senso" na escrita dos *Cadernos* (Cospito, 2016, p. 233-248).

necessário um momento catártico: a "passagem do momento meramente econômico (ou egoísta) para o momento ético-político " (Q10, II, § 6, Gramsci, 1999, v. 1, p. 314; Gramsci, 1975, p. 1244). Para que esse momento catártico se desenvolva, não é suficiente autocrítica no nível individual, autoanálise: é necessário ter uma proposta de outra ordem social. Não bastam as lutas e as resistências defensivas, pois apenas a partir do horizonte de outra ordem social alternativa é possível fazer uma crítica profunda do presente. Então, para avançar nesse processo, é necessário a consciência de fazer parte de uma força hegemônica, quer dizer, de uma força que dispute a hegemonia. Para Gramsci, embora todos e cada um devam executar o processo de crítica de suas consciências (uma "compreensão crítica de si mesmo"), esse processo só pode ser realizado em profundidade no âmbito de uma luta coletiva para impor uma hegemonia alternativa. Nas palavras de Gramsci,

> A compreensão crítica de si mesmo é obtida, portanto, através de uma luta de 'hegemonias' políticas, de direções contrastantes, primeiro no campo da ética, depois no da política, atingindo, finalmente, uma elaboração superior da própria concepção do real. (Q11, § 12, Gramsci, 1999, v. 1, p. 103; Gramsci, 1975, p. 1385)

Pelo qual

> A consciência de fazer parte de uma determinada força hegemônica (isto é, a consciência política) é a primeira fase de uma ulterior e progressiva autoconsciência, na qual teoria e prática finalmente se unificam. (Q11, § 12, Gramsci, 1999, v. 1, p. 103; Gramsci, 1975, p. 1385)

Como afirma Eleonora Forenza, "parece que Gramsci faz coincidir o processo de subjetivação com a compreensão, a aquisição de progressiva autoconsciência da necessidade histórica e da própria função no processo histórico-produtivo" (Forenza, 2012, p. 50). Esse processo de emancipação está imbricado na luta pela hegemonia entre diferentes projetos. Pietro Maltese analisa que "a hegemonia é precisamente *construção ou reconstrução de uma rede de desigualdade* onde a força desconstruída e desagregada não pode participar como subjetividade *plenamente* ativa no projeto" (Maltese, 2013, p. 191). E, como diz Marcos Del Roio, Gramsci, no Caderno 25, "explicita que a tendência à unificação desses grupos é continuamente destroçada pela iniciativa dos grupos dominantes, de modo que essa tendência pode ser demonstrada apenas em caso de sucesso (Del Roio, 2007, p. 73).

Então, por um lado, é possível destacar em Gramsci o plano individual da tomada de consciência. "É o socrático 'conhece-te a ti mesmo' como condição da transformação" (Del Roio, 2007, p. 69). Inclusive, pode-se dizer que existe em Gramsci uma valorização do individualismo, uma "celebração das virtudes do individualismo, em cujo desenvolvimento até o máximo grau ele via como um pressuposto necessário da passagem ao socialismo" (Rapone, *apud* Cospito, 2016, p. 141).

Mas, por outro lado, essa consciência crítica só pode se alcançar por meio de um processo coletivo. Giuseppe Vacca afirma que, para Gramsci "a liberdade individual coincide com a eleição consciente da 'força hegemônica' da qual ser parte" (Vacca, 2017, p. 166). Para Del Roio, um movimento de emancipação só pode partir da autoatividade das massas, de sua autonomia, da cisão com a classe dominante" e, assim, com uma "vontade coletiva autônoma que se auto-organiza em oposição à ordem social vigente, gera[ndo] uma cisão que contesta a subalternidade" (Del Roio, 2007, p. 70). Porque "a emancipação do subalterno passa pela construção de um novo bloco histórico e, como constitutivo desse processo, de uma reforma moral e intelectual (uma revolução cultural gerada na autoeducação das massas)" (Del Roio, 2007, p. 69). Por isso, Giovanni Semeraro afirma que "o pensamento de 'cisão', de 'subtração' teorizado por Georges Sorel (1993), torna-se em Gramsci, movimento ativo de organização 'nacional-popular', educação para a autodeterminação" (Semeraro, 2015, p. 49). As "lentes de Sorel", que Gramsci procura,

> não são suficientes para enxergar que não basta a negação radical da ordem. É preciso também, e ao mesmo tempo, que se materialize a nova subjetividade, o que significa organizar a vida material e cultural sobre novas bases. A negação da velha ordem significa também elaboração teórico-prática de um projeto de nova vida. (Del Roio, 2007, p. 70)

Mas esse processo coletivo de tomada de consciência é sempre contraditório, pois acontece no meio da luta entre diferentes projetos que procuram a hegemonia. Nesse sentido, Massimo Modonesi observa que a experiência subalterna implica em Gramsci "a imposição não violenta e a assimilação da subordinação, quer dizer, a interiorização dos valores propostos por quem dominam ou dirigem moralmente e intelectualmente o processo histórico" (Modonesi, 2010, p. 34).

Modonesi afirma que Gramsci reforça esta ideia no sentido de

> que inclusive na rebelião funciona este dispositivo relacional, e assim rejeita implicitamente todo dualismo *maniqueu* que pretenda escandir aos sujeitos reais a partir da separação entre rebeldia e submissão como dois momentos separados, da mesma forma que rejeitara o dualismo espontaneidade-direção consciente. (Modonesi, 2010, p. 34)

Como diz Del Roio, no Caderno 25, "Gramsci acentua a dificuldade em se romper a subalternidade e o risco da ilusão de vitória. Parece que, aqui, Gramsci repercute as dificuldades e os problemas que se desdobravam na União Soviética (Del Roio, 2007, p. 74).[4]

O papel iniludível dos intelectuais e a "universalização" dos interesses particulares

Para poder desenvolver esses processos de emancipação e essas forças que lutam pela hegemonia, precisa-se inexoravelmente dos intelectuais. Gramsci afirma claramente que

> uma massa humana não se 'distingue' e não se torna independente 'para si' sem organizar-se (em sentido lato); e não existe organização sem intelectuais, isto é, sem organizadores e dirigentes, ou seja, sem que o aspecto teórico da ligação teoria-prática se distinga concretamente em um estrato de pessoas 'especializadas' na elaboração conceitual e filosófica (Q11, § 12, Gramsci, 1999, v. 1, p. 104; Gramsci, 1975, p. 1386).

Por isso, Del Roio afirma que "negação/superação da condição subalterna não pode passar ao largo da formação de um grupo intelectual autônomo forjado pelas próprias classes subalternas em luta contra sua condição" (Del Roio, 2007, p. 71).

Mesmo que um grupo de intelectuais organize uma elaboração teórica, isso não assegura que os sujeitos subalternos compartilhem essas ideias e possam avançar no processo da compreensão crítica. Se em 1917 Gramsci escreve que "o povo russo passou por" experiências históricas do proletariado "com

---

[4] Por todas essas questões, acho que é melhor pensar a hegemonia como luta entre projetos pela hegemonia, e sempre como em término de graus, e não como presença ou ausência (Balsa, 2019c, p. 89-90).

o pensamento, embora pelo pensamento duma minoria",[5] para os anos 1930, tinha claro que as massas têm que fazer o processo intelectual *in persona*. É que Gramsci havia tomado consciência do problema da possível distância entre intelectuais e massa.

Como estabelece Vacca, o marxismo, para Gramsci, procura o "objetivo de elevar 'os simples' à 'uma concepção superior da vida [...] para construir um bloco intelectual-moral que faça politicamente possível um progresso intelectual da massa e não só de escassos grupos intelectuais" (Vacca, 2017, p. 173). E Vacca interpreta que Gramsci faz uma crítica ao não desenvolvimento do núcleo da proposta leninista na URSS: a organização da "questão política dos intelectuais", porque "a criação de uma nova cultura e de uma nova civilização jamais foi começada" (Vacca, 2017, p. 148).

Sem essa nova cultura, mantém-se a distância entre intelectuais e massa. Essa distância pode se tornar dominação. Frosini afirma que, "graças aos intelectuais, os subordinados passam a fazer parte de uma certa "vontade coletiva", superando assim o estado de mera desintegração e irrelação, mas isso coincide com o exercício do poder sobre eles" (Frosini, 2010, p. 26).

5 No texto *A revolução contra o capital*, Gramsci escreve: "as prédicas socialistas puseram o povo russo em contato com as experiências dos outros proletários. A prédica socialista faz reviver num instante, dramaticamente, a história do proletariado, a sua luta contra o capitalismo, a prolongada série de esforços que tem de fazer para se emancipar idealmente dos vínculos do servilismo que o tornavam abjeto, para ser uma consciência nova, testemunho atual do mundo futuro. A prédica socialista criou a vontade social do povo russo. Porque deveria esperar esse povo que a história de Inglaterra se repetisse na Rússia, que na Rússia se formasse uma burguesia, que surgisse a luta de classes para que nascesse a consciência de classe e se desse finalmente a catástrofe do mundo capitalista? O povo russo passou por estas magníficas experiências com o pensamento, embora pelo pensamento duma minoria" (Gramsci, 1917, s/p).

Perto desse problema está a questão do relacionamento entre o projeto hegemônico, os intelectuais e a classe. Conforme esclarecido no primeiro parágrafo do Caderno 12, a relação entre classe e intelectuais tem uma natureza recursiva:

> Todo grupo social, nascendo no terreno originário de uma função essencial no mundo da produção, cria para si, ao mesmo tempo, organicamente, uma ou mais camadas de intelectuais que lhe dão homogeneidade e consciência da própria função, não apenas no campo econômico, mas também no social e político (Q12, § 1, Gramsci, 1999, v. 2, p. 15; Gramsci, 1975, p. 1513).

Assim, a classe é logicamente (mas não historicamente) pré-existente e cria seus próprios intelectuais, mas só toma consciência de si mesma por meio da atividade específica desses intelectuais orgânicos. Aqui surge o problema de possíveis divórcios entre a classe dominante, o projeto hegemônico e a interpelação das classes aliadas e subordinadas.[6] Mais especificamente, está a questão de quem – nas operações retóricas inerentes à apresentação do projeto que tenta ser hegemônico – é o *retor,* o enunciador retórico, quando há divórcios: se a classe ou seus intelectuais orgânicos.[7] Porque, normalmente, serão essas camadas de intelectuais orgânicos que elaborarão a passagem do corporativo para o hegemônico, conforme declarado no § 17 do Caderno 13. A passagem acontece quando

> se adquire [no original: '*raggiunge*': atinge] a consciência de que os próprios interesses corporativos, em seu desenvolvimento atual e futuro, superam o círculo corporativo, de

[6] Frosini salienta que "a fundação da autonomia ideológica da classe hegemônica e a intervenção ideológica nas classes aliadas ocorrem simultaneamente, são dois momentos do mesmo processo de luta que durou séculos, e cujo fruto mais importante é a estrutura do Estado liberal" (Frosini, no prelo).

[7] Sobre esse problema nas teorizações de Laclau, ver Balsa (2019b).

> grupo meramente econômico, e podem e devem tornar-se os interesses de outros grupos subordinados. Esta é a fase mais estritamente política, que assinala a passagem nítida da estrutura para a esfera das superestruturas complexas; é a fase em que as ideologias geradas [*germinate*: germinadas] anteriormente se transformam em 'partido', entram em confrontação e lutam até que uma delas, ou pelo menos uma única combinação delas, tenda a prevalecer, a se impor, a se irradiar por toda a área social, determinando, além da unicidade dos fins econômicos e políticos, também a unidade intelectual e moral, pondo todas as questões em torno das quais ferve a luta não no plano corporativo, mas num plano 'universal', criando assim a hegemonia de um grupo social fundamental sobre uma série de grupos subordinados. (Q13, § 17, Gramsci, 1999, v. 3, p. 40; Gramsci, 1975, p. 1584)

Importante destacar que, na primeira versão deste parágrafo, no Caderno 4, Gramsci havia escrito "*piano* [...] *universale*" (Q4, § 38, Gramsci, 1975, p. 457-458), enquanto na segunda redação (no Caderno 13) escreveu "*piano 'universale'*", com aspas, implicando que não é essencialmente "universal", mas que é construído discursivamente como tal. Só no caso em que essa proposta seja interpelativamente eficaz, a maioria acreditará nessa "universalidade" e haveria uma situação de hegemonia.[8]

Ademais, nesta segunda redação, Gramsci fez mais explícita a centralidade da operação universalizante, ao escrever "*creando così l'egemonia*",[9] e não como na primeira escritura na

[8] Sobre a questão da interpelação e a análise da sua eficácia, consultar Balsa e Liaudat (2019).

[9] "*ponendo tutte le quistioni intorno a cui ferve la lotta non sul piano corporativo ma su un piano 'universale' e creando così l'egemonia di un gruppo sociale fondamentale su una serie di gruppi subordinati*" (Q13, § 17, Gramsci, 1975, p. 1584).

qual havia uma mera justaposição sintática: "*su un piano non corporativo, ma universale, di egemonia di un raggruppamento sociale fondamentale su i raggruppamenti subordinati*" (Q4, § 38, Gramsci, 1975, p. 457-458).

Assim, para Gramsci, colocar a disputa em termos da luta pela hegemonia, e não como uma mera luta defensivo-corporativa, implica necessariamente apresentar os interesses particulares de uma classe como se fossem os interesses universais de toda a sociedade. O êxito nesta tarefa terá lugar quando essa universalização se tornar "senso comum" e seja transmitida especialmente nos primeiros processos de socialização, como uma mera descrição do mundo, construindo o que Gramsci pensa como a "objetividade". Frosini abordou essa questão em termos da centralidade da questão da imanência, compreendida como uma "terrenalidade absoluta", colocando que para Gramsci a verdade teria um caráter prático, mundano, profano, quer dizer, 'imanente'" (Frosini, 2009, p. 39; p. 49-50). Portanto, na visão gramsciana, ficam fortemente entrelaçadas as ideias de objetividade, verdade, prática, universalidade e hegemonia (Balsa, 2018).

Então os intelectuais constroem essa "universalização" dos interesses particulares da classe dominante, mas para o fazer devem mudar se dando conta também de alguns dos interesses das classes aliadas e ainda das classes subalternas. Deste modo, sempre existe uma distância entre os interesses corporativos da classe e sua "tradução", feita pelos intelectuais, para o plano da luta pela hegemonia. Como já analisou Marx, no *18 Brumário de Luís Bonaparte*, a representação então implica, para todas as classes, um nível específico, no qual os interesses são discursivamente construídos pelos "representantes políticos e literários da classe", que devem elaborar esses interesses para o cenário político. E também surge assim o problema dos possíveis descasamentos entre os representantes e a classe (Balsa, 2019a). Esse problema se acrescenta na medida em que esses intelectuais passam a ocupar postos na estrutura do Estado: "ocorre que muitos intelectuais pensam ser o Estado, crença que, dado o imenso número de componentes da categoria, tem por vezes notáveis consequências e leva a desagradáveis complicações para o grupo fundamental econômico que realmente é o Estado" (Q12, § 1, Gramsci, 1999, v. 2, p. 24-25; Gramsci, 1975, p. 1522-1523).

O fragmento tem um caráter claramente geral, no sentido de que não se refere a nenhuma classe em particular. Mas, colocando-o em relação aos textos nos quais Gramsci adverte o problema da "estatolatria", é possível também pensar em relação aos problemas na União Soviética.

O papel do partido na luta pela hegemonia e o problema do mito

Para o proletariado, essa função intelectual tem que acontecer por intermédio do partido político: "para alguns grupos sociais, o partido político é nada mais do que o modo próprio de elaborar sua categoria de intelectuais orgânicos" (Q12 § 1, Gramsci, 1999, v. 2, p. 24; Gramsci, 1975, p. 1522).

Observe-se nesse mesmo § 17 do Caderno 13 que Gramsci teve que incluir o conceito de "partido" em seu argumento. Ele deve haver tomado consciência do papel iniludível do "partido" para lutar pela hegemonia, porque "se fazem 'partido'"; é um agregado entre a primeira versão no Caderno 4 e a segunda, do Caderno 13,[10] uma vez que, sem "partido", não é possível

[10] No Caderno 4 Gramsci havia escrito "*è la fase in cui le ideologie germinate precedentemente vengono a contatto ed entrano in contrasto fino a che una sola*

dar esse salto catártico que implica a passagem da luta defensiva corporativa, para a luta ofensiva pela hegemonia e pela recomposição da ordem social.

Já no Caderno 3, Gramsci havia escrito que, "embora seja verdade que os partidos são apenas a nomenclatura das classes", "também é verdade que os partidos não são apenas uma expressão mecânica e passiva das próprias classes, mas reagem energicamente sobre elas para desenvolvê-las, consolidá-las, universalizá-las" (Q3, § 119, Gramsci, 1999, v.3, p. 201; Gramsci, 1975, p. 387). Portanto, os partidos são os protagonistas centrais da luta pela hegemonia. Assim,

> Deve-se sublinhar a importância e o significado que tem os partidos políticos, no mundo moderno, na elaboração e difusão das concepções do mundo, na medida em que elaboram essencialmente a ética e a política adequadas a elas, isto é, em que funcionam quase como 'experimentadores' históricos de tais concepções. (Q11, § 12, Gramsci, 1999, v. 1, p. 105; Gramsci, 1975, p. 1387)

Como analisa Giuseppe Cospito, a função do partido na obtenção da hegemonia por parte do proletariado se desenvolve em Gramsci especialmente a partir dos textos escritos ao final de 1930 (Q5, § 127) e em 1931 (Cospito, 2016, p. 118). Os partidos devem desenvolver projetos para a sociedade como um todo, tentando integrar neles as demandas de outras classes em torno de uma "vontade coletiva". O problema que surge aqui, sobre o qual retornaremos, é se não corremos o risco de que os partidos deixem de lado a defesa dos interesses das

---

di esse, o almeno una sola combinazione di esse, tende a prevalere, a imporsi, a diffondersi su tutta l'area, determinando oltre che l'unità economica e politica anche l'unità intellettuale e morale, su un piano non corporativo, ma universale, di egemonia di un raggruppamento sociale fondamentale su i raggruppamenti subordinati." (Q4, § 38, Gramsci, 1975, p. 457-458).

classes que deram origem a eles. Já Marx havia analisado este problema na conjuntura francesa de 1848-1851 (Balsa, 2019a).

Vinculado à questão do possível distanciamento entre classe e partido, está o problema de como a classe intervém sobre as decisões do partido. Para garantir que os partidos tenham o papel de serem o espaço no qual se processe esse avanço nos níveis de consciência das classes, eles devem ter uma dinâmica interna profundamente democrática. Veremos que Gramsci identifica um problema com a fetichização dos partidos.

Mas, se Gramsci está preocupado com a possibilidade (bastante concreta) de que os partidos virem fetiche, ele também pensa que, para que as massas tenham o "ardor combativo", é necessária a luta por seu projeto hegemônico próprio; precisam ter crenças fortes, quase religiosas, no partido e no projeto. É por isso que ele escreve que a ideologia política tem que se apresentar como mito, e fala do partido como "mito-príncipe", um príncipe que tome nas consciências o lugar da divindade ou do imperativo categórico. Isso se vincula com a ideia gramsciana de necessidade de "crenças" fortes, como uma "religião", capazes de motivar as massas às ações relevantes. Como disse Frosini, que construam "uma subjetividade unitária que façam as massas capazes de se imaginar como politicamente ativas e eficazes". Obviamente, essa "religião" seria diferente de uma "religião revelada", "independente de qualquer instância autoritária sacra" (Frosini, 2010, p. 40-41). Mas surge, assim, uma tensão entre o desenvolvimento de uma consciência crítica e a necessidade de um mito, ou surgimento de um fetiche, seja como um partido, seja como um projeto, seja como um curso teleológico da história.

Enfim, temos, até aqui, uma síntese da relação entre emancipação, intelectuais, partido e hegemonia, para Gramsci. No entanto, toda essa teorização não está isenta de problemas, alguns dos quais já foram aparecendo nesta apresentação. O primeiro problema é a possível dissociação entre as elaborações das elites intelectuais e a massa. O segundo problema é qual é o sujeito da luta hegemônica: são as classes ou as "vontades coletivas"? E o terceiro problema é o da "forma partido" e suas maneiras para resolver democraticamente sua dinâmica.

O problema da possível dissociação entre as elaborações das elites intelectuais e as massas

Gramsci está especialmente preocupado, porque observa que uma dissociação tende a surgir entre os intelectuais que procuram ser "orgânicos" da classe trabalhadora, e essa mesma base trabalhadora e outras classes subalternas. Nesse ponto, ele inveja a unidade que a Igreja Católica alcança, e enfatiza que "foi sempre a mais tenaz na luta para impedir que se formassem 'oficialmente' duas religiões, a dos 'intelectuais' e a das 'almas simples'" (Q11, § 12, Gramsci, 1999, v. 1, p. 99; Gramsci, 1975, p. 1381). Como Fabio Frosini analisa, Gramsci postula, adotando o conceito croceano de "religião" como equivalente à unidade entre teoria e prática, que a filosofia da práxis se assemelha a uma religião (Frosini, 2010).

No entanto, Gramsci esclarece que a filosofia da práxis difere de uma religião, porque mantém seu momento crítico: "a posição da filosofia da práxis é antitética a esta posição católica", porque "não tende a manter os 'simples' na sua filosofia primitiva do senso comum, mas busca, ao contrário, conduzi-los a uma superior concepção da vida" (Q11, § 12, Gramsci, 1999, v. 1, p. 103; Gramsci, 1975, p. 1384).

Mas, se não é uma religião, surge o problema de como garantir que não exista tal dissociação entre intelectuais e massa. Para tentar reduzir esta dificuldade, podemos analisar que Gramsci propõe três operações. Em primeiro lugar, ele indica que os intelectuais devem ter um conceito de "filosofia" totalmente diferente do conceito tradicional. Eles precisam ter consciência que "só através deste contato [com as massas] é que uma filosofia se torna 'histórica', depura-se dos elementos intelectualistas de natureza individual e se transforma em 'vida'" (Q11, § 12, Gramsci, 1999, v. 1, p. 100; Gramsci, 1975, p. 1382). Portanto, devem entender a filosofia "como luta cultural para transformar a 'mentalidade' popular e difundir as inovações filosóficas". E essas inovações "se revelam [no original: "*che si dimostreranno*"] 'historicamente verdadeiras' na medida em que se tornem concretamente, isto é, histórica e socialmente, universais" (Q10, II, § 44, Gramsci, 1999, v. 1, p. 398; Gramsci, 1975, p. 1330). Ou seja, na medida em que essas inovações se tornem hegemônicas.

Por isso, Gramsci pensa que "toda relação de 'Hegemonia' é necessariamente uma relação pedagógica" (Q10, II, § 44, Gramsci, 1999, v. 1, p. 399; Gramsci, 1975, p. 1331). Mas no sentido "moderno", em que "todo professor é sempre aluno e todo aluno, professor". Assim, "o ambiente cultural que [o filósofo] quer modificar [...] reage sobre o filósofo e, obrigando-o a uma permanente autocrítica, funciona como 'professor' " (Q10, II, § 44, Gramsci, 1999, v. 1, p. 399-400; Gramsci, 1975, p. 1331). De acordo com Luciano Gruppi, Gramsci jamais deixa de sublinhar que a relação hegemônica sempre é uma relação pedagógica" (Gruppi, 1980, p. 78).

Em segundo lugar, ademais de pensar a filosofia dessa maneira original, como luta cultural, para garantir que não surja essa possível dissociação, os intelectuais devem tomar cuidado para não se mover mais rápido que as massas:

> todo progresso para uma nova 'amplitude' e complexidade do estrato dos intelectuais está ligado a um movimento análogo da massa dos simples, que se eleve a níveis superiores de cultura e amplia simultaneamente o seu círculo de influência, com a passagem de indivíduos, ou mesmo de grupos mais ou menos importantes, para o estrato dos intelectuais especializados. (Q11, § 12, Gramsci, 1999, v. 1, p. 104-105; Gramsci, 1975, p. 1386)[11]

E, em terceiro lugar, para manter essa unidade entre intelectuais e "simples", é fundamental, para Gramsci, que os intelectuais alcancem o "sentir" popular. Eles têm que somar a seu "saber", a "paixão", "a conexão sentimental" como o "povo-nação":

> O erro do intelectual consiste em acreditar que se possa *saber* sem compreender e, principalmente, sem sentir e estar apaixonado (não só pelo saber em si, mas também pelo objeto do saber), isto é, em acreditar que o intelectual possa ser um intelectual (e não um mero pedante) mesmo quando distinto e destacado do povo-nação, ou seja, sem sentir as paixões elementares do povo, compreendendo-as e, portanto, explicando-as e justificando-as em determinada situação histórica, bem como relacionando-as dialeticamente com as leis da história, com uma concepção do mundo superior, científica e coerentemente elaborada, com o 'saber'; não se faz política-história sem essa paixão, isto é, sem esta conexão sentimental entre intelectuais e povo-nação". (Q11, § 67, Gramsci, 1999, v. 1, p. 221-222; Gramsci, 1975, p. 1505)[12]

Contudo, para Gramsci esse cuidado em manter o vínculo com a massa nunca deve ser pensado como uma

---

11 Se bem Gramsci tenha escrito "*è legato a un movimento analogo della massa di semplici*", é possível interpretar que ele queria dizer "deveria estar ligado".

12 Ver a análise de Vacca sobre a ideia de "sentir" nos textos de juventude de Gramsci em torno ao impacto da Grande Guerra (Vacca, 2017, p. 28).

simplificação teórica que leve à disseminação de apreciações equivocadas da dinâmica social, como o que acontece com uma versão simplificada, mecanicista e teleológica do marxismo, armada para o consumo das massas. Essa versão leva precisamente à passividade política, mas também à passividade intelectual. E Gramsci era completamente contrário a essa perspectiva. Prestemos atenção ao argumento de Gramsci sobre o assunto:

> Pode-se observar como o elemento determinista, fatalista, mecânico, tenha sido um 'aroma' ideológico imediato da filosofia da práxis, uma forma de religião e de excitante (mas ao modo dos narcóticos), tornada necessária e justificada historicamente pelo caráter 'subalterno' de determinados estratos sociais. (Q11, § 12, Gramsci, 1999, v. 1, p. 106; Gramsci, 1975, p. 1387-1388)

Nesse sentido, ele reconhece alguma eficácia desse mecanismo do marxismo vulgar, uma vez que daria "esperanças" às massas. Então, frente a

> uma série de derrotas, o determinismo mecânico transforma-se em uma formidável força de resistência moral, de coesão, de perseverança paciente e obstinada. 'Eu estou momentaneamente derrotado, mas a força das coisas trabalha por mim a longo prazo etc.' A vontade real se disfarça em um ato de fé, numa certa racionalidade da história, numa forma empírica e primitiva de finalismo apaixonado, que surge como um substituto da predestinação, da providência etc., próprias das religiões confessionais. (Q11, § 12, Gramsci, 1999, v. 1, p. 106; Gramsci, 1975, p. 1387-1388)

Mas essa (de)formação das massas é um perigo, pois elas são impedidas de serem participantes conscientes na construção de uma nova ordem social. As críticas parecem estar endereçadas para o que estava acontecendo naqueles anos na União Soviética:

> quando o 'subalterno' se torna dirigente e responsável pela atividade econômica de massa, o mecanismo revela-se num certo ponto como um perigo iminente [...] [quando] o subalterno [que] era ontem uma coisa, hoje não o é mais: tornou-se uma pessoa histórica, um protagonista [...] já que não é mais resistente, mas sim agente e necessariamente ativo e empreendedor. (Q11, § 12, Gramsci, 1999, v. 1, p. 106; Gramsci, 1975, p. 1388)

Por todas essas razões, Gramsci confirma "a futilidade do determinismo mecânico", "causa de passividade, de imbecil autossuficiência". E ele conclui essas avaliações afirmando que isso é especialmente verdade porque até "uma parte da massa [...] subalterna [...] é sempre dirigente e responsável" (Q11, § 12, Gramsci, 1999, v. 1, p. 107; Gramsci, 1975, p. 1388-1389).

De todo modo, existe uma forma por meio da qual Gramsci mantém a possibilidade de uma perspectiva teleológica. Se bem que, em muitos casos, a "missão histórica" "assume um significado equívoco e místico", seria possível pensar um significado vinculado ao "conceito kantiano de teleologia" que, então, "pudesse ser definido e justificado pela filosofia da práxis" (Q11, § 23, Gramsci, 1999, v. 1, p. 144; Gramsci, 1975, p. 1426). Como afirmou Frosini,

> só assumindo problematicamente a nova acepção kantiana (presente na *Crítica do juízo* e nos escritos da filosofia da história), segundo a qual é possível utilizar a finalidade em modo regulatório, salvando assim a individualidade empírica dos fatos, é possível escapar ao perigo de converter ao determinismo histórico em uma forma obsoleta de finalismo. (Frosini, 2009, p. 88)

O problema do sujeito da luta hegemônica e o projeto socialista

Como vimos, a disputa pela hegemonia ocorre em termos de projetos de sociedade. Geralmente, em cada conjuntura, essa luta acontece entre dois projetos políticos específicos que disputam a liderança do Estado. Como dissemos, esses projetos são postulados como defensores de interesses "universais" (ou quase universais), e não como suporte aos interesses corporativos das classes (embora alguns deles possam ser explicitamente defendidos dentro dessa proposta universalizante).

Portanto, nessas lutas pela hegemonia, as classes parecem perder destaque contra as "vontades coletivas". Cospito destaca que, nos *Cadernos*, há uma "progressiva perda de importância da função da classe em relação aos intelectuais no exercício da hegemonia". E que isso acontece "em conexão com sua frequente, embora não sistemática, substituição com expressões como *grupo* ou *reagrupamento* social" (Cospito, 2016, p. 117). Raúl Burgos enfatiza que a luta pela hegemonia ocorre entre projetos e vontades coletivas que os sustentam. Para Burgos, o sujeito da hegemonia é um "sujeito-projeto": "sujeitos que se constroem em torno de um projeto e através de um *processo-projeto*", porque, em um senso althusseriano, "os projetos interpelam aos grupos sociais e aos indivíduos, constituindo-lhes em sujeitos de um certo projeto" (Burgos, 2012, p. 165).

Surgem aqui dois problemas. Uma questão é se a hegemonia é uma relação entre classes ou poderia ocorrer entre outros tipos de grupos sociais e, nesse caso, se a classe teria algum privilégio determinativo nas relações articulativas entre diferentes tipos de grupos. Uma segunda questão é se a classe, ou os diferentes grupos, são resultados das lutas pela hegemonia, ou se eles preexistem a essas lutas. Ernesto Laclau respondeu à primeira questão no sentido de que a hegemonia acontece em planos não só classistas, mas também entre grupos definidos em distintos níveis do social, e que a classe é só uma das possíveis construções identitárias, sem nenhum privilégio determinativo. Em relação à segunda questão, Laclau afirmou que os grupos não preexistem às disputas hegemônicas, senão que eles são o resultado dessas lutas. Desse modo, Laclau (1993), ainda que partindo de Gramsci, se afastou de uma perspectiva marxista e construiu uma perspectiva pós-marxista que, às vezes, não logra ser coerente com o papel que os setores populares têm dentro de sua própria teoria do populismo.[13]

Mas o maior problema que surge nessa perspectiva é que se perde a própria ideia de dominação. Se só temos discursos que lutam e constroem sujeitos, se pode deixar de perceber que a hegemonia sempre implica uma relação de dominação entre grupos sociais, ainda que esses grupos terminem de se construir na própria disputa discursiva pela hegemonia. A hegemonia é a imposição de um projeto que busca a aceitação do domínio e até da direção de um grupo em relação a outro. Esses grupos podem não ser classes, como, por exemplo, nas hegemonias de gênero (no domínio patriarcal), mas não são apenas projetos. Então, podemos pensar que as relações hegemônicas são relações entre projetos (e, nesse sentido, são discursos) que lutam em distintos planos do social (não só no nível textual), mas essas lutas acontecem entre grupos. Não temos que perder de vista que são relações de dominação.

Por outro lado, e voltando especificamente à primeira questão, a análise marxista será distinguida pela centralidade que

[13] De todo modo, essas classes que Laclau jogou pela porta, logo entraram em suas próprias teorizações pela janela (Balsa, 2010).

concede à dominação de classe. Como afirma Thomas, sem a determinação de classe, o conceito gramsciano de hegemonia se torna uma variante do problemático conceito de soberania (Thomas, 2009, p. 221). E, como afirma Del Roio, a questão da classe se manteve até os últimos cadernos:

> a importância que Gramsci dava ao americanismo e ao fordismo como tema de pesquisa comprova como a centralidade do trabalho fabril persistia em sua crítica da modernidade capitalista, o que aponta na direção oposta a uma possível diluição da classe operária no seio de indefinidos e pulverizados 'grupos subalternos'. (Del Roio, 2007, p. 69-70)

Para mim, a hegemonia apresenta duas caras simultâneas: é um processo discursivo de luta por impor uma determinada concepção do mundo (e onde as identidades são construídas), mas é também a consolidação de interesses particulares de alguns setores (ao mesmo tempo em que se cuidam, em via secundária, também alguns dos interesses dos aliados e ainda das classes dominadas).

Para postular vínculos entre projetos e classes, precisamos recuperar o conceito de "interesse de classe" que o próprio marxismo tem negligenciado, de certa forma, vergonhosamente. E também devemos assumir o componente especulativo necessário que o pensamento crítico exige, conforme formula Frederic Jameson (2013). O analista, ou militante, deve postular que cada classe ou fração da classe tem certos interesses de classe e, a partir daí, pode analisar até que ponto um ou outro projeto que luta pela hegemonia representa e, ao mesmo tempo, dão forma a esses interesses, com certa (mas não total) independência dos membros das vontades coletivas que os defendem. Deve-se esclarecer que esses "interesses de classe" e sua conscientização podem ser postulados em termos mais estruturais ou mais de curto prazo. Nesse sentido, José Aricó afirma que, em Lenin, a consciência de classe não estava ligada à necessidade abstrata do socialismo (como em Kautsky), mas ao conhecimento (científico) da totalidade econômico-social, no sentido da realidade concreta de uma determinada formação econômico-social (Aricó, 2012, p. 164-165).

Pessoalmente, acho que é necessário fazer essas construções de interesses nos dois planos. Deve haver uma proposta para melhor resolução da luta conjuntural entre os projetos que têm capacidade de disputar a direção do Estado, mas, ao mesmo tempo, o objetivo de longo prazo de construir uma sociedade socialista não deve ser abandonado.[14]

Só a longo prazo os projetos podem manter um claro sentido emancipatório vinculado aos interesses das classes subalternas e, mais especificamente, ao proletariado. Devido a este objetivo de longo prazo, hoje carregamos a "mochila" da deriva autoritária e a relativa estagnação econômica experimentada pelos processos que tentaram a transição para o socialismo durante o século XX. Por isso, penso que é essencial dedicar boa parte de nossas capacidades intelectuais para recriar essa utopia socialista. E, portanto, creio que devamos desenvolver um programa global de pesquisa, para estudar os problemas que essas tentativas tiveram e suas possíveis soluções, e assim contribuir para a elaboração de uma proposta que faça as

[14] Temos que apreender da burguesia e sua capacidade de desenvolver estratégias duais: por exemplo, nos anos dos Estados de bem-estar, ao tempo que gerou dirigentes dispostos ao diálogo e aos acordos necessários para coexistir com os "governos populares" ou social-democratas, a burguesia promoveu o desenvolvimento de centros de elaboração e difusão ideológica (*Think Tanks*) que mantiveram as posições mais radicais da direita, preparando ideologicamente a sua ofensiva neoliberal dos anos 1980 e 1990.

massas se apaixonarem novamente com a possibilidade de um mundo socialista.

O problema da "forma partido"

Como dissemos, para Gramsci, o espaço onde a relação entre intelectuais e massa seria resolvida seria o partido político. Mas para que isso funcione assim, o partido deveria ter uma dinâmica fortemente democrática. Ao longo dos *Cadernos* é possível observar uma crítica permanente à possibilidade de que o centralismo (inerente para Gramsci a qualquer partido revolucionário) derivasse num "centralismo burocrático", em vez de um "centralismo democrático". Mesmo o "centralismo orgânico" pode derivar num "centralismo burocrático", mas já não seria o *verdadeiro* "centralismo orgânico" (Cospito, 2016, p. 228).[15]

O risco seria que ao final acontecesse uma fetichização do partido. Para Gramsci, esse é um fenômeno que pode acontecer a todo organismo coletivo "se cada um dos componentes [individuais] pensa o organismo coletivo como uma entidade estranha a si mesmo". Nesse caso, "este organismo não existe mais de fato, mas se transforma num fantasma do intelecto, num fetiche" (Q15, § 13, Gramsci, 1999, v. 3, p. 332; Gramsci, 1975, p. 1770). E se Gramsci exemplifica isto com "o trabalho secular [e 'plenamente vitorioso'] do centro vaticano para anular qualquer traço de democracia interna e de intervenção dos fiéis nas atividades religiosas", agrega imediatamente "O que espanta [no original: '*Ciò che fa meraviglia*'], e é característico,

---

[15] Ele faz uma crítica ao tipo de "centralismo orgânico" que postula que os governantes sempre representam os interesses dos governados, e reivindica "a participação dos indivíduos" (Q15, § 13, Gramsci, 1999, v. 3, p. 333; Gramsci, 1975, p. 1771).

é que o fetichismo desta espécie se reproduza em organismos 'voluntários', de tipo não 'público' ou estatal, como os partidos e os sindicatos" (Q15, § 13, Gramsci, 1999, v. 3, p. 332; Gramsci, 1975, p. 1770).

Isso pode produzir uma "atitude crítica exterior" ou "uma admiração entusiástica e acrítica", "em todo caso, uma relação fetichista". Assim, "o indivíduo espera que o organismo realize, embora ele não atue e não compreenda que, sendo sua atitude muita difusa, o organismo é necessariamente inoperante" (Q15, § 13, Gramsci, 1999, v. 3, p. 332; Gramsci, 1975, p. 1770). E acrescenta imediatamente:

> Além disso, deve-se reconhecer que, sendo muito difusa uma concepção determinista e mecânica da história (concepção que é do senso comum e está ligada à passividade das grandes massas populares), cada indivíduo, vendo que, a despeito de sua não intervenção, alguma coisa ainda acontece, é levado a pensar que acima dos indivíduos existe uma entidade fantasmagórica, a abstração do organismo coletivo, uma espécie de divindade autônoma que não pensa com nenhuma cabeça concreta, mas pensa, que não caminha com pernas humanas determinadas, mas mesmo assim caminha etc. (Q15, § 13, Gramsci, 1999, v. 3, p. 332-333; Gramsci, 1975, p. 1770)

A questão nos leva ao problema de como as decisões estratégicas são tomadas dentro dos partidos. Podemos pensar o partido como uma gradação de camadas de intelectuais, porque para Gramsci "nada é mais exato" que a afirmação de que "todos os membros de um partido político devam ser considerados como intelectuais". Em todo caso, "será preciso fazer uma distinção de graus; um partido poderá ter uma maior ou menor composição do grau mais alto ou do mais baixo, mas não é isto que importa: importa a função, que é diretiva e organizativa, isto é, educativa, isto é, intelectual" (Q12, § 1, Gramsci, 1999, v. 2, p. 25; Gramsci, 1975, p. 1523).

Assim, podemos diferenciar desde os intelectuais orgânicos "superiores" (colocando aqui os líderes políticos e/ou organizações sociais), os intelectuais orgânicos "intermediários" (dos líderes e representantes locais), os militantes de base (que sempre cumprem um papel organizacional e formativo) e, finalmente, os meros simpatizantes e até a base de cidadãos. Porque, para Gramsci, todos fazemos parte de algum partido político: "numa determinada sociedade, ninguém é desorganizado e sem partido, desde que se entendam organização e partido num sentido amplo, e não formal" (Q6, § 136, Gramsci, 1999, v. 3, p. 253; Gramsci, 1975, p. 800).

Na tomada de decisões, temos aqui uma tensão entre os líderes, a militância, os afiliados, e, ainda, os simpatizantes e base de cidadãos. O problema só se complica ainda mais se incluirmos a ideia de uma pluralidade de partidos e a formação de frentes partidárias, para alcançar uma melhor disputa de hegemonia.

Do mesmo modo, o problema só se agrava se propusermos a substituição da "forma partido" pela "forma-movimento". Acho certo que, às vezes, os movimentos tendam a procurar resolver a dissociação entre intelectuais/líderes e bases sociais. Mas como forma de participação política, apresenta três problemas básicos. Em primeiro lugar, tende a não ter uma estrutura democrática de debate interno. Se for verdade que alguns movimentos o fazem, eles têm essa característica ao se aproximarem da forma-partido (como, por exemplo, o Movimento dos Trabalhadores Rurais Sem Terra do Brasil). Mas o feminismo ou o ambientalismo, em geral, não tem uma estrutura democrática de debate interno. Em segundo lugar, suas propostas tendem a não ir além do nível do corporativismo, como defesa de interesses particulares. Então eles, geralmente, não se preocupam com a universalização essencial para disputar a hegemonia com um projeto global de sociedade. E, em terceiro lugar, muitas vezes eles não realizam uma análise em termos das correlações de força, limitando-se a colocar suas propostas corporativas em termos de direitos inalienáveis. Essa operação lhes dá um grande impulso militante, porque eles tentam instalar esses princípios como inegociáveis, mas não medem os efeitos que essas operações têm na disputa mais global de hegemonia a cada conjuntura.

Então, se reconhecemos a necessidade dos partidos para o processo emancipatório, ao mesmo tempo o problema dos partidos de virar "fetiche", de perder a dinâmica democrática e de se fechar às demandas dos setores populares (diferente da abertura que tem os movimentos sociais), temos que pensar como seria a melhor forma-partido. Nesse sentido, Vacca afirma que, para Gramsci,

> o partido 'é a parte de um todo' [Q7, § 99; Gramsci, 1975, p. 926] – a sociedade civil e a sociedade política colocadas juntas – e assim devem manter-se. O caráter 'tendencialmente universal e total' dos 'germes de vontade coletiva' que 'se resumem' a isso, indicam que o partido tende a dirigir (orientar, influenciar) cada outro 'organismo' da sociedade civil, não a subordinar-lhe hierarquicamente a si. (Vacca, 2017, p. 216)

Por sua parte, Thomas tem analisado a concepção do partido como "moderno príncipe" nos *Cadernos* e conclui que contém "um ato de autocrítica não declarada que diz respeito ao papel anterior de Gramsci no processo de 'bolchevização' do Partido Italiano" (Thomas, 2017, p. 54). Thomas encontra pelo menos quatro elementos nessa densa metáfora do "moderno príncipe": (1) frente às formas preexistentes, é uma proposta para uma nova forma de organização política, que desborda a forma-partido, como "um processo mais amplo de ativação política coletiva das classes populares, em todas as instâncias de deliberação e tomada de decisão por toda sociedade", (2) esse processo é um processo histórico e até mesmo 'civilizacional' da emergência de formas progressivamente articuladas de autogoverno", no qual o "moderno príncipe" é um "terreno", o "organizador de uma vontade coletiva nacional popular e simultaneamente expressão ativa e efetiva" do mesmo, (3) inclui dentro de si processos de desagregação e conflitualidade como momentos constitutivos, e (4) "representa uma proposta visando a um partido de massas capaz de efetivar a (re)composição política da classe, representando, expressando e, portanto, transformando a sua miríade de interesses e formas", como um partido "composicional" – no sentido de Hardt e Negri –, mas também como "laboratório" – no sentido de Lukács – onde se processem as diferenças (Thomas, 2017, p. 55-57).

Pessoalmente, gosto dessa sistematização que faz Thomas das ideias gramscianas sobre o partido, e não concordo com as críticas que faz Dal Maso, no sentido de que falta uma delimitação de classe (Dal Maso, 2016, p. 146). Penso que o conteúdo classista se encontra no objetivo de longo prazo, e não numa construção classista que pode se limitar a uma postura corporativista. Mas sim, concordo com ele que as propostas de Thomas são um tanto vagas, embora pense que esse é o objetivo de Thomas, uma perspectiva geral e não propostas concretas. De todo modo, penso que o problema de como garantir uma dinâmica democrática nos partidos políticos, frentes e, até, na articulação mais complexa, mesmo com movimentos sociais, é algo que temos que estudar mais, de forma comparada nas experiências das esquerdas do mundo, para ter uma resposta teórica, mas também concreta.

Talvez a única coisa que nos resta não seja a superação, mas só transitar as tensões que esses problemas acarretam, como propõe García Linera (2011). De qualquer forma, considero que essa tensão poderia ser transitada tendo presente o horizonte utópico da dissolução da diferença entre intelectuais e massas, entre dirigentes e dominados.

Referências

ARICÓ, J. *Nueve lecciones sobre economía y política en el marxismo*. Buenos Aires: FCE-El Colegio de México, 2012.

BALSA, J. "Las dos lógicas del populismo, su disruptividad y la estrategia socialista". *Revista de Ciencias Sociales*, Universidad Nacional de Quilmes, n. 17, p. 7-27, 2010.

BALSA, J. "La crítica al objetivismo y la propuesta epistemológico-política contenida en el *Cuaderno 11*". *International Gramsci Journal*, v. 2, n. 4, p. 3-36, 2018.

BALSA, J. "La cuestión de la representación en *El 18 Brumario de Luis Bonaparte* de Karl Marx". *Materialismo Storico*, Urbino, v. VI, n. 1, p. 76-107, 2019a.

BALSA, J. "La retórica en Laclau: perspectiva y tensiones". *Simbiótica*, v. 6, n. 2, p. 51-73, 2019b.

BALSA, J. "Uma avaliação das leituras filológicas da obra de Gramsci e seus possíveis aportes para as estratégias políticas". *Práxis e hegemonia popular*, ano 4, n. 5, p. 82-104, 2019c.

BALSA, J.; LIAUDAT, M. D. "Cuestiones teórico-metodológicas para analizar los niveles de eficacia en la construcción de la hegemonía". *Theomai*, n. 40, p. 211-30, 2019.

BURGOS, R. "Para una teoría integral de la hegemonía. Una contribución a partir de la experiencia latinoamericana". *Realidad Económica*, n. 271, p. 133-170, 2012.

COSPITO, G. *El ritmo del pensamiento de Gramsci*. Buenos Aires: Peña Lillo, 2016.

DAL MASO, J. *El marxismo de Gramsci*. Buenos Aires: Ediciones IPS, 2016.

DEL ROIO, M. "Gramsci e a emancipação do subalterno". *Revista de Sociologia e Política*, Curitiba, n. 29, p. 63-78, 2007.

ERRICO, A. "Poetica e politica: il 'metodo' Gramsci". *In*: DURANTE, L.; LIGUORI, G. (comp.). *Domande dal presente. Studi su Gramsci*, Roma: Carocci, 2012.

FORENZA, E. "Nuovo senso comune e filosofia della práxis". *In*: DURANTE, L.; LIGUORI, G. (comp.). *Domande dal presente.* Studi su Gramsci. Roma: Carocci, 2012.

FROSINI, F. *Da Gramsci a Marx*: Ideologia, verità e politica. Roma: Derive Approdi, 2009.

FROSINI, F. *La religione dell'uomo moderno.* Politica e verità nei *Quaderni del carcere* di Antonio Gramsci. Roma: Carocci, 2010.

FROSINI, F. "Egemonia borghese ed egemonia proletaria nei Quaderni del carcere: una proposta di riconsiderazione", no prelo.

GARCÍA LINERA, Á. *Las tensiones creativas de la revolución.* La Paz: Vicepresidencia del Estado Plurinacional, 2011.

GRAMSCI, A. "A Revolução contra o capital", *Avanti*, edição milanesa, 24 de novembro de 1917, trad. José André Lôpez Gonçâlez. Disponível em: https://www.marxists.org/portugues/gramsci/1917/04/24.htm. Acesso em: 26 ago. 2021.

GRAMSCI, A. *Quaderni del carcere.* Edizione critica dell'Istituto Gramsci a cura di V. Gerratana. Torino: Einaudi, 1975.

GRAMSCI, A. *Cadernos do cárcere.* Tradução de Carlos Nelson Coutinho. 6 v. Rio de Janeiro: Civilização Brasileira, 1999.

GRUPPI, A. *O conceito de hegemonia em Gramsci.* Rio de Janeiro: Graal, 1980.

JAMESON, F. *Valencias de la dialéctica.* Buenos Aires: Eterna Cadencia editor, 2013.

LACLAU, E. *Nuevas reflexiones sobre la revolución de nuestro tiempo.* Buenos Aires: Nueva Visión, 1993.

LIGUORI, G. *Sentieri gramsciani.* Roma: Carocci, 2006.

MALTESE, P. "L'egemonia costituente dei Quaderni del carcere di Gramsci". *Studi sulla formazione*, n. 1, p. 181-195, 2013.

MODONESI, M. *Subalternidad, antagonismo, autonomía:* marxismos y subjetivación política. Buenos Aires: CLACSO, 2010.

NUN, J. *La rebelión del coro.* Estudios sobre la racionalidad política y el sentido común. Buenos Aires: Ediciones Nueva Visión, 1989.

SEMERARO, G. *Gramsci e os novos embates da filosofia da práxis.* São Paulo: editora Ideias & Letras, 2015.

SOREL, G. "Reflexiones sobre la violencia" (1908). *In*: *Georges Sorel* (selección de textos y estudio preliminar a cargo de Alberto Ciria). Buenos Aires: Centro Editor de América Latina, 1993.

THOMAS, P. *The gramscian moment.* Philosophy, Hegemony and Marxist, Leiden: Brill, 2009.

THOMAS, P. "A hipótese comunista e a questão da organização". *Crítica marxista* [São Paulo], n. 45, p. 35-61, 2017.

VACCA, G. *Modernità alternative.* Il Novecento di Antonio Gramsci. Torino: Giulio Einaudi editore, 2017.

A QUESTÃO DA LINGUAGEM NOS *CADERNOS DO CÁRCERE*

Rocco Lacorte[1]

Introdução

O ponto crucial que me parece constituir a especificidade de Gramsci é o entendimento de que a "questão linguística" deva ser abordada como *equivalente* à questão política, mas que essa equivalência, depois de ser compreendida, é *teorizada*. E ainda mais: que esta teorização seja por Gramsci considerada como momento necessário da luta política, tendo consciência de que ela mesma é parte ativa e orgânica em e de uma contradição social e histórica.

Com efeito, para o autor dos *Cadernos do cárcere*, a questão linguística é *traduzível* com a questão política (e com todas as outras),[2] precisamente de acordo com o paradigma da traduti-

1 Doutor (Ph.D) pela Universidade de Chicago (EUA) e pós-doutorando pela CAPES no Departamento de Filosofia da Universidade de Brasília (UnB). E-mail: roccola@gmail.com.

2 "A questão da linguagem é ligada a todas as outras questões" (Sanguineti, 2010, 103). Aliás, o próprio Gramsci escreve algo muito similar no Q29, §3, p. 2245. Contudo, o que queremos mostrar aqui é que Gramsci formula também o princípio para explicar o "porquê" da ligação dialética entre linguagem e outros elementos/atividades.

bilidade entre *filosofia-política-economia*,[3] indicado no Q11, § 65.[4] Quer dizer, a questão linguística é simultaneamente uma questão política e vice-versa.[5] A linguagem *implica* a "política", a linguagem é uma forma de atividade política, mas também a política (e, mais geralmente, as práticas históricas humanas) implica a "linguagem". A política *é* "linguagem", uma forma de atividade "linguística" e de se expressar.

A consequência deste modo de pensar é uma nova noção, muito ampliada, de linguagem (tal como, nos *Cadernos*, se encontram muito ampliados os conceitos de intelectuais, de política, filosofia etc.). Contemporaneamente, tudo isso remete a uma *teoria* que Gramsci estava desenvolvendo e que não se encontra, *em termos de formulação, em linguagem teórica*, nem em Marx e sequer nos linguistas históricos. Encontram-se, todavia, em alguns pragmatistas, formulações que soavam interessantes ao autor dos *Cadernos*.[6] Gramsci sem dúvida se

---

3 Estas partes, aliás, constituem, para ele, os "elementos constitutivos do marxismo" (*Q7, 18*).

4 A partir de agora, as citações referentes à obra de Antonio Gramsci, *Quaderni del carcere*, organizado por Gerratana (1975), utilizarão do padrão internacional: letra Q(Caderno), número, parágrafo (§) e número da página (quando houver); para citação de Cadernos do cárcere, edição brasileira organizada por Coutinho, em seis volumes (2001-2006), serão utilizadas as letras CC e a mesma sequência. (N.E.)

5 Acrescento este "e vice-versa", pois é o próprio Gramsci, como veremos, que implica dialeticamente que não apenas a linguagem é ideologia, mas que a própria ideologia é "linguagem" (ver, p. ex., Q1, § 44, § 51; Q3, § 49; Q9, § 132; Q29, § 3).

6 Ver Q10 II, § 20: "Einaudi, todavia, na carta publicada pelos *Nuovi Studi*, tinha se referido à 'maravilhosa capacidade' de Giovanni Vailati de apresentar um teorema econômico (ou também filosófico) e a sua solução nas diversas linguagens científicas surgidas do processo histórico de desenvolvimento das ciências, isto é, tinha implicitamente admitido a tradutibilidade recíproca destas linguagens: Benini fez precisamente isto, ou seja, apresentou em linguagem de economia liberal um fato econômico já apresentado na linguagem

utiliza dos conceitos apresentados por eles. Contudo, mais uma vez, ele faz isso para desenvolver o que Marx, Engels e Lenin compreenderam de modo mais profundo – isto é, que as equivalências entre linguagens remetem, acima de tudo, às equivalências entre atividades teóricas e práticas, e nunca são puramente linguísticas–, como ele escreve explicitamente.[7]

Ademais, cabe acrescentar que, já no âmbito do desenvolvimento da teoria sobre a possibilidade de tradução entre teoria e prática, a própria formulação se altera: o que Gramsci define de "tradutibilidade entre *linguagens* científicas" no Q4, § 42 (outubro 1930), e que já nesta nota vai claramente além de uma relação puramente linguística, se torna explicitamente, numa carta escrita em maio de 1932, tradutibilidade não apenas "entre as diferentes *atividades* científicas", mas, ao mesmo tempo, "*entre atividades científicas e atividades práticas*".[8] Esta

---

da filosofia da práxis, *apesar de todas as limitações e cautelas do caso*" (Q10 II, § 20, p. 1258; CC 1, § 328 – grifo meu). Cf. também Q11, §48.

7 Este ponto é já explicitamente colocado no Q4, § 42. Os pragmatistas estavam cientes de que a linguagem coloca obstáculos à compreensão e comunicação, porque está demasiado imbuída de ambiguidades ligadas ao seu uso histórico (Q10 II, § 44, p. 1330; Gensini, 2013, [capítulo III]). Consequentemente, eles queriam reformar a linguagem e retirar dela o seu conteúdo histórico, para resolver o problema da comunicação e compreensão uma vez por todas. Contudo, Gramsci não estava de acordo com eles. Ao contrário, com base na tradutibilidade, ele destaca a historicidade da linguagem, como elemento "orgânico" da luta política entre as classes. Isto significa que a compreensão e comunicação "perfeita" não pode ocorrer fora da política e da história, mas só se pode dar no quadro de uma linguagem que se tornou hegemônica e, dentro da consciência de que esta última está inserida numa luta de hegemonias e entre linguagens hegemônicas.

8 Gramsci, 1965, p. 582 (grifos meus). Citado, de agora em diante, com a sigla *LC* [*Lettere dal carcere*], seguida pelo *número da página,* e traduzido por mim. Estas afirmações se encontram na carta a Tania de 30 de maio de 1932, na qual Gramsci conjetura que Marx teria derivado a concepção da *imanência* da sua interpretação dos conceitos de "*homo economicus*" e de "*mercato determinado*" de David Ricardo, e da síntese deles com as "linguagens" política francesa

nova formulação está mais em sintonia com a evolução do modo de pensar o conteúdo elaborado pela tradutibilidade (isto é, que também o pensamento-linguagem e as superestruturas são atividade humana histórica, ou "política").

A carta na qual Gramsci dá essa definição visava explicar para Piero Sraffa (via Tania) o conteúdo do *Q10 II, 9* (escrito evidentemente no mesmo período ou um pouco antes da própria carta), no qual, ao conjeturar que a gênese do conceito de imanência em Marx foi o resultado de uma "tradução". Ao indicar os elementos com que ela foi atuada (política francesa, filosofia alemã, economia inglesa), utiliza mais uma vez o termo *linguagem*[9] em lugar de *atividade*, para indicar estes mesmos conteúdos – e usa também as expressões "movimentos"/"momentos" culturais.[10]

Tudo conduz a pensar que, ao tratar da tradução entre teoria e prática, Gramsci compreenda "atividade" e "linguagem" como termos *convertíveis* ou *substituíveis*. A confirmação aparece no fato de que o período no qual escreve todos estes textos é o mesmo no qual ele tem amadurecido a compreensão de que a "realidade das relações humanas de conhecimento é elemento de 'hegemonia' política" (Q10 II, § 6, p. iv). A complicação é o seu entendimento de um pensamento-linguagem que é tanto *práxis* quanto as atividades práticas; pois é *práxis*, para

e filosófica alemã – síntese que ele mesmo chama de "tradução" (Gramsci, 1965, p. 582).

9 "No que diz respeito às relações de identidade substancial entre a linguagem filosófica alemã e a linguagem política francesa, cf. as notas contidas esparsamente nos diversos Cadernos" (Q10 II, § 9, p. 1247).

10 Gramsci coloca o termo "momento" entre aspas porque adota o modo em que o usou peculiarmente Hegel. Isso, porém, significa também, mais uma vez, que ele o concebe como elemento em relação dialética com os outros (e não isoladamente, como "disciplina").

Gramsci um pensamento-linguagem que se tornou "cultura" ou "história". Em agosto-dezembro de 1932 (um pouco depois das formulações mais maduras da tradutibilidade), para dizer que ao fim das contas tudo é política, Gramsci escreve: "a arte, a moral, a filosofia, essas atividades são também 'política'" (Q10 II, § 41, x, p. 1316, c; CC 1, § 384).

Com Marx e Lenin

Diferente do que podem pensar Lo Piparo e seus seguidores, toda a reflexão do revolucionário sardo sobre Lenin (isto é, sua peculiar "tradução" da linguagem filosófica de Marx em ideologia, num tempo e ambiente diferente daquele onde foi elaborada), em conexão muito estrita com a reflexão sobre o conceito e papel das ideologias, presente no Q7, nos *Apontamentos de Filosofia II* (*AF-II*), prepara o terreno para essa compreensão. É ao refletir sobre a tradução como a fez e interpretou Lenin, e não apenas naquela da linguística (por quanto profunda e brilhante ela fosse), ao traduzir em teoria as implicações de um evento histórico epocal, que Gramsci chega a entender melhor uma série de coisas, entre as quais o significado da tradução linguística, o que é a linguagem e, acima de tudo, o caráter "orgânico" das ideologias. Então não pode ser casual que já no Q7, § 1 – escrito em novembro de 1930 – o qual se abre com uma reflexão sobre a *tradutibilidade,* se encontra, no final, um comentário de Gramsci sobre a terceira tese de Marx, em particular sobre o significado da expressão "educação do educador" (isto é, a transformação do ambiente, da realidade histórica e natural, pelo homem), que segundo o autor dos *Cadernos* consiste no fato de que a "estrutura" não é "algo imóvel", mas "realidade em movimento", pois a "*superestrutura*" "*reage dialeticamente sobre a estrutura e a muda*" (Q7, § 1, p. 854).[11]

Nem parece casual que, no parágrafo sucessivo, Q7, § 2 (escrito no mesmo período), Gramsci cita pela primeira vez Lenin como fonte da *tradutibilidade*[12] e se refere tanto ao problema da "tradução" do "russo" para as outras "línguas europeias" como questão – linguística e contemporaneamente organizativa e de hegemonia – a ser colocada (pois ainda devia ser resolvida), quanto ao da *tradutibilidade* (como comprova o texto C correspondente, que abre a *Seção V* sobre o mesmo tema no Caderno 11, no qual esse texto é colocado como "prefácio" e fonte central e decisiva para o desdobramento dessa teoria). Tampouco é casual que no Q7, § 3 (também escrito em novembro de 1930), Gramsci defenda, colocando-a nessa mesma linha de raciocínio, a ideia da metaforicidade e "historicidade das linguagens" (que, podemos agora compreender melhor, depende da medida em que elas reagem "politicamente" sobre a realidade). Os resultados dessa reflexão darão vários frutos e levarão Gramsci além das suas fontes, mas, ao mesmo tempo, inserem plenamente seu modo de enfrentar e pensar os temas "linguísticos" dentro da sua formação e cultura marxista.

---

[11] Cabe notar que ao copiar mais tarde, em agosto-dezembro 1932, esta linha no texto C correspondente, em lugar de "superestrutura" se encontra uma formulação mais realística, na qual Gramsci (ao retomar as próprias palavras do texto de Marx, por ele traduzido) escreve: "*reação ativa do homem* sobre a estrutura" (Q10 II, § 41, I, p. 1300), pois ele bem sabe – porque isto mesmo é o que a *tradutibilidade* visa esclarecer – que não existem superestruturas ou linguagens que fazem sentido por si mesmas, ou seja, que reagem sobre o ambiente separadamente dos seres humanos históricos que materialmente as elaboram, difundem e fazem reagir sobre a sociedade e a natureza.

[12] Se bem que, como argumentei em Lacorte 2009a e 2010, a presença implícita de Lenin em relação à *tradutibilidade* pode-se detectar já no Q1, § 43.

Parece-me, com efeito, que, especialmente na fase dos AF--II, ele amadureça uma compreensão mais sólida, pela qual começa a pensar que é porque historicamente há (ou houve) linguagens que transformam (ou transformaram) a realidade,[13] de maneira análoga ao que acontece com outros tipos de atividades práticas[14] – envolvidas com a produção de um ambiente cultural, social e histórico[15] – que, para Gramsci, essas linguagens podem adquirir o estatuto de atividade humana histórica/"racional". E é por isso que podem ser consideradas "política", num sentido amplo (que inclui simultaneamente o restrito, da política de profissão). A partir de toda essa reflexão deriva a compreensão plena, por Gramsci, da tradução como tradução, antes de tudo, entre teoria e prática (da qual depende a tradução linguística no sentido estrito) e o entendimento pleno da equivalência entre linguagem e política/ideologia e, por isso, de linguagem e história.[16]

Além disso, podemos lembrar que, desde jovem, o revolucionário sardo buscava uma compreensão da relação entre teoria e prática diferente daquela em voga entre os filósofos tradicionais e de acordo com o que já havia lido em Marx, mesmo que ainda não o tivesse plenamente entendido. Como testemunham vários textos juvenis, o conceito de *unidade de teoria e de prática* está presente no desenvolvimento do seu pensamento muito antes de

---

13 Ver Q7, § 45; mas também Q7, § 1, p. 854; Q7, § 33.

14 Ver Q7, § 1; mas também Q3, § 48, p. 330-31; Q4, § 42; Q8, § 169; Q8, § 208 etc.

15 Gramsci faz referência muitas vezes ao exemplo da nova sociedade e cultura burguesas europeias, à construção das quais contribuíram a linguagem política francesa dos jacobinos e o da filosofia clássica alemã. Ver, p. ex., Q1, § 44, p. 51; Q1, § 48, p. 61; Q4, § 3; Q4, § 42; Q7, § 1; Q7, § 33; Q7, § 35; Q8, § 208; Q10 II, § 9 etc.

16 Tentei explicar isso com exemplos em Lacorte 2010; 2012 e 2014.

começar a escrever os *Cadernos*. O professor de filosofia Annibale Pastore, se referindo aos anos nos quais Gramsci estudava na Universidade de Turim (onde ingressou em 1911), conta que Gramsci, desde então, desejava compreender "como as ideias se tornam forças materiais" (Fiori, 1966, p. 109). Além disso, já em 1918, Gramsci escreveu: "Estou preparando a minha tese de graduação sobre a história da linguagem, tentando aplicar os métodos críticos do materialismo histórico também a esta pesquisa" (Gramsci, 1982, p. 612). O que ele, aqui, chama de "métodos críticos", nos *Cadernos,* se torna algo sintetizado pela expressão "tradutibilidade".

Com efeito, até o período das formulações mais maduras da tradutibilidade, ele oscila entre juízos de teor idealista e juízos de teor determinista sobre vários objetos, incluída a linguagem.[17] A minha opinião é que estas suas oscilações demonstram que ele estava insatisfeito com ambos os métodos e modos de julgar, assim como com ambas as interpretações (determinista e idealista) de Marx (Q4, § 3), isto é, que estava em busca de um modo novo, mais adequado e menos equivocado, de formular o que Marx havia descoberto nas *Teses*. Por isso é que não considero inteiramente correto, como fizeram alguns intérpretes, colocar o Gramsci de certa fase da escrita dos *Cadernos*, quer no quadro do idealismo, quer no do determinismo e materialismo vulgar (há até apontamentos nos quais ele se apoia em ambos os vieses!).

Essas oscilações me parecem mostrar que Gramsci, embora não pudesse deixar de utilizar as concepções-linguagens existentes para suas análises, tentava reagir de acordo com uma modalidade independente, ou seja, estava simultaneamente

[17] Ver, por exemplo, Q1, § 44, p. 51; Q1, § 48, p. 65; Q4, § 12; Q9, § 132.

em busca de uma linguagem sua própria, autônoma, e de uma "formulação respeitosa" e coerente com a filosofia de Marx. Com efeito, essas oscilações diminuem progressivamente, e tanto mais quanto mais ele se aproxima do inverno-primavera de 1932, isto é, à compreensão e teorização do conceito da unidade de teoria e prática (tradutibilidade), e à formação de seu próprio ponto de vista independente.[18]

Pode-se observar que Gramsci leva em seríssima consideração o "ponto de vista francês", isto é, "o da 'língua' como concepção do mundo, como base elementar – popular nacional – da unidade da civilização francesa" (Q3, 145, § 401). Mas, como veremos, faz uma nova leitura por meio de Marx, Engels e Lenin. Pois, o conceito gramsciano de concepção de mundo pressupõe a tradutibilidade, isto é, que uma ideia/filosofia seja traduzida em realidade efetiva para todos e não apenas para uma *élite* restrita. Gramsci então escreve que: "Cada língua é uma concepção de mundo integral, e não apenas um vestido que surge indiferentemente como forma de qualquer conteúdo" (Q5, § 123, § 644 – novembro-dezembro 1930). Contudo, como antecipei anteriormente, o desenvolvimento e interpretação deste conceito é muito original também a respeito do "ponto de vista francês", que desenvolve ulteriormente. Com efeito, no Q10 II, § 17 (CC 1, p. 325-26), retomando criticamente Croce, Gramsci explica bem que "concepção de mundo" = "religião" ou "fé" (laica), isto é, "norma de vida [...] realizada na vida prática". Portanto, se "linguagem" = concepção de mundo, linguagem = "'história' concreta e completa (integral)", ou ainda: "massa de variações que o grupo

[18] Ver Lacorte, 2012.

dirigente conseguiu determinar na realidade precedente"; isto é, linguagem = "hegemonia" ou "vida" (Q7, § 35, p. 886).[19]

Linguagem e hegemonia

Certo que não é qualquer linguagem a ser hegemônica. Também não basta que uma linguagem seja filosófica (ou, mais geralmente, teórica/científica) para ser, ou se tornar, hegemonia, vida, história, pois ela poderia permanecer "arbitrária", isto é, patrimônio de um indivíduo só ou de poucos. Para ser hegemônica deve ser uma linguagem "racional" (uma "superestrutura"), ou que está se tornando tal, isto é, uma linguagem que tem uma "eficácia prática". Gramsci frisa que para que isto aconteça é necessário que seja traduzida para as massas, isto é, popularizada, pois, "uma fé que *não* consegue traduzir-se em termos 'populares' demonstra, por isso mesmo, ser característica de um determinado grupo social" (Q10 II, § 5; CC 1, p. 289). O valor histórico e cultural de uma linguagem (o que vale ainda mais no caso das linguagens teóricas, como o marxismo) depende do seu traduzir-se ou incorporar-se na realidade, de poder ser expresso "nas linguagens das situações particulares" (Q9, § 63, p. 1134).

No fundo, é a ideia da possibilidade (e, portanto, necessidade) de traduzir-popularizar (para unificar diferentes indivíduos e camadas sociais/culturais) que está na base daquele que se tornará o significado gramsciano peculiar de "concepção de mundo" (e portanto também de "língua" e "linguagem").[20] Mas

[19] Ver, por exemplo, também Q10 II, § 44 e Q11, § 12, p. 1375s., sobre linguagem (*linguaggio)* entendida contemporaneamente como "filosofia", "senso comum" e "concepção de mundo".

[20] Gramsci considera a linguagem de acordo com um grande espectro que vai do individual/particular ao universal (Q10 II, § 44, p. 1330; Q23, § 7), assim como

esta ideia implica, por sua vez, a compreensão da equivalência entre teoria e prática,[21] formulada pela tradutibilidade, pela qual é possível traduzir entre teoria e prática, e, portanto, a teoria em prática. Em propósito, ao interpretar a tese 11 sobre Feuerbach de Marx, Gramsci escreve: "a filosofia deve se tornar política para tornar-se verdadeira, para continuar a ser filosofia, a 'tranquila teoria' deve ser 'realizada praticamente', deve fazer-se 'realidade efetiva'".

Este conceito está presente, para ele, também na "a afirmação de Engels, segundo a qual a filosofia clássica alemã tem como herdeiro legítimo o povo alemão" (Q11, § 48, C). O "herdeiro" continua o "predecessor" – a saber, o intelectual burguês não (mais) jacobino – "praticamente" (Q10 I, § 31). Isso implica ter compreendido que a prática é tanto necessária quanto a teoria, diferentemente dos filósofos idealistas (ou também, dos materialistas vulgares) que privilegiam uma sobre a outra, precluindo-se a compreensão da equivalência entre as duas e de suas revolucio-

faz com todas as atividades humanas. Contudo, as linguagens "individuais", dos neolálicos, devem ser reconduzidas às "universais", ou racionais, ou hegemônicas. O fato de que determinadas linguagens são arbitrárias/irracionais, não exclui que participem do racional: cabe lembrar que o irracional "é também racional, porque é necessariamente ligado ao racional, sendo um momento imprescindível dele"; e depois Gramsci explica melhor: "na história, embora triunfe sempre o geral, também o 'particular' luta por impor-se e, em última análise, também se impõe na medida em que determina um certo desenvolvimento do geral e não outro" (Q6, § 10, p. 690; CC 1, p. 433s.).

21 Ela se encontra numa passagem marxiana da *Sagrada família:* "Queira o sr. Edgar [Bauer] comparar por um momento a 'igualdade' francesa com a 'consciência de si' alemã e perceberá que o segundo princípio exprime 'à alemã', isto é, no pensamento abstrato, o que o primeiro diz 'à francesa', quer dizer, na linguagem da política e do pensamento intuitivo. A consciência de si é a igualdade do homem consigo mesmo no pensamento puro. A igualdade é a consciência que o homem tem de si mesmo no domínio da política" (Marx, [1845], ano).

nárias implicações.[22] Quer dizer, que a própria teoria, as próprias "relações de conhecimento", quando se tornam reais, "são elemento de 'hegemonia' política" (Q10 II, § 6, p. iv).

Ora, se a ideia de linguagem e aquela de concepção de mundo se co-implicam e a ideia de concepção de mundo implica a tradutibilidade, também a ideia gramsciana de linguagem deve implicar a tradutibilidade. Se for assim, tal ideia (embora esteja de acordo com ela) vai além da concepção não marxista cara a Lo Piparo, pois implica ulteriormente a consciência que a própria linguagem é atividade revolucionária que transforma o mundo ou atividade reacionária, voltada a conservar o mundo, dependendo da posição dos atores em luta. O que implica que a linguagem não seja só inserida no quadro do prestígio, mas da teoria da hegemonia, que é muito mais.

Hegemonia em Gramsci quer dizer uma complexa teoria dos aparelhos de produção e difusão do pensamento-lingua-

---

22 Segundo Gramsci, ao contrário, Croce não entendeu "a famosa proposição [engelsiana – R. L.] segundo a qual 'o movimento operário alemão é o herdeiro da filosofia clássica alemã'". Com efeito, para o autor dos *Cadernos*, ela "não significa, como escreve Croce, 'herdeiro que não continuaria a obra do predecessor, mas empreenderia uma outra, de *natureza diversa e contrária*'", isto é, não significa que a de Marx e de Engels não seria mais filosofia e obra filosófica; sequer que eles (um nas *Teses*, o outro no texto acima) declararam a morte de toda filosofia. Eles não contrapuseram a prática à teoria, privilegiando a primeira sobre a segunda, mas destacaram a necessidade de que a teoria se realize, pois na "atividade prática está também contido o 'conhecimento', que, aliás, somente na atividade prática é 'conhecimento real' e não 'escolasticismo'" (Q10 II, § 31, p. 1271). Contudo, no Q10 II, § 6, p. iv, me parece que Gramsci vai ainda além desta interpretação: a implicação que aqui ele coloca é claramente que a própria teoria (quando se realiza e se torna "racional") é real e hegemônica: isto é, não é mais necessário apoiar-se a um elemento "alheio", a realidade, a prática, para demonstrar que a própria teoria é prática (a diferença fundamental entre a filosofia da práxis e o idealismo é que, para a primeira, a teoria é real não eternamente, mas só quando se torna real). Por isso, toda filosofia quando se realiza, é "política"; e à política não se subtrai nem o idealismo de Croce, que acusava o marxismo de ser, não uma filosofia, mas uma mera prática.

gem e todo o correspondente trabalho e suor necessários para ganhar e construir o consenso, formar a opinião pública, a qual, com efeito, nunca é hegemonizada espontaneamente por um prestígio qualquer. Logo, o ponto é, mais uma vez, que Gramsci amplia e aprofunda o significado atribuído ao termo linguagem – inclusive aquele elaborado pela linguística histórica (e também, posteriormente, por Wittgenstein, considerado num dos livros mais recentes de Lo Piparo) – na medida em que tanto *explicita* o alcance "político" dele, e descreve o trabalho necessário para que ele se torne política (colocando cada vez mais no centro a crucialidade da atividade pedagógica). Explica assim também a sua historicidade, quanto constrói uma teoria para justificar e explicar tal explicitação. Com efeito, em extrema síntese, com base na equivalência (dinâmica) entre teoria e prática: linguagem = política = história.

Linguagem e supraestrutura

Para Gramsci (Q3, § 74, p. 352), a linguagem, assim entendida, não é limitada a um produto do "aparelho vocal fisiologicamente entendido" (escreve ele, de acordo com seu mestre, Bartoli, e em desacordo com os neogramáticos), mas entra num processo muito mais complexo (e aqui ele vai além também de Bartoli e dos linguistas históricos), composto de muitas fases e subfases (que se determina em sua peculiaridade no tempo e no espaço). Algumas das principais são: a aprendizagem da linguagem desde crianças, isto é, a transformação dos sentimentos, impressões e pensamento em linguagem[23]

[23] Ver Q1, § 123, § 114 (CC, 2, p. 63): "Na realidade, toda geração educa a nova geração, isto é, forma-a; e a educação é uma luta contra os instintos ligados às funções biológicas elementares, uma luta contra a natureza, a fim de dominá-la e de criar o homem "atual" à sua época. Não se leva em conta que

e a passagem do nível ou "momento" "individual" (utópico/arbitrário) para o ideológico-superestrutural (norma de ação das massas), ou seja, a transformação de uma linguagem em superestrutura[24] – o que implica, porém, uma passagem ulterior. A "superestrutura", em Gramsci, é um termo que indica uma linguagem que se tornou (ou tende a se tornar) "racional", que tem uma "eficácia prática", de acordo com certa duração, ou seja que é elemento/atividade humana relativamente (isto é, não eternamente, mas historicamente) permanente.

Ele desdobra, aqui, uma inovação teórica marxiana contida nas *Teses sobre Feuerbach* – a ideia de que também os seres humanos transformam o ambiente e não apenas o vice-versa (teses 3 e 11): aqui, a linguagem, tomada como superestrutura, reage sobre a "estrutura" (Q7, § 1, p. 854), possui uma "eficácia prática" (Q7, § 45), é "realidade efetiva" (Q9, § 63), "elemento de 'hegemonia' política" (Q10 II, § 6, p. i), na medida em que se torna tal, isto é, "prática" ou "estrutura" (Q8, § 208, p. 1066; p. 1067) ou "cultura" (Q10 II, § 44; Q23, § 1). Destarte, para Gramsci, as assim chamadas "superestruturas" nada mais são do que pensamento e sentimentos elaborados em linguagem (verbal, mas também aquela não verbal pode

---

o menino, desde quando começa a "ver e a tocar", talvez poucos dias depois do nascimento, acumula sensações e imagens, que se multiplicam e se tornam complexas com o aprendizado da linguagem. A "espontaneidade", se analisada, torna-se cada vez mais problemática". Aqui, claramente Gramsci liga a questão da linguagem, pedagógica e política (num sentido amplo, inspirado nas *Teses sobre Feuerbach*, em particular na terceira, e em Lenin (Q3, § 48). Um nexo entre as três questões se encontra num texto mais maduro muito importante, o Q10 II, § 44, que aqui não podemos analisar por razões de espaço. No Q3, § 48, elas se encontram explicitamente ligadas também com a tradutibilidade (ainda que apareça em seus primeiros estágios de desenvolvimento conceitual).

[24] Ver o Q1, § 43, p. 33-34 em conexão, p. ex., com Q3, § 49; o Q7, § 81; Q10 II, § 6, p. i.

veicular ideologias),[25] que, por sua vez, se torna (ou tende a se tornar) "ideologia": no sentido do que Gramsci descreve como "ideologias historicamente orgânicas", ou seja, que coincidem com uma "superestrutura necessária de uma determinada estrutura" e opostas às "arbitrárias" (Q7, § 19). Elas são precisamente aquelas linguagens "racionais" que são (ou estão se tornando) "história" e "cultura", enquanto se tornam "fé"/"crença", ou "norma de ação de massa".[26]

Contrariamente à tese determinista/positivista, ainda típica de tanto marxismo, e àquela idealista de Croce, para Gramsci, essas linguagens-ideologias, na medida em que se comportam como "órgãos" vitais de dada estrutura, não são arbitrárias ou ilusórias, não são "utopia". É o que ele mostra quando teoriza sobre o "mercado determinado" ricardiano, que é equivalente a "'determinada correlação de forças sociais em determinada estrutura do aparelho de produção', correlação que é garantida (isto é, tornada permanente) por uma determinada superestrutura política, moral, jurídica" (Q11, § 52, p. 1477).

A superestrutura/ideologia é aquela linguagem que se torna estrutura, no sentido descrito neste último texto. É, portanto, uma linguagem *real*, e consequentemente capaz de determinar (ou contribuir a determinar) o deslocamento das forças sociais em determinada estrutura. Contudo, ela não apenas pode conservar e garantir o equilíbrio e a estabilidade, isto é, o "automatismo" de determinada estrutura – o que também requer o seu poder transformador, pois, para conservar ao longo do tempo, é também necessário transformar.

---

25 Ver a lista de linguagens verbais e não verbais elaborados e difundidos pelas estruturas ideológicas no Q3, § 49 e Q29, § 3, e pode-se ver também o Q9, § 132, p. 1192s., A e o Q23, § 7, C.

26 Ver Q23, § 1; mas também Q10 II, § 5; Q10 II, § 17; Q11, § 59, entre outros.

No entanto, na medida em que essa linguagem constitui "a elaboração superior da estrutura" (Q10 II, § 6, p. i [segunda metade de maio 1932]), pode também transformá-la, ao transformar as correlações de força dadas e que fortalece a parte dela que se coloca como antagônica a respeito das forças sociais (e suas superestruturas) tradicionais. Assim é que contribui para o trabalho voltado ao "deslocamento da base do automatismo" (Q10 II, § 8, p. 1246 [segunda metade de maio 1932]) e ao revolucionamento da configuração social tradicional, com "a passagem do 'objetivo ao subjetivo' e da 'necessidade à liberdade'" (Q10 II, § 6, p. *i*). Neste sentido (e só neste sentido), pode-se dizer que a linguagem-superestrutura é a própria "estrutura" em desenvolvimento, pois implanta com "regularidade" as práticas de determinados agentes econômicos e sociais e, por isso, as torna "mais práticas e reais".[27]

Aliás, no Q6, § 200 (dezembro 1931), Gramsci já destacara claramente que:

> No desenvolvimento de uma classe nacional, ao lado do processo de sua formação no terreno econômico, deve-se levar em conta o desenvolvimento paralelo nos terrenos ideológico, jurídico, religioso, intelectual, filosófico etc.: aliás, deve-se dizer que não existe desenvolvimento no terreno econômico sem estes outros desenvolvimentos paralelos. Mas cada movimento da 'tese' leva a movimentos da 'antítese' e, [portanto], a 'sínteses' parciais e provisórias. (Q6, § 200, p. 839-40; CC 2, p. 149-50)

Todavia, Gramsci não para aqui, e num texto que, evidentemente, deve ser posterior ao Q11, § 52, acrescenta e esclarece um ponto crucial. Contra o perigo de ser acusado de cair no ceticismo e relativismo, afirma que o "caráter concreto" das

[27] Ver Q15, § 22 (CC 1, p. 260) e Q10 II, § 6, p. i.

superestruturas (linguagens) "religiosas, filosóficas, políticas, jurídicas etc.", "pode ser avaliado" já, e até, "pela medida em que se tornam convincentes e deslocam o alinhamento preexistente das forças sociais" (Q13, § 17, p. 1580).[28] Com efeito, a compreensão ulterior, por parte dele, da linguagem como força histórica real – implicada em Q11, § 52 e Q13, § 17 – pode-se explicar ainda melhor, mais uma vez, se consideramos que, num texto coevo ou anterior ao primeiro e anterior ao segundo, o Q10 II, § 6, p. iv, ele tinha desenvolvido ainda mais o conceito de tradutibilidade.

Aqui, Gramsci coloca claramente que não as relações de conhecimento por si, mas sua *realidade* que as torna elemento hegemônico: "a realidade das relações de conhecimento é um elemento de 'hegemonia' política" (Q10 II, § 6, p. 1245). E coloca o termo hegemonia entre aspas, pois a hegemonia não é simplesmente cultural (ou "ético-política", segundo a interpretação croceana), ou interpretável segundo um viés culturalista (como no caso da interpretação feita pelos *cultural studies*), mas, com Lenin, *política* (como o próprio Gramsci especifica com cuidado teórico no texto acima), no sentido de que também a cultura, e a linguagem dentro a cultura (como atividade cultural, que só impacta na história quando

---

28 Gianni Francioni explica que o Q11, § 52 foi escrito entre agosto e dezembro de 1932 (ou início de 1933) e o Q13, § 17 entre maio de 1932 e o início de 1934 (Francioni, 1984, p. 144). Com base nesse entendimento mais maduro, se pode, por um lado, entender ainda melhor como Gramsci pensava na linguagem e, por outro, se pode desenvolver sua ideia sobre a metaforicidade dela, enfrentada no Q7, § 3 e em outras notas. Embora aqui não tenha o espaço para falar disso, gostaria somente de apontar que, a partir dessa concepção, a linguagem-superestrutura (ou seja, a linguagem que se torna superestrutura e ganha uma hegemonia) *não* deveria ser metafórica, pelo que diz a respeito dos elementos da estrutura aos quais se "refere" e simultaneamente expressa/produz, na medida em que se torna relação de força etc.

se torna cultura/momento cultural), são necessárias na luta política e são simultaneamente atividade e luta política. Está claro, portanto, que o que ele escreve no Q13, § 17 pressupõe a compreensão ulterior expressa no Q10 II, § 6, p. iv; isto é, não teria sido desenvolvido por Gramsci sem a tradutibilidade.[29]

Os limites da crítica

Assim é que parece cada vez mais limitado tentar interpretar o modo no qual o Gramsci dos *Cadernos* vê cultura e linguagem, apenas em conexão com o prestígio linguístico, como fez Lo Piparo. Ainda recentemente, o mesmo Lo Piparo repetiu que "o conceito bartoliano de prestígio, nos *Cadernos*, se tornará o polo hegemônico (consenso + persuasão) do poder" (Lo Piparo, 2014, p. 101). E isso apesar de todo o debate no qual, por exemplo, Schirru tem respondido que,

> o prestígio linguístico, pelo modo no qual é usado pela geografia linguística de Bartoli, é um princípio sociolinguístico que opera em situações de contato entre diferentes línguas ou dialetos; por isso age horizontalmente, no relacionamento, diríamos hoje, entre as variedades linguísticas conotadas em sentido geográfico (por exemplo, o florentino e o milanês, ou o latino e céltico). Ao contrário, no léxico político da Terceira Internacional, o termo hegemonia se refere basicamente à relação entre classes sociais (há hegemonia quando uma classe dirige seus aliados e domina seus oponentes), e nesta acepção vertical é inicialmente usado em sentido técnico, desde o Caderno 1, como destacado por Gianni Francioni (1984, p. 161-68). Portanto, nos *Cadernos*, a relação entre essas duas noções é *construída* e não é simplesmente pressuposta. (Schirru, 2005, p. 8-9)

[29] Como o que se lê no Q13, § 17 é de enorme importância também a respeito do desenvolvimento gramsciano da teoria marxista da verdade, está claro que esta também não seria tão inovadora sem a tradutibilidade.

De modo que, "para alcançar a plena coexistência dos dois conceitos" – eu diria mais fortemente: para chegar a *absorção hegemônica/tradução* do conceito de prestígio linguístico pelo/no de hegemonia –, "o segundo, o da hegemonia, teve que mudar do seu uso consolidado para ser aplicável à relação entre as nações, ou melhor, entre as culturas nacionais e continentais, e não apenas a relação entre grupos sociais" (Schirru, 2005, p. 8-9); e isso tudo, acrescento eu, implica o desenvolvimento mais maduro da tradutibilidade em torno do inverno-primavera 1932.[30]

Posteriormente, Carlucci observou que Schirru atribuiu o distanciamento de Gramsci de Bartoli "somente à 'mediação da linguística histórica francesa'", enquanto "parece razoável acrescentar" a ela "também a influência dos debates soviéticos", pois havia linguistas militantes (os quais estavam em dia com as descobertas linguísticas mais recentes), que "frequentemente trabalhavam no Narkompros" e "dirigentes comunistas e marxistas interessados na linguagem" (Carlucci, 2013, p. 90), entre os quais alguns dos mais conhecidos são Lenin, sua companheira, Nadejda Krupskaia, Lunatcharski, Trotsky, Stalin, Riazanov, Bukharin.

Por sua vez, Cospito acrescentou oportunamente que, para Gramsci, a hegemonia "não é exercida apenas graças ao prestígio, mas antes, mediante verdadeiros e próprios aparelhos" públicos e privados (Cospito, 2015, p. 77). E, embora Lo Piparo escreva que há uma conexão dialética entre prestígio/

[30] De todo modo, como veremos, cabe lembrar que, já em apontamentos escritos a partir do final de 1930, essa "absorção" está "a caminho". Schirru, no artigo citado, faz também referência à tradutibilidade, mas não explica claramente e em detalhe sua conexão com os conceitos de linguagem e hegemonia, que é o que eu tentarei fazer neste estudo. Ver também Lacorte (2012).

hegemonia e força/Estado, não explica em que essa dialética consista. Antes, ao longo de todos seus escritos,[31] parece destacar mais a *distinção*, de acordo com o paradigma da divisão entre Estado e sociedade civil próprio do liberalismo, como mostrou Peter Ives (2004a; 2004b).

Ao contrário, é necessário compreender que para Gramsci – dialeticamente – as associações de vários tipos que operam na sociedade civil (partidos, sindicatos, igrejas, escolas etc.), na sociedade moderna de massa (antes no Ocidente e após 1917 também na Rússia), são centros de produção de consenso, mas também de "*costringimento*" [constrangimento], ou "conformismo". Funcionam, ao produzir e difundir determinadas ideias-linguagens, como um Estado dentro do Estado, como "trincheiras" nas quais as classes não apenas se formam e se mantêm (ideologicamente) como tais, mas combatem em um novo tipo de *guerra*, a "guerra de posição".[32] Por outro lado, o próprio Estado – e não só o "conjunto de organismos vulgarmente denominados 'privados'", prepostos da "função

[31] Este conceito se encontra repetido, também mais recentemente, em Lo Piparo 2014, p. 101.

[32] Ver, p. ex., Q7, § 10, p. 860 (CC 6, p. 370): Gramsci sustenta que a mesma "redução" ocorrida na arte militar, ao passar "da guerra de manobra para a guerra de posição", "deve ocorrer na arte e na ciência da política"; "os acontecimentos de 1917 [...] assinalaram uma reviravolta decisiva na história da arte e da ciência da política" (CC 6, p. 370). Nos: a) Q7, § 16, p. 866 (CC 3, p. 261); b) Q7, § 33, p. 881-82 (CC 1, p. 242); c) Q7, § 35, p. 886 (CC 1, p. 246), Gramsci liga progressivamente *Lenin*: a) à questão da hegemonia e do novo tipo de luta hegemônica; b) à questão da unidade de teoria e prática (ciência/ação); c) à "igualdade ou equação entre 'filosofia e política'" entendida como construção prático-teórica concreta de igualdades na sociedade civil e no Estado, isto é, "no sistema de associações 'privadas e públicas'"; até chegar ao Q8, § 208, no qual formula a teoria dessas equivalências dinâmicas, isto é, a *tradutibilidade*, ou "teoria da unidade de teoria e de prática" (Q8, § 208, p. 1066). Ver Lacorte (2019, p. 160-65).

de 'hegemonia'" – cria e dá sustentação a essas (isto é, as suas) trincheiras (ou seja, também é produtor de consenso e não apenas governa pela força): por exemplo, constrói e dá suporte a uma parte bastante relevante de escolas, imprensas, associações políticas e culturais, bairros colocados de uma certa maneira e numa certa posição etc.[33]

Gramsci desenvolve então o conceito de "Estado integral" (Q6, § 88, p. 764; CC 3, p. 244), ou "ampliado", como disse Buci-Glucksman (1975), entendido como unidade dialética de sociedade civil e sociedade política (a saber, o Estado no sentido estrito e tradicional). Além disso, ele esclarece que a sociedade política é um dos "dois grandes 'planos' superestruturais", sendo o outro a "sociedade civil" (Q12, § 1; CC 2). Mas não para aqui. Gramsci segue adiante mais uma vez, graças à elaboração do princípio teórico para explicar o tipo de relação dialética entre estes dois planos. Com efeito, no Q8, § 208, p. 1067, sobre a tradutibilidade, se lê: "duas estruturas similares têm superestruturas equivalentes e reciprocamente tradutíveis". Todavia, a respeito do caso descrito no Q6, § 88, citado anteriormente, este princípio vale ainda mais, pois aqui se trata de duas superestruturas (a estatal e a civil),[34] que expressam/produzem a mesma "estrutura".

Com efeito, conforme Gramsci, "na vida histórica concreta, sociedade política e sociedade civil são uma mesma coisa" (Q4, § 38, p. 460).[35] Entre elas, além da distinção metódica,

---

[33] Ver, p. ex., Q3, § 49 e Q29, § 3.

[34] Ou melhor, a estatal e aquela parte da sociedade civil que se reconhece num dado Estado (e cujas atividades este último potencializa por meio de suas políticas e leis e atividades culturais).

[35] No texto C correspondente, Q13, § 18, se lê uma expressão similar e ainda mais forte, ao mesmo tempo: "sociedade civil e Estado *se identificam na realidade dos fatos [realtà effettuale]*" (Q13, § 18, p. 1590, grifos meus).

há uma unidade "orgânica", real. Isto, por um lado, reforça a interpretação de Cospito, citada anteriormente, quanto recoloca o papel do prestígio linguístico no seu lugar de teoria pré-gramsciana, que o autor dos *Cadernos* leva em consideração, mas claramente também supera. O pensamento, a teoria e, mais geralmente, a linguagem, não são hegemônicos simplesmente pelo prestígio, mas, como já observamos, pela *luta* e pelo *trabalho* político, pedagógico, cultural, linguístico que os torna reais (o que implica também que ganhem certo prestígio, mas este último é recompreendido no âmbito mais vasto da hegemonia). É graças a uma constante atividade *pedagógica*,[36] que perpassa todas as relações sociais e que é simultaneamente uma atividade de *tradução* (no sentido amplo e estrito, mais ou menos extensa e profunda, eficaz e voluntária e, no Q10 II, § 44, apresentada como "luta cultural")[37] voltada a unir linguagem e vida, que o complexo processo "linguístico" se realiza em todas as suas inúmeras fases e subfases.

Pelo que temos argumentado anteriormente, este "processo" (que nunca é predeterminado e pode parar a qualquer momento por causas as mais diversas), do ponto de vista teórico, remete simultaneamente a uma concepção peculiar da semântica e "semiótica" (que, naquela época, ainda não tinha nascido como disciplina), ou melhor, aos elementos de uma complexa teoria marxista da "linguagem", a qual supera a própria se-

---

[36] Ver especialmente Q3, § 48 e Q10 II, § 44*;* e Lacorte (2018a; 2018b).

[37] Isto é, como "luta cultural para transformar a 'mentalidade' popular e difundir as inovações filosóficas que se revelem 'historicamente verdadeiras' *na medida em que se tornem concretamente, isto é, histórica e socialmente, universais*" (Q10 II, § 44, p. 1330)*;* cf. o paradigma lógico-sintático destas linhas com o do Q8, § 208, intitulado: "*Tradutibilidade [recíproca] das culturas nacionais*": "A filosofia *deve tornar-se 'política', 'prática', para continuar a ser filosofia*" (Q10 II, § 44, p. 1066, grifos meus).

miótica, na medida em que considera contemporaneamente suas implicações políticas e, ademais, constrói sua justificação teórica – com a consequente dilatação de sentido do termo-conceito de linguagem e do sentido (burguês/"disciplinar") da própria linguística e semiótica burguesa.

Assim, os elementos de teoria linguística de Gramsci remetem sempre, simultânea e necessariamente, a uma semântica histórica – uma vez assumido o caráter político de toda atividade humana "racional" – a qual é inseparável de sua peculiar "semiótica". E *toda esta teoria linguística pressupõe a compreensão gramsciana madura da dialética estrutura/superestrutura, no quadro de sua teoria da resolução desta última nas "correlações de força",*[38] *graças ao desenvolvimento da tradutibilidade.*[39] Ora, me parece evidente que, sem tradutibilidade (um conceito que, como tentamos mostrar, vai além de todas as suas fontes), o modo original e inovador mediante o qual Gramsci concebe a (concretude histórica da) linguagem, colapsaria; e que, por isso mesmo, sua ideia de "linguagem" não poderia e nem deveria ser reduzida a nenhuma das suas fontes, embora apareça claríssimo que está intimamente ligada a elas e, em particular, a seu desenvolvimento crítico do marxismo-leninismo.

Ademais, se quisermos sintetizar ao máximo sua ideia de linguagem, podemos começar citando aquela linha na qual ele afirma que "*toda expressão cultural*", "*toda atividade moral e intelectual*", "*tem sua linguagem [língua] determinada*" (Q23, § 7, p. 2193, C), o que implica tanto as linguagens verbais, quanto as não verbais. Pois expressão cultural é também "a linguagem (técnica) musical, da pintura, plástica etc.", como

---

38 Sobre isso aconselho ler Cospito (2004; 2011).

39 Ver Frosini (2010); Lacorte (2009b).

ele deixa claro no Q9, § 132, p. 1193, A, no qual destaca também como cada uma delas tem sua "técnica", isto é, não é arbitrária, mas remete a uma "gramática" ou mais geralmente, a "regularidades".[40] Se quisermos tentar dar sinteticamente mais homogeneidade a esta concepção como vem desenvolvida nos *Cadernos*, podemos talvez afirmar que, para Gramsci, o fenômeno da linguagem se resume no seu conceito de atividade humana histórica, ou *práxis*. Deste modo, posta política e historicamente sua "racionalidade"; toda atividade humana (*práxis*) expressa e simboliza algo determinado, e, portanto, é "linguagem" – também no sentido de que pode ser "lida", interpretada, compreendida e, por isso, traduzida e conhecida; mas, ao mesmo tempo, toda linguagem-expressão-símbolo ("racional") é atividade transformadora do mundo, ou seja, *práxis*.

Jacobinos e linguagem (ideologia)

A tradutibilidade aparece implicitamente no Q1, § 44, p. 51 (o parágrafo dos *Cadernos* em que, pela primeira vez, está explicitamente tratado o conceito de hegemonia). Ela é ligada a uma referência entre parêntesis que Gramsci faz à *Sagrada família* de Marx. Nesta altura, Gramsci sequer tinha dado um nome à nova teoria, e tampouco a tinha desenvolvida. Contudo, ele a coloca, como um apontamento, dentro de uma frase, na qual conecta linguagem e ideologia: "A linguagem dos jacobinos, sua ideologia, refletia perfeitamente as necessi-

[40] Um dos leitores mais argutos de Gramsci foi Pier Paolo Pasolini. Nos seus ensaios, a influência das ideias profundas sobre a linguagem do revolucionário sardo aparece ainda mais precisamente naquelas escritas nas quais ele trata sobre as linguagens não verbais e sua relação entre si e com as verbais. Ver, por exemplo, "*La lingua scritta della realtà*" (Pasolini, 1972, p. 203s).

dades da época, conforme as tradições e a cultura francesa (cf. na *Sagrada família* a análise de Marx [...])" (Q1, § 44, p. 51).

No parágrafo no qual esta frase se encontra, Gramsci fornece um exemplo histórico sobre como os jacobinos conquistaram a hegemonia, isto é, sobre como unificaram teoria e prática no seu ambiente/situação. Cabe destacar que a (referência à) tradutibilidade permanece como pano de fundo em todo o parágrafo sobre os jacobinos, isto é, como teoria (ainda a ser desenvolvida) desta unificação, ou seja, ainda, da própria hegemonia. Contudo, ao olharmos melhor, ela está presente também como teoria da linguagem entendida como atividade "política"/*práxis* – pois ele a chama também de "ideologia". E, simultaneamente, a tradutibilidade está implicitamente presente, aqui, como teoria da teoria política do entrelaçamento entre linguagem e política, teoria e ideologia, isto é, se quisermos, como metateoria da teoria da hegemonia. Todavia, o que nos interessa, aqui, é a teoria da linguagem contida implicitamente no Q1, § 44, p. 51, junto ao fato de que se encontra ligada à tradutibilidade.

Na frase citada anteriormente, Gramsci está explicando que a linguagem dos jacobinos *equivalia* a uma ideologia; e logo depois explica o porquê. Ele argumenta que esta linguagem teve um papel real, reagiu sobre a sociedade francesa, pois ela (isto é, sua "linguagem") respondia a uma série de "necessidades": 1) "Aniquilar as forças adversárias ou, pelo menos, reduzi-las à impotência; criar a impossibilidade de uma contrarrevolução". Como podia (e pode) uma linguagem fazer isso? Gramsci o explica no ponto seguinte: 2) Mediante sua linguagem – isto é, mediante: a) a elaboração em linguagem das necessidades reais da população francesa do campo e da cidade;[41] b) a comunicação e sua difusão na sociedade, por meio de estruturas ideológicas,[42] até que as ideias de igualdade, fraternidade, liberdade (implícitas também na proposta de uma reforma agrária radical) se tornaram a ideologia unificadora do povo francês – a burguesia pode "ampliar os interesses de classe da burguesia". Pois, *sua linguagem permitiu que: a) "os interesses comuns entre ela e as outras camadas do terceiro estado" se encontrassem; e: b) de "pôr em movimento estas camadas" e "conduzi-las à luta"* (Q1, § 44, p. 51).[43]

---

41 Aqui está implícito o que Gramsci escreverá no Q3, § 48, p. 333: "[A] realidade é rica das mais bizarras combinações e é o teórico que, nesta bizarria, deve rastrear a comprovação de sua teoria, 'traduzir' em linguagem teórica os elementos da vida histórica e não, inversamente, a realidade apresentar-se segundo o esquema abstrato"; e no Q10 II, § 31, p. 1273: "[A]o se trabalhar praticamente para fazer história, faz-se também filosofia "implícita" (que será "explícita" na medida em que filósofos a elaborem coerentemente), suscitam-se problemas de conhecimento que, além da forma "prática" de solução, encontrarão, mais cedo ou mais tarde, a forma teórica pela obra dos especialistas, após ter encontrado imediatamente a forma ingênua do senso comum popular, isto é, dos agentes práticos das transformações históricas". Ver também Q1, § 43, p. 31-32; p. 33-34.

42 Aqui está implícito o que Gramsci escreverá em Q3, § 49 e Q29, § 3. Ver também Q1, § 43, p. 33-34; Q24, §§ 1, 3.

43 Aqui está implícito o alcance do segundo "momento" das "correlações de força", o "político", descrito e desenvolvido acerca de 8-9 meses depois, no Q4, § 38 (outubro 1930): "no qual se alcança a consciência que os [...] interesses 'corporativos', no seu desenvolvimento atual e futuro, superam a cerca 'corporativa', isto é, de agrupamento econômico, e podem se tornar os interesses de outros agrupamentos subordinados; esta é a fase mais claramente 'política', que marca a clara *passagem da pura estrutura para as superestruturas complexas*, é a fase em que as ideologias germinadas precedentemente vêm em contato e entram em contraste até o momento em que uma delas só, ou pelo menos uma combinação delas, tende a prevalecer, a se impor, a se difundir em toda a área, determinando, além da unidade econômica e política, também a unidade intelectual e moral, em um nível não corporativo, mas universal, de hegemonia de um agrupamento social fundamental sobre os agrupamentos subordinados" (Q4, § 38, 457-58, grifos meus). Ver também Q10 II, § 6, p. i; p. iv; p. 1244, p. 1245; Q10 II, § 41, p. xii, e os apontamentos do Q13

Com efeito, os jacobinos, com sua linguagem, conseguiram convencer muitos dos camponeses, favoráveis à nobreza e sua concepção de mundo a passar para o lado da burguesia, obtendo como resultado, em primeiro lugar, de retirar massas inteiras do "campo" da nobreza, enfraquecendo-a materialmente e, ao contrário, aumentando o "exército popular" da burguesia. Isso, permitiu "opor um alvo mais amplo aos golpes da classe adversária". *Ademais, isso significou que a linguagem deles permitiu "criar uma correlação militar [de forças] favorável à revolução".* E, como a linguagem dos jacobinos mobilizou ativamente a população de acordo com sua ideologia, ela foi necessária para retirar "toda área de passividade" social, na qual a nobreza teria podido encontrar elementos da população francesa para "criar certamente exércitos vendeanos" (isto é, a ela favoráveis).[44]

Em outras palavras, a "linguagem" dos jacobinos permitiu que o "alto" e o "baixo", os dirigentes e os dirigidos, a teoria e a prática, se unificassem, unificando, assim, também o povo francês verticalmente (e não apenas horizontalmente), tornando-o, simultaneamente, força política – aquela força que chegou a mudar

(em particular, Q13, §§ 16, 17, nos quais o mesmo assunto é desenvolvido ulteriormente e autocriticamente, acerca de dois ou três anos depois).

[44] Ver Q3, § 49, 333, no qual Gramsci destaca que contra os adversários e sua ideologia e estrutura ideológica é necessário criar um "espírito de cisão", para criar uma força revolucionária, e descreve o que isso implica (algo idêntico, para ele, ao que fizeram os jacobinos, dos quais trata no Q1, § 44, p. 51): "O que se pode contrapor, por parte de uma classe inovadora, a este complexo formidável de trincheiras e fortificações da classe dominante? O espírito de cisão, isto é, a conquista progressiva da consciência da própria personalidade histórica, espírito de cisão que deve tender a se ampliar da classe protagonista às classes aliadas potenciais: tudo isto requer um complexo trabalho ideológico, cuja primeira condição é o *exato conhecimento do campo a ser esvaziado de seu elemento de massa humana*" (grifos meus). Sobre a importância e as fontes do conceito de "espírito de clivagem", ou "cisão", em Gramsci ver Del Roio (2005, [cap. I, § 2]).

radicalmente a "cara" do mundo. A sua linguagem, longe de ser um reflexo passivo da realidade (como o verbo utilizado por ele levaria a pensar),[45] reagiu sobre a sociedade francesa, ao criar uma "frente única" *ante litteram,* entre o "campo" e a "cidade".[46] Isso

[45] Quando se estuda um autor/autora é necessário interpretar os significados dos termos e expressões por ele/ela utilizados não apenas literalmente, mas relacioná-los com a concepção do mundo e ideologia dos próprios autor/autora. Com efeito, é esta última a constituir a base do meio semântico, no interior do qual se estruturam os significados que ele/ela atribui aos significantes. No caso do termo "reflexo", e dos termos construídos a partir dessa raiz em Gramsci, eles devem ser interpretados em conexão com o desenvolvimento do conceito de *tradutibilidade*, pelo qual todo o que é "superestrutural" nunca é e pode ser (e ser concebido como) um espelho passivo da realidade (Lacorte, 2014, [nota 28]). Na altura do Q1, § 44, ele ainda não tinha desenvolvido este conceito, daqui a formulação em parte aparentemente contraditória, isto é, o uso de um termo, como "reflexo" (muito em voga nos deterministas) que projeta sobre a linguagem-ideologia (ativos) um significado (passivo) que nas linhas subsequentes, pela nossa análise, é desmentido pelo que o próprio Gramsci escreve.

[46] Ver também Q1, § 48: "Os jacobinos utilizavam uma certa linguagem, seguiam uma certa ideologia; *na época deles aquela linguagem e aquela ideologia eram ultrarrealistas, pois obtiveram de fazer marchar as forças necessárias para obter os fins da revolução e deram o poder à classe revolucionária*. Depois foram tirados do tempo e do lugar e reduzidos a fórmulas: eram uma coisa diferente, um espectro, palavras vãs e inertes" (Q1, § 48, p. 61, grifos meus). A afirmação gramsciana do ultrarrealismo da linguagem pode aparecer de teor idealista. Como sempre, os seus apontamentos não devem ser lidos isoladamente. Já no Q1, § 44 e no Q1, § 43, p. 33-34, Gramsci destaca que o realismo das ideias, linguagem, ideologia, teoria, depende do fato de ser *embasadas no real.* Contudo, ele sai dessa oscilação somente mais tarde, quando poderá afirmar que é real aquela linguagem que é "racional", ou seja, que é atividade política autônoma por si mesma (e, aqui, autônoma significa relativamente, isto é, historicamente autônoma, no sentido explicado anteriormente (com referência a quanto Gramsci escreve no Q13, § 17) de linguagem que se torna ideologia capaz de conservar/transformar as relações de força. Como disse, a oscilação entre (e contaminação simultânea, em muitas ocasiões de) afirmações de teor idealista e materialista/determinista, numa primeira fase da escrita dos *Cadernos* (bem visível até o final de 1930 e depois se dissolvendo progressivamente), parece expressar mais a insatisfação de Gramsci com ambas as posições filosóficas (bem documentada, por exemplo, no Q4, § 3). E é, inicialmente, por causa dessa insatisfação – não apenas com suas fontes, mas também com sua compreensão ainda não completamente coerente delas – que ele oscila e, por causa das implicações que as interpretações erradas/

foi decisivo para mudar as *correlações de força* a favor da burguesia francesa. Ela, desta maneira, conclui Gramsci no *Q1, § 44, § 51*, graças também ao seu trabalho linguístico-ideológico-cultural, não apenas conseguiu se tornar "dominante", pois fundou o novo Estado burguês, mas também conquistou a *hegemonia*, pois deu a este Estado sua "base permanente" (isto é, uma "base" ideológica/cultural, e não puramente social e econômica).

Gramsci fala isso, nesse texto, ao reler um evento crucial da história moderna (a Revolução Francesa), ajudado, ao mesmo tempo, pelos "olhos" do último Lenin, o qual tinha destacado o papel da "cultura" e o desenvolvimento das "superestruturas" como necessários para que a revolução política sobrevivesse e fosse desenvolvida. E Lenin, como agora bem sabemos, está implícito neste parágrafo através da referência à tradutibilidade.[47] Enfim, o texto do Q1, § 44, testemunha que Gramsci pensa (ou, mostra querer pensar, visto que aqui ainda não estava desenvolvida) na linguagem em conexão com a tradutibilidade, desde o início da escrita dos *Cadernos*.

Ora, se a tradutibilidade é pensada na relação entre teoria e prática como seria pensada a linguística, ou seja, como uma relação de tradução, eu poderia até ter defendido que Gramsci não é marxista, aplicando o raciocínio de Lo Piparo a este novo âmbito interpretativo. Mas o fato é que tanto Marx

---

limitadas do marxismo poderiam ter e tiveram sobre os movimentos políticos até então, propõe uma "revolução cultural" (Q8, § 171, p. 1044, A) ou "reforma intelectual e moral" (Q11, § 16, p. 1407, C; mas a temática se encontra já em Q4, § 3, A e Q16, C), para elevar a cultura e o conhecimento do marxismo num nível de massa. Mas isso demandava um ulterior esforço teórico depois de Marx e Lenin para desencrostar o que eles fizeram e teorizaram de todo dogmatismo.

47 E também pelo uso, já no Q1, § 44, p. 44, a propósito de Giuseppe Ferrari, do mesmo paradigma lógico-sintático que se encontra no Q7, § 2, em relação a Lenin. Ver também Lacorte (2009a; 2010, p. 215-16).

quanto Lenin também já a pensaram em termos de tradução (ainda que muito menos sistematicamente que Gramsci, mas provavelmente influenciados eles também pela filosofia da linguagem que circulava em seus ambientes).

Além disso, destacaram, junto a Engels, a necessidade, contra a filosofia idealista, de traduzir o pensamento para a prática ou política. Portanto, ou eles também não foram marxistas, o que soa ridículo, ou o fato de reconhecer, por parte de Gramsci (que os desenvolverá), a importância da linguagem – como "momento cultural", a respeito do "ato histórico" e da criação de um "idêntico 'clima cultural'" (Q10 II, § 44, p. 1330-31) – e, simultaneamente, reconhecer seu alcance político e hegemônico – como "luta cultural" (Q10 II, § 44, p. 1330) e "relação pedagógica" do tipo descrito na terceira tese sobre Feuerbach de Marx e atuada por Lenin (Q10 II, § 44, p. 1331), na qual teoria e prática ("ciência" e "vida", "filosofia" e "senso comum"/"história") se unem (Q10 II, § 44, p. 1332) – expressa, muito ao contrário, a vontade de integrar, contemporânea e dialeticamente, a linguística (especialmente a linguística histórica) com a compreensão marxista, e não apenas o vice-versa (o marxismo com a linguística). Por isso, de todo modo, não há como afirmar o não marxismo de Gramsci, tampouco, recorrendo à linguística, como unilateralmente pretenderia Lo Piparo e os poucos que o seguem.

Considerações finais

Até sem tentar nos aventurarmos para além do que encontramos explícito nos textos, pode-se ver nitidamente como Gramsci muda radicalmente o modo pelo qual ele pensa os vários sujeitos linguísticos. Como dissemos anteriormente, ele dilata, de modo radicalmente inovador, o conceito de "linguagem" (que inclui a linguagem não verbal e a própria "ação")[48] e, em estrita conexão com isso, a questão da "gramática" (que inclui a questão da língua nacional e da aprendizagem de uma primeira "lógica formal"). Isto é: 1) a gramática não é apenas aquela normativa escrita (teórica, que se estuda nas escolas), mas há uma infinita série de gramáticas "espontâneas"/"imanentes"/não escritas, e *praticadas* diariamente por diferentes camadas sociais/culturais em diferentes espaços-tempos-culturas sem tê-las estudado na escola; 2) a gramática normativa escrita não é apenas um "sistema sincrônico" fechado e isolado, mas é, simultaneamente: a) "um ato político", pois representa uma "escolha" entre várias gramáticas existentes; b) está sempre em tensão e em comunicação com todas as gramáticas e a "linguagem vivente",[49] e não apenas dentro de uma nação, com as do presente e do passado (ela é simultaneamente um "momento", uma "fotografia", da "gramática histórica"); mas, c) acima de tudo, e em extrema síntese, é um aspecto particular da criação de um "conformismo" e, portanto, se liga simultaneamente (entre outros): à temática jurídica e do indiferente jurídico (âmbito jurídico); à temática econômica (sistema Taylor etc.); à temática política e pedagógica da criação de um "mesmo clima cultural" e, portanto, de um "moderno príncipe" (âmbito político); e à temática do pensamento como elemento elaborador, transformador e organizador do mundo (âmbito filosófico).

A respeito deste último ponto, não se pode deixar de notar mais uma afinidade metateórica de tradutibilidade entre esta teoria e a interpretação gramsciana da filosofia e

48 Acerca das linhas que se seguem, o Q29, sobre o "estúdio da gramática" (por assim dizer) e, em particular o Q29, §2, p. 2342s.

49 Expressão utilizada no Q29, § 6, p. 2349.

da própria gramática. Com efeito, para o Gramsci teórico da tradutibilidade, a filosofia, de acordo com a ideia presente nas *teses* de Marx (em particular, na tese 11), não só interpreta, mas também transforma o mundo (Q8, § 208, 1066). Ora, questiono, quando Gramsci se pergunta se a gramática serve "para fazer a história de um aspecto da civilização ou para *transformar* um aspecto da civilização?" (Q29, § 1, p. 2342; grifo meu), não estaria interpretando a linguagem, a língua e a própria gramática de acordo com a tradutibilidade (e, portanto, em linha com Marx Engels e Lenin)? Parece-me que não há dúvida que seja assim.

Mesmo que não haja dúvida de que a concepção da linguagem gramsciana se embase sobre algumas das interpretações e fontes anteriores e contemporâneas, mais uma vez vê-se também que vai além e as supera. Se se estuda a tradutibilidade, e se lê o Caderno 29, é impossível não ver que Gramsci, ao pensar nos assuntos gramaticais de acordo com o desenvolvimento de seu novo método, estava indo muito mais longe que todos os seus contemporâneos. O quadro no qual desenvolve sua reflexão sobre esse assunto específico é, com efeito, muito mais amplo, profundo e complexo.

Contudo, isto só pode ser compreendido se não embasamos nossa leitura sobre um método de isolamento dos textos "linguísticos" de todos os outros (nos *Cadernos*) – que é o que nos ensina a tradutibilidade – e, sobretudo, se lemos tais textos em conexão com a própria tradutibilidade. Só deste modo, por um lado, somos conduzidos a reconhecer que, embora Gramsci não tenha conseguido apresentar e terminar de desenvolver uma teoria da linguagem autônoma explicitamente, todavia, por outro lado, ela, ou os elementos para tal teoria, estão claramente presentes, mais ou menos implicitamente, em muitos textos.

Em outras palavras, como ele fez com Lenin – da política do qual extraiu algumas fundamentais inovações filosóficas –, assim nós podemos tentar fazer com Gramsci, ao traduzir para o presente seu pensamento e o que está implícito nele, sobre vários sujeitos (tentando tomar todos os cuidados "filológicos" possíveis). Deste modo, entende-se também e melhor que, se ele desejava escrever um estudo sobre "Língua nacional e gramática" (Q23, § 9), mais uma vez, seu enfoque não seria meramente "disciplinar" e sequer meramente "linguístico".

Referências

Bibliografia citada

BUCI GLUCKSMANN, C. *Gramsci et l'Etat, pour une théorie matérialiste de la philosophie*. Paris: Fayard, 1975.

COSPITO, G. "Egemonia". *In*: FROSINI, F., LIGUORI, G. (org.) *Le parole di Gramsci*. Roma: Carocci, 2004.

CARLUCCI, Alessandro. *Gramsci and languages. Unification, Diversity, Hegemony*. Leiden/Boston: Brill, 2013.

COSPITO, G. *Introduzione a Gramsci*. Genova: Il Melangolo, 2015.

DEL ROIO, M. *Os prismas de Gramsci*. A fórmula política da frente única 1919-1926. São Paulo: Boitempo, 2005.

FIORI, G. *Vita di Antonio Gramsci*. Bari: Laterza, 1966.

FRANCIONI, G. *L'officina gramsciana*. Ipotesi sulla struttura dei *Quaderni del carcere*. Napoli: Bibliopolis, 1984.

FROSINI, F. *La religione dell'uomo moderno*. Roma: Carocci, 2010.

GRAMSCI, A. *Quaderni del carcere*. GERRATANA, V. (org.). Torino: Einaudi, 1975.

GRAMSCI, A. *Cadernos do cárcere*. COUTINHO, C. N. (Edição e tradução); HENRIQUES, L. S. e NOGUEIRA, M. A (Coedição). Rio Janeiro: Civilização Brasileira, 2001-2006.

IVES, P. *Language and Hegemony in Gramsci*. London and Ann Arbor (MI): Pluto Press, 2004a.

IVES, P. *Gramsci's Politics of Language:* Engaging the Bakhtin Circle and the Frankfurt School. Toronto: University of Toronto Press, 2004b.

LACORTE, R. "Sulla presenza dei concetti di 'traducibilità,' 'lingua' e 'rivoluzione passiva' di Antonio Gramsci in *Petrolio* di Pier Paolo Pasolini". *In*: MAGGI, A.; WEST, R. (org.). *"Scrittori inconvenienti"*. Ravenna: Longo Editore, 2009a.

LACORTE, R. "Libertá". *In*: LIGUORI, G.; VOZA, P. (org.). *Dizionario Gramsciano 1926-1937*. Roma: Carocci, 2009b.

LACORTE, R. "Translatability, language and freedom in Gramsci's *Prison Notebooks*". *In*: IVES, P.; LACORTE, R. (org.). *In*: *Gramsci, language, and translation*. Lanham: Lexington Books, 2010.

LACORTE, R. "Espressione e traducibilità nei *Quaderni del carcere*". *In*: DURANTE, L.; LIGUORI, G. (Orgs.). Domande dal presente. *Studi su Gramsci*. Roma: Carocci, 2012.

LACORTE, R. "Marxism and Translation". *In*: EVANS, J.; FERNANDEZ, F. (org.). *The Routledge Handbook of Translation and Politics*. London: Routledge, 2018a.

LACORTE, R. "Lenin e Gramsci: Sobre o papel da 'cultura'". *In*: ABREU SOUSA, A., SALES, F., PINHEIRO, F. (org.) *Canto do Assum Preto*. Fortaleza: UFC, 2018b.

LACORTE, R. "Apontamentos sobre Tradutibilidade, Pedagogia e Hegemonia nos *Cadernos* de A. Gramsci". *In*: NOLASCO, F. M.; ZANOTTI, G. (org.) *Revista de Filosofia Moderna e Contemporânea*, Brasília (Departamento de Filosofia – UnB), v. 7, n. 3, 3º quadrimestre de 2019. Disponível em: http://periodicos.unb.br/index.php/fmc. Acesso em: 27 ago. 2018.

PASOLINI, P. P. *Empirismo eretico*. Milano: Garzanti, 1972.

SCHIRRU, G. "Egemonia e prestigio linguistico". *In*: *Egemonia. Usi e abusi di una parola controversa*. Atti del Convegno tenutosi a Napoli-Salerno, 27-28 ottobre 2005.

Bibliografia consultada

BOOTHMAN, D. *Traducibilità e processi traduttivi. Un caso: A. Gramsci linguista*. Perugia: Guerra Edizioni, 2004.

BOOTHMAN, D. "Lingua". *In*: LIGUORI, G.; VOZA, P. (Orgs.). *Dizionario Gramsciano 1926-1937*. Roma: Carocci, 2009.

BRANDIST, C., CHOWN, K. (Orgs.) *Politics and the Theory of Language in the USSR 19171938: The Birth of Sociological Linguistics*. London: Anthem Press, 2010.

CROCE, B. *Estetica come scienza dell'espressione e linguistica generale*. Bari: Laterza, 1922.

DE MAURO, T. "Alcuni Appunti su Gramsci Linguista," in *Gramsci la Modernità: Letteratura e Politica tra Ottocento e Novecento*, ed. Valerio Calzolaio (Naples: CUEN, 1991), 135-44. *In:* IVES, P., LACORTE R. (Orgs.). *Gramsci, language and translation*. Lahnam: Lexington Books, 2010, p. 255-266.

ENGELS, F. *Ludwig Feuerbach and the End of Classical German Philosophy*. Progress Publishers: 1946 [1886]. Disponível em: https://www.marxists.org/archive/marx/works/1886/ludwig-feuerbach/

FROSINI, F. *Gramsci e la filosofia*. Roma: Carocci, 2003.

FROSINI, F., LIGUORI, G. (Orgs.) *Le parole di Gramsci*. Roma: Carocci, 2004.

GENSINI, S. "Appunti su 'linguaggio', 'senso comune' e 'traduzione' in Gramsci". Disponível em: https://www.academia.edu/10905936/Gramsci_e_il_linguaggio, acessado em 3/2/2019.

GENSINI, S. "Linguistics and the Political Question of Language". *In*: IVES, P., LACORTE R. (Orgs.). *Gramsci language and translation*. Lahnam: Lexington Books, 2010.

GRAMSCI, A. *Lettere dal carcere*. CAPRIOGLIO, S.; FUBINI, E. (Orgs.). Torino: Einaudi, 1965.

GRAMSCI, A. *La città futura* 1917–1918, edited by S. Caprioglio, Turin: Einaudi, 1982.

IVES, P., LACORTE R. (Orgs.). *Gramsci language and translation*. Lahnam: Lexington Books, 2010.

LACORTE, R. "Da História à Teoria: Organização e Direção, Hegemonia e 'Tradutibilidade'". *In*: ABREU SOUSA, A., SALES, F., PINHEIRO, F. (Orgs.) *Canto do Assum Preto*. Fortaleza: UFC, 2018c.

LENIN, V. I. *Opere scelte*. Roma: Editori Riuniti, 1968.

LIGUORI, G. *Gramsci conteso. Storia di un dibattito 1922-1996*. Roma, Editori Riuniti, 1996.

LIGUORI, G. "Ideologia". *In*: LIGUORI, G.; VOZA, P. (Orgs.). *Dizionario Gramsciano 1926-1937*. Roma: Carocci, 2009.

LIGUORI, G.; VOZA, P. (Orgs.). *Dizionario Gramsciano 1926-1937*. Roma: Carocci, 2009.

LO PIPARO, F. *Lingua intellettuali egemonia in Gramsci*. Roma-Bari: Laterza, 1979.

LO PIPARO, F. "Gramsci and Wittgenstein. An intriguing connection". *In*: CAPONE, A. (Org.). *Perspectives on language use and pragmatics*. München: Lincom, 2010, p. 285-320.

LO PIPARO, FRANCO. *Il professor Gramsci e Wittgenstein*. Roma: Donzelli Editore, 2014.

MARX, K., ENGELS, F. *Die heilige Familie oder Kritik der kritischen Kritik*. Werke, Band 2, S. 3 – 223. Berlin/DDR: Dietz Verlag,1972 [primeira edição 1845].

SANGUINETI, E. "Intervista con Sanguineti di Giorgio Baratta". *In*: IVES, P., LACORTE R. (Orgs.). *Gramsci language and translation*. Lahnam: Lexington Books, 2010.

SMITH, M. *Language and Power in the Creation of the USSR 1917–1953*. New York: Mouton de Gruyter, 1997.

TOSEL, A. "Filosofia marxista e traducibilità dei linguaggi e delle pratiche". *In*: Baczko B. *et al.* (Orgs.) *Filosofia e politica. Scritti dedicati a Cesare Luporini*. Firenze: La Nuova Italia, 1981.

VAILATI, G. *Il metodo della filosofia. Saggi scelti*. ROSSI-LANDI, F. (Org.) Laterza: Bari, 1957.

ANTONIO GRAMSCI E A QUESTÃO FEMININA

Daniela Mussi[1]

Um labirinto para a "questão feminina"

Em 8 de fevereiro de 1929, Antonio Gramsci escreveu na prisão as primeiras linhas daqueles que viriam a ser conhecidos por *Cadernos do cárcere*.[2] Nelas, apresentou de maneira sumarizada 16 "argumentos principais" de pesquisa, nenhum dos quais dedicados especificamente à questão feminina (Q1, p. 5). O tema, contudo, apareceu discutido de maneira diluída entre os parágrafos escritos em *Cadernos miscelânea* entre dezembro de 1929 e julho de 1930 e dedicados aos temas "da função da imigração", "questão sexual", "feminismo" e "americanismo" (Q1, §§ 37, 61, 63, 146 e 158; Q3, § 62).[3]

---

1 Universidade de São Paulo, São Paulo, Brasil.

2 Os parágrafos dos *Quaderni del carcere* de Antonio Gramsci estão citados conforme a edição de Valentino Gerratana (1975) e aparecem indicados no formato Qx, § y, p. z.

3 Todos os parágrafos "A", ou seja, de primeira versão que aparecem com nova redação posteriormente (textos "C"). Neste caso, especialmente no *Caderno* 22 (§§ 61, 62, 146 e 158), escrito no segundo semestre de 1934, e no *Caderno* 28 (§ 37), escrito nos primeiros meses de 1935.

A primeira referência ao tema foi indireta, no parágrafo 37 do Q1, escrito entre dezembro de 1929 e fevereiro de 1930. Neste, Gramsci criticou o "mau gosto" intelectual do dirigente socialista Filippo Turati, recuperando sarcasticamente, para tal, o discurso parlamentar de Turati, de setembro de 1919, sobre o direito ao voto feminino e das prostitutas, as "assalariadas do amor" (Q1, § 37, p. 27). Esse tema apareceu também no parágrafo 63 do Q1 (p. 74), escrito entre fevereiro e março de 1930, em que Gramsci discutiu a capacidade de intelectuais como Turati penetrarem nos meios proletários onde "os autodidatas são especialmente levados, por ausência de um hábito científico e crítico", a se encantarem com certas "fantasias", já que "a falta de sobriedade e de ordem intelectual leva também à desordem moral", especialmente no plano da "questão sexual", sendo especialmente impactante para a "pouca participação das mulheres na vida coletiva".

No parágrafo 61 do Q1, do mesmo período, Gramsci desenvolveu o que entende ser a "questão sexual" em relação ao "americanismo". Nesta, Gramsci comparou os Estados Unidos e a Itália a respeito da "composição da população" e sua relação com a industrialização. Na Itália, observou, a composição da população se tornara "'insalubre' devido à imigração e baixa ocupação das mulheres nos trabalhos produtivos"; já nos Estados Unidos, "a adaptação psicofísica à nova estrutura industrial não levou ainda a um florescimento 'superestrutural', não colocou ainda a questão fundamental da hegemonia" (Q1, § 61, p. 70-72). A participação das mulheres no trabalho produtivo, somada à imigração, comparava, eram fatores de uma relação "desfavorável" entre a população italiana "potencialmente ativa e aquela passiva", enquanto nos Estados Unidos a "hegemonia nasce da fábrica" (Q1, § 61, p. 72). Esta é a primeira passagem nos *Cadernos do cárcere* em que Gramsci fala "das mulheres", sinalizando os efeitos de um problema "econômico" amplamente discutido no ambiente comunista pós-1917 – o da (não) inclusão feminina na atividade industrial – no equilíbrio "superestrutural" italiano.

No Q1, § 62, de fevereiro-março de 1930, Gramsci deixou indicados os contornos analíticos da "questão sexual" e algumas hipóteses a seu respeito (Q1, § 62, p. 72-74). O parágrafo começa pontuando a "obsessão" dos "projetistas" em resolver a questão sexual e a presença determinante desse tema nas diversas "utopias", o que poderia estar relacionado ao fato de que toda "sociedade em desenvolvimento" reprime os "instintos sexuais". A seu ver, toda nova fase de regulação "não natural" é acompanhada, como expressão de suas formas de resistência, de apelos à "natureza" (entre os quais Gramsci elencou a psicanálise "freudista"). Da apreciação econômica mais "externa" do problema – ligada estritamente ao desenvolvimento do mundo econômico – Gramsci desloca a reflexão para a relação entre cidade e campo para destacar as semelhanças (e mesmo a agudeza) dos "crimes" sexuais e do "bestialismo" sexual no ambiente rural em relação ao urbano. Em ambos, contudo, a sexualidade desemboca no dualismo que se cristaliza no "ideal estético feminino" como "reprodutora" *versus* "brinquedo" (Q1, § 62, p. 72-74).

Além disso, identificou uma dimensão "interna" da função reprodutiva – que mais tarde passaria a chamar por "molecular" – associada à trajetória do núcleo familiar e à sua relação com o aumento da média de vida e a baixa natalidade, em contraste com a "consciência instintiva" dos mais jovens desta como um problema ("velhos sem filhos são tratados como os 'bastardos'"). O aspecto-chave, aqui, é identificar "a questão sexual como uma 'questão econômica' específica, que coloca os problemas coordenados do tipo de superestrutura", chegando até mesmo a impor "um aspecto de problema nacional" (Q1, § 62, p. 72-74). O exemplo de Gramsci, agora, é o caso francês e o conflito progressivo entre as gerações mais antigas em "relação anormal com as gerações jovens de mesma estirpe", cada vez menores, combinado com o surgimento de novas divisões do trabalho (devido ao preenchimento das ocupações não qualificadas por massas de imigrantes).

A questão sexual era, nesse caso, "um problema de hegemonia", cuja ausência de solução levava a um "problema econômico grave", já que o aprendizado "hereditário" contínuo, indispensável para a adaptação à vida industrial, passa a ser sistematicamente interrompido pelos conflitos geracionais e pelos fluxos migratórios. Assim, a percepção da natureza fundamentalmente hegemônica do problema estaria no coração da preocupação precoce dos "industriais americanos", destacadamente Henry Ford, com "as relações sexuais de seus dependentes". Por fim, algo que não aparecia no esforço interessado desses reguladores era muito caro a Gramsci já nessas primeiras reflexões carcerárias sobre a questão sexual:

> A questão mais importante é a *salvaguarda da personalidade feminina*: até que as mulheres alcancem verdadeiramente uma independência frente aos homens, a questão sexual será rica de características mórbidas e será preciso cautela em tratá-la e tirar conclusões legislativas. (Q1, § 62, p. 73, grifos nossos)

Em março de 1930, ainda, Gramsci comentou, no Q1 § 146, uma resenha do livro *Mulher. Uma defesa* [*Woman. A vindication*], escrito pelo conservador inglês Anthony M. Ludovici em 1923, autor também de *Man's descent from the*

Gods e *The false assumptions of democracy* (Q1, § 146, p. 130). Em seu livro, Ludovici se opunha à ideia de que "a expansão da industrialização e do comércio das mulheres" teria trazido "progresso" inevitável para a Europa Ocidental, pois havia fomentado entre as mulheres a busca pela "autonomia" e "liberdade" (Ludovici, 1923, p. vii, 29). Para o filósofo antidemocrático, "más-adaptações" sociais, frutos da perda de controle e orientação pelos homens, haviam degenerado as mulheres (Ludovici, 1923, p. 29). "Me coloco entre os antifeministas", concluía o autor ao propor "a primeira tentativa radical de diferenciar dois tipos bem definidos de mulheres – um positivo e outro negativo", partindo, para tanto, da análise dos efeitos da guerra sobre as mulheres: o desenvolvimento de características psicológicas masculinas, a expansão do público leitor feminino e o aumento do ímpeto de confronto com os homens. A seu ver, todos esses elementos poderiam ser tomados como positivos, o que dependeria da atitude mental das mulheres diante da vida, ou seja, desde que isso não significasse a subversão das mulheres em relação ao único poder, a "mão de ferro" que as poderia governar: o poder do homem (Ludovici, 1923, p. 29).

Em seu comentário ao livro, Gramsci afirmou que o feminismo deveria ser estudado em "suas causas mais vastas e profundas", e não tomado simplesmente como movimento de pessoas desqualificadas surgido em um contexto de questionamento da classe política (Q1, § 146, p. 130). Em maio de 1930, no último parágrafo do *Cadernos 1*, § 158, Gramsci voltou ao tema das crises "sexuais" geradas pelas mudanças provocadas pela guerra e pelo industrialismo. "Toda época histórica possui uma", afirmou, sentida especialmente pelas classes médias, mas que "não toca senão superficialmente as massas trabalhadoras ou as toca sentimentalmente *porque de-*

prava suas mulheres" (Q1, § 158, p. 138, grifos nossos) devido ao fator ideológico iluminista difundido pelas classes não manualmente produtivas:

> O pós-guerra teve uma crise similar, talvez a mais vasta já vista na história; mas a pressão era exercida não para impor uma nova forma de trabalho, mas pela necessidade da guerra. A vida de trincheira foi objeto principal da pressão. Foram desencadeados principalmente os instintos sexuais, reprimidos por tantos anos nas grandes massas de jovens dos dois sexos e que adquiriram aspecto formidável pelo desaparecimento de tantos homens e por um desequilíbrio entre os sexos. (Q1, § 158, p. 138)

Essa crise era especialmente mais forte dado o contraste entre os efeitos "libertários" da guerra e a necessidade de disciplinarização para os novos métodos industriais de trabalho. Enquanto aqueles destruíam os laços tradicionais, esses exigiam um reforço da "família" em sentido amplo para "regulação e estabilidade das relações sexuais". Essa crise paradoxal continuava, ganhava contornos ainda mais dramáticos "em um estado onde as classes trabalhadoras não sofrem mais a pressão violenta de uma outra classe" e "a nova atitude de trabalho deve ser adquirida apenas por via da persuasão e do convencimento" (Q1, § 158, p. 139). Nesse caso – a referência era a sociedade soviética –, emergia "uma situação ambígua entre a ideologia 'verbal' que reconhece as novas necessidades e a prática 'animalesca' que impede aos corpos físicos de realmente adquirirem os novos hábitos" (Q1, § 158, p. 139). Em outras palavras, surgia "uma situação de grande hipocrisia social totalitária", já que não se tratava mais de uma "hipocrisia de classe" (Q1, § 158, p. 139). Assim, concluía, "é uma crise 'em permanência' que apenas a coerção pode confrontar, uma coerção de novo tipo já que, sendo uma classe apenas, será autodisciplina" (Q1, § 158, p. 139).

Em parágrafo escrito pouco depois, entre julho e agosto de 1930, no *Cadernos* 3, § 61, Gramsci voltou ao tema dos conflitos "sentimentais" gerados pela crise, tratados como "lutas de gerações": "o fato de que a geração antiga não possa guiar as gerações mais jovens é, em parte, expressão da crise da família e da *nova situação do elemento feminino na sociedade*" (Q3, § 61, p. 340, grifo adicionado). Essas mudanças rápidas e profundas, contudo, determinavam "um empobrecimento 'sentimental' com relação ao passado e uma mecanização da vida" (Q3, § 61, p. 340). Isso acarretaria a renúncia, pela "geração antiga", em cumprir a "tarefa educativa" das mais jovens, em "determiná-las", substituindo um princípio educativo vigoroso por "formas de estatolatria". A crise do sentimento se referia, aqui, a uma transformação profunda e tumultuada da "consciência" vivida, do passado e do futuro pelos indivíduos. Paradoxalmente, concluía Gramsci, sob um princípio educativo estatólatra, os indivíduos passavam a confundir Estado e burocracia estatal, ou seja, passavam a negar o elemento estatal contido em si mesmos, "elemento social homogêneo", "ativo na vida social", aderente e elaborador inteligente de um programa que governa (Q3, § 61, p. 340). A nova condição feminina era a ponte que o levava a pensar os dilemas de uma independência social que não poderia realizar-se no (e como) Estado sem ser uma nova condição humana.

Já nos primeiros meses de escrita dos *Cadernos do cárcere*, portanto, a "questão sexual" não poderia ser tomada como algo exterior, um processo de ajuste – planejado ou espontâneo – às necessidades do "mundo econômico" em formação; sendo a "função reprodutiva" uma questão fundamentalmente política, deveria ligar-se centralmente aos desafios da conquista da independência das mulheres. A partir dessa aproximação sobre a questão feminina nos escritos carcerários, duas questões são pertinentes para o presente artigo. A primeira: quais as possíveis origens dessa formulação sobre a importância política da questão feminina em Gramsci? A segunda é: como esse assunto se desenvolveu nos *Cadernos* ao longo do tempo?

O movimento socialista e o "crumiraggio" feminino

A atividade política e o movimento de mulheres na Itália possuem uma trajetória que remonta à sua participação nas lutas de unificação nacional no século XIX e, desde então, na construção ativa de associações, partidos políticos, sindicatos (Bortolotti, 1963). Na virada do século XIX-XX, inclusive, essa atividade possuía características bem delimitadas, particularmente no ambiente socialista italiano em que despontavam lideranças como Anna Maria Mozzoni, Anna Kuliscioff, Maria Giudice, Angelica Balabanoff etc. No final do século XIX, contexto do nascimento daquele que viria a ser o Partido Socialista Italiano, a questão feminina já acumulava algumas décadas de reflexão sob forte recepção "das doutrinas iluministas de Fourier e pelas ideias de John Stuart Mill" sobre sujeição e autonomia das mulheres (Alloisio e Ajó, 1978, p. 3).

A característica particular que essa questão assumiu no movimento socialista, nesse momento, se vinculava aos esforços de elaboração de uma "lei sobre o trabalho das mulheres" (Alloisio e Ajó, 1978, p. 8). Esta não era, contudo, uma questão consensual e boa parte do debate entre as mulheres socialistas na virada do século girava em torno da "inferioridade" e "tutela" feminina em relação aos homens que as leis de regulação do trabalho pressupunham ou impunham (Alloisio e Ajó, 1978, p. 10-11). Nesse sentido, não eram debates muito diferentes daqueles enfrentados por mulheres em toda a Europa no mesmo período, em especial o confronto com um forte e misógino corporativismo sindical que via no trabalho feminino fundamentalmente uma ameaça, tanto ao trabalho assalariado masculino como à estrutura e dinâmica familiar patriarcal (Goldman, 2014).

Foi no Congresso do Partido Socialista Italiano, realizado em 1911, em Modena, que pela primeira vez se afirmou a exigência de diferenciação de um feminismo "classista" em relação ao feminismo burguês (Alloisio e Ajó, 1978, p. 20). Também nesse congresso se discutiu a necessidade do partido de dar mais atenção às lutas femininas pelo sufrágio, nos sindicatos etc. No congresso do ano seguinte, realizado na Reggio Emilia, por sua vez, é fundada a União Feminina Socialista [*Unione Femminile Socialista*] e o periódico *A Defesa das Trabalhadoras* [*La Difesa delle Lavoratrici*],[4] o mais importante jornal feminista e socialista da época. O primeiro número, publicado em janeiro de 1912, enviado gratuitamente aos assinantes do jornal socialista *Avanti!*, trazia impresso um curioso anúncio para estimular as assinaturas, que dizia:

> Lembre, companheiro, que se a mulher não é sua aliada e ajuda na luta contra o capitalismo será, por força das coisas, a sua pior inimiga e o obstáculo insuperável na batalha: inimiga na vida pública, na qual seu *krumiraggio* enfraquecerá o nervo da tua resistência e contribuirá a diminuir os salários; inimiga no ambiente doméstico, onde hostilizará a tua ação no partido e nas organizações. (*La Difesa delle Lavoratrici*, 1912, a. 1, n. 2, p. 1)

[4] Periódico fundado por Anna Kuliscioff, Linda Malnati, Margherita G. Sarfatti, Carlotta Clerici e Giselda Brebbia, editado em Milão e de início publicado quinzenalmente. Foi publicado até setembro de 1925.

Krumiraggio ou *crumiraggio* era um termo pejorativo usado no jargão sindical italiano desde o início do século XX para se referir ao abstencionismo ou mesmo boicote às atividades sindicais, bem como designava os trabalhadores não especializados mobilizados para substituir grevistas. De origem francesa,[5] contudo, era também uma forma popular de conotação racista usada para identificar os trabalhadores imigrantes, especialmente os vindos do norte da África (Orioles, 2002). Do ponto de vista socialista, portanto, a educação e a organização política dos interesses femininos correspondiam a uma necessidade imediata de evitar potenciais "obstáculos" nas dinâmicas sindical e partidária estabelecidas devido à sua condição política "atrasada", tal como aqueles postos pelos trabalhadores de baixa qualificação e imigrantes que aceitavam ocupar o posto de outros durante as greves.

Em 20 de janeiro, Clara Zetkin – então secretária da União Internacional das Mulheres Socialistas – publicou artigo de saudação ao novo periódico, destacando a importância internacional de um jornal voltado para as mulheres operárias italianas no momento em que "as necessidades da vida não permitem mais às mulheres do povo permanecerem estranhas à vida e lutas da política" (Zetkin, 1912, p. 2). O aumento da participação política das mulheres proletárias, particularmente das "mães", fortaleceria a reação a uma ameaça internacional imediata: o ascenso do militarismo nos diversos países da Europa. Zetkin via na organização das mulheres um instrumento para enfrentar o imperia-

[5] Em francês, o termo de conotação racial *Kroumirs*, por sua vez, se refere aos habitantes da Crumíria, na região na Tunísia, que no século XIX se notabilizou no contexto dos diversos conflitos na fronteira com a Argélia que culminaram com a invasão francesa da Tunísia.

lismo, "a aspiração a sempre novas colônias [que] conduz a requerer sempre novos filhos do povo nas casernas" (Zetkin, 1912, p. 2). De maneira geral nesse contexto, a "defesa das trabalhadoras" era pensada como mobilização auxiliar às lutas socialistas e operárias já em andamento; isso explicava e justificava tanto seu classismo como a oposição ao "feminismo burguês".

A guerra iniciada em 1914 levaria essa perspectiva a uma situação paradoxal. Por um lado, ampliou drasticamente a participação das mulheres na atividade industrial italiana, desequilibrando a relação entre homens e mulheres na composição social e produtiva dos países envolvidos (Alloisio & Ajó, 1978, p. 45). Por outro, projetou sobre as mulheres socialistas um papel político em nada "complementar" às lutas sindicais e parlamentares do período anterior, de luta pelo fim da guerra e pela paz. O protagonismo feminino durante o conflito bélico se expressou fortemente em termos internacionais, com a realização, em 1915, de um *Congresso Internacional de Mulheres Socialistas* em Berna que, depois do conflito, se converteria em uma rede internacional de organização de mulheres em solidariedade à Revolução Russa liderada por mulheres como Zetkin, Inessa Armand, Alexandra Kollontai, Nadejda Krupskaia, entre outras.

Também no ambiente italiano o protagonismo feminino foi notável nos embates dos direitos trabalhistas e contra a guerra. Em agosto de 1917, Maria Giudice – colunista de *A Defesa das Mulheres Trabalhadoras* e editora-chefe do jornal socialista *O Grito do Povo* [*Il Grido del Popolo*] – foi presa ao liderar uma importante manifestação contra a guerra pelas ruas de Turim. Em seu lugar, Antonio Gramsci assumiria a direção do jornal da capital do Piemonte até seu fechamento.

Também em Turim, atuava nesse período Camilla Ravera,[6] dirigente socialista (e posteriormente, comunista) próxima a Gramsci, de quem receberia a incumbência de organizar, em fevereiro de 1921, a coluna semanal "Tribuna das Mulheres" [Tribuna delle Donne], dedicada à "emancipação feminina", no agora cotidiano comunista *A Nova Ordem* [*L'Ordine Nuovo*] (Ravera, 1973, p. 97).

Nos escritos de Gramsci desse período não é possível mapear uma preocupação específica com a questão feminina. O que se aproximava mais disso era a reflexão sobre a família, como em um artigo de fevereiro de 1918 publicado em *O Grito do Povo* (então dirigido por Giudice). Neste, a família era apresentada como "organismo moral", o "primeiro núcleo social que supera o indivíduo", impondo a ele obrigações e responsabilidades (*O Grito do Povo*, fevereiro de 1918, p. 647). No regime socialista, continuava, a família subsistiria como forma de proteger as crianças das "instituições do Estado, impessoais, mecânicas e burocráticas" (*O Grito do Povo*, fevereiro de 1918, p. 647-648).

No início de 1920, Gramsci comentou em diferentes artigos a intervenção parlamentar de Filippo Turati a respeito do "voto feminino e as assalariadas do amor", que se tornara muito popular no movimento de mulheres socialistas. Realizado a 4 de setembro de 1919 e publicado em três partes entre outubro e novembro no *A Defesa das Trabalhadoras* com o título de "*Il voto della donna e le salariate dell'amore*",

[6] As memórias de Ravera dos anos de convivência com Gramsci possuem valor imprescindível para a reconstrução do pensamento gramsciano nesse período (Ravera, 1973). Para uma interpretação da relação de Gramsci e a participação das mulheres trabalhadoras na política em Turim, tomando como base as memórias de Ravera, cf. Donno (2008, p. 121 ss).

o discurso de Turati (1919a; 1919b; 1919c) discutiu a reforma eleitoral que em agosto de 1919 garantiu a expansão do sufrágio aos ex-combatentes da guerra e o sistema de representação proporcional, este último aprovado sob pressão socialista. O voto feminino, contudo, ficara de fora da reforma.[7]

Em seu discurso, Turati discutiu a reforma eleitoral confrontando o argumento conservador da "incapacidade" das mulheres para votar e afirmando que, na sociedade italiana, as mulheres já se haviam "tornado homens", ou seja, já poderiam ser consideradas cidadãs. Polemizou, ainda, contra o argumento de que a prostituição assinalaria a incapacidade feminina para o voto por ser uma conduta sexual incorreta (Turati, 1919a, p. 2). Comparou, para tanto, a prostituição com a prática da corrupção e a hipocrisia da classe política italiana, afirmando que as "assalariadas do amor" poderiam ser tomadas por prestadoras de um serviço público e, por isso, mais honestas que a classe política (Turati, 1919b; 1919c).

Gramsci comentou esse discurso em dois artigos de *L'Ordine Nuovo* publicados em 7 e 20 de fevereiro de 1920. No primeiro, intitulado "O Estado italiano" [*Lo Stato Italiano*], falou que Turati substituía a reflexão sobre o massacre de 15 milhões de pessoas em cinco anos de guerra por um "elegante discurso sobre o direito ao voto das prostitutas", o que evidenciava a "nulidade oportunista e reformista" que passara a dominar a direção do Partido Socialista Italiano

---

7 Em 1925, já como deputado, Gramsci votaria contra um projeto de reforma eleitoral fascista que mantinha a exclusão do voto feminino das eleições políticas e dos analfabetos do sufrágio político e administrativo (Bortolotti, 1977, p. 540). O voto feminino só seria conquistado plenamente na Itália depois da Segunda Guerra Mundial, em 1946.

(PSI) (on, 20/2/1920, p. 282).[8] Em um contexto de afirmação da "república dos sovietes" e da "democracia operária", Turati optava pela "república burguesa" e a "democracia liberal" (on, 20/2/1920, p. 282). Em seguida, no artigo "O instrumento de trabalho" [*Lo strumento di lavoro*], voltou a se referir aos "reformistas e oportunistas" como aqueles que "nunca estudaram os problemas reais da classe operária e do socialismo", distantes de "todo contato físico e espiritual com as massas proletárias e a realidade histórica" (on, 20/2/1920, p. 289). Para Gramsci, o uso que Turati fazia da retórica sobre o voto feminino revelava a preferência do líder socialista pela "intriga parlamentar" diante da realidade das classes trabalhadoras no pós-guerra, das greves operárias e dos conselhos de fábrica que se organizavam, entre 1919 e 1920, em uma postura condescendente com a expansão mórbida do Estado italiano no pós-guerra, gerada pelo crescimento da burocracia, do policiamento e de organismos parasitários nas instituições estatais (on, 20/12/1920, p. 290).

No início de 1921, contexto da cisão com o PSI e fundação do Partido Comunista na Itália, Camilla Ravera relatou em suas memórias os esforços por organizar um movimento de mulheres "não feminista", ou seja, não socialista, mas inserido "no quadro mais geral da emancipação proletária", voltado para o problema de assegurar trabalho e salário iguais às mulheres da classe trabalhadora (Ravera, 1973, p. 97-98). Relembrou, ainda, a participação de Gramsci na primeira reunião de mulheres comunistas, realizada em meados de 1921 em Roma, e

8 De acordo com a padronização da autora, as obras de Antonio Gramsci são citadas com as seguintes abreviaturas: *L'Ordine Nuovo: 1919-1920, 1924-1925.* [on]; *La costruzione del partito comunista: 1923-1926.* [cpc]; *Epistolario: 1906-1922.* [e]; *Letere dal carcere. 1926-1937.* [lc]; *La Città Futura.* [cf].

o uso, no discurso desse, de ideias de Lenin sobre o papel das mulheres na revolução socialista (Ravera, 1973, p. 112-113). Dessa conferência, Gramsci escreveu:

> Um número exíguo de companheiras interveio na conferência [...], a discussão se desenvolveu de modo um pouco fragmentário e vago, mesmo confuso; e a confusão foi produzida ou agravada por preocupações e colocações de caráter feminista. (Gramsci *apud* Ravera, 1973, p. 114)

Para Gramsci, então, o modo comunista de colocar o problema das mulheres deveria ser a realização de sua "independência econômica", reconhecendo nas "funções particulares e ocupações" femininas, como a maternidade, o cuidado com as crianças e a casa, "o valor de uma função e de uma produção social" (Gramsci *apud* Ravera, 1973, p. 114). Além disso, apostava na "industrialização do trabalho doméstico" como o caminho para a "libertação das mulheres da escravidão doméstica", com impacto grande e imprevisível sobre a "moral" e o costume" de toda a sociedade (Gramsci *apud* Ravera, 1973, p. 114).

A questão feminina pós-revolução

Desde 26 de maio de 1922, Gramsci estava fora da Itália. Viajou inicialmente para Moscou para participar de alguns encontros importantes de organismos dirigentes da Internacional Comunista (IC), particularmente das reuniões do *Presidium* e do *Plenum* – o qual passou a compor o órgão executivo. Em meados de julho desse ano, contudo, começou a sofrer crises de saúde, possivelmente nervosas (e, p. 254n), que o levaram a intercalar suas atividades como dirigente a períodos de descanso em um sanatório em Serebrjanij Bor, próximo a Moscou, onde conheceu as irmãs Eugenia e Giulia

Schucht e se aproximou delas – com Giulia, ele viria a ter dois filhos. Com base na correspondência do dirigente comunista italiano Amadeo Bordiga com representantes da IC nesse mês, é possível saber que Gramsci se hospedava muito próximo de Clara Zetkin em Moscou (e, p. 206n).[9] Zetkin compunha, além disso, a comissão internacional indicada para pensar a "questão italiana", tema sobre o qual a dirigente alemã já escrevera no III Congresso da Internacional Comunista (realizado em 1921), assim como sobre a "questão feminina" e o movimento de mulheres comunistas.

Assim, os meses que separaram a chegada de Gramsci à Rússia, no início de junho de 1922, e a participação no encontro do *Presidium* sobre a questão italiana, realizado em 29 de setembro do mesmo ano, revelam um importante entroncamento biográfico: as crises nervosas que o impediram de exercer plenamente as atividades como dirigente partidário, o contato pessoal e afetivo com as irmãs Schucht e a possível interlocução com Zetkin a respeito de temas como a questão feminina e o emergente fascismo italiano. Como pano de fundo desse entroncamento, por sua vez, estava a difícil interlocução entre Gramsci, a delegação comunista italiana e a direção da IC a respeito da estratégia política a ser adotada na Itália (Rosengarten, 1984-1985).

Havia alguns anos, Zetkin enfrentava o desafio da organização das mulheres comunistas na Alemanha. Em suas lembranças de conversas com V. I. Lenin – texto preparado para publicação depois da morte do dirigente russo, entre janeiro de 1924 e janeiro de 1925, a partir de anotações de

[9] Para um relato de Ravera sobre a concordância de Gramsci com as posições pela "emancipação feminina" no movimento comunista, cf. Camparini (1991).

1920-1921 –, a consciência das dificuldades dessa construção é explícita (Zetkin, 1929). Zetkin relata, por exemplo, uma longa conversa com Lenin – realizada provavelmente em junho de 1921, no contexto da preparação do III Congresso da IC – a respeito dos impasses do desenvolvimento do movimento de mulheres na Europa.

Lenin reconhecia a "grande importância do movimento de mulheres como parte essencial, em certas circunstâncias decisiva, do movimento de massas" e a necessidade de "criar um poderoso movimento internacional de mulheres sobre uma clara base teórica" que permitisse a distinção entre a política comunista e a dos demais partidos (Lenin *apud* Zetkin, 1929, p. 47). Em 1903 é possível encontrar em seus escritos a defesa da "completa igualdade de direitos entre homens e mulheres"; em 1913, a crítica à hipocrisia burguesa no tratamento público repressivo e moralizante da prostituição; em 1915, a defesa do "ponto de vista proletário" no movimento de mulheres; em 1919, a polêmica contra o "neomalthusianismo" dos intelectuais burgueses que defendiam o controle de natalidade entre as camadas populares como forma de "evitar a ruína" (Lenin, 1969, p. 7-8; p. 29-30; p. 39). Em 1920-1921, essa reflexão aparece na discussão com Zetkin como necessidade de defender o pioneirismo da "igualdade social para as mulheres" finalmente conquistada pela "primeira ditadura proletária" (Lenin *apud* Zetkin, 1929, p. 48-49).

Lenin reconhecia, contudo, que essa "distinção" era uma construção difícil de realizar, pois o movimento de mulheres europeu, fortemente influenciado pelas culturas socialista e liberal-democrática, mantinha-se excessivamente afastado da nova realidade. As críticas de Lenin avançavam, além disso, sobre as "teorias sexuais" que se difundiam na Europa desde a virada do século XIX-XX, inclusive no ambiente comunista, particularmente a "teoria freudiana". Apesar da aparência "erudita" e até "científica", afirmou, essas teorias floresciam "no solo imundo da sociedade burguesa" e, com suas hipóteses arbitrárias, serviam, antes de mais nada, para "justificar" as "anormalidades e hipertrofia sexual" produzidas pela sociedade burguesa diante de sua moral (Lenin *apud* Zetkin, 1929, p. 52)[10].

Essa percepção levou Lenin a criticar a atuação de Zetkin e da organização das mulheres alemãs, usando como exemplo a iniciativa de organização de prostitutas no partido comunista na cidade de Hamburgo (Lenin *apud* Zetkin, 1929, p. 50).[11] Apesar de reconhecer o mérito político da defesa de mulheres "duplamente sacrificadas pela sociedade burguesa", "pelo sistema de propriedade e pela hipocrisia moral", Lenin questionou a centralidade dessa atuação específica em um contexto em que "os sovietes ainda estão na agenda política dos alemães" (Lenin *apud* Zetkin, 1929, p. 50). Não pensar a organização política com base na nova correlação de forças aberta pela revolução de 1917 levaria, a seu ver, a uma corrupção e degeneração do próprio mérito dessa atuação, já que reconduzia a questão feminina necessariamente aos limites burgueses da política reformista e oportunista do período anterior (Lenin *apud* Zetkin, 1929, p. 51). Mesmo na Rússia soviética, reconhecia, essa era uma questão que levantava problemas de difícil solução: como aproximar as prostitutas do trabalho produtivo e da economia social, especialmente em um cenário de forte crise

---

[10] O ambiente comunista era crítico – e mesmo refratário – à questão feminina, e isso influenciou em certa medida as análises de Gramsci sobre o tema antes da prisão (Mancina, 1987).

[11] Para uma interpretação crítica da posição de Lenin e dos bolcheviques sobre este tema, ver Landes (1981) e Honeycut (1981).

econômica e fome? (Mussi, 2017). A situação na Alemanha, por sua vez, exigia a maior "concentração possível de todos os proletários", o que não poderia ser alcançado se as mulheres trabalhadoras passassem a discutir prioritariamente "problemas sexuais e questões das formas de casamento no passado, presente e futuro" (Lenin *apud* Zetkin, 1929, p. 51-52).

Em sua defesa, Zetkin afirmou que as "questões de sexo e casamento em uma sociedade burguesa de propriedade privada envolvem muitos problemas, conflitos e muito sofrimento para as mulheres de todas as classes e níveis" e que se acentuaram enormemente depois da guerra (Zetkin, 1929, p. 53). Paradoxalmente, os efeitos da guerra e da revolução sobre os "assuntos sexuais" trouxeram à tona problemas antes "escondidos" das mulheres a respeito das formas assumidas pelo casamento e pela família. Percebidas agora como frutos do desenvolvimento histórico e da vida econômica, essas formas perdiam a aparência de "eternidade", o que levava as mulheres à descoberta e condenação da hipocrisia moral burguesa (Zetkin, 1929, p. 53). Por isso, concluía, esses temas eram tão importantes para elas, apesar de superficialmente aparentarem mais uma reconexão com a política reformista tradicional.

Apesar das divergências quanto ao "ritmo" da construção do movimento de mulheres na Alemanha, Zetkin e Lenin concordavam que a construção da política comunista passava por entender a complexidade das "superestruturas" cultural e ideológica dos diferentes países europeus, além da base econômica (Zetkin, 1929, p. 57). Esse problema, aliás, conduziu boa parte dos debates da IC no início dos anos 1920 a respeito dos dilemas da expansão da revolução no continente europeu. Para Lenin, além disso, o problema passava necessariamente pelo desenvolvimento de formas contundentes de autocontrole e autodisciplina pelos comunistas e pelas massas soviéticas, o que necessariamente o levava a uma atitude crítica frente às teorias sobre liberação sexual correntes na época.

Apesar dessas discussões e dos debates no interior da IC sobre o movimento de mulheres, além das iniciativas de propaganda entre mulheres impulsionadas pelo *L'Ordine Nuovo* em Turim, os escritos de Gramsci como dirigente político, até a prisão em 1926, não discutem especificamente a questão feminina.[12] O foco está na reorientação da organização da política comunista no país no contexto de escalada do fascismo como regime político autoritário. Apesar disso, no conhecido discurso parlamentar, de 23 de maio de 1925, sobre as "Origens e objetivos da lei sobre as associações secretas" [*Origini e scopi della legge sulle associazioni segrete*], Gramsci mencionou as mulheres. No discurso, elencou as três principais debilidades da burguesia italiana antes da guerra e, por continuidade, do fascismo: a dificuldade de enraizar a indústria no país, a ausência de colônias ligadas à pátria-mãe que permitissem o surgimento de uma aristocracia operária forte e, por fim, a questão camponesa, "ligada estreitamente ao problema da emigração" ou à incapacidade da burguesia em manter os trabalhadores no país (cpc, p. 78). A emigração, emendou,

> afasta do território nacional uma tal massa de população masculina, economicamente ativa, que as relações demográficas se tornam catastróficas [...] no território nacional

[12] Para uma apreciação dos primeiros esforços do PCI em uma atividade de propaganda entre as mulheres nos anos 1920, bem como para a influência dos escritos de Lenin sobre o tema, cf. Gabrielli (1989). Para os debates específicos sobre a condição feminina na coluna do jornal *L'Ordine Nuovo*, "Tribuna della Donna", assinada por Ravera e a publicação quinzenal de mesma finalidade, *Compagna*, cf. Slaughter (2011, p. 266 ss.).

> permanecem os velhos, *as mulheres*, crianças, inválidos, ou seja, *a parte passiva* da população. (cpc, p. 78, grifos nossos)

As mulheres apareciam associadas aos contraefeitos do processo migratório (como antes já haviam sido no contexto do conflito bélico e do recrutamento militar), ou seja, compunham o setor fundamentalmente passivo dos que "permaneciam" no país. Se, no contexto da guerra, o bloco formado entre o governo de Giovanni Giolitti[13] e os socialistas cumprira o papel de dividir a classe trabalhadora e "oprimir a massa dos camponeses italianos", especialmente na região meridional, o fascismo atuava agora não para solucionar o problema, mas para "nivelar na mesma miséria" aristocracia operária e camponeses pobres em todo o país (cpc, p. 79). Em outras palavras, atuava para ampliar o setor passivo – improdutivo, desagregado e desorganizado – da sociedade italiana. Gramsci retornou ao problema da emigração no ano seguinte, em um manuscrito de poucos meses antes de sua prisão em novembro de 1926 (cpc, p. 137 ss.). Neste, destacou como aspecto central da política socialista, e posteriormente comunista, em Turim a sensibilidade com a "questão meridional", os esforços por desconstruir os sensos comuns sobre o "atraso", "preguiça", "incapacidade" e "barbarismo" dos camponeses do sul da Itália (cpc, p. 140). A política comunista em Turim, concluiu, se distinguia por confrontar uma ideologia que impedia "a criação de um sistema de alianças de classes que permita mobilizar contra o capitalismo e o Estado burguês a maioria da população trabalhadora" (cpc, p. 140).

Não existem registros anteriores ao período do cárcere em que Gramsci tenha discutido ou afirmado a importân-

---

13 Giovanni Giolitti foi um político liberal italiano, presidente do Conselho de Ministros em cinco diferentes mandatos entre 1892 e 1921.

cia da "salvaguarda da personalidade feminina", apesar dos indícios de que tenha tomado contato com o tema e mesmo com as posições de Lenin sobre o assunto no período em que viveu em Moscou, em 1922, por meio da convivência com Zetkin e do contato com a experiência soviética. Os escritos pré-carcerários, aliás, apontam para uma atitude crítica de Gramsci em relação à abordagem socialista do movimento de mulheres, a qual via como expressão de uma prática política oportunista e reformista, de contornos democrático-liberais. A ausência de qualquer referência ao tema e/ou de um plano para organização de mulheres nas *Teses de Lyon*, escritas por Gramsci e Palmiro Togliatti, em janeiro de 1926, para orientar o partido comunista parece confirmar a hipótese de que a "questão feminina" não era considerada um problema especificamente relevante (cpc, p. 488-513).

Um prisioneiro em busca de uma "mulher viva"

Salta aos olhos a originalidade dos escritos do período carcerário a respeito da questão feminina, do feminismo e da relação entre a condição da mulher e a condição de classe. Aqui, esses temas aparecem vinculados, por um lado, ao problema do impacto da emigração e da guerra nas relações sexuais – nesse sentido, são desdobramentos de análises anteriores –, mas contêm uma novidade que só é possível compreender levando em conta a experiência de Gramsci na prisão e as trocas de cartas pessoais sobre a saúde da esposa e a criação dos filhos.[14] Nas cartas trocadas entre 1927 e 1928

---

[14] Em agosto de 1926, Giulia regressara a Moscou com o filho Delio, então com 2 anos, e estava grávida de Giuliano. Gramsci nunca voltaria a rever a família ou a conhecer pessoalmente o filho mais novo (Fiori, 2003, p. 240-241).

com Giulia, Gramsci insiste em ter notícias da família (lc, p. 131, 137) e fala de suas "crises de resistência ao novo modo de viver" como prisioneiro (lc, p. 163), do sentimento de apatia e inércia que dificulta a "estabilização da vida" no cárcere (lc, p. 221). Contudo, a partir de março de 1929 – contexto em que Gramsci começou a preencher seus "cadernos" –, as crises depressivas de Giulia, suas causas e tratamentos, passam a ganhar relevância na correspondência (lc, p. 244)[15].

Na correspondência com a mulher – que desde meados de 1926 passara a morar em Moscou com os dois filhos pequenos –, as crises depressivas dessa passaram a ser tema recorrente. "Pelas fotos parece que você não esteve bem", Gramsci escreveu a Giulia, em março de 1929, "espero que me envie mais detalhes da tua saúde" (lc, p. 244). Poucos meses depois, no final de julho, escreveu à Giulia sobre as "vezes [que] pensei em escrever sobre você, sobre a sua força, que é 100 vezes superior ao que você imagina, mas sempre hesitei porque isso me parece... um senhor de escravos [*negriero*] que acaricia uma besta de trabalho" (lc, p. 277). "Não deveria pensar assim", continuou, mas "sobrevivem ainda hoje em mim, como sentimentos reprimidos, muitas concepções ultrapassadas, superadas criticamente, porém não completamente abolidas" (lc, p. 277). Gramsci entendia que Giulia, "objetivamente", suportava "os pesos mais duros" da relação dos dois, o que exigia dela um esforço contínuo e extenuante.

Em janeiro de 1930, falou em carta à cunhada Tatiana sobre a dificuldade de lidar com o afastamento de Giulia devido à falta de correspondência – "pode Giulia ser para mim

15 Para uma leitura diversa da relação entre Gramsci e Giulia, cf. Chataway (1995).

'ambiente externo'"? (lc, p. 306-307) – e sobre a vontade de oferecer "um pouco de força" para a mulher "lutar contra [...] os pesos esmagadores da nossa união" (lc, p. 307). Alguns meses mais tarde, em 5 de maio, escreveu à Giulia preocupado com "seu estado de ânimo e condições de saúde" e sobre a decisão desta em esconder informações sobre sua condição. Em meados de julho, voltou ao tema da "contabilidade epistolar" entre os dois, evidenciando que entre julho de 1929 e julho de 1930 havia recebido apenas uma carta de Giulia (lc, p. 343). Ao analisar as fotografias que recebera da mulher e dos filhos por intermédio da cunhada, tinha a impressão de que Giulia atravessava uma "crise grave", dada sua expressão "doce e suave" combinada a "algo novo, não sei se dolorido ou resignado" (lc, p. 343). Estou convencido, concluiu, "que você ignora a si mesma e as reservas de energia que possui, as crises de fraqueza e depressão se devem a isso" (lc, p. 344).

No início de outubro, falou em carta sobre a dificuldade de estabelecer, com Giulia, uma correspondência com um diálogo efetivo e não uma "série de monólogos" (lc, p. 358). Em seguida, teve acesso por meio de Tatiana ao relato do amigo Piero Sraffa, que visitara a família de Gramsci em Moscou e pôde constatar que as condições de saúde de Giulia não eram boas (lc, p. 843). A Sraffa, Giulia confidenciou que escondia do marido o verdadeiro estado de saúde e, consequentemente, se via diante da impossibilidade de escrever francamente sobre si mesma (lc, p. 843). Em 4 de novembro, Gramsci escreveu a Giulia para dizer que "tudo foi descoberto", "não existem mais mistérios para mim", "fui detalhadamente informado sobre seu estado de saúde" (lc, p. 362-363). Alguns meses mais tarde, em janeiro de 1931, voltou ao tema novamente, em carta à Giulia, para falar sobre sua experiência como prisioneiro e para dizer que, ao escrever para ele, ela deveria antes de mais nada escrever "para si mesma", afinal, "me parece que você também está isolada e um pouco fora da vida, escrevendo pode sentir um pouco menos essa íntima solidão" (lc, p. 385). Em carta de 9 de fevereiro, contudo, pareceu se dar conta de que havia algo que até então não entendera bem:

> Uma vez escrevi (talvez você lembre) que estava convencido que você sempre fora mais forte do que seria capaz de reconhecer, mas que me repugnava insistir sobre isso porque me parecia uma atitude de senhor de escravos, dado que sobre você recaem os pesos grandes da nossa união. Penso assim ainda hoje, mas isso não significa que faço de você a imagem de uma 'mulher forte', de maneira convencional e abstrata: sabia que você estava fraca, muito fraca, que era, em resumo, uma *mulher viva*, que era a Julka. (lc, p. 391, grifo nosso)

"Pensei muito sobre essas coisas desde que estou na prisão", continuou, e "me convenci que sobre sua fraqueza e força cometi muitas bobagens" (lc, p. 391). Para Gramsci, ficava claro que o "figurino" de mulher forte criado para Giulia ajudava a inibir sua escrita, fenômeno contra o qual ela lutava sem sucesso (lc, p. 391). "Me ajude e me ensine o modo melhor de ajudá-la", avançou Gramsci, "orientando sua vontade", "desfazendo qualquer falsa representação" do passado e "me ajudando a conhecer melhor os meninos e participar da sua vida", ou seja, a conquistar a "paternidade viva", não um fato do passado cada vez mais distante (lc, p. 392-393).

Ao longo desse ano, é possível notar o desdobramento do que Gramsci notava, agora, em sua correspondência com Giulia: esta não deveria ser estabelecida apenas como "fato quantitativo", sistemático, mas dependeria sobretudo da conformação de "uma nova personalidade qualitativa" (lc, p. 394), que pudesse superar a "aceitação [por Giulia] de uma função subalterna nas decisões" (lc, p. 453-454). Além disso, percebia que, socialmente, a "função subalterna" era muito mais numerosa e diversificada do que poderia parecer, que conformava um verdadeiro exército de "pessoas presas nos contrastes férreos da vida moderna", nas dificuldades em conseguir com meios próprios "pensar os contrastes e superá-los, alcançando uma nova serenidade e tranquilidade moral" (lc, p. 532). Em todo caso, em janeiro de 1933, Gramsci seguia considerando Giulia "a melhor terapeuta" para si própria, alguém "mais forte do que pensa e que deve ter firmeza e integridade para superar de maneira decisiva a crise que enfrentou" (lc, p. 674) e sair da posição subalterna, de quem "não está em condições de criticar historicamente as ideologias, dominando-as, explicando-as, justificando-as como uma necessidade histórica do passado" (lc, p. 736). Até janeiro de 1937 e nas últimas cartas trocadas entre os dois, a "centralidade" de Giulia permanece, "elemento essencial" da vida de Gramsci, inclusive nos silêncios (lc, p. 766). Em janeiro de 1937, poucos meses antes de morrer, Gramsci falou da importância das cartas de Giulia, as quais "relia muitas vezes", a primeira vez "desinteressadamente" e depois "criticamente", buscando identificar "como você estava quando escreveu", observando "a escrita", "a firmeza maior ou menor das mãos", "todas as indicações e significados possíveis" (lc, p. 795).

Uma nova mulher, uma nova ética

Na segunda metade de 1934, fase avançada de seus escritos na prisão, Gramsci redigiu o conhecido caderno especial dedicado ao tema do "americanismo e fordismo". Neste, anunciou logo no primeiro parágrafo um conjunto de problemas a serem estudados como "anéis em uma cadeia" para compreender as diferentes formas de resistência das "forças subalternas" ao processo histórico, imanente, de "organização de uma economia programada" Q22, § 1 (p. 2140). Neste, a "questão sexual" apareceu em segundo lugar. Ao longo do parágrafo seguinte, o *Caderno* 22 incorporou com maiores ou menores modificações o que Gramsci havia escrito no início de 1930 sobre a questão sexual e feminina (Q1, §§ 61, 62, 146, 158).

O Q22, § 2 desenvolveu o conteúdo do Q1, § 61 sobre "Americanismo" e, na passagem sobre a ausência de mulheres em ocupações produtivas como uma das origens da "insalubridade" da composição demográfica italiana, completou a frase "trabalhos produtivos de *novos bens*" (Q22, § 2, p. 2144, grifos nossos). Dessa maneira, destacou, por um lado, a importância política de um setor econômico específico e, por outro, afastou a ideia de que as mulheres estariam fora de qualquer atividade econômica produtiva. No parágrafo seguinte, Q22, § 3, Gramsci fez o mesmo do Q1, § 62, com algumas alterações importantes. Na passagem sobre a sexualidade como função reprodutiva e como "esporte" no campo e na cidade, incluiu o pressuposto de que esta última se difundia também "nas relações sexuais entre os elementos da *mesma classe*" (Q22, § 3, p. 2148, grifo nosso). Por esse motivo, a "função econômica da reprodução" não poderia ser pensada apenas como "fato geral", de combinação demográfica suficiente para equilíbrio e manutenção da "parte passiva da população (passiva no sentido normal, por idade, invalidez etc.)", mas encarada também como fenômeno "molecular", ou seja, "interno aos pequenos agregados econômicos como a família" (Q22, § 3, p. 2148).

As mulheres, aqui, apareceram deslocadas em relação à "parte passiva normal" da população, e a família emerge como um "agregado econômico" específico no qual se desenvolvem os conflitos "moleculares" da função reprodutiva. Dessa constatação, Gramsci avançou a ideia, original em relação ao texto de 1930, de que a "formação de uma nova personalidade" é o aspecto mais importante da "questão ético-civil" ligada à questão sexual: a conquista de "não apenas uma real independência do homem, mas uma *nova forma de conceber a si mesma e a sua parte nas relações sexuais*" (Q22, § 3, p. 2149, grifos nossos). Na recuperação da resenha sobre o livro de Ludovici a respeito do feminismo (Q22, § 9, p. 2160), Gramsci insistiu neste como produto contraditório das tentativas burguesas fracassadas de regular a questão sexual.

No *Caderno* 22, sendo a questão feminina uma questão política – e não puramente econômica ou demográfica –, Gramsci explorou de maneira mais complexa o terreno em que ela se desenvolve. Na reescrita do Q1, § 158 – agora Q22, § 10 –, insistiu nos efeitos "estratificados" (não mais de uma classe em particular) da crise sexual e, particularmente, do "contágio" que as classes trabalhadoras sofrem nesse processo (Q22, § 10, p. 2162-2163). De maneira inédita em relação à primeira redação do texto, concluiu que a única forma de confrontar o problema seria por meio de uma coerção de novo tipo, "exercida por uma elite de uma classe sobre a própria classe" (Q22, § 10, p. 2163). A formação dessa elite, identificada principalmente pela capacidade de autocoerção e autodisciplina, seria a única maneira de confrontar a "mentalidade iluminista e libertária nas esferas das relações sexuais" e suplantar a emergência da "hipocrisia social totalitária" (Q22, § 10, p. 2163-2164).

O percurso da "questão feminina" no pensamento de Gramsci evidencia o crescimento de sua dimensão política e histórico-cultural. Esse duplo caráter, aliás, se evidenciou na conexão entre dois cadernos especiais escritos no mesmo período, o *Caderno* 22 e o *Caderno* 25. Neste último, Gramsci discutiu, especificamente, o "desenvolvimento histórico dos grupos sociais subalternos". Foi aqui, aliás, que o conceito de subalterno, muito menos desenvolvido nos escritos carcerários se comparado ao de hegemonia,[16] adquiriu centralidade analítica inédita. Nele, Gramsci viabilizou teoricamente o binômio histórico-político-filosófico da "hegemonia-subalternidade", fundamental para compreender o pensamento gramsciano em sua fase mais tardia. No Q25, § 4, Gramsci apresentou a ideia de que, em comum, todos os grupos subalternos "carecem de autonomia", agem sempre "na defensiva", "são constrangidos por leis de necessidade", o que faz sua ação e pensamento sempre "mais limitados" em relação às "leis de necessidade das classes dominantes" (Q25, § 4, p. 2286). Nesse caso, continuou, a "questão das mulheres" poderia ser equiparada à de qualquer outro grupo subalterno. Pensar a "questão feminina", portanto, seria pensar antes de mais nada a história de uma condição subalterna.

Apesar disso, Gramsci notou limites para a comparação entre a condição subalterna feminina e as possibilidades da hegemonia do presente. Afinal, a característica original da emergência do Estado moderno era o processo de substituição de um antigo "bloco mecânico dos grupos sociais", subordinados ao poder do senhor (de escravos, servos ou o patriarca), por uma subordinação progressiva de tipo novo, à "hegemonia ativa do grupo dirigente e dominante" (Q25, § 4, p. 2287). Um

[16] Para interpretações do feminismo a partir do conceito gramsciano de hegemonia, cf. Ledwith (2009), Slaughter (2011) e Przybylowicz (1990).

processo que, por um lado, abolira formas de autonomia que os antigos grupos sociais detinham (territorial, cultural, religiosa, por exemplo), que renasciam "de outra forma, como partidos, sindicatos, associações de cultura" (Q25, § 4, p. 2287).

Apontamentos

Em seus escritos mais tardios da prisão, Gramsci desenvolveu a ideia de que o aspecto central da modernidade é a absorção pelas "ditaduras contemporâneas" de toda e qualquer "forma de autonomia". As formas contemporâneas de domínio não se caracterizavam pela oposição frontal do Estado em relação a uma ou outra forma de autonomia, mas pelo esforço de "acentramento legal de toda a vida nacional nas mãos do grupo dominante, que se torna 'totalitário'" (Q25, § 4, p. 2287). Não seria possível, portanto, devolver a nenhum grupo social subalterno "histórico" uma qualidade *intrinsecamente autônoma* de confronto hegemônico. Nem aos novíssimos grupos subalternos – o proletariado urbano, por exemplo – e menos ainda aos grupos de condição subalterna anterior ao capitalismo, entre os quais as mulheres.

Ao contrário do que já se afirmou a respeito do "marxismo" de Gramsci e a questão feminina,[17] portanto, esta teve um papel-chave em seu pensamento, atuando como força propulsora de uma elaboração teórica nova (Durante, 2008; 2012; Slaughter, 2011). Nesta, o limite da condição feminina como condição antagonista era pensado em uma chave fundamentalmente histórico-política. A subalternidade, como condição histórica, poderia ser acumulada, mas nunca dividida ou isolada. Em outras palavras, a questão feminina marcaria

[17] Ver, por exemplo, Moe (1990) Mancina (1987) e Garcia (1992).

de maneiras diversas e profundas a experiência humana, mas esta não poderia ser reduzida àquela sem um alto preço a ser pago. O limite da analogia histórica era também o dilema da ação política.

Referências

ALLOISIO, M. & AJÓ, M. *La donna nel socialismo italiano*: *tra cronaca e storia (1892-1978)*. Cosenza: Edistampa, 1978.

BORTOLOTTI, F. P. *Alle origini del movimento femminile in Italia (1848-1892)*. Turim: Giulio Einaudi, 1963.

BORTOLOTTI, F. P. "Gramsci e la questione femminile". *In*: Ferri, Franco (ed.). *Politica e storia in Gramsci*: atti del convegno internazionale di studi gramsciani (Firenze, dic. 1977). Roma: Editori Riuniti, v. 2, 1977.

CAMPARINI, A. "Il rapporto uomo-donna nel dibattito marxista degli anni venti". *Crítica Marxista*, n. 2, p. 119-130, mar.-apr., 1991.

CHATAWAY, T. "Giulia Gramsci: Democracy and the 'sexual question'". *Australian Journal of Political Science*, v. 30, n. 1, p. 120-136, 1995.

CRUMÍNIA – verbete - Disponível em: http://www.treccani.it/vocabolario/crumiro.

DONNO, A. "Gramsci, uguaglianza e la differenza". *In*: Centro Gramsci di Educazione e di Cultura. *L'educazione gramsciana*: 70° Gramsci parlamentare unitario: convegno di Roma, giugno, *2007*. Teramo: Edizioni Nuova Cultura, p. 121-124, 2008. Disponível em: http://www.centrogramsci.it/edizioni/pdf/educ_gramsciana.pdf. Acesso em: 27 ago. 2021.

DURANTE, L. "La 'riforma intellettuale e morale' e la 'formazione di una nuova personalità femminile'". *Crítica Marxista*, n. 2-3, p. 37-43, mar.-jun. 2008.

FIORI, Giuseppe. *La vita di Antonio Gramsci*. Nuoro: Ilisso Edizioni, 2003.

GABRIELLI, P. "Le origini del movimento femminile comunista in Italia 1921-1925". *Crítica Marxista*, n. 5, p. 103-132, sept.-oct. 1989.

GOLDMAN, W. *Mulher, Estado e revolução:* política da família soviética e da vida social entre 1917 e 1936. São Paulo: Boitempo, 2014.

GRAMSCI, A. *L'Ordine Nuovo:* 1919-1920, 1924-1925. Milão: Edizioni del Calendario [on], 1969.

GRAMSCI, A. *La costruzione del partito comunista:* 1923-1926. Turim: Einaudi [cpc], 1971.

GRAMSCI, A. *Epistolario:* 1906-1922. A cura di David Bidussa, Francesco Giasi, Gadi Luzzatto Vogghera e Maria Luisa Righi. Roma: Istituto della Enciclopedia Italiana, v. 1 [e], 2009.

GRAMSCI, A. *Lettere dal carcere.* 1926-1937. A cura di Antonio A. Santucci. Palermo: Sellerio [lc], 1996.

GRAMSCI, A. *Quaderni del carcere.* A cura di Valentino Gerratana. 4v. Turim: Einaudi [Q], 1975.

GRAMSCI, A. *La Città Futura.* Turim: Einaudi [cf], 1982.

HONEYCUT, K. "Clara Zetkin: A socialist approach to the problem of women's oppression". *In*: SLAUGHTER, Jane & KERN, Robert (ed.). *European women on the left: socialism, feminism and the problems faced by political women, 1880 to the present.* Westport/ Connecticut: Greenwood Press, 1981.

LANDES, J. "Feminism and the internationals". *Telos*, n. 49, p. 117-126, sept. 1981.

LEDWITH, M. "Antonio Gramsci and feminism: The elusive nature of power". *Educational Philosophy and Theory*, v. 41, n. 6, p. 684-697, 2009.

LENIN, V. I. *The emancipation of women.* Nova York: International Publishers, 1969.

LUDOVICI, A. *Woman.* A vindication. Bombay/Sidney: Constable, 1923.

MANCINA, C. "Teoria dell'identità e questione femminile". *Crítica Marxista*, n. 2-3, p. 177-193, 1987.

MOE, N. J. "Production and its others: Gramsci's 'sexual question'". *Rethinking Marxism: A Journal of Economics, Culture & Society*, 3 (3-4): 218-237. 1990.

MUSSI, D. "O incômodo de Kollontai: a Revolução Russa e as prostitutas". *Revista Socialismo e Liberdade*, n. 20, p. 52-57, 2017.

ORIOLES, V. *Percorsi di parole.* Roma: Il Calamo, 2002.

PRZYBYLOWICZ, D. "Toward a feminist cultural criticism: hegemony and modes of social division". *Cultural Critique*, n. 14, p. 259-301, winter 1989-1990.

RAVERA, C. *Diario di trentanni, 1913-1943.* Roma: Editori Riuniti, 1973.

ROSENGARTEN, F. "The Gramsci-Trotsky Question (1922-1932)". *Social Text*, n. 11, p. 65-95, winter 1984-1985.

SLAUGHTER, J. "Gramsci's place in women's history". *Journal of Modern Italian Studies*, v. 16, n. 2, p. 256-272, 2011.

TURATI, F. "Il voto alla donna e le salariate dell'amore". *La Difesa delle Lavoratrici*, v. 17, n. 2-3, parte 1, p. 5, out. 1919a.

TURATI, F. "Il voto alla donna e le salariate dell'amore". *La Difesa delle Lavoratrici*, v. viii, n. 18, p. 2-3, parte 2, p. 19, out. 1919b.

TURATI, F. "Il voto alla donna e le salariate dell'amore". *La Difesa delle Lavoratrici*, v. viii, n. 19, p. 2-3, parte 3, 2 nov. 1919c.

ZETKIN, C. *Reminiscences of Lenin*. Londres: Modern Books, 1929.

O PRINCÍPIO EDUCATIVO DO TRABALHO NA FORMAÇÃO HUMANA: *UMA RUPTURA HISTÓRICA*[1]

Paolo Nosella[2]

O título *O princípio educativo do trabalho na formação humana: uma ruptura histórica* nos remete ao debate das pedagogias progressistas ou socialistas que colocam a categoria "trabalho" no centro da reflexão pedagógica, porém, com enfoques diferentes. Portanto, desconsideramos aqui os princípios educativos inspiradores de metodologias pedagógicas utilitaristas, idealistas, conservadoras, reacionárias, místicas ou espiritualistas, como, por exemplo, o mercado, a pátria, a religião revelada, a evolução científico-tecnológica perene e progressiva, o espírito absoluto, a raça, a nação "superior" ou, até mesmo, o acaso, a irracionalidade etc.

---

1 O texto foi apresentado no VIII Seminário Internacional de Teoria Política – Gramsci, Unesp, Marília, 9 a 13 de set. 2019; na aula do Minicurso da Anped, GT 9, na UFF, Niterói/RJ, 23 de out. 2019; no VI Encontro do Labor, Fortaleza, 13 de nov. 2019. As traduções do original em italiano são de responsabilidade do autor.

2 Professor titular de Filosofia da Educação na UFSCar, aposentado. Atua hoje, na mesma instituição, como colaborador do PPGE. É pesquisador sênior do CNPQ.

Preliminarmente, é importante estarmos cientes de que o *trabalho como princípio educativo* não é categoria simples e fácil de ser precisada. Talvez, pelo frequente uso, as marcas da historicidade e da complexidade conceitual tornaram-se tênues, quase imperceptíveis, e a categoria é hoje definida de forma estereotipada, aparentemente óbvia. Com efeito, o trabalho como princípio pedagógico, na concepção dialética, refere-se à própria história em movimento. Sua apreensão exige reflexão contínua e atenta.

Não devemos estranhar, portanto, que entre os educadores progressistas ou socialistas o debate sobre o trabalho como princípio educativo tenha sido marcado por uma divisão histórica, às vezes com tons de polêmica, entre os que priorizam na formação humana a cultura clássica humanista e os que priorizam um ensino politécnico. Nas palavras de Pier Paolo Pasolini, a "esquerda" é objetivamente dividida por uma grande ruptura histórica que separa os defensores da cultura humanista dos defensores da subcultura tecnológica (Pasolini, 2012, p. 1693).[3]

O debate entre as duas partes ficou historicamente cada vez mais tenso, simplesmente porque, mesmo nascendo da mesma vontade política de unir teoria à prática e, portanto, de propor um percurso formativo em escola básica do trabalho unitário, relaciona-se com situações histórico sociais e estratégias de luta hegemônica diferentes. Este ensaio tem como objetivo comprovar o acerto da afirmação de Pasolini, visando com isso reconhecer o problema e, assim, criar a condição essencial para bem analisá-lo e, quiçá, tentar superá-lo.

---

[3] Davide Lajolo entrevistando Pasolini: revista semanal *Giorni, Vie Nuove*, em 30/06/1971, sob o título de *Botta e risposta sui fatti che scottano* [Pergunta e resposta sobre fatos candentes] (Pasolini, 2012, p. 1693)

Há vinte e oito anos, foi publicado no Brasil o livro *Trabalho, educação e prática social* organizado por Tomaz Tadeu da Silva, Editora Artes Médicas, 1991. Para o GT 9 da Anped, foi um livro marcante, com textos de John Mepham do *Brighton Labour Process Group*, Edward Palmer Thompson, Mario Alighiero Manacorda, Carlos Lerena, Miguel Arroyo, Mariano F. Enguita, Gaudêncio Frigotto, Tomaz Tadeu. Foi um livro que ajudou a estabelecer entre nós o axioma do trabalho como categoria central na análise do modo capitalista de produção e fundamental princípio pedagógico. Comenta Tomaz Tadeu da Silva, na introdução:

> A análise do processo de trabalho realizada pelo Grupo de Brighton constitui-se talvez na melhor síntese disponível sobre esse assunto, firmemente ancorada na análise do próprio Marx, e explorando fundamentalmente o *Capítulo VI inédito de O capital.* Este ensaio do Grupo de Brighton coloca a categoria "trabalho" no centro da análise do modo capitalista de produção, constituindo-se numa espécie de fundamentação para os ensaios que se lhe seguem. (Silva, 1991, p. 9)

Manacorda reafirma a mesma tese, sintetizando o pensamento de Marx pela metáfora do *filo rosso* (fio vermelho, fio condutor):

> Eu diria, com Marx, que a base ou o fio vermelho (*filo rosso)* que costura o conjunto da história é o trabalho do homem, em colaboração com os outros homens, para dominar a natureza e dominá-la, de forma a produzir e aumentar a própria vida material e espiritual. Esta sempre foi a raiz da história, isto é, o trabalho entendido como atividade do homem para produzir a própria vida; é a confrontação com a natureza que só acontece em associação com os outros homens. Naturalmente, aí nascem as contradições maiores da história humana: o trabalho, de manifestação

de si, como Marx dizia, torna-se perdição do homem a si mesmo... Esperamos poder recuperar esse homem perdido. (Manacorda, 2007, p. 12)

Karl Marx, portanto, lançou as bases de uma nova concepção educacional, recomendando combinar educação e trabalho produtivo. Mas é preciso reconhecer que se trata de um princípio pedagógico amplo, aberto, complexo que se adequa às características de cada momento histórico, abrindo caminho para a escola básica única, melhor, unitária, para todos, integradora da cultura geral humanista e tecnológico profissional. Infelizmente, essa busca não teve ainda pleno sucesso, sobretudo, no Ensino Médio (Nosella, 2016).

A ruptura pasoliniana constata-se também em Marx e Engels. Eram grandes amigos, companheiros solidários, mas tinham diferenças teóricas. Era como o primeiro e o segundo violino.[4] Em geral, eram afinados, mas, às vezes, enquanto a música do esplêndido violino de Marx, o primeiro, nos mergulha em profunda reflexão sobre a complexa e difícil lógica dialética da história, o segundo, ao simplificar a própria dialética, faz-nos pensar, às vezes, que a história é uma ciência "exata". Em outras palavras, se Marx pagou algum tributo ao positivismo da época, Engels pagou muito mais. Após o falecimento de Marx, em março de 1883, o segundo violino precisou tomar o lugar do primeiro, porém, "em questões de teorias e violino – escreve o próprio

4 A metáfora do "primeiro e segundo violino" foi utilizada pelo próprio Engels em carta para Johann Philipp Becker, outubro de 1884. Escreve: "Eu passei a vida inteira desenvolvendo uma tarefa para a qual eu estava preparado, tocando o segundo violino e de fato acredito que a desempenhei de maneira razoavelmente bem. Eu era muito feliz por ter que seguir um violino tão esplêndido como o de Marx."(Engels *apud* Bittar e Ferreira Jr., 2020, p. 191).

Engels – inevitavelmente haverá erros" (Engels *apud* Bittar e Ferreira Jr., 2020, p. 191).

Houve erros, e entre esses destacamos a publicação das *Teses sobre Feuerbach*, manuscritas por Marx em 1845 e publicadas por Engels em 1888 "com algumas mudanças que visavam a esclarecê-las, mas que, em realidade, eram uma *interpretação* [...], como na XI Tese" (Frosini, 2017, p. 17). A tese compreende duas orações: "Os filósofos somente interpretaram de forma diversa o mundo, trata-se de transformá-lo". Ou seja, no original de Marx, as duas orações são unidas por uma vírgula sem recurso às conjunções; gramaticalmente, são independentes, formam uma parataxe.

Engels, para ajudar, interliga as duas orações com a preposição adversativa alemã *aber* [ao contrário, porém, ao invés] isto é, contrapõe "transformar" a "interpretar". Por que – nos perguntamos – não as interligou com a preposição *auch* [também]? Melhor, por que não deixou a tese na formulação de parataxe como Marx a redigira? Frosini comenta: "É como se para Marx o nexo entre 'interpretar' e 'transformar' fosse o correspondente a uma mudança de terreno ou de linguagem e não uma aversão crítica direta." (Frosini, 2017, p. 17).

Gramsci, que considera esse texto "uma das primeiras manifestações maduras do pensamento marxiano" (Gramsci, 2007, p. 745); assim, traduz a tese: "Os filósofos somente interpretaram o mundo em modos diferentes; trata-se agora de mudá-lo. " (Gramsci, 2007, p. 814, nota 1).

Ou seja, também Gramsci parece "infiel" à letra marxiana, pois se desconsidera a preposição adversativa engelsiana *aber,* acrescenta o termo italiano *ora* (agora). Entretanto, trata-se de uma infidelidade aparente, porque traduziu para o italiano o nexo entre "interpretar" e "transformar" à luz do historicismo que nitidamente o distingue no âmbito do pensamento marxista e que, fundamentalmente, caracteriza o próprio Marx. Com efeito, "*ora*" (agora) conota as expressões "sempre, a cada momento", negando com isso qualquer identificação institucional burocrática, geográfica e cronologicamente determinada, definitiva, como sendo a única responsável pela missão de transitar do "interpretar" para o "transformar". Tal passagem,[5] para o historicismo dialético, não denota data cronológica definitiva, pois deve ocorrer sempre, em todos os momentos e em todos os lugares, conforme se lê no próprio *Manifesto comunista*: "O comunismo, como 'movimento real', nunca pode ser reduzido a um 'sujeito' que o personalize [encarne] por inteiro" (Frosini, 2017, p. 18-19). Em outras palavras: os comunistas extrapolam o partido burocrático, o sujeito social identificado e definitivo, "são na prática a parte mais decidida dos partidos operários de todos os países, a [parte] que sempre empurra [a luta] para frente." (Marx-Engels, *apud* Frosini, 2017, p. 19).

Portanto, a tradução de Gramsci da XI Tese não foi uma infidelidade ao texto marxiano, mas a tradução fiel do pensamento historicista de Marx para quem a história não é precisamente uma ciência exata, ao contrário, ele historiciza a própria ciência.

Na tradução da Tese XI de Marx, Gramsci reconhece a vitalidade da filosofia passada, à qual precisa contrapor outro movimento de cultura,

---

[5] A problemática da transição ou passagem de um momento histórico para outro levanta em Gramsci perplexidade, pois é o *punctum dolens* da filosofia da história positivista. Exemplo, do Caderno 11: "Eis porque a preposição da passagem do reino da necessidade ao reino da liberdade deve ser analisada com muita finura e sutileza" (Gramsci, 1975, p. 1489).

> elaborado e proposto na consciência do caráter *político* da cultura, isto é, do fato que somente elaborando 'as concepções mais gerais, as armas mais refinadas e decididas' da cultura (Gramsci, 1975, p. 309) pode-se herdar plenamente o passado, propondo-lhe uma alternativa concreta. (Frosini, 2017, p. 22).

Nos demoramos na análise de um exemplo aparentemente pequeno, mas significativo, da contraposição entre o Marx, filosoficamente historicista, aberto às filosofias passadas, e Engels "cientificista", pragmático, "desdenhoso" das filosofias passadas, objetivando confirmar que a ruptura de Pasolini tem raízes longínquas, remonta aos dois "violinos" fundadores do movimento da filosofia da práxis. Eles, sem desafinarem no escopo fundamental de unir teoria e prática, já apontavam justamente para a diferença entre os que priorizam a cultura humanista, extrema, "desinteressada", dos que priorizam a cultura "prática", científica, profissional, tecnológica.

Em linhas gerais, parece fácil responder a Pasolini dizendo que o marxismo é ao mesmo tempo antagonista e herdeiro da tradição burguesa, conforme escreve Mario Alighiero Manacorda:

> O marxismo não rejeita, mas assume todas as conquistas ideais e práticas da burguesia no campo da instrução, já mencionadas: universidade, laicidade, estatalidade, gratuidade, renovação cultural, assunção da temática do trabalho, como também compreende o aspecto literário, intelectual, moral, físico, industrial e cívico. O que o marxismo acrescenta de próprio é, além de uma dura crítica à burguesia pela incapacidade de realizar esses seus programas, uma assunção mais radical e consequente destas premissas e uma concepção mais orgânica da união instrução-trabalho na perspectiva oweiana de uma formação total de todos os homens. (Manacorda, 2010, p. 357)

A resposta de Manacorda, correta em tese, exala, porém, um sabor institucional, político-partidário, burocrático, visando a minimizar a "*spaccatura*" pasoliniana que, no entanto, tornava-se historicamente cada vez mais profunda na medida em que a prática e o conceito de trabalho tomavam conotações difíceis de serem precisadas e as estratégias de luta pela hegemonia diferenciavam-se entre os militantes.

Também Lenin, de rigorosa formação clássico-humanista, viveu essa tensão. Nos seus escritos, percebe-se posicionamento pendular entre a defesa de uma formação técnica, profissionalizante, imediatista, e a defesa de uma formação escolar humanista, de longo alcance, profunda, filosófico-literária.

A situação econômico-social da Rússia soviética forçava Lenin a empunhar a bandeira da formação técnico-profissionalizante, inclusive precoce. Empenhou-se pessoalmente para que no VIII Congresso do Partido Comunista (bolchevique), de 1919, fosse aprovada a resolução que determinou a

> 1. Instrução geral e politécnica gratuita e obrigatória para todas as crianças e adolescentes dos dois sexos, até os 17 anos de idade; 2. Plena realização dos princípios da escola única do trabalho, ensino na língua materna, estudo em comum das crianças dos dois sexos, absolutamente laica, livre de qualquer influência religiosa, que concretize uma estrita ligação do ensino com o trabalho socialmente produtivo, que prepare membros plenamente desenvolvidos para a sociedade comunista. (Lenin *apud* Manacorda, 2010, p. 378)

A objetiva necessidade dessa resolução justifica-se, entre outras, pela situação da eletrificação nacional. Em conversa com o correspondente do jornal americano *The World,* em fevereiro de 1920, diz Lenin:

> Supomos, entre outras coisas, que dentro de três anos estarão acesas, na Rússia, 50 milhões de lâmpadas incandescentes. Suponho que nos Estados Unidos há 70 milhões dessas lâmpadas, mas para um país onde a eletricidade se encontra ainda na infância, mais de dois terços desse número representam um enorme progresso. Em minha opinião, a eletrificação é a mais importante das grandes tarefas que se nos colocam. (Lenin, 1980, p. 257)

Entretanto, ainda em 1920, diz:

> Só se pode chegar a ser comunista depois de ter enriquecido a memória com o conhecimento de todas as riquezas que a humanidade elaborou. (Lenin, 1980, p. 389).[6]

Em 1923, Lenin, vivendo o mesmo dilema, acena a uma solução que se identifica com o espírito da XI Tese marxiana:

> Para renovar o nosso aparelho de Estado devemos a todo custo colocar-nos a tarefa de: primeiro estudar, segundo estudar e terceiro estudar, e depois controlar que entre nós o saber não fique reduzido a letra morta ou a uma frase na moda (coisa que, não devemos ocultá-lo, acontece com demasiada frequência entre nós), que o saber se transforme efetivamente em carne e sangue, se torne plena e verdadeiramente um elemento integrante do modo de vida. Numa palavra, não temos que apresentar as exigências que apresenta a Europa Ocidental burguesa, mas aquelas que são dignas e convenientes apresentar num país que coloca como sua tarefa desenvolver-se para se tornar um país socialista. (Lenin, 1980, p. 671)

Lenin viveu a *spaccatura* pasoliniana dentro de si ao tomar decisões de política educacional, mas a vivenciou também intensa e polemicamente em debates com as lideranças revolu-

---

[6] Lunatcharski assim traduz esse posicionamento de Lenin: "Se nós não assimilarmos toda a cultura do passado, não poderemos avançar." (Lenin *apud* Lunatcharski, 1981, p. 132)

cionárias de sua época. Os nomes de Bogdanov, Lunatcharski e Proletkult são os mais emblemáticos, rememorando a feroz disputa entre os intelectuais soviéticos sobre ortodoxia marxista e política cultural e educacional:

> De um lado o marxismo dogmático de Lenin, embasado no materialismo dialético, de outro, o empiriocriticismo de Bogdanov, que propunha um novo saber único, baseado na elaboração científica da experiência sensível, que excluía todo tipo de metafísica. A ortodoxia marxista-leninista chocava-se contra a exigência de receber o pensamento de Marx de forma aberta, adequando-o às novas exigências históricas. (Ghetti, 2016, p. 79)

Só a sensibilidade e inteligência de algumas pesquisadoras conseguiram retratar a dureza dessa disputa:[7]

> Das ideias de Bogdanov emergia, portanto, um caminho da transição para o socialismo muito diferente do proposto por Lenin e suas ideias constituíram uma alternativa única dentro do movimento operário internacional, sem dúvida semelhante à oferecida alguns anos mais tarde pelas teorias de Antonio Gramsci.[8] (Cioni *apud* Ghetti, 2016, p. 81)

Bogdanov morreu em 1928. Sua trágica morte, de certo modo, antecipa as perseguições desencadeadas por Stalin, das quais não seria poupado. Ou seja, se, com Lenin, a liberdade

---

7 Noemi Ghetti, Paola Cioni, Maria Luisa Righi, entre outras. "Sobre o Proletcul't e o conflito com o Narkom-pròs (Comissariado do povo para a instrução), a instituição oficial que ocupava-se da instrução escolar e da cultura soviética, veja-se S. Fitzpatrick, *Rivoluzione e cultura na Russia: Lunacârskij e il Commissariato del popolo per l'istruzione, 1917-1921*. Editori Riuniti, Roma, 1976, p. 124-32. [nota 8]"(Ghetti, 2016, p. 84).

8 Gramsci combinou com Júlia de traduzir para o italiano o romance de Bogdanov *A estrela vermelha*. Ele faria a revisão pretendendo publicá-lo na Itália. O projeto não foi a porto, mas evidencia que Gramsci tinha gostado desse romance (Ghetti, 2016).

ficou constringida pela necessidade da ditadura do proletariado (de curta duração!) e pelo centralismo democrático, permanecendo, porém, atuante no palco da política soviética, infelizmente, com Josef Stalin, que governou a União Soviética de meados da década de 1920 até 1953,[9] aos poucos, a liberdade foi totalmente afastada do palco político soviético, refugiando-se nos porões da história.[10] Sem liberdade, não há dialética (Merleau-Ponty, 2006), e sem dialética, não há marxismo.

Grande importância na educação soviética reveste o pensador pedagogo russo Moisey Mikhailovich Pistrak cuja tese é "a realidade atual como princípio educativo".[11] Gramsci conheceu o pensamento desse autor, até por conversas com as irmãs Eugênia e Giulia Schucht, colaboradoras militantes no NarKomPros. É provável que a sua insistência na defesa da formação escolar como cultura "desinteressada" visasse também polemizar contra a dialética domesticada de Pistrak, para quem a vitória da luta entre a revolução comunista russa e o imperialismo capitalista, historicamente, é garantida e conhecida *a priori,* "ocorre como num 'ring' convencionalmente regulado" (Gramsci, 1975, p. 1221).

---

9 Secretário geral do Partido Comunista da URSS de 1922 a 1952 e primeiro-ministro de seu país de 1941 a 1953.

10 Pessoal e intuitivamente, penso que o marxismo difundido na América Latina, em geral, não resolveu teoricamente sua relação com o "estalinismo". Prefere-se a omissão, reeditando o taticismo político. A maior contraposição, o trotskismo, apresenta-se com enfoque personalista. Ou seja, a questão teórica não foi vista em profundidade. Gramsci, abordou, nos *Cadernos*, justamente essa dimensão teórica.

11 De 1918 a 1931 trabalhou no NarKomPros da União Soviética e simultaneamente dirigiu, por cinco nos, a Escola Comuna do NarKomPros. De 1931 a 1936 atuou no Instituto de Pedagogia no Cáucaso e, em 1936, foi Diretor do Instituto Central de Pesquisa Científica de Pedagogia junto ao Instituto Superior de Educação do Partido Comunista. Preso, em setembro de 1937, foi fuzilado sob comando de Stalin em 25 de dezembro do mesmo ano.

Enfim, a *spaccatura* pasoliniana perpassou toda a história da educação socialista e comunista, tanto na União Soviética como nos movimentos revolucionários do mundo (Bittar e Ferreira Jr., 2020), envolvendo obviamente os intelectuais pedagogistas, as elites. Em particular, toda a trajetória de Gramsci registra essa ruptura. Tal polêmica existia no Partido Socialista Italiano desde 1912: enquanto uns acusavam os outros de "economicistas", estes acusavam os primeiros de "culturalistas". Do cárcere, escreve:

> Relembrar a polêmica, antes de 1914, entre Tasca e Amadeo, com reflexos no [jornal] *Unitá* de Florença. Frequentemente, se diz que o extremismo 'economicista' era justificado pelo oportunismo culturalista (e isso é afirmado em toda a área do conflito), mas é possível também dizer o contrário, isto é, que o oportunismo culturalista era justificado pelo extremismo economicista. Na realidade, nem os primeiros nem os segundos podiam ser 'justificados', nem nunca serão justificáveis, pois devem ser 'explicados' realisticamente como dois aspectos da mesma imaturidade e do mesmo primitivismo. (Gramsci, 1975, p. 1112)

Para Gramsci, a "explicação" desses dois aspectos não foi tarefa fácil: quantas dúvidas didático-pedagógicas, na preparação do número especial *La cittá futura* e nas reuniões (aulas?) do *Clube de Vida Moral*! Quantas perplexidades metodológicas! Quais as leituras, quais os autores devemos selecionar? Como encaminhar ou conduzir uma aula ou outras reuniões formativas?

No *L'Ordine Nuovo*, as mesmas perplexidades. Concordava com Tasca sobre a necessidade da máxima formação cultural e científica para o proletariado italiano. Mas, sobre o método didático, sobre os conteúdos, a diferença era grande: enquanto Tasca defendia uma linha tradicional, com fortes tons academistas, Gramsci tenta "traduzir" política e pedagogicamente, concretamente, a revolução russa para os operários de Turim a partir dos Conselhos de fábrica. A disputa foi séria e determinou um "golpe" editorial para a direção da revista.

Maiores dúvidas, ainda, surgiram nos anos do terror fascista (1924-1925). Gramsci é o novo secretário geral do PCI. Ao organizar a única forma possível de trabalho formativo para os militantes, um curso por correspondência para que "os militantes tenham cérebro, além de pulmões e garganta", reconhece, entretanto, que "Corre-se o risco dos alunos tomarem o conteúdo das apostilas como *ouro puro,* doutrina infalível e perene." (Gramsci, 1974, p. 23; p. 58).

Nos primeiros meses de cárcere, na ilha de Ùstica, ao organizar uma escola para todos os moradores da ilha, pensando na especificidade cultural e psicológica daqueles "alunos", prioriza conteúdos de cultura geral, discordando dos conteúdos propostos pelo companheiro Berti, excessivamente ideológicos, doutrinários, inadequados a uma escola "desinteressada". Propõe:

> Um panorama resumido de história da filosofia insistindo no estudo de um sistema filosófico concreto, o hegeliano, esmiuçando-o e criticando-o em todos os seus aspectos [...]. Dever-se-ia oferecer, inclusive, um curso de lógica [formal] etc. e de dialética. (Gramsci, 2005, p. 166-168)

Tão logo conseguiu papel e tinta para trabalhar (escrever), em março de 1929, elaborou seu plano. Renomeou o marxismo ou o materialismo dialético identificando-o com filosofia da práxis à luz do lema *für ewig,* expressão de resistência e liberdade contra o fascismo e o desvio teórico-político do estalinismo. Analisa, detalhadamente, a divergência com o *Ensaio popular* de N. Bukharin, doutrina "oficial' da vulgata marxista, da qual, cinco anos antes, na qualidade de secretário geral do

PCI, traduzira partes no curso por correspondência para os militantes (Castranuovo, 2017; D'Orsi, 2017, p. 229-231).

Em todas as páginas dos *Cadernos*, sobretudo no *Caderno 12*, nota n. § 2, *Observações sobre a escola: para a investigação do princípio educativo* (Gramsci, 2005, p. 166-168), defende a "fusão" entre o "fato" e o "conceito" do trabalho. A solução teórica existe: o trabalho é a categoria unificante de "informação" e "formação", de "natureza" e "sociedade civil', da *societas rerum e societas hominum,* das ciências e convivência etc.:

> Na escola primária dois elementos prestavam-se para a *educação* das crianças, as noções de ciência e os direitos e deveres do cidadão. A ciência devia servir para introduzir a criança na '*societas rerum*', os direitos e os deveres na '*societas hominum*'. A "ciência" entrava em luta contra a concepção 'mágica' do mundo e da natureza que a criança absorve do ambiente 'impregnado' do folclore: o ensino é uma luta contra o folclore, em favor de uma concepção realista na qual se unem [fundem-se] dois elementos: a concepção de lei natural e a de participação ativa do homem à vida da natureza, isto é à sua transformação conforme uma finalidade que é a vida social dos homens. *Esta concepção unifica-se no trabalho*, que se embasa sobre o conhecimento objetivo e exato das leis naturais para a criação da sociedade dos homens. [Assim], o conceito e o fato do trabalho (da atividade teórico-prática) é o princípio educativo imanente na escola primária, uma vez que a ordem social e estatal (direitos e deveres) é introduzida e identificada na ordem natural pelo trabalho. (Gramsci, 1975, p. 1541, grifo meu)

Todavia, mesmo na redação final do *Caderno* 12, nota § 2, *Per la ricerca del principio educativo* (Gramsci, 1975, p. 1540-1551), ou seja, no momento de concluir sua proposta pedagógico educativa baseada no trabalho como princípio pedagógico, *quantas perplexidades para ele*! É o caso do ensino do latim. Sabemos que na proposta curricular da Escola Única do Trabalho, renunciou às disciplinas do grego e latim, princípio educativo da escola tradicional,

> expressão de um modo tradicional de vida intelectual e moral, de um clima cultural difuso em toda a sociedade italiana por antiquíssima tradição. (Gramsci, 1975, p. 1543)

Um atento leitor percebe, entretanto, que não foi fácil para ele aceitar eliminar do currículo escolar essas duas disciplinas. Nas linhas (e são várias) que dedica à análise da eficácia pedagógica do ensino de latim e grego na escola tradicional,[12] essa tensão emerge claramente, ao ponto que, para muitos companheiros defensores de um currículo mais tecnológico, não era tranquilo que Gramsci tivesse desistido dessas duas disciplinas. Foi necessária a intervenção esclarecedora e definitiva de Togliatti para testemunhar e confirmar que Gramsci havia admitido

> ser necessário substituir o latim e o grego como fulcro da escola formativa e que esta substituição será feita; mas não será fácil dispor a nova matéria ou a nova série de matérias numa ordem didática que dê resultados equivalentes no que toca à educação e à formação geral da personalidade, partindo da criança até chegar aos umbrais da escola profissional. (Gramsci, 1975, p. 1546)

Gramsci permanece um autor entre os mais conhecidos e significativos do pensamento pedagógico progressista do

---

[12] "O estudo gramatical das línguas latinas e grega, junto com o estudo das respectivas literaturas e histórias políticas era um princípio educativo enquanto o ideal humanista, que se impersonificam nas cidades de Atenas e Roma antigas, era difuso em toda a sociedade, era um elemento essencial da vida e da cultura nacional. Até mesmo a mecanicidade do estudo gramatical era informada desta perspectiva cultural." (Gramsci, 1975, p. 1546)

século XX, que vivenciou fortemente e, às vezes, dolorosamente, a tensão entre os defensores da cultura humanista e os da cultura tecnológica. De um lado, defendia o trabalho como princípio educativo na formação dos jovens, colocando-se aos antípodas do posicionamento roussoniano, saudosista de um inexistente idílio entre o mundo agreste e o trabalho artesanal,[13] sintonizando-se dessa forma com o Marx defensor da grande indústria, pressuposto histórico da revolução proletária; por outro lado, a sintonia gramsciana com Marx não era perfeita.

Com efeito, Marx, em geral,

> coloca fora do trabalho o reino da liberdade (o que lhe foi censurado por Della Volpe como se fosse uma aporia); enquanto Gramsci aparece, por assim dizer, mais marxista do que Marx, pois coloca o crescimento da personalidade não fora, mas sim dentro do trabalho. (Silva, 1991, p. 138)

Portanto, *trabalho*, para Gramsci, não é um lado ou um polo da relação dialética escola-trabalho, mas é a própria relação, é a integração do fato e do princípio, é tradução da unidade dialética proclamada por Marx entre escola e produção. Isto significa que só em abstrato existem formas autônomas de prática e de teoria; em concreto, existe o trabalho, fusão das duas. Trabalho é sempre integração, mesmo que desequilibrada, desproporcional, de teoria e prática. Portanto (e é isso que, sobretudo, o interessa) a atividade do estudo é trabalho, ou seja, é integração de corpo e mente, de esforço muscular nervoso e disciplina mental, é integração de direção moral, *insight,* memória, vontade, nervos e músculos.

---

13 Permito-me aconselhar de assistir ao filme dos irmãos Vittorio e Paolo Taviani *Pai patrão* (1977), baseado no livro homônimo, autobiográfico, de Gavino Ledda, para compreender emocionalmente o antiroussounismo de Gramsci.

Essa tese de Gramsci, contundente e repetida, denuncia indiretamente a ruptura existente entre diferentes posições ideológico-políticas, inclusive no campo socialista e comunista, uns priorizando no processo formativo o "trabalho produtivo", insistindo na dimensão tecnológico-profissional em perspectiva economicista e determinista ou, até mesmo, defendendo a mera vivência na condição de classe, e outros priorizando a formação cultural humanista "desinteressada" clássica, enfim, o trabalho do estudo:

> Pode-se dizer, portanto, que o princípio educativo que fundamentava as escolas primárias era o conceito de trabalho que não pode se realizar em toda sua potencialidade de expansão e de produtividade sem um conhecimento exato e realista das leis naturais e sem uma ordem legal que regule organicamente a vida dos homens entre si, ordem que deve ser respeitada por convicção espontânea e não somente por imposição exterior, por necessidade reconhecida e proposta para si mesma como liberdade e não por mera coerção. (Gramsci, 1975, p. 1541)

Por isso, a disputa entre diferentes currículos jamais é uma disputa entre currículos integrados e outros não integrados, mas entre diferentes formas de integração: a das escolas de elites, a das escolas técnicas, das assistenciais etc. Priorizar uma forma de integração sobre outras é decisão política determinada pela estratégia da luta hegemônica assumida à luz da filosofia da práxis.

Mais ainda: Gramsci realça que a dialética escola e vida se processa no nexo entre os conteúdos (informações sobre ciências da natureza e direitos e deveres dos cidadãos) e a vida do mestre, isto é, o testemunho existencial do mestre dentro e fora da sala de aula: "A verdade é que o nexo instrução-educação é representado pelo trabalho vivente do mestre." (Gramsci, 1975, p. 499).

Sintetizando, Gramsci, pressionado entre os defensores da cultura humanista clássica de um lado, e os da cultura tecnicista profissional de outro, estabeleceu um princípio educativo e pedagógico complexo, individuando dois lados complementares, ou melhor, compenetrados dialeticamente: o primeiro de caráter econômico,[14] e o segundo de caráter propriamente político,[15] visando a superação da divisão entre dirigentes e subalternos no contexto produtivo concreto existente (Baldacci, 2019, p. 6). É a filosofia da práxis, equação de filosofia e política, de pensamento e ação revolucionária no contexto das concretas formas produtivas e reprodutivas. Integração que ainda permanece um desafio histórico aberto.

O debate no âmbito das pedagogias progressistas sobre a formação dos trabalhadores (educação popular no sentido amplo) entre quem prioriza um currículo de cultura geral e outros que priorizam o de formação técnico profissionalizante continuou durante todo o século XX. A busca pela integração ou unitariedade entre os dois, que não fosse mera justaposição legal, burocrática, arquitetônica etc., envolveu pensadores como Dewey, Anísio Teixeira, os pioneiros da educação e muitos outros até os dias de hoje. São vozes progressistas, defensoras, em geral, da necessidade de instruir as massas populares integrando cultura geral e profissional.

Dewey se destaca nesse debate, que ocorre na maioria dos Estados nacionais empenhados em programas de reformas, sobretudo do ensino básico (Meta, 2019, p. 21). Há quem rotula Dewey de liberal, excluindo-o desse debate. Pessoal-

---

[14] Destaque-se o Caderno 22, *Americanismo e fordismo.* (Gramsci, 1975, p. 2137-2181).

[15] Destaque-se o Caderno 12, *Storia degli intellettuali.* (Gramsci, 1975, p. 1513-1551).

mente, considero-o um intelectual de esquerda, empenhado nessa luta. Afirma Joel Martins:

> *Democracia e Educação* é o livro fundamental de Dewey, é o livro básico, é a coluna mestra de todo o pensamento de Dewey. Ele não faz citações das obras ou do pensamento marxista, mas se você fizer uma exegese do texto, uma hermenêutica você vai encontrar as ideias marxistas ali presentes. [...] Conheço bem toda a história do progressivismo nos Estados Unidos [...]. Tive oportunidade de ouvi-lo, de conversar com ele e com todo seu grupo. [...] Tiveram que enfrentar a Suprema Corte dos Estados Unidos por serem socialistas. (Martins, 2019, p. 15-16)

A descoberta da dimensão social da pessoa humana, eixo central do pensamento desse importante intelectual estadunidense, o levou a participar do debate entre os que priorizam currículos de "estudos científico-técnicos" e outros que priorizam "estudos literários" (Meta, 2012, p. 36). Com vistas à necessidade de superar esse dilema, Dewey aposta no progresso técnico e científico como elemento de democratização. Em outras palavras, pensa que o lastro positivo, a densidade intelectual da cultura industrial, quase "osmoticamente" realizaria a integração entre a cultura técnico científica e a cultura literário humanista, eliminando, assim, a barreira cultural que separa dirigentes e subalternos na sociedade. Gramsci, em outra posição, considera que o progresso técnico científico jamais poderá superar a contradição entre a relação de produção e a relação de propriedade, pois esse é tema historicamente próprio da filosofia da práxis (Meta, 2012, p. 37).

Outra dissonância entre os dois, ambos admitindo em geral nexo indissolúvel entre democracia e educação, é representada pela proposta de Gramsci para que, nas sociedades em que os privilégios imperam brutalmente, o Estado assuma as despesas do sistema escolar básico, unitário e público, inclusive, se necessário for, em regime de internato ou semi-internato, hoje a cargo das famílias (Gramsci, 1975, p. 1534). Nesse tópico, comenta Chiara Meta, a "*assonanza*" entre Dewey e Gramsci parece forte, moral e eticamente (Meta, 2019, 23).

Todavia, não resta dúvida que tanto Dewey como Gramsci defendem o valor da democracia, mesmo que, enquanto Gramsci considera que a democracia liberal representativa é apenas uma forma histórica da organização política contemporânea, Dewey considera a democracia liberal dos países mais avançados do mundo do século XX, representada pelo americanismo, a forma política definitiva da história.[16]

Para a manutenção desse axioma democrático, Dewey

> estabelece a necessidade de uma continuidade das instituições liberais americanas e a exigência de uma correção, gradual e progressiva, somente da organização econômico-produtiva a qual, polemizando com o socialismo, mascara visões palingenéticas de mudanças da sociedade. (Meta, 2019, p. 25)

Gramsci, ao contrário, não engessa na metafísica nenhuma forma histórica de poder e de economia (por isso, autodenomina-se historicista absoluto), priorizando a direção política (filosofia da práxis) na formação e organização da vontade coletiva dos subalternos ao realçar "a íntima dependência entre os elementos 'materiais' da estrutura e os elementos linguísticos, simbólico-culturais da 'superestrutura" (Meta, 2019, p. 25). Em outras palavras,

> Disso conclui-se a importância que tem o 'momento cultural' também na atividade prática (coletiva): [...]. Uma

[16] Para Gramsci, esse posicionamento filosófico de Dewey sobre democracia representativa resvala (da mesma forma como resvalou em Croce) numa concepção metafísica da história.

> vez que assim acontece, emerge a importância da questão linguística geral, isto é, de como alcançar coletivamente o mesmo 'clima' cultural. [...] Toda relação de 'hegemonia' é necessariamente uma relação pedagógica que se dá não somente no interior de uma nação, entre as diferentes forças que a compõem, mas no universo campo internacional e mundial, entre complexos de civilizações nacionais e continentais. (Gramsci, 1975, p. 1331)

Todos os pedagogistas progressistas do século XX, os pioneiros da educação brasileira, Anísio Teixeira, Paulo Freire, Maria Nilde Mascellani (experiência dos ginásios vocacionais), escolas da pedagogia da alternância, ensino médio em tempo integral e muitos outros, incluindo os atuais defensores do ensino médio integrado à formação profissional dos institutos técnico profissionais etc., todos estavam e estão conscientes dessa contradição. Por isso, todos buscam integrar a prática profissional com a cultura geral, rejeitando a injusta dualidade do sistema educativo. Mas, enquanto uns priorizam nessa luta a formação de cultura geral, extrema, clássica, desinteressada, outros priorizam a formação técnico-profissionalizante.

Certamente, no caso de Gramsci, a experiência escolar do Liceu Clássico de Cagliari e, sobretudo, os estudos na importante Universidade de Turim, trincheira de elevados estudos de linguística e pioneira na luta cultural contra o positivismo, influenciaram-no ao privilegiar elevada formação clássico literária, básica, para todos.

> Gramsci enfrenta os problemas da educação defendendo a necessidade de preservar e reforçar a escola clássica. É necessário combater – sublinha – aquela concepção aristocrática que considera o patrimônio literário humanista âmbito reservado a limitadas elites, conforme uma visão abstrata e 'esnobes' da prática. (Meta, 2012, p. 27)

Com efeito, desejava ele, de coração, que todos, mas, sobretudo os proletários, percorressem o percurso formativo dele, quando alternava as aulas do grande ateneu de Turim à participação nas manifestações dos operários nos portões das fábricas. Nessa alternância, operou sua *catarse* político-cultural. Foi quase mudança antropológica.

Pasolini defende a mesma tese de Gramsci sobre a formação escolar para o proletariado, mas percebe que a cultura consumista da segunda metade do século XX desnaturou a forma e as lutas de classe:

> E eis-me aqui eu mesmo... pobre, vestido/com roupas que os pobres espiam nas vitrines/de grosseiro esplendor, enfim perdido. (Pasolini, 2009, p. 819)

O poeta traduz a proposta de Gramsci para o seu contexto, defendendo que só uma "cultura extrema" libertará o proletariado (o lumpemproletariado, os subalternos, o povaréu, a ralé) de sua histórica "extrema" opressão (Nosella, 2019).

Trata-se, diz nosso poeta, de uma cultura que pouco ou nada tem a ver com o seco academicismo que os intelectuais hoje produzem, uma vez que estes mistificam a base social, pensando-a de forma abstrata, falsamente unitária, avulsa de sua concretude, consistência e problemática. O que eles escrevem, comenta, é uma "base social" vista de longe, por meio de teorias, quase uma metafísica sociológica. Para esses acadêmicos de esquerda, o povo é sim a realidade e o motor da história, mas de uma história diferente, quase de outra humanidade, que acreditam (acreditamos), com uma ponta de vergonha suspeita, ser igual à nossa (afinal, somos todos trabalhadores), mas, no fundo, duvidam (duvidamos) que assim seja.

Pasolini traduz Gramsci (certamente dois intelectuais inconvenientes) penetrando em sua alma como sabem fazer os poetas e... algumas mulheres. Conhecem, por exemplo, a grande diferença que passa entre os mestres da filosofia da práxis, representados por Francesco de Sanctis, e os conservadores, representados por Benedetto Croce, "cujo modo de ser consiste na eloquência, motor exterior e momentâneo dos afetos e das paixões" (Gramsci, 1975, p. 1551).

Pasolini é talvez a consciência mais autocrítica das esquerdas da segunda metade do século XX. Suas análises doem e, por isso, há companheiros preferindo negar seu pertencer à esquerda. Como sempre. Sua afirmação sobre a *spaccatura storica* das esquerdas, que separa os defensores da cultura humanista dos defensores da subcultura tecnológica, nos coloca um sério problema: se a fórmula da filosofia da práxis "*especialista + político*" é tão clara, por quê falar em divisão?

Talvez porque muitos, mesmo da esquerda, não acreditem de verdade no *direito* de todos os jovens adolescentes (de 13 a 18 anos) à indefinição profissional (Lenzi, 2019). Na defesa da formação profissional antecipada para o ensino médio, sugere-se ser socialmente conveniente para os jovens mais necessitados sacrificar parte dos estudos de cultura geral.

Ou porque não acreditem bastante no dever de os adolescentes aplicarem-se ao trabalho do estudo com afinco, disciplina, integralmente. Somos "tolerantes" quando os adolescentes abandonam a escola ou migram para o turno noturno para "trabalhar de dia", justificando essa "opção" pelo fato (inconteste, mas não definitivo) de eles "precisarem" de algum salário ou porque as escolas públicas são didaticamente indigentes, semiabandonadas e "chatas". Em suma, não acreditam, de verdade, que o estudo seja o verdadeiro trabalho do adolescente, seu dever e obrigação que deve ser avaliado e remunerado.

Ou porque muitos de nós não acreditamos, de verdade, que os subalternos possam se tornar realmente os dirigentes da sociedade, bastando-lhes, sindicalistamente, garantir-lhes parcela do poder, alguns direitos. Mas, então, com Pasolini, sacrificamos a unidade política da esquerda?

A unidade da esquerda é um valor e deve ser preservado enquanto possível (Pasolini, 2012, p. 1693). Além de tudo, é confortável se aconchegar, unidos, em instituições onde se recebe identificação, proteção, fraternidade. A divisão enfraquece a luta e os heréticos são, no mínimo, incômodos. Todavia, na história, os heréticos determinaram importantes viradas e funcionaram como antibióticos para muitas instituições que, na fase de se constituírem, eram pela mudança, de esquerda, mas uma vez instaladas no poder, tornam-se conservadoras: "As instituições são, portanto, sempre fatalmente de direita e por isso eu não posso deixar de me opor a elas" (Pasolini, 2012, p. 1690).

Difícil é perceber o momento e a forma para assim se posicionar. Em todo caso, a lição histórica dos heréticos vale para nos ensinar a não eliminá-los, mas a discutir com eles. Significativo é o fato de Gramsci (Ghetti, 2014), no Caderno 4, § 78, redigir um original e único comentário à *Divina comédia* de Dante, e justamente ao *Cântico X do inferno*, círculo dos hereges. No comentário, defende que o principal personagem do cântico, do ponto de vista estético e lírico, não seja Farinata (como parece, e todos os principais comentaristas afirmam), e sim Cavalcante, em aparência, personagem secundário, humilde:

> Cavalcante não aparece ereto e viril como Farinata, mas humilde, abatido, talvez ajoelhado e perguntando com perplexidade e dúvidas sobre o filho. (Gramsci, 1975, p. 518)

Autores-pesquisadores se perguntam: quem representaria Farinata e quem Cavalcante no comentário de Gramsci? Seria seu comentário também uma comunicação em código com Togliatti? O nome de Stalin e dele próprio, naturalmente, surgem como hipótese.

Também Giuseppe Cospito (2015), no *Introdução a Gramsci*, de certa forma, afirma ser importante na história do marxismo a atuação militante "aberta, antidogmática, heterodoxa e até mesmo herética":

> Na lista dos 250 autores da literatura de todos os tempos mais citados no mundo, aparecem somente cinco italianos, um deles é Antonio Gramsci. Sobre ele acumulou-se uma imensa literatura crítica que hoje [2015] ultrapassa os 19 mil títulos em quase todas as línguas modernas. Entre as razões dessa fortuna, há sem dúvida o caráter aberto, antidogmático, heterodoxo e para alguns até mesmo herético de seu marxismo, o que favoreceu sua difusão inclusive em espaços relativamente impermeáveis, quando não hostis, a essa doutrina, como os Estados Unidos e, sobretudo, permitiu-lhe, antes de sobreviver à crise do próprio marxismo, em seguida, ao término da experiência histórica do assim chamado socialismo real. (Cospito, 2015, p. 5)

Sobre instituições e heresias, Pasolini continua: a unidade pode significar também estagnação política institucional. Como defender a integração entre subcultura tecnológica com a elevada cultura humanista clássica quando sabemos que o verdadeiro opositor da cultura humanista não é propriamente a cultura tecnológica em si, mas o que ela "exala", isto é, nada mais do que uma alienada cultura de mercado, consumista, uma subcultura que,

> esta sim, está unificando-nos com uma rapidez e regularidade nunca vistas antes na história. E o terrível é que sua sub-

> cultura unificante unifica também, apesar de sua intenção, muitas formas da nova esquerda. (Pasolini, 2012, p. 1693)

Em direção oposta, pela cultura "desinteressada", "clássica", "extrema", "aparentemente inútil", alternada à participação em movimentos renovadores, o jovem pode (mesmo arriscando) tomar consciência disso ou aceitando a linguagem do mundo na forma como se organizou ou rejeitando-a para criar uma nova linguagem, uma nova racionalidade, nova organização, novos valores. Linguagem é costume, é modo de comportar-se, conforme uma determinada ordem; é, em suma, práxis social. Ao definir o "como da revolução", Gramsci utiliza a categoria linguagem (não território), afirmando a "importância da questão linguística" (Gramsci, 1975, p. 1331). Obviamente, não se trata precisamente e pontualmente da língua; linguagem relaciona-se com a memória, individual e coletiva, com valores, gostos, preferências, concepções, emoções, forma de vida social no seu conjunto. Nesse sentido, revolução não é propriamente conquista militar de territórios ou golpe político (insurreição), mas equivale à criação de uma nova ordem, de nova linguagem.

A subcultura técnico-profissional é orgânica ao mercado, ao utilizar dos combustíveis fósseis (petróleo, carvão, gás) que fazem pensar em soluções em curto prazo, de mercado e, por isso, exulta vendo a mão triunfante de um presidente da república encharcada de óleo. A subcultura técnico-profissional inflama a esperança, enquanto a cultura humanista acende a utopia (Pasolini, 2012, p. 1690).[17]

[17] Ver o inacabado romance de Pasolini, *Petrolio*, cerca de 600 páginas de anotações/fichas, que, no projeto do autor, se tornariam uma "Suma de todas as minhas experiências, de todas as minhas memórias". Edição Oscar Mondadori, Milão, 2014. Nas entrelinhas, identificamos no romance a teoria gramsciana

Concluindo, nosso objetivo foi transmitir a ideia de que *o princípio educativo do trabalho na formação humana* levanta uma problemática bastante complexa. Acho que alcançamos esse objetivo. Querendo ser didáticos e sistemáticos, diremos finalmente que esse princípio se compõe de, pelo menos, cinco fatores que deverão ser analisados detalhadamente:

1. as necessidades histórico-objetivas do desenvolvimento das forças produtivas: fordismo, taylorismo, toyotismo etc.;
2. a natureza e dinâmica históricas das Instituições Educativas;
3. os alunos, suas faixas etárias e sua inserção social;
4. os docentes e sua didática;
5. a direção política ou a filosofia da práxis.

Mas, ao encerrar a exposição, percebemos que, na verdade, fizemos apenas uma introdução à temática. A demonstração sistemática e completa iniciar-se-ia agora, ilustrando e comentando os cinco fatores aqui elencados.

Será tarefa para outras oportunidades.

Referências

BALDACCI, M. La scuola come antítese. *In*: *Articolo 33*. Universidade Roma 33. Roma, maio, 2019.

CASTRANUOVO, A. La questione del für ewig. *In*: *Envoi Gramsci, cultura filosofia e humanismo*. Pasian di Prato, Udine: Editore Campanotto, 2017.

COSPITO, G. *Introduzione a Gramsci*. Genova: Edição Il Melângolo, 2015.

de revolução passiva regressiva. O autor considera que a industrialização movida a petróleo é certamente uma revolução passiva regressiva.

CIONI, P. *Um ateísmo religioso. In:* GHETTI, N. *La cartolina di Gramsci.* A Mosca tra politica e amori, 1922-1924. Roma: Donzelli Editore, 2016.

D'ORSI, A. *Una nuova biografia.* Milano: Editore Feltrinelli, 2017.

ENGELS, Friedrich. *In:* BITTAR, M; FERREIRA JR., A. *A educação soviética.* mimeo. São Carlos, UFSCar, 2020, p. 191.

FROSINI, F. L'ereditá culturale dell'opera di Antonio Gramsci. *In: Envoi Gramsci, cultura filosofia e humanismo.* Pasian di Prato, Udine: Editore Campanotto, 2017.

GHETTI, N. *La cartolina di Gramsci.* A Mosca tra politica e amori, 1922-1924. Roma: Donzelli Editore, 2016.

GHETTI, N. *Gramsci nel cieco carcere degli eretici.* Roma: Edizioni L'asino d'oro, 2014.

GRAMSCI, A. *La costruzione del partito comunista 1923-1926.* Torino: Giulio Einaudi Editore, 1974.

GRAMSCI, A. *Quaderi del cárcere II.* Edição crítica de Valentino Gerratana. Torino: Einaudi Editore, 1975.

GRAMSCI, A. *Quaderni del cárcere. 1 Quaderni di traduzioni (1929-1932).* Treccani: Edizioni Nazionali, Istituto della Enciclopedia Italiana, 2007.

LÊNIN, V. I. As tarefas das uniões da juventude. *In: Obras escolhidas.* São Paulo: Editora Alfa-Ômega, t. 3, 1980.

LENZI, L. *Ensino Médio na berlinda:* adolescência e o direito à indefinição profissional. Tese (doutorado), Programa de Pós-Graduação em Educação Científica e Tecnológica, Universidade Federal de Santa Catarina, Florianópolis, 2019. Disponível em: https://repositorio.ufsc.br/handle/123456789/214337. Acesso em: 27 ago. 2021.

LUNATCHARSKI, A. *Lénine tel qu'il fut.* Moscou: Editions de l'Agence de Presse Novosti, 1981.

MANACORDA, M. A. *Mario Alighiero Manacorda, aos educadores brasileiros.* 1DVD. Unicamp/Histedbr, Campinas, 2007.

MANACORDA, M. A. *História da Educação*: da antiguidade aos nossos dias. 13. Ed. São Paulo: Cortez Editora,. São Paulo, 2010.

MARTINS, J. *In*: NOSELLA, P.; BUFFA, E. *Entrevistas com a educação brasileira.* Campinas: Alínea Editora, 2019.

MERLEAU-PONTY, Maurice. *As aventuras da dialética.* São Paulo: Editora Martins Fontes, 2006.

META, C. *La formazione dell'uomo. In:* Artícolo33. Universidade Roma3. Roma, maio, 2019.

META, C. La formazione dell'uomo e il 'pragmatismo' no pensamento de Gramsci. *In*: DUARTE, L.; LIGUORI, G. *Domande dal presente.* Roma: Carocci Editore, 2012.

NOSELLA, P. *Ensino Médio à luz do Pensamento de Gramsci*. Campinas, SP: Alínea Editora, 2016.

NOSELLA, P. "*Le ceneri di Gramsci*", poema de Pier Paolo Pasolini: a crise de 1956 e a proposta da cultura extrema. *REBE*, Rio de Janeiro, v. 24, 2019.

PASOLINI, P. P. Entrevista *Botta e risposta sui fatti che scottano.* Saggi sulla política e sulla societá. 6 ed. Milano: Arnoldo Mondadori Editore, I Meridiani, 2012.

PASOLINI, P. P. *Tutte le poesie*. Tomo I. Le ceneri di Gramsci. 2 ed. Milano: Arnoldo Mondadori Editore, I Meridiani, 2009.

SILVA, T. T. (org.). *Trabalho, educação e prática social* – por uma teoria da formação humana. Porto Alegre: Artes Médicas, 1991.

O LIBERALISMO REALMENTE EXISTENTE

Lincoln Secco[1]

> A configuração do movimento do livre câmbio baseia-se num erro teórico cuja origem prática não é difícil de identificar, ou seja, baseia-se na distinção entre sociedade política e sociedade civil, que de distinção metodológica é transformada e apresentada como distinção orgânica. Assim, afirma-se que a atividade econômica é própria da sociedade civil e que o Estado não deve intervir em sua regulamentação. Mas, dado que sociedade civil e Estado se identificam na realidade dos fatos, deve-se estabelecer que também o liberismo é uma regulamentação de caráter estatal, introduzida e mantida por via legislativa e coercitiva: é um fato de vontade consciente dos próprios fins, e não expressão espontânea, automática, do fato econômico. Portanto, o liberismo é um programa político destinado a mudar, quando triunfa, o pessoal dirigente de um Estado e o programa econômico do próprio Estado, isto é, mudar a distribuição da renda nacional.
>
> Gramsci, 1977, p. 1.589.

Introdução

As instituições liberais não foram forjadas para dar guarida à soberania popular e sim para evitá-la. Foi uma conjuntura histórica única que permitiu a união entre democracia e liberalismo. Mas só por algum tempo.

Uma democracia liberal submetida ao voto universal, com um regime parlamentar estável e partidos consolidados nunca

[1] Professor da Faculdade de Filosofia, Letras e Ciências Humanas da USP.

existiram por largo período e muitas vezes foi golpeada quando o eleitorado interferiu na liberdade dos mercados supostamente autorregulados (Streeck, 2016, p. 74). A epígrafe de Gramsci nos revela como o liberalismo econômico é indissociável de um Estado capaz de manter uma distribuição desigual da renda e aplicar um programa econômico favorável aos capitalistas.

Há, portanto, uma correlação entre forma política e as necessidades do liberalismo econômico e ele, na maioria das vezes e lugares, se adaptou muito melhor a regimes não democráticos.

Passados os tempos jacobinos dos liberais, sobrou-lhes apenas uma liberdade restrita ao comércio e aos contratos. O Estado como o ente oposto ao mercado deveria regular e proteger a propriedade e conferir segurança jurídica aos negócios e ponto final.

É curiosa a resposta que Sismondi deu, em 1827, a J.B. Say sobre os males que a intervenção estatal causaria: "Ora, o legislador que instituiu a propriedade, regulamentou a partilha das heranças, protegeu diferentes monopólios [...] não ficou neutro" (Sismonde, 2009, p. 501). Porque, afinal, liberalismo não é ausência de Estado e sim reorientação de políticas públicas e do orçamento para a classe dominante, como a epígrafe de Gramsci demonstra.

Com o avanço da industrialização, o Estado-nação se tornou o espaço para proteger seus capitães da indústria e banqueiros de suas populações indóceis e de países concorrentes. Para isso, o nacionalismo era útil e a democracia não. Era preciso impedir a ampliação do direito ao voto ou ao menos contorná-la. Áreas de população não branca nem é preciso citar. Stuart Mill admitia que "o despotismo é uma forma legítima de governo quando se lida com bárbaros" (Mill *apud* Losurdo, 2006, p. 17).

Dissociação

No século XX, a luta sindical e trabalhista originou o sufrágio universal. Para se contrapor àquela conquista, uma característica nova do liberalismo foi a constitucionalização do Direito Privado (Dardot e Laval, 2016a, p. 69), a qual consiste em dotar instituições não eleitas de imunidade para interpretar e até criar legislação. Seria a "democracia iliberal" (Mounk, 2019), que protege a política monetária e fiscal da "incompetência" de massas volúveis e emotivas.

Mas as novidades neoliberais têm uma história. A condição de "competência" foi o pilar central da crítica à Democracia desde a Grécia antiga (Canfora, 2007, p. 38), e a "soberania da Constituição" foi um tema do século XIX e era defendida pelos teóricos franceses da Restauração e da Monarquia de Julho (Dardot e Laval, 2016a, p. 69). Tratava-se da ideia do *Rule of Law* ou, numa forma mais elegante, o *Régne du Droit.*

Isto não deve ser confundido com o "Estado de Direito", após a criação da Organização das Nações Unidas no século XX. Hayek ironizou o conceito de direito universal que asseguraria "ao camponês, ao esquimó e talvez ao abominável homem das neves férias periódicas remuneradas" (Losurdo, 2006, p. 112), o que ele naturalmente achava indevido.

Desde a sua formação moderna, os Estados capitalistas se viram diante do dilema: como construir instituições que ficassem imunes à soberania dos povos? Feitas em nome destes, as revoluções burguesas buscaram a todo momento antídotos aos "excessos" que a maioria sem propriedade poderia impor aos proprietários de terras, fábricas e, no caso americano, também de escravos.

François Guizot e os primeiros historiadores liberais da Revolução Francesa sabiam que seu problema central era conceber uma sociedade que emancipava a classe média (burguesia) contra dois perigos: a reação aristocrática e a ameaça da sublevação do povo. Este, convocado à luta política, tinha adquirido o direito de levar a revolução da esfera celestial da liberdade abstrata para a terrena da igualdade social. Na América, o liberalismo da elite *criolla*, ao propor o conceito de igualdade, temeu o tempo todo sublevar os indígenas (Rodríguez, 1984).

Antes que as modernas técnicas de manipulação eleitoral existissem, evitar o voto popular era a única solução. Benjamin Constant imaginou um poder moderador, logo adotado pela Constituição brasileira de 1824: o seu artigo 98 o atribuía "privativamente ao Imperador". Na prática, ele foi encarnado pelos senhores de escravos e, na República, pelo "partido fardado" (Ferreira, 2000). Dois anos depois, Rivadávia proibia em sua Constituição argentina a participação política de "*criados a sueldo, peones jornaleros o simples soldados de línea*", como bem lembrou o notável historiador trotskista Milcíades Peña (2012, p. 141). Na América Latina, a preocupação das oligarquias nunca foi com o tipo de regime político, mas com a ordem (Torres-Rivas, 2013, p. 385).

Já Bolívar, embora instituísse uma presidência vitalícia à Bolívia, não restringiu o eleitorado por renda ou propriedade (Bolívar, 1992, p. 112). Não à toa, uma nova memória do "libertador" foi construída em torno do chavismo venezuelano.

Para Eric Hobsbawm, o sistema político do século XIX era o de instituições liberais salvaguardadas contra a democracia pela exigência de qualificações educacionais ou de propriedade aos eleitores sob uma monarquia constitucional (Hobsbawm, 1997, p. 141). Ele abriu uma exceção para a extensão do voto aos homens da fronteira, pequenos agricultores e pobres urbanos na época do presidente Andrew Jackson nos Estados Unidos.

Muitos constituintes acharam melhor impor barreiras ao governo popular e, ao fim das contas, a Constituição que eles escreveram era para os fazendeiros brancos (Dahl, 2016, p. 31). A luta de mulheres, negros e indígenas é que foi responsável pelas emendas que democratizaram o país ao longo dos 100 anos seguintes (Junqueira, 2018).

Na primeira metade do século XX, o progressismo estadunidense, a submissão dos trustes e *holdings* ao Estado, as greves e organizações sindicais e o próprio New Deal tiveram a oposição da Suprema Corte. Roosevelt tentou até mesmo mudar a composição dos tribunais superiores e aposentar alguns juízes reacionários. Não conseguiu, mas a correlação de forças políticas impediu que seu programa econômico e social fosse invalidado (Link, 1965, p. 740).

Liberismo

A língua italiana tem uma palavra específica para o liberalismo puramente econômico: o *liberismo*. Enquanto o liberalismo é mais abrangente, atinente à limitação do poder e à defesa do indivíduo, o *liberismo* seria referente à liberdade econômica, fundamento de todas as demais liberdades.

A democracia, por exemplo, seria uma expressão da "livre iniciativa" empresarial. Ideia que, curiosamente, reproduz o pecado que se atribui ao marxismo: o determinismo econômico.

No entanto, a preocupação dos liberais nunca foi com a justificação da democracia, mas da sua limitação, como vimos. O liberalismo abrange o *liberismo* num mesmo *continuum*. Já as liberdades democráticas nada tem que ver com isso. Elas podem subsistir em regimes social-democratas ou socialistas, mas dificilmente sob o *liberismo*, que é *o núcleo ditatorial da ideologia liberal. O liberalismo se torna "neo" na medida em que repõe em escala monstruosa as suas fontes antidemocráticas do século XIX.*

No universo da empresa, não existe nenhuma autonomia individual. A subordinação à autoridade não é uma necessidade técnica como acreditava Engels (s/d), pois surgiu da luta de classes (Marglin, 1989, p. 37-77). Mas independente disso, o *neoliberalismo é o "despotismo de fábrica" estendido à escala da sociedade* e busca moldar as instituições segundo as necessidades práticas das corporações.

Se não estiver ameaçado por organizações trabalhistas, *o liberalismo tende a se reduzir ao seu núcleo duro: o liberismo.* E esta é uma lei do desenvolvimento histórico da burguesia, já que ela personifica uma categoria econômica: o capital. Ela prefere naturalmente acumulá-lo sem peias, tornando permanente (Gomes, 2018) aquilo que Marx chamou jocosamente de a "assim chamada acumulação primitiva". Daí a centralidade do colonialismo e da divisão sexual do trabalho na constituição do capitalismo (Federici, 2017, p. 182) e na sua perpetuação até hoje (Scholz, s/d).

Origens

Embora importante, traçar a genealogia dos fundadores de uma teoria neoliberal (Anderson, 1995, p. 9-23) e de suas diferentes escolas (seja austríaca ou da Virgínia, ou mesmo o ordoliberalismo alemão) sem alusões à política e economia concretas, pode implicar uma explicação idealista. O fundamento das fases liberais está nos ciclos econômicos (Secco, 2010; Kondratiev, 2018). O ciclo econômico, como Gramsci percebeu, é inseparável das relações políticas de força. Ele é definido como uma conjuntura em movimento, um todo que dá origem a um processo de combinações sempre novas. Busca-se determinar o conjunto de oscilações que compõe o ciclo em "sentido favorável aos negócios" (Gramsci, 1977, p. 1174).

Até a Primeira Guerra Mundial, a economia liberal predominou de tal forma que a Social-Democracia não tinha uma alternativa econômica não liberal disponível, exceto o modelo soviético. Este foi o caso de Ramsay MacDonald, que teve uma administração desastrosa como primeiro-ministro na Inglaterra, em 1924, porque não queria assustar os liberais (Cole, 1975, p. 389). Aliás, ele era seguidor de Spencer e não de Marx (Lefranc, 1974, p. 40). Sua segunda experiência de governo, em 1929-1935, foi simplesmente a de uma traição política (Cliff e Gluckstein, 1996, p. 151).

Nos 30 anos gloriosos do pós-Segunda Guerra Mundial, o terreno da política deslocou-se para a esquerda, cujos valores estiveram firmemente assentados numa base material: o *welfare state*, sustentado por crescimento do produto, planejamento econômico, numerosa classe trabalhadora em grandes plantas fabris e lojas de departamento, uma classe e serviços sociais. A ideia de que o Estado deveria cuidar dos seus cidadãos até a velhice e não depender apenas do espírito animal dos empresários e das livres forças de mercado tornou-se hegemônica.

Com os olhos muitas vezes voltados à Escandinávia, solidamente social-democrata, esquecemos muitas vezes que a consolidação do *welfare state* foi realizada por Macmillan na Grã-Bretanha, Eisenhower nos Estados Unidos, de Gaulle na França, de Gasperi na Itália e Diefenbaker no Canadá: todos líderes conservadores (Levinson, 2017, p. 24).

Uma inversão aconteceu de novo nos anos 1980, depois da crise fiscal do Estado e da queda da taxa de lucro média nos países desenvolvidos, onde a política econômica liberal foi implantada tanto pela esquerda socialista de François Mitterrand na França e Felipe González na Espanha, quanto pela direita de Margareth Thatcher e Ronald Reagan na Grã-Bretanha e Estados Unidos. Neste caso, a financeirização da economia e uma nova reestruturação produtiva fragilizaram o controle estatal e fragmentaram a cadeia produtiva fordista e o mundo do trabalho, restaurando formas antediluvianas.

Sociedade

Os neoliberais "descobriram" a história e aprenderam que precisam moldar o ser humano ao ideal de sociedade que defendem. No entanto, a descoberta não é nova. A oposição liberal na Restauração (1815-1830) era formada por historiadores. Eles não hesitaram em forjar duas ideias centrais: a luta de classes e a revolução – embora Guizot, o mais eminente deles, tivesse logo chegado à conclusão que as duas faziam em julho de 1830 sua última aparição na cena histórica.

Mesmo quando adotaram o iluminismo, o direito natural do homem (termo que obviamente não incluía as mulheres) e uma política fundada na razão eterna, eles não renunciavam à luta política e, portanto, à consideração prática da história. Para entender isso, é preciso ir além do que diziam os liberais de si mesmos e observar sua prática real. No Brasil, em geral, os princípios cediam às "formas pragmáticas" (Carone, 1975, p. 298).

Assim, como a redução do liberalismo a uma ideologia que pode ser reconstituída em sua genealogia é uma explicação unilateral, a lógica da submissão de indivíduos, empresas e até do Estado a um cálculo de custo não torna o neoliberalismo um inescapável "sistema normativo".

Na América Latina do início do século XXI, governos com políticas redistributivas não foram descartados por uma "evolução" intrínseca do sistema, mas mediante golpes midiático-judiciais com apoio militar. Isso revela que aqueles governos não eram simplesmente descartáveis e já subsumidos a uma lógica empresarial, por mais que operassem dentro dos valores dominantes.

O "sindicalismo de resultados" antecipou a penetração dessa lógica nas próprias organizações de trabalhadores (Duarte, 1988), assim como parece ter ocorrido nas igrejas neopentecostais. Mas nem por isso os neoliberais deixaram de disputar governos e de tentar exterminar a legislação trabalhista tanto quanto seus precursores oitocentistas.

Naquela época, como hoje, os liberais combatiam abertamente a adoção de sistemas de aposentadoria para idosos e inválidos, como foi o caso, entre tantos outros, de Paul Leroy-Beaulieu, muitas vezes com o apoio da extrema-esquerda, que rejeitava compromissos com o Estado burguês (Bosi, 2010, p. 372-3).

Friedrich Hayek sabia muito bem disso, e propôs a substituição da própria "democracia majoritária" por certa "demarquia" (Merquior, 1991, p. 193).

Quando uma concepção de mundo se torna dominante, ela constitui uma forma mentis, isto é: um subsolo comum das diversas ideologias. O argumento (neo)liberal é, todavia, tão forte que é capaz de convencer-nos a aderir a ideias paralisantes que transformam todos os indivíduos em empresas. Mas nem isso é uma novidade. Da literatura menor do individualista *O Conde de Monte Cristo* (Candido, 1952) às *Ilusões Perdidas* de Balzac, os personagens já tinham introjetado o *modus vivendi* da competitividade. É possível que a natureza paralisante da ideologia atinja mais aqueles que se acreditam fora dela. Maquiavel já dizia que para compreender o príncipe é preciso ser povo...

Não se espera, com isso, negar as inovações que o neoliberalismo trouxe e muito menos a base tecnológica informacional e o período de financeirização com os quais se imbricou. Mais do que nunca, se criou uma lógica de apropriação do Estado que vai além da disputa pelo orçamento. As repartições públicas são submetidas a uma concorrência entre si via mensuração de metas, enquanto as partes suculentas são terceirizadas em nome de uma maior eficiência (Sá, 2019).

No umbral da nova revolução tecnológica, a constatação tardia de que a produtividade é o inverso do valor;[2] talvez anuncie a incapacidade de o sistema encontrar na própria crise seu elemento de reequilíbrio. Mas, ao colapso, Rosa Luxemburgo sempre antepôs a revolução. Recorde-se que, ao abolir todos os direitos, também desapareceram as barreiras sociais que preveniam as revoluções (Secco, 2017). O próprio apoio que uma direita popular conquista em vários países exprime o fracasso de governos liberais (de esquerda ou direita) que se pretenderam gestores de "coisas" (Secco, 2016), e não de relações sociais.

Conclusão

A pretensão a uma "sociedade neoliberal" emula o fascismo italiano que visava abarcar a vida do operário fora da fábrica (o *dopo lavoro*). Mas, entre a pretensão totalitária e sua realização,

---

[2] Valor agregado por unidade produzida. Embora o que importa é ir além dessa medida ideológica e considerar a taxa de exploração ou a produção do trabalhador relativamente ao que ele custa (Gaulard, 2014).

há a mediação das lutas no interior da sociedade civil e, no caso italiano, o filme de Ettore Scola (*Una Giornata Particolare*) é mais do que uma lição de "contra conduta" (Dardot e Laval, 2016b, p. 401). Mesmo Althusser dizia ser possível falar da ideologia no seio da ideologia (Althusser, 1985, p. 96).

A sociedade civil jamais foi o espaço neutro de trocas e debates livres. Ela foi entendida como momento da trajetória do próprio Estado. Incorporava a "polícia" e, portanto, a coerção. Isso porque, embora esta palavra até o século XVIII dissesse respeito à administração local e, [3] abstratamente, à polidez e civilização, todas essas características remetiam a uma adaptação forçada de práticas e costumes.

Nem o mercado é uma simples entidade jurídica que regula trocas. Para Gramsci, ele nada mais é que "determinada relação de forças sociais em uma dada estrutura do aparato de produção garantido por uma determinada superestrutura jurídica" (Gramsci, 1977, p. 1018). Estado, mercado e sociedade civil são discerníveis em teoria, mas historicamente combinados.

É na infraestrutura dessa sociedade civil que surgem os primeiros abalos. A dependência inescapável das condições materiais de vida gera as oportunidades de um discurso contra a ideologia dominante a ser elaborado por vanguardas políticas.

Na primavera dos povos, certamente uma delas era a de "Blanqui e seus camaradas". Como a maioria dos proletários atuais, também ali não constituía um operariado uniformizado de grandes plantas fabris. Pertenciam a uma multidão de

---

[3] Vide a famosa crítica de Sergio Buarque de Holanda a Carlos Guilherme Mota sobre o sentido de gente "policiada" como "civilizada", "cultivada" ou "refinada" em Salvador no fim do XVIII. (Holanda, 17/6/1973) Apesar disso, no início do século XIX um dos sentidos de "polícia" era o atual, agregando ainda o de uma administração local (Saint-Laurent, 1845, p. 1109).

homens e mulheres saída de pequenas oficinas e artesanatos e das casas dos endinheirados, onde serviam à mesa e esfregavam o chão.[4] No entanto, formaram aquele "conjunto admirável" na insurreição de junho de 1848 que tanto surpreendeu o insuspeito Tocqueville.

Referências

ALTHUSSER, L. *Aparelhos Ideológicos de Estado.* 2 ed. Rio de Janeiro: Graal, 1985.

ANDERSON, P. "Balanço do neoliberalismo". *In*: SADER, E. e Gentili, P. (org.) *Pós-neoliberalismo: as políticas sociais e o Estado democrático.* Rio de Janeiro: Paz e Terra, 1995, p. 9-23.

BOLÍVAR, S. *Escritos políticos.* Campinas: Unicamp, 1992.

BOSI, Alfredo. *Ideologia e contraideologia.* São Paulo: Companhia das Letras, 2010.

BRAGA, R. O colete amarelo de E. Thompson. *Blog da Boitempo*, 10/12/2018. Disponível em: https://blogdaboitempo.com.br/2018/12/10/o-colete-amarelo-de-e-p-thompson/. Acesso em: 16 abr. 2019.

CANDIDO, Antonio. *O Conde de Monte Cristo ou da Vingança.* Rio de Janeiro: Ministério da Educação e Saúde, 1952.

CANFORA, L. *Crítica da retórica democrática.* São Paulo: Estação Liberdade, 2007.

CARONE, Edgard. *A República Velha:* instituições e classes sociais. São Paulo: Difel, 1975.

COLE, G.D.H. *Historia del pensamiento socialista.* v. V. Mexico: FCE, 1975.

CLIFF, T. e GLUCKSTEIN, D. *The Labour Party:* a Marxist History. London: Bookmarks, 1996.

DAHL, R. *A Constituição norte-americana é democrática?.* 2. ed. Rio de Janeiro: FGV, 2016.

---

4 Ruy Braga notou um paralelismo entre a práxis política da multidão inglesa do século XVIII (Rudè 1991, p. 191), sua "economia moral" (Thompson) e a resistência atual contra "mercantilização [...] impulsionada pela globalização" (Braga, 2018).

DARDOT, P. e LAVAL, P. *Ce Cauchemar qui n'en finit pas*. Paris: La Découverte, 2016a.

DARDOT, P. e LAVAL, C. *A nova razão do mundo:* ensaio sobre a sociedade neoliberal. São Paulo: Boitempo, 2016b.

DUARTE, O. *Os mercadores de ilusões*: análise crítica do "sindicalismo de resultado". São Paulo: Brasil Debates, 1988.

ENGELS, F. Sobre a Autoridade. Disponível em: https://www.marxists.org/portugues/marx/1873/03/autoridade-pt.htm. Acesso em: 1 dez. 2018.

FEDERICI, S. *Calibã e a bruxa:* mulheres, corpo e acumulação primitiva. São Paulo: Coletivo Sycorax, 2017.

FERREIRA, O. *Vida e morte do Partido Fardado*. São Paulo: Senac, 2000.

GAULARD, M. *Karl Marx a Pekin*. Paris: Demopolis, 2014.

GOMES, R. *Rosa Luxemburgo:* crise e revolução. São Paulo: Ateliê, 2018.

GRAMSCI, A. *Quaderni del Carcere*. Torino: Riunitti, 1977.

HOBSBAWM, E. *Age of revolutions*. London: Abacus, 1997.

HOLANDA, S. B. "Sobre uma doença infantil da historiografia". *O Estado de S.Paulo*, 17 junho de 1973 (Suplemento Literário).

JUNQUEIRA, M. A. *Estados Unidos*: Estado nacional e narrativa da nação (1776-1900). São Paulo: Edusp, 2018.

KONDRATIEV, N. *As ondas longas da conjuntura*. Tradução de Felipe Lacerda. Introdução de L. Secco. São Paulo, ComArte; PPGHE-USP, 2018.

LEFRANC, G. *O socialismo reformista*. São Paulo: Difel, 1974.

LEVINSON, M. *An extraordinary time*. London: Random House, 2017.

LINK, A. *História Moderna dos Estados Unidos*. V. II. Rio de Janeiro: Zahar, 1965.

LOSURDO, D. *Liberalismo*. Entre civilização e barbárie. São Paulo: Anita Garibaldi, 2006.

MARGLIN, S. "Origem e funções do parcelamento de tarefas. Para que servem os patrões?". *In*: GORZ, A. (org.). *Crítica da divisão do trabalho*. 2 ed. Tradução: Estela dos Santos Abreu. São Paulo: Martins Fontes, 1989.

MERQUIOR, J. G. *O liberalismo*. Rio de Janeiro: Nova Fronteira, 1991.

MOUNK, Y. O Povo contra a Democracia. Trad. C. Leite e Débora Landsberg. São Paulo: Companhia das Letras, 2019.

PEÑA, M. *Historia del pueblo argentino*. Buenos Aires: Emecé, 2012.

RODRÍGUEZ, M. *El experimento de Cádiz en Centroamérica, 1808-1826.* México: Fondo de Cultura Económica, 1984.

RUDÈ, G. *A multidão na História*. Rio de Janeiro: Campus, 1991.

SÁ, Guilherme C. *As relações entre a dinâmica orçamentária e as políticas públicas da Secretaria da Educação do Estado de São Paulo (1995-2015).* USP, Relatório de Qualificação, 2019.

SAINT-LAURENT, Ch. *Dictionnaire encyclopédique usuel.* Paris: Au Comptoir des Imprimeurs-Unis, 1845.

SCHOLZ, R. O sexo do capitalismo – teorias feministas e metamorfose pós-moderna do patriarcado. Bom: Editora Horlemann, 2011 Disponível em: http://www.obeco-online.org/roswitha_scholz6.htm. Acesso em: 27 ago. 2021.

SECCO, L. "Hegemonia na Atualidade (Um debate no Lemarx – USP)". Boletim Informe. FFLCH-USP, 2010.

SECCO, L. O futuro da Revolução Russa. *Blog da Boitempo*, 30/10/2017. Disponível em: https://blogdaboitempo.com.br/2017/10/30/o-futuro-da-revolucao-russa/. Acesso em: 19 abr. 2019.

SECCO, L. Qual a herança da Revolução Francesa? *Blog da Boitempo*, 15/7/2016. Disponível em: https://blogdaboitempo.com.br/2016/07/15/qual-a-heranca-da-revolucao-francesa/. Acesso em: 19 abr. 2019.

SIMONDE DE SISMONDI, J.C.L. *Novos Princípios de Economia Política*. Curitiba: Segesta, 2009.

STREECK, W. *How capitalism ends.* London: Verso, 2016.

TORRES-RIVAS, E. *Revoluciones sin cambios revolucionarios.* 2 ed. Guatemala: F&G, 2013.